〔美〕迈克尔·艾伦·吉莱斯皮 著　　张红军 译

尼 采 NIHILISM
之前的 before
虚无主义 NIETZSCHE

商务印书馆
创于1897
The Commercial Press

Michael Allen Gillespie

NIHILISM BEFORE NIETZSCHE

Licensed by The University of Chicago Press, Chicago, Illinois, U. S. A.

根据美国芝加哥大学出版社 1995 年版译出

中文版序言

19世纪80年代后期，尼采在他的一则笔记里先是指出"虚无主义就站在门口"，继而问道："这个所有客人中最神秘的客人是怎么到来的？"从此以后，我们都不得不苦于应付这个令人不安的访客。尼采认为存在两种形式的虚无主义，即所谓消极虚无主义和积极虚无主义。他把消极虚无主义等同于绝望，认为它产生于崇尚自由主义的中产阶级社会，这个社会缺乏任何高贵和美好之物，从而缺乏任何更高级的生活目标。他相信这种形式的虚无主义会导致末人的出现，后者只是寻求快乐的消费者而无能于爱和惊奇。与此相反，在他看来，积极虚无主义来自一种受"巨大的恐怖逻辑"——它旨在摧毁这个社会——指引的无政府主义式的愤怒。它预示着战争的发生，而这些战争的方式之多和量级之大，可能前所未有。不幸的是，20世纪太过准确地把尼采的想象变成了现实。但是，我并不相信尼采的看法是正确的。在这本书里，我尝试证明为什么尼采的批判虽然非常有力但仍然过于简单，证明他所建议的虚无主义问题解决方案——他把它等同于权力意志和超人——本身就是基督教神学的一种表现，而他相信这种基督教神学是虚无主义的根源。在后来出版的《现代性的神学起源》（*The Theological Origins of Modernity*）一书里，我继续详细分析了这种被遮蔽的基督教起源如何不断影响作为启蒙思想标志的理性主义，以及主导英美伦理学和政治理论的经验主义。在最近出版的著作里，我又从伊拉斯谟、格劳秀斯、洛克到美利坚的建国者们，一路追溯了世俗自由主义的自由和宽容概念的类似神学起源。

支持我且某种程度上可以说是激发我做所有这些工作的，是这样一种信念，即大多数现代西方人都不了解他们的思想和生活方式下面那被遮蔽的基督教基础。事实上，很多人都确信他们是完全非基督教的，没有意识到他们很多最珍贵的价值，包括个体性、人权与和平等，实际上都只是之前基督教观念的残余，而现代自然科学的教义很少支持这些观念。这不是说这些价值没有价值可言，而是说它们只是一种并不具有普遍性的传统的组成部分，因此非西方文化对这些价值的接受，并不像很多西方文化接受得那么容易或不假思索。我的著述还建议，那些支持这些价值的非西方人，必须在他们自己的文化传统中为它们找到一个基础。

在一个正在形成的全球化信息社会里，我们很容易相信自己能够像在网上购物那样接受起源于其他文化的观念，但是这种想法忽视了一个事实，即观念和实践总是由文化语境来塑造，它们只有在这种语境中才受欢迎。有鉴于此，我的著作建议，那些像在中国这样的国家里既作为个体又作为公民的人们，如果想要为一种有意义的生活建构一个思想框架，他们需要在自己的文化遗产里寻找一些元素，来支持他们珍视的那些价值。尼采把哲学家们描述为"稀有植物"。如果他是对的，我们就必须承认，当哲学家们的观念被移植进一种异域环境，它们可能会以各种全新且不可预料的方式成长和进化。我希望，这本书所呈现的对虚无主义观念发展过程的分析，能够对当下那些面临类似问题，又在努力寻找一条通往未来人性之路的人们有所助益。

迈克尔·艾伦·吉莱斯皮

目　　录

前　言

　　对于作者来说，在前言中谈谈一本书如何产生，以及这本书与它从中产生的那个世界的关系，是一种惯例。因此，一篇前言总是要尝试让读者大致了解这本书所"跋涉"过的知识领域，方法就是把读者的思想引向塑造了这一知识领域的那些问题。决定本书地貌特征的是虚无主义问题。什么是虚无主义？它来自何方？它意味着什么？

　　回答这些问题绝非易事，尤其是在虚无主义概念含糊不清的情况下。虚无主义这个概念已经拥有了一系列通常互相矛盾的意义，这很大程度上是因为它总被当作一根意识形态大棒，用来诋毁几乎所有令人反对的思想或政治运动。我的目的不是介入这些意识形态争论。如果密涅瓦的猫头鹰只是在黄昏才起飞，那么它这样做就是为了逃离那些刺耳的咒骂（name-calling）声，而这种刺耳正是蒙昧的人类所说话语的特征。我不想咒骂（call names），只想考察这些命名（names）的起源，而且试着确定它们怎样获得了力量。为此，我将考察虚无主义的谱系或思想背景，尤其是虚无主义概念在被尼采给予决定性定义之前的时期里的发展。正如下文即将揭示的那样，我相信尼采误解了虚无主义，而且这种误解误导了后来关于虚无主义的几乎所有思想。

　　在这本书中，我寻求证明，虚无主义不像尼采所宣称的那样，是上帝之死和人的退化的结果，而是一种新的神性全能（divine omnipotence）观念及与之相应的人类力量（human power）观念的结果，这些观念出现于中世纪后期，而且越来越鲜明地成为现代思想的特征。这一诊断并不意味着我相信所有的现代思想都是虚无主义。许多现代思想，包括自由主义、人道主义和新亚里士多德主义等等，就明显走着一条不同的路。事实上，我甚至不愿宣称，我所考察的这支现代思想必然以虚无主义告终。在很多关节点上，思想本可以转到不同的方向。但是我们必须考虑这一事实，即诸多现代思想都走向了虚无主义之路，这使得虚无主义成为一种具体的趋势和轨迹，并且给予了虚无主义某种能量和强力。

我也不想给人一种印象，即这一研究是虚无主义这个概念的发展通史。描述出虚无主义发展的所有细节，这是一项艰巨的任务。相反，我关注的是这一发展过程中我认为是关键转折点的那些地方。因此，我只是考察了为数不多的几位思想家的思想。我也不想寻求对其中的任何一个思想家进行彻底的解释。相反，我关注的是他们思想中那些对于虚无主义概念的发展来说至关重要的时刻。这一关注可能让人以为，我不相信这些思想家能够提供任何积极的东西。这当然不是事实。现代世界并没有破产，而且许多有价值的东西都是那些思想家的著作和思想所产生的结果，虽然这些思想家的其他观点在我看来都很成问题。我的研究不是为了谴责某些特别的思想家，而是确证每一位思想家思想中有助于产生虚无主义的核心元素，由此我们可以更加清楚地理解虚无主义究竟是什么。这样，现代思想中的很多积极成分，我就避而不谈了。

我也不想让读者产生这样的推测，即我相信观念是全能的。事实上，这一研究很大程度上正是为了质疑这一看法。这个世界向我们施加着一种巨大的力量。自然必然性、可能性和偶然性、潜意识的激情和内驱力、经济与政治生活的结构，还有诸多其他因素，这些都以我们不理解也不能完全控制的方式决定着我们。我们尽最大的勇气所能做到的，就是直面这个世界所提出的问题，并寻求用我们自己有限的方法来回应这些问题。但是这一追求不是没有危险。问题扰乱和动摇了我们的生活，而我们总是太习惯于准备接受一些片面的真理和粗糙的简单化之物，以此逃离这些问题带来的困惑。但是，我们自己这个世纪的悲剧已经告诉我们，与其给予这些问题过于草率的答案，不如忍受由这些问题造成的焦虑。虽然心存这些困难和危险，我们仍旧必须尝试针对这些令人困惑的问题给出哪怕是暂时性的答案，因为它们会不时打断我们的生存。

　　在结束前言的时候，我想感谢所有让这一计划的完成得以可能的个人和机构。我要特别感谢国家人文基金会和杜克大学研究理事会的资金支持，感谢我的研究助手保罗·艾伦伯根（Paul Ellenbogen）、托马斯·海克（Thomas Heilke）、莫里·贾丁（Murray Jardine）、约翰·罗伯森（John Robertson）、大卫·施特罗姆（David Strom）、伊莱克特拉·托马斯（Electra Thomas）和斯蒂夫·维尔德（Steve Wild）。我还要感谢所有阅读了我的部分手稿并给予批评和建议的朋友和同事们。最后，我要最为诚挚地感谢妻子南希·亨利（Nancy Henley），并把这本书献给她。这本书和支撑着我完成它的爱孕育于同一时刻。ix

导　论

接近19世纪终了的时候，尼采宣称"虚无主义就站在门口"，　xi
而且问道："这个所有客人中最神秘的客人是怎么到来的？"（*NL*,
KGW VIII 1：123）[①]尼采相信，他已经从"上帝死了"这一事实中发
现了问题的答案。我们这些生活于尼采阴影中的人，鲜有例外地都
已经把关于虚无主义的这种解释作为定义接受了。但是，这个答案
触及虚无主义的本质了吗？抓住它的真正含义了吗？本书的目的就
是要证明，尼采的答案并没有触及虚无主义的本质，也没有抓住虚
无主义的真正含义，虚无主义有一个与尼采所想完全不同的起源
和意义。

根据尼采，虚无主义是下述事实的结果：上帝和所有终极真
理、标准都变得不可相信了。最高价值贬黜了自身。对真理的追求
最终显示，并不存在明确的真理。这样，对虚无主义的理解就依赖
于对上帝之死的理解。尼采说道，上帝之所以死去，是因为人已经
变得太虚弱，无法再支撑上帝，无法创造和再造上帝或真理，而它
们对于在既有秩序中保持信仰是绝对必要的。在尼采的隐喻式语
言中，上帝死于对人的同情，死于对人的虚弱和无能的同情。"两

[①]　所有对尼采作品的引用都列出了目录名、版本和相关部分、卷、页码。
参见书后著作简称列表。

千年了，"尼采注意到，"却没有新的神灵。"（*AC*, KGW VI 3：183）
与来自古老世界诸神的充沛生命力截然不同，人的这种衰弱预示
着人的创造能力急剧下降，意味着意志的根本性衰减。这种始于苏
格拉底和基督教的衰落，就是上帝持续死亡的过程，只不过现在变
得更加明显罢了。这一后果是不祥的：

> 很多东西将随着这一信仰的崩溃而坍塌，比如，我们整个
> 欧洲的道德，原本是奠基、依附、植根于这一信仰的。断裂、
> 破败、沉沦、颠覆，这一系列的后果即将显现——可是有谁眼
> 下能对此作出充分的猜测，才不愧为宣布这个巨大的恐怖逻
> 辑的导师和预言家呢？才不愧为宣布这一史无前例的日食和
> 阴暗趋势的预言家呢？（*FW*, KGW V 2：255）

根据尼采所言，上帝的死亡导致了一个任何事情都被允许的
世界。我们这个世纪发生的那些残酷的战争和极权主义实验，是如
此准确地验证了尼采的预知，以至于我们会把他关于虚无主义的
起源与意义的解释当作正确的结论来接受。

对于他所提出的解决问题的建议，我们的反应要更犹豫一些。
如果虚无主义是把人缩小的结果，那么克服虚无主义就需要把人
放大。换句话说，人必须成为超人。这种解决方案因为它与纳粹的
联系而被广泛怀疑，但即使剥离雅利安超人的形象，这种方案仍然
会冒犯我们的民主情感。不过，尼采这种方案的吸引力在现代社会
还是很大的，许多民主思想家都尝试着用一种更具平等主义和社
群主义特征的超级人性理论来调和他的超人理论。另外一些思想
家用差异观念替换了尼采的等级观念，把他的垂直等级秩序改造

成水平的、有关他性的无序。还有一些思想家尝试把超人解释为不断挣脱自然、语言或被其他人绑缚在他身上的锁链的人，以此使超人教义转换为有关解放的学说。以这些方式解读尼采的理由是明显的，但不明显的是，这些解读方式怎么能够轻易与尼采的不平等主义脱钩，与他所预言的"巨大的恐怖逻辑"脱钩。即使这些努力想要发现一个更为民主的尼采，它们也并未质疑他关于虚无主义的起源与意义的观点。一提到对虚无主义的理解，我们几乎都是尼采式的。

　　要理解为什么尼采关于虚无主义的观点是不充分的，我们必须考察虚无主义的起源。在下文中我们将看到，尼采的虚无主义实际上是对最初被理解的虚无主义概念的反转，而他用以解决虚无主义问题的方案，事实上只是更加深陷于虚无主义问题之中。与尼采的解释相反，虚无主义并非上帝之死的结果，而是另一个不同的上帝诞生或再生的结果，这个全能意志的上帝，怀疑所有的理性和自然，因而推翻了所有关于真理与正义、善与恶的终极标准。关于 xiii
这个上帝的观念在 14 世纪成为主流，它粉碎了哲学和神学在中世纪的联合，把人投掷到一种全新的思维与存在方式——一种与古代方式（*via antiqua*）根本相左的现代方式（*via moderna*）——中。这种新方式反过来为作为人的自我主宰领域的现代性奠基。虚无主义因此可以在现代性的基础中找到它的根源，尽管它只是作为这个开端所经历的一系列转换的结果而浮现出来。本书就是对这些转换的考察，对虚无主义发生于其中的迂回曲折的人类思想进程的考察。正是在这个关于思想道路的故事中，中世纪后期一个关于全能上帝的概念激发和形成了一个关于人和自然的新观念，这种观念把优先权赋予意志而非理性，赋予自由而非必然性和秩序。它开始于笛卡尔作为意愿的思想（thinking as willing）的观念，通过费希特"绝对之我"（the absolute I）的观念，在19世纪予以明确表达的虚无主义中达到顶峰。这是一个关于尼采之前的虚无主义的故事。

本书第一部分尝试确定绝对意志（absolute will）观念的起源，并追踪这一观念的发展。它关注从中世纪后期基督教危机中出现的现代世界。第一章要证明的是，全能上帝这一唯名论的观念是绝对意志观念的起源，而且正是这一观念闪烁在笛卡尔征服自然的计划之后。经院哲学停留在上帝和宇宙根本上是理性的这样一个假设中。唯名论却认为，假定上帝服从于自然或理性，这与上帝的神性相矛盾。这一批评的意图是重申圣经的重要性，但实际效果却是割断理性和启示之间的关联。这就把自然科学从信仰的束缚中解放出来，为经验主义敞开了大门，但也建立起一种全能的神性意志，它不再被任何关于善的理性观念所制约。由此，唯名论的革命培植起一种不断增长的怀疑，这种怀疑直接针对科学与道德的领域，因为它们存在于一个由任性的、超理性的上帝主宰的宇宙中。自然科学的兴起与普遍怀疑的兴起如影随形。为了拯救自己和自己的科学，人必须建立堡垒以抵御任性或恶意。第一个建造这样的堡垒的，是笛卡尔。

第二章考察笛卡尔理性城堡的地基。笛卡尔梦想着一种普遍科学，它能够确保让人统治自然，但是这样一种科学被激进的怀疑论所质疑，而这种怀疑论产生于一个全能上帝的可能性。笛卡尔相信，在"我思故我在"（*ego cogito ergo sum*）这一原理中，他已经为人类知识找到了一个在欺骗面前无懈可击的基础。这个原理对人类自由和主宰自然来说是必要的前提。人们知道他们存在，而且知道他们作为一个思想着的事物而存在。但是对笛卡尔来说，去思想，最终就是去意愿。这样，他的基本原理就是意志的自我确认行动，而它之所以可能，是因为这一事实，即这种意志就像上帝的意志一样是无限的。这样，人就具备了维护自身甚至反抗上帝的能力。但是人并不具备上帝的完备知识，也因此不是全能的。这样，人最初只是在他的反思范围内是自由的。在理性的堡垒之外占据统治地位的，仍然是由一个可能存在的恶意上帝引发的混乱。因此，笛卡尔用于征服这种混乱的普遍科学必须依赖于一个证明，即上帝并没有恶意，也没有欺骗我们。

笛卡尔的上帝不是一个骗子，因为他是完满的，而且他之所以在笛卡尔眼里是完满的，是因为他是无限的。相反，人类是有限的、匮乏的而且因此是自私的存在者，他们会欺骗同类，以确保他们自己的利益。由于是无限的，上帝并不把自己和其他东西相区分，因此也没有承认他自己的利益和他的造物不同。所以，他不会欺骗我们，也因此与科学漠不相关。这样，笛卡尔的方法就能使人主宰自然。唯名论的超理性上帝因此成为理性和科学的保证人。但是，还有一些迹象表明，人与上帝之间的这种和谐是人为的和不稳定的。笛卡尔的上帝已经失去了他的独立性，成为人类思想中一个无关紧要的表象。同时，人的意志被视为无限的，人的自由完全可能是绝对的。

本书第二部分，考察绝对意志观念在德国唯心主义和浪漫主义思想中变得明确的过程。虽然绝对意志这种可能性潜在于笛卡尔的思想中，但还是和他思想中的理性元素保持着某种平衡。更何况，这种可能性已经被他的理性主义追随者和经验主义反对者们几乎完全模糊掉了。

经验主义也可以在唯名论革命中找到它的起源，但是总体上不同于笛卡尔和理性主义，经验主义认为上帝基本上与对自然的研究和对人类生活的管理没有关系。这样，仅仅以经验为基础来理解自然世界，就有了可能。人是一种会运动的物体，被赋予了一种有限的、自然的理性，这种理性能够把握那种主宰万物的普遍存在的因果关联。如果上帝存在，他也不是一个超验而全能的存在，不会介入自然，而只是自然法则的保证人。在这个意义上，通过拒绝神性自由和全能，或者通过拒绝神性存在，经验主义解决了一个武断、任性的上帝的问题。

不过，经验主义在休谟的思想中得出一个怀疑主义的结论，即因果关系只是一种认知习惯，它并不存在于任何认知对象的本性中。这一结论使得一种确定的自然科学成为不可能，相应地也使经验主义遭遇同样由神性全能观念催生的不确定性。另外，针对人类自由就是**脱离**自然束缚的自由这一观念，经验主义也难以给出令人满意的解释，而这一观念在现代性中已变得越来越有影响。笛卡尔为这样一个激进的人类自由打下了基础，但并没有更加明确地发展它。这个任务由卢梭完成了。

卢梭开始把自由视为意志超越和改变自然的能力。他把基督教赋予上帝的那种自由赋予人类。没有一个先在的自然原因的必要前提，人同样可以开启一个因果链条。但是，这种自由的合理性，似乎仅仅存在于抽象的普遍性中，而且实际上这种普遍性似乎只是意志的一个瞬间决定。这样，在卢梭和休谟那里，理性主义和经验主义都想排除的任性，作为人类心灵的最为重要的原理，重新出现在现代理性的最深一圈堡垒中。

第三章考察笛卡尔无限的人类意志观念的潜在可能性，如何在费希特对康德实践理性观念的重写过程中变成现实。对康德来说，最基本的哲学问题是自由与自然因果之间的二律背反。他认为，没有自由，自然因果观念是不充分的，但是自由观念似乎又否定自然因果观念。自由和自然因此似乎互相必需，也互相否定。康德对这个问题的答案是先验唯心主义。二律背反出现在康德的视野中，不是因为世界本身就是二律背反的，而是因为有限的人类理性尝试超越自己的有限性，去获得关于无限存在的知识。因此，解决二律背反问题的办法就是认识人类知性固有的限度，认识理性的两个相互分离但又可能同形同构的领域，其中一个是由自然法则主宰的现象领域，另一个是由自由的道德法则主宰的本体领域，也就是一个纯粹理性的领域和一个实践理性的领域。在康德看来，　xvi
这两个领域反映了意识的两个不同方面，却被意识自身的先验统一性统辖在一起。不过，在康德的思想中，这种统一性的具体特征仍然是昏暗不清的。

　　首先尝试从这种昏暗中走出自己道路的人之一是费希特。不同于康德在自然和自由的要求间寻求平衡，费希特相信，仅仅依靠实践理性或自由，他就能够建立起一个全面的体系。这是他的《知识学》（*Science of Knowledge*）的目标。对费希特来说，"我"（the I）就是一切。但是，他的这个"我"不是人类个体的"经验之我"（the empirical I），而是普遍意志或实践理性的"绝对之我"（the absolute I）。这个"我"是完全自主的，它把自己设定为一个"经验之我"，设定为主体性的领域，并且在建立"非我"（the not-I）即自然的客观领域或现象领域的过程中限定或否定自己。

　　这个"我"因此异化了自身。"经验之我"知道自己是绝对的，但是由于"非我"（亦即现象世界）置于其身上的束缚，"经验之我"无法认识到自己的本质。这样，"我"就首先通过在有限存在和无限存在之间插入一系列概念，来寻求和解。但是，这种理论理性的方法失败了，因为这些概念本身是有限的，并且因此实际上与"我"的无限本质格格不入。

实践理性的方法要更成功一些。如果"非我"不能与"我"和解，"非我"就必须被取消，绝对自由也必须被建立。为了完成这种建立，费希特尝试证明现象世界只是"绝对之我"的意志的外在表现，这种意志在我们的情绪、本能和动机中显现，并借助它们显现。这种绝对意志作为对无限的追求出现在我们那里。但是，为了追求无限，"经验之我"最终达到了它的力量极限。这时候，它看上去在经验着一个外在的对象，实际上经验的只是自己的虚弱。"我"自身因此正是这个对象世界的根源。但是，认识到"非我"只是"我"的一个时刻，这并不能产生和解与完全的自由。作为有限的东西，"我"永远不可能成为无限，不可能绝对自由。因此，它能达到的最高境界就是渴望，而渴望是"我"朝向目标永远前进的前提。

在政治领域中，这个意志概念导致费希特支持一种自由的极权主义。大多数个体都被自然欲望束缚，也必然被迫自由。在其早期思想中，费希特认为在学者的领导下，自由能够实现。随后，人民变成了追求自由的内在意志的贮藏库。费希特的政治律令实际上是绝对律令向政治生活的延伸。个体永远不可能变得绝对自由和无限强力，但是他能够作为"绝对之我"的一个时刻参与二者之中，这个"绝对之我"显现在人民的感觉和情感中。

唯名论强调神性意志的至高无上。现代性以各种方式寻求建构一个堡垒，以对抗这种神性意志所包含的混乱。笛卡尔的意识的自我确定性概念，还有经验主义的无限自然因果观念，有助于约束神性任性的力量和活动范围。但是费希特的"绝对之我"却拥抱并承认神性任性。就像唯名论的上帝，这个"我"具有超越自然理性的创造能力。确实，它替代上帝，成为自然和自然法则的超理性源泉。在这个意义上，传统的基督教上帝成为多余。

正是由于这一原因，耶可比把费希特的整个哲学和唯心主义描述为**虚无主义**。对耶可比来说，唯心主义认定意识之外无真理，而且因此缺乏任何用来衡量自身的客观标准。这就把一切都还原成了主观性。耶可比接着认定虚无主义的根源不在于对意志的缩小，而在于对意志的放大，在于一种绝对的人类意志和自由教义。

第四章考察这种绝对意志观念的发展，以及德国浪漫主义和唯心主义中与虚无主义相伴而生的概念的发展。早期德国浪漫派对费希特的继承已经获得公认，这使得耶可比的赞赏者让·保罗把他们描述为"诗性虚无主义者"（poetic nihilists）。这些诗性虚无主义者在现象背后发现的，不是上帝或者自然，而只是一种黑暗的恶魔力量，这是一种理性难以理解的力量，人也只能通过他的感觉来抓住它。就像在费希特那里一样，感觉只是这种绝对权力或意志在个体中的表现。但是要接近这种恶魔般的意志，只能通过打碎习俗强加于我们身上的锁链来实现。这样的知识因此只能来自不道德和犯罪。路德维希·蒂克的威廉·洛维尔就是一个原型，洛维尔的发现之旅让他走进的，正是这种恶魔般的黑暗中心。一次走进情欲和犯罪的旅行，被证明对获得自我认识来说是必要的，对获得关于主宰这个世界的恶魔力量的知识来说也是必要的。洛维尔不是一个恶棍，而是一个有勇气的悲剧英雄*。蒂克因此把兽性存在证明为

---

　　* hero，既有"男主角"又有"英雄"之义，本书大都译为"英雄"，原因见本书边码第104页。——译者

通往神性存在的路。

　　即使是这一浪漫主义的虚无主义最重要的反对者歌德和黑格尔，最终也没有逃离这种虚无主义的符咒。歌德的《浮士德》最初打算要批判这些恶魔式英雄，但是最终却几乎完全肯定了他们。浮士德本人也是一个恶魔式诱惑者和谋杀犯。但是，歌德并不打算谴责他，因为他相信恶魔式存在只是神性存在的一个时刻。浮士德的邪恶最后作为通往更高的善的途径而得到了辩护。黑格尔限制哲学虚无主义的尝试，走的是类似的路，得到的是类似的结论。他尝试通过用否定反对否定的方法，来解决费希特思想中根本性的虚无主义。他也从康德的二律背反开始，但不是通过普遍化的实践理性或意志，而是通过关注存在于矛盾自身的必然性来克服这一二律背反。对黑格尔来说，浪漫主义的恶魔意志变成了理性的狡计。就像歌德那样，他也让恶魔式存在服务于神性存在。恶魔式的世界历史性个体的所有行为，都会被原谅，甚至会被提升为产生理性国家的途径，在这种理性国家中，公务员充当着理性的代理人和人类生活的引导性力量。

　　但是，歌德和黑格尔尝试用于束缚恶魔的那些宽松锁链，对他们的继承者来说也是难以忍受的。浪漫主义者开始远离浮士德，转向拜伦式英雄如曼弗雷德，他们就像洛维尔和浮士德那样寻求禁忌的知识，并且在对这些知识的寻觅中亵渎最神圣的法则。但不同于早期浪漫派的是，这些英雄不会忏悔，反而会赞美他们的犯罪。黑格尔左派同样也远离黑格尔对理性与现实进行的思辨综合，而只是保持了费希特的辩证发展原则，这一原则本是黑格尔要寻求超越的对象。但是，他们并没有在孤立的个体中，而是在现实社会中发现这种辩证发展。通过这种方式，费希特式的"我"所具有的无限而不懈的自我肯定和否定元素，变成渴望革命的阶级和政党的具体历史意志。

这些革命者在德国以虚无主义者著称。某种程度上，这是黑格尔左派与浪漫主义批评家联合形成所谓青年德意志运动的结果。比如，卡尔·古茨科在他的中篇小说《虚无主义者》(*The Nihilists*)中就区分了两种类型的革命者：一种是完全利己主义的，一种是服务于人类更高的善的。他排斥作为浪漫主义的和反动的前者，赞美作为有效的改革者的后者。但是，即使是古茨科的好的虚无主义者，也仍然属于浪漫主义的宽泛领域，因为他们不是被道德原则所推动，而是被他们的感觉所推动。但凡感觉起决定作用的地方，暴力或变态的激情主宰一切的可能性就不会被消除。 xix

本书第三部分，考察被明确表述的虚无主义在19世纪后半叶的俄国和德国的发展，在那里虚无主义被视为一种道德和政治的教义。第五章考察虚无主义在俄国思想与文学中的发展。就像在德国那样，俄国的虚无主义来自黑格尔左派，是对浪漫主义的反应。尽管这场运动最后变成唯物主义和民粹主义，它的根本特征还是尝试建立一种超级人性，这种超级人性能够实现笛卡尔完全主宰自然的梦想。虚无主义者确信人类意志的终极全能。他们比他们的德国同代人走得更远，后者相信现实的辩证结构会给人类意志施加难以克服的限制。这些俄国人相信，只要足够多的人意愿一种瞬间的改变，这种改变就有可能发生。他们称这样的"新人"为知识分子。

屠格涅夫《父与子》中的主人公巴扎罗夫，就是代表这种新人的卓越文学典型。对他来说，虚无主义就是对所有权威尤其是人类心灵的权威的拒绝。尽管拒绝浪漫主义，他还是一个浮士德或曼弗雷德式的浪漫主义者，这样的浪漫主义者根据他自己强大的自我来判断这个世界，以对所有现实抱持彻底批评的态度来维护绝对自由的否定性力量，但是最终发现他自己也是这种否定性力量的否定对象。不过，他自己的死亡，终因有益于未来的生活而得到了辩护。就像他的导师歌德和黑格尔那样，屠格涅夫也尝试证明，自由的否定性力量服从于一个更高的自然秩序。

许多虚无主义的革命者被巴扎罗夫所激怒，他们把后者视为他们革命活动的讽刺画。尼古拉·车尔尼雪夫斯基写作《怎么办？》，就是为了描绘一幅更讨人喜欢的虚无主义者画像。但是，其他虚无主义者如德米特里·皮萨列夫却认为，如果想要赢得革命，他们必须拥有像巴扎罗夫这样的冷酷、残忍的典型。尽管车尔尼雪夫斯基的版本对虚无主义者自身来说更为迷人，屠格涅夫和皮萨列夫的虚无主义者版本却最终赢得肯定，因为它确实是能够挑战独裁政治的唯一可行的模式。这个版本的虚无主义者后来成为像涅恰耶夫这样的恐怖主义者的榜样，也成为列宁、托洛茨基和斯大林等布尔什维克革命者的榜样。绝对自由的概念能够在唯名论的上帝概念中找到它的起源，而在斯大林的恐怖统治中大显身手。

第六章和第七章检视浪漫主义的恶魔元素如何过渡进入尼采所谓狄奥尼索斯式存在（the Dionysian）中。尼采宣称，他的思想根本上就是狄奥尼索斯式的，因而是彻底反形而上学的。海德格尔虽然反对这一宣称，但也没有严肃地考察尼采思想中的狄奥尼索斯元素。依靠狄奥尼索斯元素，后现代主义的解释者认为尼采实际上就是一个完完全全的后现代解构主义思想家。我想尝试证明，即使是尼采的狄奥尼索斯式存在概念，也仍然以一种尼采本人都不理解的方式与形而上学传统相关。

这一事实对评估尼采的虚无主义概念尤为重要，因为他对虚无主义的发展和理解，完全建立在狄奥尼索斯和被钉十字架者之间的对立上。他对虚无主义的解释，是对早先使用的虚无主义概念的完全颠倒。虚无主义最初被理解为人傲慢地放大自己的结果，但在尼采眼里，虚无主义却是人民主地缩小自己的结果。以这种新的理解为基础，尼采主张克服虚无主义的办法就是求诸超人，也就是求诸一个先前恰恰被视为虚无主义之本质的概念。

第六章检视叔本华的绝对意志概念如何为尼采把恶魔式存在转化为狄奥尼索斯式存在打基础。叔本华是费希特的学生，并且深受其影响。生命意志这一叔本华的核心概念，受到了费希特"绝对之我"的根本性影响。不过，就像浪漫主义者那样，叔本华把自己的生命意志解释为现象背后的恶魔意志。叔本华思想中的这种浪漫主义元素，使得他对这种意志的特征和意义保持一种比较阴暗的态度。费希特的那个本质上努力追求和解与自由的"我"，在叔本华这里变成了魔性生命意志的欺骗性力量，它用无望和一切人反对一切人的持续战争主宰着我们。叔本华只找到了两种可能的解决方案。我们可以像艺术家那样反观这个世界和这种意志，或者，我们可以做禁欲主义者。但是，这两种方案只有对天才来说才是可能的，而天才也是被生命意志的神秘行动选定的。人类的其余部分，注定永陷犯罪和受苦的轮回。

尼采把这种叔本华式的意志视为一种渴望虚无的意志，并且认为它同样是在缩小人。确实，他相信正是这种意志构成了他所鄙视的市民社会的本质。不过，尼采并没有简单地拒绝这种意志。相反，他认为叔本华误解了这种意志，把这种意志最为虚弱的形式假定为这种意志本身。对尼采来说，关键的选择是在狄奥尼索斯和被钉十字架者之间进行的。被钉十字架者是这种意志的虚弱形式，它在一般情况下寻求自我保存和快乐，而在极端情况下践行禁欲主义。它只会生产平庸和绝望，是虚无主义的根源。狄奥尼索斯式的意志却是以追求强力为特征的权力意志，它并非仅仅追求自我保存，而是追求自我克服。它因此不是在放弃中终结，而是在肯定中终结，带着它所有的悲剧性痛苦，在对生命的伟大肯定（yes）中终结。

第七章检视尼采的狄奥尼索斯概念，尝试证明它为什么是尼采的文化更新计划的基础。尼采对文化更新的希望，与他早期思想关注瓦格纳的德国精神再生计划密切相关。在《悲剧的诞生》中，尼采尝试证明这样一种文化转型已经被古希腊人完成了，因此它能够被再次引入德国。这样一种转型的关键因素是狄奥尼索斯。狄奥尼索斯对尼采来说是和解的上帝，它统一了所有分裂的现象。但是这种和解不是理性的，而是音乐性的。对比黑格尔的绝对知识作为永恒和解的基础，尼采的狄奥尼索斯智慧，是永远彼此分离的力量之间出现的短暂而易逝的和谐。这样的和解因此不会终结于永恒的和平，或者理性的状态，而是终结于悲剧。但是通过悲剧，我们获得了伟大，正是这伟大，使我们超越了痛苦。

尼采过分夸大了狄奥尼索斯与被钉十字架者之间的对立。事实上，他的狄奥尼索斯概念就来自基督教的上帝概念，尼采之所以对此完全不知情，很大程度上是因为他没有意识到他的概念其实是继承了早期浪漫派的狄奥尼索斯观念，还有唯心主义者的意志概念。狄奥尼索斯式的权力意志因此事实上只是绝对意志观念的进一步发展，而这种绝对意志观念首次出现在唯名论的上帝概念中，并且在费希特的"绝对之我"概念中成为一种世界历史性的力量。这意味着，上帝并不像尼采所相信的那样已经死去；死去的只是上帝的理性元素，而这些元素之所以被移植到基督教的上帝身上，是为了抑制他的全能。因此，用尼采自己的比喻式语言来说，尼采的狄奥尼索斯并不是基督教上帝的替代物，而只是他的最后表现形式。某种意义上来说，尼采的狄奥尼索斯是戴着最为现代的面具的基督教上帝。

　　正如这份简单的大纲所清晰表达的那样，这本书对虚无主义的起源所作的描述，某种程度上是对现代性故事的重写，因此有必要把这种描述和其他类似的描述做一些区分。类似的描述最有名的可能莫过于马丁·海德格尔。海德格尔也视虚无主义为意志在现代思想中出现的结果。但是，海德格尔的意志概念不同于这里使用的意志概念。对海德格尔来说，现代的意志概念只能在视存在（Being）为主体性的框架中理解，因而只能根据笛卡尔的形而上学来理解。我认为，笛卡尔的形而上学只能被理解为对早期全能神性意志概念的响应和世俗化。海德格尔不是没有认识到就是没有承认这两种意志概念之间的关联。他当然也对区分彼此抱有既定的兴趣，因为他自己的存在概念，这个被他用来作为解决虚无主义问题（作为现代意志哲学的产物）的方案，实际上与早期的全能神性意志概念有着深厚的渊源。在他的思想中，存在是一个超越了自然与理性的全能力量，接近于唯名论隐匿的上帝（*deus absconditus*）。[①]由于海德格尔误解了意志的本性，他并不理解它对虚无主义的真正意义。

────────

　　① 关于这一点，参见我的《海德格尔思想中的历史与时间性》["History and Temporality in the Thought of Heidegger," *Revue Internationale de Philosophie* 43 (1989): 33–51]。（根据查证，吉莱斯皮这篇文章应该是 "Temporality and History in the Thought of Martin Heidegger"。——译者）

我的观点也类似于汉斯·布鲁门贝格（Hans Blumenberg）在《现代的正当性》(*The Legitimacy of the Modern Age*) 中所提出的观点。① 我同意布鲁门贝格的总体观点，即现代性在回应中世纪后期思想中出现的棘手难题里发展，但是与布鲁门贝格相反，我认为现代意志概念或布鲁门贝格所谓"自我肯定"(self-assertion)，并非一个重新占领了由怀疑主义打开的知识领地的全新建构，而不过是神性全能概念的世俗化。从这一方面看，我的观点更接近卡尔·洛维特（Karl Löwith）和阿莫斯·冯肯施坦（Amos Funkenstein）的世俗化理论。我也基本上不同意布鲁门贝格把现代性的合法性建基于自我肯定或意志之上的做法。布鲁门贝格虽然看到这一概念在启蒙运动中及其之前所扮演的角色，但没有看到同样一个概念也在后来的思想进程中居于核心地位，而这一思想进程的终点是虚无主义。因此，布鲁门贝格没有理解自我肯定这一概念同样是现代性非法化的过程。

在《总体性革命的渴望》(*The Longing for Total Revolution*) ② 中，伯纳德·雅克（Bernard Yack）非常认真和富于洞见地谈论了现代思想后来的发展，尤其是马克思和尼采的思想。雅克也拒绝世俗化理论。他相信，尼采和马克思代表的理想，完全是对黄金时代遗物的渴望的现代版本。根据他的观点，这种渴望导致尼采和马克思的思想在努力重建逝去的黄金时代过程中走向极端。因此对雅克来说，

xxiii

---

① Hans Blumenberg, *The Legitimacy of the Modern Age*, trans. Robert W. Wallace (Cambridge: M. I. T. Press, 1983).

② Bernard Yack, *The Longing for Total Revolution: Philosophic Sources of Social Discontent from Rousseau to Marx and Nietzsche* (Princeton: NJ: Princeton University Press, 1986).

在现代激进思想中，存在一种目的论的必然性。我并不想怀疑这一基本观点，我认为它是正确的，但是我确实想要争论的是，虚无主义和现代激进主义的"本质"，通常不在于渴望某个实体性的目标，而在于不断地拒绝所有已达到的目标，因为这些目标会成为对人类自由的束缚。因此，我强调的是现代激进主义彻底否定性和破坏性的特征。雅克关注对完美生活方式的渴望；我尝试通过分析这种渴望本身，证明这种渴望为什么永远不可能被任何有限的方法来满足，因此必然拒绝它自身建立的任何目标；换句话说，证明为什么现代激进思想，不管是尼采还是俄国虚无主义者的思想，都必然崇拜一个否定一切的黑暗上帝。

不过，关注这种否定性，不是为了谴责现代性。事实上，我想要证明的是，尼采对虚无主义的起源与本质的解释，导致我们错误地贬低了现代世界，尤其是把自由主义和虚无主义混为一谈。根据他的观点，自由主义是奴隶道德的最后胜利，它摧毁了古老的贵族秩序的最后残余物。它因此生产出了平庸的末人，而正是这末人的虚弱最终摧毁了上帝。因此，对尼采来说，自由主义在对传统价值的虚无主义解构中扮演着重要角色。

我认为这种观点是站不住脚的。虚无主义不是自由主义的结果，而是现代思想中与自由主义格格不入的一支。它并没有把人视为有限的、不完美的和"得过且过"的存在，而是视为一种超人式的存在，一种能够通过运用他的无限意志重新创造世界的存在。虽然自由主义可能终结于相对主义，但是它拒绝上述这样的普罗米修斯式观点；虽然自由主义有时候可能还会生产平庸和无聊，但是它不会制造恐怖与破坏的政治。确实，尽管自由主义在很多方面拥抱相对主义，但是面对恐怖主义式的政治，它还会显示强大的反弹力量。

虚无主义产生于一个被全新揭示的世界的脉络中，这个世界不再是理性的产物，而是意志的产物。本书的论证指出，解决虚无主义问题的方法，不在于肯定意志（will），而在于少一些意愿（will-ing）。不过，要想知道怎样减少意愿，需要进一步深入思考意志概念的起源与本质问题。这样，克服虚无主义的方法，只能来自对经院式综合的瓦解的深刻理解，因为正是这种综合导致了唯名论意志概念的出现。只有通过这种方式，我们才能够充分理解现代性和虚无主义的特征。

第一章　笛卡尔与骗子上帝

导语：科学与怀疑之路

在通往现代性的大门上，刻着这样一句话："我思故我在。"我 们每一个走过这道大门的人都会中它的魔法。确实，我们都已被这个原理改变，因为正是它让我们对做一个人意味着什么有了新的答案，而且由此让我们建立起关于政治、道德和哲学的一系列全新可能性。在现代性依赖这一原理的情况下，人不再被理解为理性的动物或上帝之子。关于人的存在的这些定义虽然并没有消失或被忘记，但是已经被逐渐取代了。它们因此已经不再规定着我们生活于其中的这个文化世界。相反，我们现代人越来越倾向于把自己理解为站在世界对面的主体，这个充满敌意的世界则必须被征服，必须服从于我们的意志。

不过，宣称现代性仅仅是主体性，可能是错误的。现代性是各种元素组成的集合体，如果不认识到这一事实，我们就会误解我们的传统所包含的丰富的多义性。比如说，人道主义、经验主义和自由主义，就不能完全只被理解为主体性的表现形式。但同样不可否认的是，主体性和它的命令出现在越来越多的地方。

为了理解我们自己和我们的世界，我们似乎必须认真对待主

体性的原理"我思故我在"。但是，如果不了解它作为答案所要回答
的问题，我们怎么会理解答案本身？每一个陈述或命题，都是一个
被明确或不明确提出的问题的答案，相应地，任何命题的意义也只
能被它要回答的问题所决定。问题驱使和引导我们朝着一个特别的
方向、一个特别的答案走去。"我思故我在"是笛卡尔的原理，它要
回答的问题是那个推动他的思想的问题。为了了解这一原理和主体
性这个现代概念，我们必须首先了解笛卡尔这个人。

　　1596 年，笛卡尔出生于一个被宗教改革时期的宗教战争所撕
裂的世界。他来自一个富裕的家庭，在新创立的拉弗莱舍耶稣会
学校接受了出色的教育。他是一个如此优秀的学生，以至于老师
们允许他在图书馆里随心所欲地学习和研究。他对许多传统学术
著作了如指掌，并且还研究了一些神秘科学。不过，他最热爱的是
数学。离开拉弗莱舍后，他研究法律并开始了军事生涯。然而，他
实际上从来没有参加过战斗，而是花了大多数时间去研究数学和
科学。正是在 1619 年的这段时间里，笛卡尔被一个改变了他生活
的观念迷住了，这个建立在数学基础上的普遍科学（a universal sci-
ence）的观念虽然明显来自培根，却采用了属于他自己的数学形式。
根据他自己在《奥林匹卡》（*Olympica*）中零零碎碎的甚至可能有点
虚构的解释，这个观念起源于一场梦。不管起源如何，笛卡尔很快
就意识到它的重要性。他相信，这样一种科学可能会彻底改变人们
的生活，赋予人类主宰自然的能力（培根一直在追求着这种能力），
并且因此给予人类迄今一直缺乏的安全和繁荣。

　　笛卡尔认识到，完成这个计划将是一个重大的任务，他必须
做好充分的知识和实践准备才能开始。因此，直到 1628 年，他都
没有展开这项工作。第一批劳动成果，是他研究了关于伽利略的

判决书后于震惊中写下的片段，包括《指引心灵的规则》(*Rules for the Direction of the Mind*) 和《论世界或光》(*The World or Treatise on Light*)。1636 年，他发表了《谈谈正确引导人的理性和在科学中追求真理的方法》(*Discourse on the Method for Rightly Conducting One's Reason and for Seeking Truth in the Sciences**), 还有三篇作为这种方法的典范的科学论文。为回答《谈谈方法》第四部分那些基本概括他的形而上学思考的问题，笛卡尔于 1641 年出版了《第一哲学沉思集》(*Meditations on First Philosophy***)。1644 年，为回应这本书所引起的批评，他又出版了《哲学原理》(*Principles of Philosophy*)。1649 年，他发表《论灵魂的激情》(*Passions of the Soul*), 这本书显示出他的道德哲学轮廓。不久之后，在一次对瑞士的访问中，笛卡尔感染了肺炎，于 1650 年 2 月初去世。

在笛卡尔活着的时候，他的著作就已被受过良好教育的人们广泛阅读并引起广泛争议，这不仅是因为这些著作中出现的哲学、数学和科学创新，还因为这些著作对待信仰的颇成问题的态度。它们对阿诺德 (Arnauld) 和马勒伯朗士 (Malebranche) 的直接和明确的影响不可否认，就像它们也对莱布尼茨和斯宾诺莎产生过重要影响那样。不过，他的思想的重要性，直到 17 世纪 60—70 年代才开始被广泛认识，这时，他的思想已经成为许多欧洲大学标准课程的组成部分之一。笛卡尔思想对一代代后人的深远影响，让他无可置疑地获得"现代哲学之父"的美名。

只有在他尝试建立一种普遍科学这一语境中，笛卡尔的基本

---

* 下文原书中简写为 *Discourse*，因此后文均简译作《谈谈方法》。——译者
** 下文原书中简写为 *Meditations*，因此后文均简译作《沉思集》。——译者

原理才可能被理解。在《指引心灵的规则》的第二条规则中，他描述了这样一种科学：

> 所有的知识都是确切的和明白的认识。一个怀疑过许多事情的人，并不比一个从来没有想过这些事情的人更智慧；确实，如果他对这些事情中的一部分形成了一种虚假的判定，他似乎显得更少智慧。因此，与其被那些我们难以区分真假并且不得不假装确定的事物所折磨，还不如根本就不要去研究；因为在这些问题上，减少我们的知识的危险，远好于增加我们的知识的希望。于是，根据这一规则，我们应该拒绝所有这些仅具可能性的认识，决心只去相信那些被完全认识并且不可能被怀疑的东西。（AT，10：362；CSM，1：10–11）[①]

这就是笛卡尔要去解决的问题——怎样克服所有的怀疑，并且获得不仅可能更须确定的知识。在《指引心灵的规则》和其他早期著作中，笛卡尔尝试以直觉（intuition）[*]的即时性为基础发现这种确定性，这种直觉是"来自一个清晰而专注的心灵的无可置疑的概念"，它"仅仅产生于理性的光芒中"（AT，10：368；CSM，1：14）。但是，笛卡尔开始发现，这种直觉本身不是他的科学所要求的确定性的有效基础。没有一种超越自然的考察，自然不可能被征

[①] 所有对笛卡尔作品的引用都列出了目录名、版本、卷和页码。参见书后著作简称列表。我有时候会稍微修改英语译文，以和我对法语或拉丁语原文的解读保持一致。

[*] 根据已有翻译习惯，本书中的 intuition 有时译作"直觉"，有时译作"直观"。——译者

服。于是，笛卡尔被迫进行了一番形而上学的考察，这番考察为了探求某种确定的基础，抛弃了所有既定观念，走上了一条彻底的怀疑之路。这番探求让他发现了他的基本原理。

在《谈谈方法》这本意在向公众介绍笛卡尔科学新方法的书中，这个原理得到第一次陈述。这本书以一种自传式风格写成，并且把这种新方法描述为一种以笛卡尔自己为代表的新型人类的必要组成部分。就像他的前辈蒙田，笛卡尔把自己描述成一个仿真模型。但是不像蒙田面对一个基本上不可理解的世界时主张自给自足和乐天知命，笛卡尔拿出了一个主宰自己和世界的计划。这样，笛卡尔的计划不是来自对宁静之祷、耶稣变容或神圣化的渴望，而是来自对安全和繁荣的欲望。①

在解释了他所受的教育（第一部分）、他的方法（第二部分）和他暂定的道德法则（第三部分）后，笛卡尔描述了自己关于哲学基础的初次沉思（第四部分）。他表达了自己对描述这些沉思的合宜性的怀疑，因为它们是如此形而上学化和不同寻常，以至于不可能合乎每个人的口味。尽管如此，他还是觉得自己不得不勉为其难，尽可能去言说他为自己的新科学所找到的确定基础。他告诉读者，尽管有时候有必要把一些最不确定的原理视为无可置疑的原理，但为了追求真理，还是有必要彻底拒绝任何虚假的东西，只要人们觉得它们存在一点点可疑的地方。于是，他决定"决不接受任何看似真实的东西，如果我没有关于这个东西的真实性的足够知识，……根据我的判断，仅仅接受那些对我的心灵来说表现得如此清晰和确切、

4

---

① 参见 Hiram Caton, *The Origin of Subjectivity: An Essay on Descartes* (New Haven: Yale University Press, 1973), 40, 63, 65。

让我根本没有机会怀疑的东西"（AT，6：18；CSM，1：120）。

就像他的《指引心灵的规则》，笛卡尔的初次沉思开始于怀疑的问题，而且为了寻找确定性，走上通往怀疑的道路。由于感官会欺骗我们，笛卡尔拒绝所有感觉的真实性；由于人们在很简单的几何推理中都会犯错误，笛卡尔拒绝所有的几何证明，而且由于我们通常在梦中也具有和清醒时一样的思想，笛卡尔决定把最初进入他心灵的每一种事物都视作梦幻。但是，就在通过这条路走向怀疑论的终点时，他注意到，当他尝试思考每一种虚假的东西时"那个正在思考这个东西的我，却是必然存在的。而且由于发现'**我思故我在**'这个真理是如此牢固和确定，以至于那些怀疑论者最过分的猜测也无法动摇它，我决定我能够毫不犹豫地把它视为我正在寻求的哲学的第一原理"（AT，6：32；CSM，1：127）。

《沉思集》对这一发现的描述更加充分。为了普通公众，《谈谈方法》用法语写成。笛卡尔只是紧随《谈谈方法》第三部分中暂时性的道德法则而勉为其难地谈论了他的形而上学反思，却避免提出任何可能颠覆宗教信仰或道德的问题，这样，那些脆弱的心灵就不会用它们制造麻烦（AT，6：31；CSM，1：126）。[①] 很明显，他在这里表现出"爱管闲事和不知疲倦的性格特征，他既不是一开始就也不是偶尔一次呼吁公共事务的管理，而是一直在构想一些新的改革"，他还说道，如果《谈谈方法》中还存在一丁点有助于这种荒唐事的东西，他就不会出版它（AT，6：15；CSM，1：118）。

不同于《谈谈方法》，《沉思集》为了更博学和看上去更严谨的

[①]　参见 Descartes to Mersenne, March 1637; and to Vatuer, 22 February 1638, AT, 1: 363, 365, 560–61。

读者而用拉丁语写成。不过，即使这项事业也不是没有危险，因为书中的观点可能会传播到并不博学的那些人中间。尽管如此，在笛卡尔看来，必须冒这份险，因为不通过这种方法，任何确定性的东西都不可能在哲学中建立起来。虽然火与刀"不能被粗心的大人或儿童安全使用，但并没有人会说这是绝对不能使用它们的原因"（AT，7：247；CSM，2：172）。

就像《谈谈方法》那样，《沉思集》也用一种自传风格写成，而且某种意义上只是对《谈谈方法》第四部分的扩展。"第一沉思"的第一段话就通过概括《谈谈方法》的一至三部分而强调了这种关联。《沉思集》至少在表面上对最初激发笛卡尔思想的那种基本的怀疑进行了更明确的讨论。但是在这些表面的相似性下面，存在着诸多足以怀疑两本书连续性的不同之处。关于《谈谈方法》和《沉思集》关系的讨论，反映了一种更深层次的讨论，后者与笛卡尔思想的整体特征相关。有一学派把笛卡尔视为一个明显关注物理学的科学家，他会认为理性要想在这个世界上取得胜利，就必须绕过形而上学和神学的障碍。在这种解读中，《谈谈方法》和笛卡尔的数学、科学著作被视为他的真正教义，而《沉思集》和其他神学、形而上学著作，要么被视为向那些诅咒伽利略的学术权威们隐藏他真实意图的烟幕，要么被视为从内部摧毁经院哲学并由此为他的科学最终获胜做准备的异常聪明的方式。① 另一主流学派认为，笛卡尔是直面怀疑论的伟大的宗教辩护者。在这种解读中，笛卡尔不是一个简单的新科学的信徒。确实，他的怀疑是对他那个时代信

---

① 这种解读，已经被很多学者如 Louis Laird、Charles Adam、Etinne Gilson、Lucien Laberthonnière、Jean Laport、Hiram Caton、Richard Kennington 和 Stanley Rosen 等以不同方式表达过。

6　仰衰落的真实反应，他的思想就是重构形而上学—神学综合体的一
种尝试。对这些学者们来说，笛卡尔代表着对文艺复兴怀疑论的
拒绝，以及对真正的信仰生活的再次呼唤。① 从这一角度看，《沉思
集》是笛卡尔思想的顶点。

　　两种解释各自都有重要的理由。笛卡尔明显想要为他的新科
学提供一个安全的形而上学基础。在他看来，伽利略之所以失败，
是因为他缺乏一种形而上学来支撑他的科学。② 笛卡尔也清楚地意
识到同代人和教会的神学关切。他被伽利略受到的惩罚吓坏了，随
后就取消了他的科学著作《论世界或光》的出版，因为这本书和伽
利略的著作存在相似之处。不过，我们并不清楚他取消出版的原因
是否就是担心受到迫害。他在《谈谈方法》中说过，他并没有在伽
利略著作里发现任何会让人反对的东西，由此想到，他可能会因为
他自己著作的无害本性而受到误解（AT，6：60；CSM，1：142）。
不过，即使害怕革命性的变化，他也仍然赞成在科学的领导下进行
有序而和平的变革。

　　但是，他尝试为物理学建立一个形而上学基础，这不能被简单
解释为他希望抚慰自己潜在的敌人。他最初的计划很明显，就是要
发展一种新科学，但是在《奥林匹卡》中解释的那个做梦的年龄，
他也开始关注形而上学问题。科学和形而上学并非必然互不相容。
事实上，科学需要形而上学，因为科学不仅受到经院哲学的威胁，
更糟糕的是还受到怀疑论的威胁。科学要想成功，必须用形而上学

---

　　① 这一立场受到 Alfred Espinas、Alexander Koyré、Henri Gouhier 和 Jean-Luc Marion 等人的辩护。

　　② Descartes to Mersenne, 14 August 1634, 22 June 1637, and 11 October 1638, AT, 1: 305, 392; 2: 380.

替代经院哲学和怀疑论。

清除自己所有的主张，从最基础的地方重新建构自己的知识，以此得到某种持久的科学成果，笛卡尔的《沉思集》就是从宣称这样的希望开始的。要着重指出的是，这一决定本身就来自他对自己年轻时的主张是否正确的怀疑。他得出结论，为了得到真理，他必须控制自己不去肯定那些不能明显确定和无可置疑的东西，他必须视每一种东西都是可疑的，就好像它是假的那样。正如在《谈谈方法》中那样，对第二条规则（如上述引文）的运用使笛卡尔走向怀疑之路。

不过，与《谈谈方法》不同，他在这里对这一怀疑之旅的解释，采取了和他自己对话的方式。① 就像在《谈谈方法》中那样，他从拒绝所有感觉开始，因为它们有时候会欺骗我们。不过，他又在这里说感觉并不总是欺骗我们，而且事实上经常给予我们毋庸置疑的证据。这样，单纯的感官欺骗对怀疑论来说并非全部。

接下来，他开始建议，普遍怀疑的根源在于疯狂，因为疯子有时候甚至会被那些最切近他们的东西欺骗，比如他们自己的身体。以此为基础，所有的感觉材料都会是可疑的。当怀疑变得不可救药时，这种怀疑就更加深重了。当事物变得非常小或非常远，超出我们感知的范围，感官的欺骗就会出现。疯狂是对最切近我们的东西的欺骗，并且它不是来自我们能力的局限，而是来自一种生理性的功能紊乱，它使得想象力与感觉相脱离。不过，笛卡尔得出结论，他不能疯狂，因为正如他所理解的那样，疯狂不能区分理性判断

----

① 这种解释实际上是对他自己生命经验的理想化［参见 Harry Frankfurt, *Demons, Dreamers, and Madmen: The Defense of Reason in Descartes' Meditations* (Indianapolis: Bobbs-Merrill, 1970), 5］。

和非理性判断。[1] 但是，怀疑却以作出这种区分的能力为先决条件。因为笛卡尔在怀疑，所以他不可能疯狂。

现实的疯狂可能很少见，但笛卡尔还认识到梦是一种折磨所有人的疯狂。[2] 我们所经验的可能是幻觉，因为它只不过是一个梦。做梦是怀疑的更深根源，因为它代表对想象和现实进行的一种虽然短暂但又普遍的区分。但是，笛卡尔得出结论，认为即使情况就是这样，我们在梦里所经验的事物也只是对某些事物的想象，而且这些原初的事物也必定是真的。想象必然从现实中提取它的影像，即使它在梦里以一种非真实的方式把它们混在一起。出于同样的道理，梦和疯狂一样不能是真正普遍或彻底的怀疑的根源。[3]

梦虽然可能不会导致彻底的怀疑论，但确实向笛卡尔的科学提出了一个现实问题。在笛卡尔看来，物理学、天文学和医学只考虑合成性的对象。它们会运用数学描述它们的对象，但是最初它们视为起点的那些特别的合成对象，只是想象力的描绘。尽管梦对所有合成物表示怀疑，但它们没有动过那些在梦里被想象力处理和再处理的合成物。作为结果，梦尽管通常会削弱科学，但不会怀疑数学，因为数学只处理那些简单的东西，而对合成物是否存在漠不关心。[4]

8   在笛卡尔看来，怀疑的最深刻根源来自全能上帝的观念：

---

   [1]   Frankfurt, *Demons,* 9.

   [2]   参见 Ibid., 40。

   [3]   即使我们如斯多葛派那样把梦视为**神性欺骗**（divine deception）的形式，它们也不能充分导致真正彻底的怀疑，因为它们不可能让我们怀疑数学的法则［Leo Groarke, "Descartes' First Meditation: Something Old, Something New, Something Borrowed," *Journal of the History of Philosophy* 22, no. 3 (July 1984): 287 ］。

   [4]   Frankfurt, *Demons,* 74.

牢牢扎根于我的心灵的，是一种长期存在的观点，这种观点认为存在一个全能的上帝，他让我成为我所是的那种创造物。我怎么知道他并没有带来地球、天空、有广延的东西、形状、大小、空间，但是同时又确保所有这些东西对我来说好像都存在，就像它们现在这样存在那样？还有，因为我有时候相信，其他人会在他们认为他们对之有最完美的知识的地方迷路，那么在我每一次计算二加三，数一个正方形的边，或者做其他能够想象得到的类似简单的事情的时候，我怎么不可能同样犯错？（AT，7：21；CSM，2：14）

在《谈谈方法》中，人的错误或缺陷被视为怀疑数学证明的根源。这里错误或缺陷再次作为这样的怀疑的根源而出现。不过，在《谈谈方法》中，笛卡尔认为，对方法的严格使用，可以避免这样的错误，因为它们似乎只是暂时的人类弱点的结果。在《沉思集》中，笛卡尔考虑了这样的错误不可避免和不可救药的可能性。

这种怀疑的根源在于这样一种可能性，即一个全能的上帝，要么以一种必然会被人误解的方式创造了世界，要么以一种他必然会误解世界的方式创造了人。换句话说，上帝可能已经安排好了一切，以至于即使是对最简单的事情的最清晰、直接的判断，也总会误入歧途。[①]正是可能存在一个全能上帝，笛卡尔的整个科学事业，

---

① 　参见 Karlo Oedingen, "Der genius malignus et summe potens et callidus bei Descartes," *Kant-Studien* 50 (1958–59): 178–87. 依赖于这一事实，即上帝并没有在这样的句子里被提及，其中我们关于数学真理的知识被质疑，一些学者指出，笛卡尔只是认为上帝可能把自然变了形，从而让笛卡尔式的科学不再可能，但是，上帝并没有以同样的方式把人类变形，以至于他们无法把握数学真理。不过，这种论证忽视了早前笛卡尔提及上帝的那段话的一个句子，那里，上帝（转下页）

包括数学，都无可避免地受到了怀疑。①

由神性欺骗所唤起的深度怀疑，不应当被轻视。比如说，帕斯卡和休谟就把它视为怀疑论的最严重形式。②笛卡尔先前的怀疑由各种环境或条件激发，但它们可以通过坚持使用他的方法来克服。神性欺骗将会是无可救药的。全能上帝的观念因此似乎会不可避免地导致这样的结论，即我们可能会持续而无望地受骗。

以此为基础，一些学者认为，笛卡尔视这种状况为欺骗是不对的，因为欺骗这一概念假定我们能够在假象与现实之间作出区分。③这样一种看法假定笛卡尔的全能上帝是一个始终如一的骗子。笛卡尔并不想接受这种观点，因为它假定了一种理性的持续性，但这种持续性与神性自由互相矛盾。一个真正全能的上帝能够做任何事情。不过，即使神性的不持续性可能存在，对科学和数学的神性欺骗这一问题也开始变得严重起来。

笛卡尔考虑了两种可能方法，以从神性欺骗似乎包含的彻底怀

（接上页）把他创造得"就像我这样"，还有接下来的一段话（前文引用的那段话）里的句子，在那里他明确指出这一事实，即上帝可能以这样一种方式创造了他，以至于他不可能犯错误。即使在"第一沉思"里，上帝并没有质疑数学真理，但他在"第三沉思"里却这样做了。笛卡尔在那里指出，他怀疑数学真理的原因，可能就是"上帝可能给了我一个自然，在那里我甚至面对看上去确切无误的事物也会受骗"（AT, 7: 36; CSM, 2: 25）。

① Richard Popkin 指出，尽管笛卡尔开始于蒙田和查伦（Charron）的学术性怀疑论，但神性欺骗者的观念还是把他带进了一种新的、更深程度的怀疑论怀疑 [*The History of Skepticism from Erasmus to Spinoza* (Berkeley: University of California Press, 1979), 178–79]。

② Pascal, *Pensées*, ed. H. F. Stewart (New York: Pantheon, 1950), 147–53, 434; Hume, *Enquiry Concerning Human Understanding* (London: Oxford University Press, 1975), 150.

③ 参见，例如 O. K. Bouwsma's "Descartes' Evil Genius," in *Meta-Mesitations: Studis in Descartes*, ed. Alexander Sesonske and Noel Fleming (Belmont, CA: Wadsworth, 1965).

疑中拯救出知识来：虔信之路和无神论之路。但是，没有一种方法是有效的。笛卡尔指出，如果上帝足够善，"上帝就不可能允许我以这种方式被欺骗"（AT，7：21；CSM，2：14）。不过，笛卡尔知道他只是有时被欺骗，而且如果这与上帝的善不对立，那么他总是被欺骗这一点也不能与上帝的善相对立。于是，虔信之路似乎走不通。[①]

　　表面上看，无神论之路似乎更有希望，但它实际上最终也站不住脚。如果我们能够知道上帝确实不存在（实际上我们做不到），我们仍然必须承认我们会犯错误，而且因此只是一种不完美的存在者。在观察事物的某种方式中，如果我们的感觉和认知能力是偶然的结果或一系列持续的先例的结果，而不是上帝的创造，我们的境遇事实上似乎会变得更糟。从这个意义上看，比起由一个可能存在的神性骗子引起的怀疑，激进唯物主义者的怀疑似乎更深远。[②]这样一种观点让笛卡尔更接近于培根和霍布斯。但是笛卡尔本人并没有认真对待这一替代方案，很大程度上是因为它会导致心灵本身成为不可能的。尽管它对沉思者是完全可行的，但它的可能性被"第二沉思"中的思维物（*res cogitans*）的认识破除了。还有，只有当怀疑的可能根源被一种笛卡尔无法最终接受的方式限制时，那种认为无神论的怀疑更深远的观点才是对的。偶然或命运绝不可

---

　　① Gérard Simon 指出，笛卡尔必须拒绝这一态度，他从哥白尼的观点（即世界由最完美的艺术家所创造）中以及开普勒的观点（即上帝本人不可能扭曲数学法则，因为这不仅对宗教来说是危险的，对物理学来说也是危险的）那里看出了这种态度［"Les vérités éternelles de Descartes, évidences ontologiques," *Studia Cartesianna* 2 (1981): 133 ］。

　　② 对这一立场的辩护，参见 Caton 等人的著述［Caton, *The Origin of Subjectivity*; Richard Kennington, "The 'Teaching of Nature' in Descartes' Soul Doctrine," *Review of Metaphysics* 26 (September 1972): 104; and Walter Soffer, *From Science to Subjectivity: An Interpretation of Descartes' Meditations* (New York: Greenwood, 1987), 19–40 ］。

能与一个仁慈的上帝的完美相提并论。不过，相反的情况也可能成立，那就是一个恶毒的上帝更会欺骗我们。另外，这样一个上帝不仅具有不完美地创造我们的力量，还会改变理性和自然的法则，以使我们已经作出的真实判断变得虚假。相反，一个没有思考能力的自然的欺骗，会通过坚持使用笛卡尔的方法被排除。

笛卡尔得出结论，有必要避免对意见的完全信任，而且为了这个目的，他决定假设不存在一个非常善良的、作为真理源泉的上帝，而存在一个邪恶天才或恶毒的魔鬼（*genius malignus*），他非常10 有力和聪明，而且"为了欺骗我，他竭尽所能"（AT，7: 22；CSM，2: 15）。[①]还有，他决定把所有外部事物都视为由这个邪恶天才设置的、用以诱捕他的轻信的陷阱。他说道，如果不能得到真理，他至少能够通过不相信任何事物而避免错误。如果他的力量不能使他穿透神性的欺骗，这种力量也能够使他避免把假象确定为现实。这样，"第一沉思"的积极结果，就是认识到怀疑是人类避免判断

---

① 关于这种所谓魔鬼–怀疑和骗子上帝激发的怀疑与刚刚提及的无神论–怀疑的关系，已经存在相当有价值的讨论（参见 Caton, *Origin of Subjectivity*, 119）。追随 Kenny 和 Röd, Caton 把邪恶天才等同于骗子上帝［Antony Kenny, *Descartes: A Study in His Philosophy* (New York: Random House, 1968); Wolfgang Röd, *Descartes: Die innere Genesis des cartesianischen Systems* (Basel: Reinhardt, 1964)］。Caton 很有说服力地指出，笛卡尔用短语邪恶天才指代骗子上帝（*deus deceptor*），是为了避免对上帝的亵渎（*Origin of subjectivity*, 120）。Richard Kennington 强烈主张区分邪恶天才和骗子上帝，因为笛卡尔从未把邪恶天才描述为全能的，而只是描述为非常有力的［"The Finitude of Descartes' Evil Genius," *Journal of the History of Ideas* 32 (1971): 441–46. See also his exchange with Caton in the *Journal of the History of Ideas* 34 (1973): 639–44］。但是，根据笛卡尔在"第二沉思"开头对这个问题的谈论，这种区分是很成问题的。不同于法语译文指的是"相当于上帝或其他力量"，更权威的拉丁文原本指的是"上帝，或不管怎么称呼都行的东西"（AT, 7: 24; CSM, 2: 16）。

错误的能力，即使这些错误来自一个全能上帝的诱导。通过怀疑，人们能够避免错误，但是因此也不能获得确定性，不能成为自然的主人和所有者。实现这一目标，还需要另外一种能力。

通过宣称这样的必要性，即发现一个阿基米德点，站立其上以寻求确定性和力量，笛卡尔开始了"第二沉思"。他在人自身那里发现了这个点。笛卡尔说道，即使他被邪恶天才欺骗，他也无可怀疑地存在着。"让他尽可能地欺骗我吧，只要我想到我是某物，他就不可能让我成为虚无……**'我是，故我存在'**必然是真实的，只要这个命题是由我提出，或者是在我的心灵里构想的。"（AT，7：25；CSM，2：17）这样，笛卡尔的阿基米德点，就是他自己的存在的确定性。

有些学者认为，《沉思集》里这种关于所谓在（*sum*）的议论，完全不同于《谈谈方法》中关于思（*cogito*）的议论。[①]不过，这种解释被笛卡尔自己对这两段话的评论证明是错误的，这个评论出现在"反对意见与回应"中，后者作为《沉思集》的再版附录而出版。在回应反对意见的第二部分时，笛卡尔在"我思考，故我是，或存在"以及"我存在，只要我思考"这样的问题中分析了《沉思集》的那段话（AT，7：140，145；CSM，2：100，104；也可比照AT，7：173–74；CSM，2：122–23）。由于这些语段，并且由于笛卡尔并未就他的基本原理的两种版本作出公开的区分声明，笛卡尔似乎对它们一视同仁。

《哲学原理》中对怀疑之路和它的终点的解释，类似于《沉思集》，尽管前者也沿用了《谈谈方法》中的许多元素。笛卡尔举出

---

① 参见 Frankfurt, *Demons*, 91–112。

感官欺骗和梦的例子，作为怀疑可感觉的事物的理由，又举出人的错误和缺陷以及神性全能的例子，作为怀疑数学证明的理由。就像他在"第一沉思"的结尾部分所注意到的那样，他同样指出人的避免错误的能力，尽管这种能力在这里被描述为一种自由。这一系列的论证使他认识到，"对任何以有条理的方式进行哲学思考的人来说，'**我思故我在**'是所有知识中最先出现的，也是最确定的知识"（AT，8A：7；CSM，1：195）。

在没有注明日期并且没有出版的《真理探索》（*Search after Truth*）中，存在着更加类似的解释。在这里，笛卡尔还采用了其他形式，把他的观点通过三个理想化的人物艾皮斯特蒙、欧多克索斯和帕里安德之间的对话表现出来。感官欺骗、梦和神性全能被列举为怀疑的根源。代表学院心灵的艾皮斯特蒙，对于是否走上这条怀疑之路犹豫不决，因为它是非常危险的道路，会直接导致"陷入苏格拉底式的无知或者绝对怀疑主义者的不确定性中"（AT，10：512；CSM，2：408）。代表科学心灵的欧多克索斯，虽然承认这条路极度危险，但是认为如果缺乏直面这些怀疑的勇气，科学就难以建立在一个确定的基础上。

在这本书中，笛卡尔解决这样的怀疑的方法，也采用了另外的形式。欧多克索斯向代表日常生活中普通人的帕里安德解释道，"你不能否认的是，你也有这样的怀疑；确切地说，你拥有这样的怀疑是确定的，而事实上你不能怀疑你的怀疑，这是确定的。因此，怀疑着的你存在着，这是真的；而你不再对此抱有任何怀疑，也是真的"（AT，10：515；CSM，2：410）。

这样，保证确定性的基本原理产生于怀疑之中。欧多克索斯宣称，"正是从普遍怀疑这个看上去固定而不可改变的点开始，我决心找到关于上帝、你自己和组成这个世界的所有东西的知识"
（AT，10：515；CSM，2：410）。在第一个例子里，基本原理不是以
"我思故我在"，而是"我怀疑故我在"（*ego dubito ergo sum*）的形式
出现。但是，由于"怀疑（是）以一种确定的方式在思考……所以
我存在，而且我知道我存在，知道这些事实，因为我怀疑，也就是
说因为我思考"（AT，10：521；CSM，2：415）。

　　"我思故我在"是对彻底怀疑的回答，这种怀疑在面对全能上
帝时出现。这个结论指向一个根本问题，而这个问题在现代性的开
端就被掩藏了。笛卡尔的理性主义和现代世界把它们自己视为一
个新的开端，视为启蒙，但是在这个光明的理性曙光后面，还站着
一位黑暗而神秘的全能上帝。为了理解现代性，我们必须更全面地
考察这个问题。

12

全能的上帝

　　在早期犹太教–基督教传统中，神性全能的观念可能会扮演某
种角色，但是直到中世纪结束都很少有证据证明这一观念曾被广
泛承认和接受。人们很早以来就清楚，上帝是无限的和不可思议
的。比如说，伪狄奥尼索斯（Pseudo-Dionysus）和否定神学传统就
认为，上帝完全不同于所有的造物，从而只能通过否定的方式（*via
negativa*）来理解，也就是说，通过矛盾的方式来理解。中世纪犹太
思想家迈蒙尼德（Maimonides）也为这样一种"否定的方式"作过
辩护。

　　不过，上帝的不可认识，只是他的全能的一个元素。更重要的
是他的彻底自由。神性自由的观念，与大多数教父哲学和经院哲

学相对立，这些哲学尝试调停基督教神学和古典哲学，尤其是异教的理性宇宙观念。奥古斯丁可以说是这个普遍趋势中的一个例外，而且从这个意义上来说，奥古斯丁主义为一种彻底全能的观念在后来的流行奠定了基础。这种观念可能在伊斯兰教的沙里亚（*Shari'a*）或教规中被首次清楚地提及，早期经院哲学通过迈蒙尼德和这种观念建立了联系。这种教规否定自然的任何必然性，把自然视为一系列彼此互相独立的原子式的事件。①

这种观念与经院哲学的主流完全不同，后者强调神性全能中理性的优先性。传统经院哲学的形而上学是本体论的实在论，它设定，像类与属这些一般概念在心灵之外的存在，就是神性理性的形式，这种神性理性可以像奥古斯丁所说的那样通过神启获得，也可以通过考察自然这个上帝的理性造物来获得。在这样一种本体论中，自然和逻辑互相反映，人们可以通过三段论逻辑的方法描述自然，这种逻辑表现了所有一般概念的关系。还有，我们不仅仅能够通过启示，还可以通过对创造的哲学分析来认识上帝的存在和他的本性。这样，尽管启示神学依然扮演着一个重要角色，能够向理性传送一些难以理解的真理，经院哲学总体上还是相信，和圣经相比，逻辑神学和自然神学是通往关于尘世的真理的更高级、更坚实的路。以此为基础，就有可能把握关于人类和他们的尘世职责和义务的基本真理。人类被一种自然法则管理着，这种法则可以通过对

13　自然的观察来获得，可以通过描述人与自然关系的三段论演绎来获得，当然也可以通过类比上帝的方法来获得。以这种形式，经院

---

① Amos Funkenstein, *Theology and the Scientific Imagination from the Middle Ages to the Seventeenth Century* (Princeton: Princeton University Press, 1986), 128.

哲学完成了对基督教和古典哲学的最为全面的综合。

　　不过，异教哲学对基督教教义的影响，长期以来都在困扰着教会中的许多人员，因为它导致了对圣经的否定，让人们的思想不再沉思那个旨在与现实世界和解的未来世界。更重要的是，它贬低了上帝的身份，使上帝的力量和高贵从属于异教的宇宙和逻辑。当亚里士多德主义开始在经院哲学中扮演越来越重要的角色时，人们对异教影响的关注越来越重了。亚里士多德主义在早期基督教中影响甚微，亚里士多德的许多文本并不被人所知，他的影响主要局限于逻辑学。但是，把亚里士多德重新介绍给西方，这导致他在经院哲学中地位迅速提升。比如说，巴黎大学的课程在 1255 年被重新安排，要求研究亚里士多德的所有著作。这反映了伴随神学的哲学发展出了一套独立的体系，也反映了一种新型基督教思想家已经出现，他们寻求恢复那些古老作者们的真理，但又不用正统的基督教信仰与之达成和解。[①]虽然亚里士多德主义的全新重要性凭借自身的力量就可以引起足够的担忧，但更令人不安的，恐怕是亚里士多德的这些新著作由阿拉伯学者阿维森纳（Avicenna）和阿威罗伊（Averroës）介绍给经院哲学。这种关联让人怀疑，一种异端的伊斯兰元素正被引入基督教教义。这种怀疑在巴黎主教艾迪安·唐皮耶（Etienne Tempier）攻击亚里士多德主义时达到高峰。唐皮耶的第一次攻击发生在 1270 年，而 1277 年的第二次攻击更为彻底。在 1284 年坎特伯雷方济各会大主教约翰·佩卡姆（John Peckham）攻击阿奎那时，这种怀疑达到了高峰。尽管这些攻击对亚里士多德和

---

　　① Joseph Michael Incandela, "Aquinas's Lost Legacy: God's Practical Knowledge and Situated Human Freedom" (Ph. D. dissertation, Princeton University, 1986), 82–83.

阿奎那研究造成的直接影响有限，但它们的确为批判这一派的经院哲学提供了官方支持。[①]

一个少数反对派已经在经院哲学中积极活动了很长时间。这一派别本质上是反实在论的，而且以一种反实在论的方式解读亚里士多德。通过否定一般概念在心灵之外世界的存在，罗瑟林（Roscelin）和他的著名学生彼得·阿贝拉尔（Peter Abelard）已经在 12世纪就开始质疑实在论了。他们所采取的立场，已经被普遍视为唯名论，因为他们坚持认为一般概念仅仅只是名称（*nomina*）。[②] 不过，罗瑟林和阿贝拉尔仍然在一个实在论的领域里发声，而且确实被坎特伯雷的安瑟尔谟（Anselm of Canterbury）从神学立场予以攻击，因为对后者来说，他们关于一般概念的观念似乎是对三位一体的含蓄否定。哲学上对亚里士多德主义和实在论的最终拒绝，可以在根特的亨利（Henry of Ghent）、邓斯·司各脱（Duns Scotus）的著作中，或者更准确地说，可以在奥卡姆的威廉（William of Ockham）的著作中找到根源。他们的成功，是与反实在论相关联的结果，同时是对神性全能更为激进的理解的结果。

那一派在阿奎那哲学中发现自己顶峰的经院哲学普遍认为，

---

① Edward Grant, "The Effect of the Condemnation of 1277," in *The Cambridge History of Later Medieval Philosophy*, ed. Norman Kretzmann et al. (London: Cambridge University Press, 1982), 537–39.

② 术语"唯名论的"（nominalist）首次明显出现于 12 世纪，用以描述一种关于世界的独特立场，但是到了 1270 年左右就被废置不用，直到 15 世纪，才又作为现代方式（*via moderna*）——远离亚里士多德和亚里士多德学派的古代方式（*via antiqua*）的一种全新的哲学方法——的另外一个名字而出现［William Courtenay, "Nominalism and Late Medieval Religion," in *The Pursuit of Holiness in Late Medieval and Renaissance Religion*, ed. Charles Trinkaus and Heiko Oberman (Leiden: Brill, 1974), 52–53 ］。

上帝尽管是全能的，但也是理性的；他已经永久性地制定下他的法律；人们因此能够理解上帝和他的意图，这不仅仅是通过圣经，而且更可能是通过对自然的类比式考察。① 尽管没有人否定上帝的绝对权力（*potentia absoluta*），但是这些经院哲学家普遍认为，他已经通过自己的决定把自己束缚在一种有序权力（*potentia ordinata*）中。上帝并没有以这种方式被束缚，而是完全自由和无所不能的，这样的可能性是一种非常可怕的可能性，几乎所有的中世纪思想家都不愿意接纳这种可能性。② 比如说，奥古斯丁就宣称，上帝的神圣秩序使他的全能理性化了。③ 阿尔伯图斯·麦格努斯（Albertus Magnus）和阿奎那相信，上帝的权力（*potentia*）不可能与他的正义（*iustitia*）和智慧（*sapientia*）相分离。④ 博纳文图拉（Bonaventure）拒绝一种无限制的绝对权力的可能性，因为它暗示着在神圣者那里存在混乱，而这是互相矛盾的。⑤ 彼得·阿贝拉尔认为，上帝不

---

① 对阿奎那的分析，参见 Hampus Byttbens 的著作［*The Analogy between God and the World: An Investigation of Its Background and Interpretation of Its Use by Thomas of Aquino* (Uppsala: Almqvist & Wiksells, 1952)］。

② 彼特·达米亚尼（Peter Damiani）为这种激进的立场辩护道，上帝不会受 12 世纪矛盾法则的束缚，但是，这一观点受到了所有其他包括司各脱和奥卡姆在内的中世纪哲学家的拒绝［Marilyn McCord Adams, *William Ockham*, 2 vols. (Notre Dame: University of Notre Dame Press), 2: 1153］。

③ Jurgen Miethke, *Ockhams Weg zur Sozialphilosophie* (Berlin: de Gruyter, 1969), 141–42; Erich Hochstetter, "Nominalismus?" *Franciscan Studies* 9 (1949): 374–75.

④ Albert S. *Th*. I m II tr. 19 qu. 77, *Oprea omnia*, ed. A. Borgnet (Paris, 1890–99); III *Sent*. d. 20 b, a.2; Thomas S. *Th*. I qu. 25 a. 5 ad I. 另见 Ernst Borchert, "Der Einfluss des Nominalismus auf die Christologie der Spätscholastik nach dem Traktat de Communicatione Idiomatum des Nicolaus Oresme," *Beiträge zur Geschichte der Philosophie und Theologie des Mittelalters* 35, no. 4/5 (1940): 50–54。

⑤ Bonaventure, *Opera Omnia*, ed. Collegium Sti. Bonaventurae, 10 vols. (Quarcchi and Florence: Collegii S. Bonaventure, 1882–1902), 5: 216a.

能不根据他的本质的善、正义和智慧行事。[1]即使是邓斯·司各脱，这个宣称"具有绝对权力的（*de potentia absoluta*）上帝能够做任何事情"这句话并不前后矛盾的人，也认为即使上帝确实无序地（*in-ordinata*）行事，这种行为中也将包含一种新秩序的直接创造。[2]上帝因此对邓斯·司各脱来说是超理性的，而不是非理性的。根特的亨利更为清晰地描述了一种神性自由教义，把意志置入一种自主的力量中。只是从奥卡姆的威廉和唯名论革命开始，这个神性全能观念的可怕后果才开始被全面理解。[3]

奥卡姆的威廉与唯名论的革命

奥卡姆的威廉于 1280—1285 年间出生于英格兰。他很小的时候就进入了方济各会，并从 1309 年左右开始在牛津大学做研究。
15 他可能做过邓斯·司各脱的学生，即使没有，也一定很熟悉他这位方济各会前辈的工作。他的大多数非政治性著作都完成于 1317—1324 年间。1324 年，奥卡姆被传唤到设在阿维尼翁的教皇教廷为自己辩护，牛津大学托马斯主义者约翰·拉特若（John Lutteral）指

---

[1] 参见 Adams, *Ockham*, 2:1180; and Georg Freiherr von Hertling, "Descartes' Beziehung zur Scholastik," Kgl. Bayerische Akad. d. Wissenschften in München, *Sitzungsber d. philos.-histor. Klasse* (1897): 14–15。

[2] *Opera omnia*, ed. K. Balic (Rome: Typis Polyglottis Vaticanis, 1950–), 6:364–68。

[3] 虽然唯名论思想家中间存在很多重要不同，但他们至少都同意神性自由和全能的核心地位［参见 Courtenay, "Nominalism"; and the responses of Charles Davis, "Ockham and the Zeitgeist"; and Paul Kristeller, "The Validity of the Term: 'Nominalism,'" in *The Pursuit of Holiness*, ed. Trinkaus and Oberman, 26–66; as well as Heiko Oberman, "Some Notes on the Theology of Nominalism with Attention to Its Relation to the Renaissance," *Harvard Theological Review* 53 (1960): 47–76］。

控他的论题中有五十六个都是异端。然而就在那里，他开始明显接触著名的德国神秘主义者埃克哈特（Meister Eckhart），以及凯斯纳的迈克尔（Michael of Caesna），后者是他的教会领导，曾就方济各会的贫困问题和教皇约翰二十二世（John XXII）进行争论。1326年，奥卡姆的五十一个命题被指出存在受谴责的可能，但最终没有一个受到声讨。不过，停留在阿维尼翁的日子里，还有更重要的事情开始缠绕他。奥卡姆支持迈克尔反对教皇关于方济各会贫困问题的态度，而且在调查他们的争论过程中，奥卡姆得出结论：教皇违背了福音书，因此不是一个真正的教皇。

关于贫困问题的争论突然发生转换，开始指向一个关键的神学差异。方济各会成员相信，基督已经宣布放弃他的王国和世俗统治权力，他们也应当模仿他，宣誓自己一无所有。还有，他们相信这种禁欲主义代表了一个道德立场，它比教会中其他人的立场更优越。[①]教皇约翰二十二世认为，基督并没有宣布放弃他的王国，因为这与上帝任命他为牧师的事实相矛盾。方济各会员回应称，尽管上帝没能通过他的有序权力来做这件事，但是却能够通过他的绝对权力来做这件事。这就是说，上帝不会被他过去的行为或计划束缚手脚。[②]只有以一种让占据主流的经院哲学无法接受的方式，把上帝解释为无所不能的上帝，方济各会的立场才能得到维持。从这一意义上来看，关于贫困问题的争论，是关于神性意志与理性关系的争论的具体表现形式。在尝试反驳这种立场时，教皇拒绝在上帝的有序权力和绝对权力之间作出区分。奥卡姆和他的方济各会

[①]　Henning Graf Reventlow, *The Authority of the Bible and the Rise of the Modern World* (Philadelphia: Fortress, 1985), 35.

[②]　Adams, *Ockham*, 2: 1201.

同事，视这种拒绝为阿贝拉尔异端立场的复活，这种立场认为上帝不能不根据他自己先前的意愿从永劫中拯救出一些人。他们完全否定了这一结论，认为如果上帝是自由的和至高无上的，他会预先决定任何他选中的人。[①] 这样，教皇就是一个异端。

奥卡姆和迈克尔于 1328 年逃离阿维尼翁，并且被逐出教会。在比萨，他加入了巴伐利亚的路德维希（Ludwig of Bavaria）团体，后者被选为皇帝，却没有得到教皇的承认。在那里，他明显与帕多瓦的马西利乌斯（Marsilius of Padua）过从甚密。他花费了接下来的十五年时光，为路德维希皇帝辩护，但是最终与新教皇本笃十二世（Benedict XII）达成和解。不久以后，他大约在 1346—1349 年间死去，原因很可能是黑死病。

奥卡姆断然拒绝了经院哲学家调和神学与哲学的尝试。不过，这并不意味着神学对奥卡姆一点也不重要，就像许多英美学者长期以来所相信的那样。最近的研究成果证明，奥卡姆的思想是非常神学化的，它来自上帝全能自由问题，又返回这一问题。[②] 全能意味着上帝的绝对权力完全高于他的有序权力，也意味着神学高于哲学。奥卡姆因此并不急于促进一个关于自然或语言的非神学考察，而是旨在把神学从异教哲学中解放出来。他的神学因此为他的形而上学赋予了方向和意义。

在奥卡姆看来，唯有信仰教导我们，上帝是全能的。说上帝是全能的，就是说他能够做一切可能的事，包括所有彼此不矛盾的

---

① Adams, *Ockham*, 2: 1257.

② Léon Baudry、Philotheus Boehner、Jürgen Miethke 和 Marilyn McCord Adams 在重塑我们对奥卡姆的理解方面扮演了重要角色。

事。[1] 全能还意味着，每一种事物都作为上帝的处置意志（disposing will）的结果而存在或发生，意味着除了意志，他的创造没有理由。[2] 唯一的理由就是他想创造。这样，创造就是一种纯粹的恩赐行为，一种只能通过启示来理解的行为。

还有，在奥卡姆看来，上帝不需要根据次级原因行动，而可以直接行动。这里他追随邓斯·司各脱以反对阿威罗伊的教义，后者认为上帝受自然因果关系的束缚。[3] 这样，上帝就不是简单地创造出这个运转的宇宙，并且在他所写的戏剧展开时，自己只能作为一个无能为力的观众在边上观看，而是也能够随心所欲地介入自然秩序。不过，这样的神迹实际上并非不自然的，因为自然不过就是神性意志的表现。神迹只是缩短了创造的路程。但是，它们让存在一种绝对确定而有把握的人类知识的可能性变得很成问题。

上帝的全能还意味着，他并不是为了人而创造这个世界，也不会受人类所做的任何事情影响。正如奥卡姆反复强调的那样，上帝并不欠人的债。[4] 因此，他会预先决定他想拯救的人。奥卡姆拒绝这样的观点，即世界是为了人的利益而创造的。不同于经院哲学已

---

① Ockham *I Sent*. d. 43 qu. 2F, *Opera philosophica et theologica*, ed. Srephen Brown (New York: St. Bonaventure Press, 1967). 参见 A. B. Wolter, "Ockham and the Text-books: On the Origin of Possibility," *Franziskanische Studien* 32 (1950): 70–92; Miecthke, *Ockhams Weg*, 139–40; William of Ockham, *Philosophical Writings*, ed. and trans. Philotheus Boehner (London: Thomas Nelson & Sons, 1957), xix; and Blumenberg, *Legitimacy*, 161–62。

② William of Ockham, *Predestination, God's Foreknowledge, and Future Contingents*, ed. and trans. Marilyn McCord Adams and Norman Kretzmann, 2nd ed. (Indianapolis: Hackett, 1983), 13.

③ Ockham *I Sent*. d. 42 qu. A-F; Scotus *Rep. Par.* I d. 17 qu. I n. 7. See also Miethke, *Ockhams Weg*, 157; Blumenberg, *Legitimacy*, 189; Boehner, ed., *Philosophical Writings*, xix.

④ *I Sent*. d. 4 qu. U. H. (ad 2 m).

经逐渐接近这样一种结论，奥卡姆在尝试避免上帝对人作出应答的情形。全能意味着一种绝对无条件的意志。确实，尽管并没有否定上帝是一个充满爱的上帝，他还是宣称，上帝对人的爱只是通往他对自己的爱的一条路，上帝的爱最终只是自爱。[①]

17

如果上帝并不是为了人而创造这个世界，也没有受缚于他自己的创造物，那么上帝就不会根据人类的标准行事，也不会被人类的理性所理解。不存在不可改变的法律或理性。每一种秩序都只是上帝绝对意志的结果，也都能随时随地被破坏或重建。确实，奥卡姆甚至坚称，如果上帝非常渴望改变过去，他就能做到这一点。因此，奥卡姆不仅拒绝像追随阿维森纳和阿威罗伊的那些经院哲学家们一样，让上帝从属于自然法则，也拒绝所有关于神性行为的限制，除了不矛盾律这一条法则。对神学理性主义的这种拒绝，成为经院哲学终结的开端。为了更全面地理解奥卡姆主义在思维方式方面的革命，我们必须系统地梳理一下他的形而上学变革。

在奥卡姆看来，神性全能意味着上帝的存在与所有造物（包括人）的存在根本不同。不存在存在的单义性。上帝在最完全的意义上是无限的，而人无论在广度上还是在强度上都不可能达到无限。[②]上帝还是唯一的必然性存在。这个世界的里里外外都充满了偶然，它只是被这样的必然性主宰着，即上帝随时都会来指引它。[③]因此，不存在概念，没有类，也没有属。同样，对个体来说，不存

① Blumenberg, *Legitimacy*, 174–77.

② 参见 Martin Tweedale, "Scotus and Ockham on the Infinity of the Most Eminent Being," *Franciscan Studies* 23 (1963): 257–67。

③ Ockham *I Sent*. d. 35 qu. 2 C; and II *Sent*. qu. 4–5 D-E (*II-IV Sent*. in *Oprea plurima*, Lyon, 1494–96). 另见 Etienne Gilson, *A Gilson Reader*, ed. Anton C. Peigs (Garden City, NY: Hanover House, 1957), 134。

在固有的目标，这一目标来自并对应于它们的类本质。确实，在本质与存在之间不存在差异。换句话说，神性观念不是别的，就是那些创造这种观念的创造者自己。①每一种东西因此都是绝对的个体，由上帝在虚无中创造出来，这种创造要么是直接的，要么依据次级原因。没有任何存在的事物必然遵循这种次级或自然原因——只有上帝才是每一种事物的可能性的终极原因，只有上帝才能在没有其他实在的前提下维持任何一种东西的存在。②

从本体论层面来看，奥卡姆的思想代表了对实在论的彻底而明确的拒绝，因为范畴的束缚力限制了上帝的力量。如果实在论被认真对待，那么对上帝来说，要想消灭一个个体，而不消灭个体所属的类，就根本不可能。上帝因此也就不能在创造共相的同时不与自身相矛盾，这就是说，上帝不能不以一种与他的全能不相容的方式限制自身。③这样，上帝在创造个体事物时，不得不受自己的本性束缚。因此，被正确理解的神性全能应该包含一种彻底的个体主义。

从逻辑层面来看，奥卡姆的变革仍然是一场革命。对经院哲学来说，本体论的实在论与三段论逻辑关系密切。如果实在论的基本前提（即共相在心灵之外的存在）被接受，而且凭借波菲利

---

① Adams, *Ockham*, 2: 1050.

② Funkenstein 指出，这一毁灭原则用于决定任何事物的实在：“每一种绝对的事物，都在主体上和空间上不同于其他绝对事物，它能够根据神性力量而存在，即使 [任何] 其他绝对事物被毁灭。”（*Theology*, 135）这一原则如果得到持续运用，会排除掉所有的世界。在 Funkenstein 看来，对奥卡姆来说，只有那些能够被彻底毁灭（*toto mundo destructo*）的事物才是真正的事物 [*Theology*, 135. See also Andr Goddu, *The Physics of William of Ockham* (Leiden and Cologne: Brill, 1984)]。

③ *I Sent.* d. 2 qu. 6 F.

（Porphyry）、波伊提乌（Boethius）和那些阿拉伯人的新柏拉图主义方式，这些共相与上帝的思想相一致，那么逻辑就会成为一种普遍科学，可以解释所有造物的必然性和本质联系。圣经里不存在必然能够把握自然真理的真正知识。因此，拒绝实在论，就是在破坏三段论逻辑。如果所有的东西都是完全独立的个体，那么一般概念就只是名称（*nomina*），由有限的人创造出来的语言工具，用以应付大量完全独立存在的个体之物。① 在这一意义上，一般概念就**只有**一种逻辑意义。逻辑因此成为名称或符号的逻辑，而不是表达事物真实联系的逻辑。

唯名论也与经院哲学的三段论科学格格不入。在奥卡姆看来，所有的逻辑解释都只是人的创造，它们并不反映神性的智慧。上帝并不需要一般概念，而只通过直觉认知（*cognitio intuitiva*）的方式，就能够像当初他创造它们那样理解每一单个的事物。② 人的有限性让人类作为完全独立的个体存在者的集合，难以把握创造的意义。一种新的逻辑解释原则因此变得非常必要。奥卡姆提出的是吝啬原则（the principal of parsimony），他的著名的"剃刀"。需要着重指出的是，吝啬成为主要原则的原因不在于相信亚里士多德和后来的思想家所认为的那样，自然什么也不做。而是因为自然是完全个体式的，而且每个一般概念因此都是对实在的曲解。为了使这种曲解减少到最低程度，有必要把一般概念的数量减少到最低程度，这样，奥卡姆的原则可以简练地表述为一个禁令："若无必要，不要

---

① 参见 Jean Largeault, *Enquête sur le nominalisme* (Paris and Louvain: Beatrice-Nauwelaerts, 1971), 154。

② Adms, *Ockham*, 2: 1036–56.

增加一般概念。"①

　　但是，神性全能提出了一个基本的认识论问题，因为它显示了神性欺骗的可能性。② 这种可能性直接来自全能观念，因为一个确实全能的上帝可以不需要根据次级原因而直接行动。这意味着上帝能够保存任何一种东西，而远离其他事物。因此，比如说，上帝能够维持一个独立的个体的存在，而不需要其他支持性的因素，也就是说，不需要自然的其他一切东西。他还能保存对一个客体的印象，即使这一客体本身已经不再存在，而且他还能够培育对这个客体的印象，而不需要这个客体的必然介入。因此对奥卡姆来说，神性全能观念意味着，人类再也不能确信他们的任何印象都会和实际的客体一一对应。

19

　　在某种意义上，用欺骗来谈论这一问题是不正确的，因为每一种东西最终都能在上帝的全能意志中找到它的根源。因此上帝选择直接行动而非间接行动，只不过是缩短了创造的过程。但是从人类尝试理解与控制自然世界的角度来看，其间不同很可能是决定性的。奥卡姆相信上帝只是在极少见的情况下才如此行事，但这并不能取消那个认识论问题，因为即使他从来没有这样行事，但仅仅存在这样行事的可能性，就已经足够削弱所有知识的确定性了。

　　面临这些认识论问题，奥卡姆发展了一种新的知识观，它拒绝支持自然实在性的经院哲学的演绎科学。在奥卡姆看来，人类知识

---

　　① *II Sent.* qu. 14–15 D; qu.17 Q; qu. 18 E, F; qu. 22 D; qu. 24 q; IV Sent. qu. 3 N, qu.8–9 O. Blumenberg 指出，这一原则并非来自这一事实，即上帝是很节约的，而是来自另一事实，即人是有限的（*Legitimacy*, 154）。于是，这一原则的充分表达应该是："不要增加数量，除非能够被理性、经验或绝对可靠的权威所证明。"（*Ord.* I, d. 30, qu. 1）

　　② *II Sent.* qu. 14–15 Z.

开始于对个体性的事实的直觉认识。通常来说，关于事实的知识都是确定的，因为在个体性的事物与人的感知之间没有中介。在他们对事实的直觉方面，人类仿效上帝，后者凭直觉认识万事万物。在这种意义上，没有先于调查研究而存在的关于造物的知识，因为它们的存在在逻辑上并非是必然的。就像对邓斯·司各脱那样，对奥卡姆来说，没有任何依赖上帝的自由决定而存在的事物在哲学上是可推论的。每一种东西都是独立、唯一和完全偶然的。知识的标准因此不是演绎逻辑和作为它的前提的真理，而是直觉的确定性。① 在这一方面，内在的事实，比如意志的行动，就比感觉具有更大的确定性。奥卡姆甚至引用奥古斯丁的主张，认为最大的确定性是确定"我知道我活着"②。

用这种方法，奥卡姆严格限定了人类知识的领域。就像邓斯·司各脱一样，他拒绝神性启示（divine illumination）的观念，因此也拒绝通过内省式的自我检查来理解上帝的可能性。他还拒绝关于自然的演绎科学的整个观念。为了替换这两方面的东西，他设定了对事实——被制作（来自 facere，即"去制作"）或被创造的事物——的直觉，而且把这些事实的确定性确立为真理的标准。不过，对人来说，知识不能简单地存在于对每一个体性地存在的个体事物的直觉理解中。不像上帝，人需要概念和概括。尽管如此，一般概念的每一次增加都会使人离事实更远一步。知识本身不再像经院哲学所想的那样是对事物本质的表达，而只是对个体性存在物之间的偶然关系或相似性的一种印象。不存在先天就有的类，只

20

---

① 参见 Miethke, *Ockhams Weg*, 192。

② *Sent.* Prol. qu. 1, KK. See David W. Clark, "Ockham on Human and Divine Freedom," *Franciscan Studies* 38 (1978): 130.

存在完全个体性的事物，它们可能彼此相似，因此能够被指称，也就是能够被一个符号所代表。[①]我们因此也只是通过相关性或近似性来认识。

对奥卡姆来说，认识具有多种意义。在他看来，科学意味着对真命题的确定知识，并且包括信仰的真理。其次，我们还通过以直接的直觉为基础的明显的命题来认识。第三，当我们对一个不可能为假的必然真理有明显的认知时，比如说依据不矛盾原则时，我们才是在认识。最后，当我们是在对一个从明显的认知演绎出来的必然真理进行认知时，我们才是在认识。[②]

奥卡姆还对确定的（certain）真理和确证的（evident）真理进行了区分。比如说，神学的真理就是确定的真理，因为它们以圣经为依据，但是它们不是确证的真理，这就是说，它们没有证据，因为它们不能像自然科学的真理那样依赖直觉的认知。这样，神学就比自然科学更确定，因为它依赖上帝绝对可靠的直觉，而自然科学依赖的则是人的不可靠的能力。还有，由于创造中的每一种东西都是偶然的，而且演绎因此是不可能的，所以所有临时关联的知识都建立在经验的基础上。这样，神学和自然科学都需要调查，尽管每一种情况下的调查都是不同的。这两种科学都不同于逻辑学，后者在

---

① 奥卡姆有时候考虑过自然指称的可能性，但并没有更加充分地发展这一观念 [Stephen Tornay, *The Nominalism of William of Ockham* (Chicago: University of Chicago Libraries, 1936), 260, 266]。

② 关于奥卡姆的知识概念，参见 Miethke 等人的著作 [Miethke, *Ockhams Weg*, 245–99; Philotheus Boehner, "The Notitia Intuitiva of Non-Existents According to William of Ockham," *Traditio* 1 (1943): 223–75; and Sebastian Day, *Intuitive Cognition: A Key to the Significance of the Later Scholastics* (St. Bonaventure, NY: Franciscan Institute, 1947)]。

奥卡姆看来是一种虽然理性但不真实的科学。所有这些都可以被概括为"剃刀"的某种替代形式：除非不证自明，也就是被启示、经验、来自启示真理或得到观察确证的命题的逻辑演绎所确定，我们应当肯定没有作为真理的声明，或者坚持认为某物存在。[1]

奥卡姆用假设替代三段论作为理解上帝和自然的基础。对实在论和神性启示的拒绝削弱了所有的演绎神学和宇宙论。还有，所有造物彻底的偶然性意味着不可能有足够的原因解释任何事实，因为上帝能通过他的绝对权力介入任何自然过程。以由直觉建立起来的东西为基础，科学可以被推广，但是在命题中，不存在、也不可能存在任何科学所能达到的必然性。

唯名论为一种神学革命奠定了基础。对奥卡姆来说，神学不是一种演绎性的或类比性的科学。上帝与人之间的关键区别意味着，
21 上帝和宗教的核心信仰只能通过启示才能被认识到。神学能证明上帝的存在、无限和至高无上，但是不能证明他的奇异，他对外部事物的感知，或者他的自由创造能力。[2] 在这个意义上，奥卡姆代表了通往某种洞见的道路的第一步，这个洞见就是：唯有信仰才是拯救的基础。

神性全能观念对宇宙论的影响同样是革命性的。由于拒绝实在论，主张彻底的个体性，存在者不再被视为有着确定的本性或潜质的类或种的成员。用亚里士多德的话来说就是，对形式因的拒绝也是对目的因的拒绝。结果就是，只有质料因和动力因还保存着。各种物质性存在者之间的关系只受动力因所决定，而且这种动力

---

[1]　*I Sent.* d. 30 qu. 1 E; *III Sent.* qu. 8 D.

[2]　Miethke, *Ockhams Weg*, 227, 275, 284; Blumenberg, *Legitimacy*, 164; Tweedale, "Scotus and Ockham," 265.

因只有通过观察才可以被认识到。还有，由于每一个事件都是两个独立的存在物相遇的结果，所以不可能存在必然的普遍性。因此，科学至多也不过是假设。

通过这种方式，奥卡姆用经验和假设为一种科学奠定了基础，这种科学检查广延的实体之间存在的偶然关系，以确定那些统辖它们运动的动力因，并且尝试对各种现象提出一种量的而非质的解释。[①]尽管奥卡姆并没有根据这些原则实际发展出这种科学，这些原则仍然是文艺复兴和早期现代科学不可或缺的本体论和认识论前提。

在人理解自身以及他与他人的关系方面，奥卡姆的唯名论也起到了革命性的作用。追随亚里士多德，经院哲学通常把人理解为理性的动物，他在绝对的创造秩序中占据着显著的位置，他的目的和义务都由统辖这个位置的自然法则来决定。唯名论拒绝这种关于人的看法。对奥卡姆来说，个体之人没有自然目的，也没有像阿奎那所想象的那种自然法则在统辖人的行为。像上帝那样，人是自由的。在这方面，奥卡姆跟随邓斯·司各脱，后者注意到意志总是能够命令理解行为，而理解行为从来不能命令意志，以此为基础，他肯定意志的优先地位，坚信人天生自由的观点。[②]不过，在打开自由王国这方面，奥卡姆比司各脱走得更远，他不仅拒绝经院哲学的目的因观念，还拒绝把动力因应用于人。[③]这样，对奥卡姆来说，

---

① 参见 Adams, *Ockbam*, 2:795。对奥卡姆来说，自然被还原为运动中的物质，后者只能根据它的广延从量上把握 [*I Summ. Phys*, 14 (*Philosophia Naturalis Guilielmi Occbam*, Rome, 1637). See Meyrick H. Carré, *Realists and Nominalists* (Oxford: Oxfor University Press, 1946), 119; Tornay, *Nominalism of Ockham*, 36]。

② 参见 Gilson, *Reader*, 138。

③ Carré, *Realists and Nominalists*, 121.

22 原则上人自身的本性就是自由。

　　人由此也被置于一个和上帝面对面的成问题的位子，因为这种主张人类自由和独立的观点似乎和上帝的全能相矛盾。奥卡姆拒绝邓斯·司各脱已经在神性全能教义中发现的那种宿命论，因为这种理论依赖于一种靠不住的假设，即过去是不能改变的。奥卡姆相信一个真正全能的上帝不可能受时间支配，因此他能够通过改变过去来改变现在或未来。[①]不过，人的选择似乎仍然只是幻觉，因为作为受造物的人类必然受制于神性意志。奥卡姆拒绝这样的结论，他用奥古斯丁的方式主张，上帝只是赋予了人类普遍能力和行动的准则。不过，这一解决方案很难令人满意，而且奥卡姆难以给这一问题提供一个有说服力的答案，这使得人类自由完全暴露在上帝的绝对专制之下。

　　奥卡姆赋予人类的本体论自由，并不包括道德自由。人们能够做任何他们想做的事，这一事实并不意味着他们可能就去做。他们受制于上帝建立的道德法则。事实上，他们的罪责并不来源于这一事实，即他们有服从或不服从的自由，以及他们甚至能够摆脱功利性的动机，因为服从并不确保获得拯救，而不服从也不能必然导致被诅咒。人们之所以服从神性法则，不是因为害怕或希望，而是因为感激上帝作为他们存在的根源。当然，相反的一面是不真实的——上帝对人没有道德义务，也绝不会对他们作出反应。否则，坚称这一点将会为伯拉纠主义（Pelagianism）*打开大门。

---

　　① *Predestination*, esp. 11, 16, and 28. See also Addams, *Ockham*, 2: 1149.

　　*　在《现代性的神学起源》中，吉莱斯皮如此解释伯拉纠主义："伯拉纠主义是以伯拉纠（354—约420/440）命名的学说，它主张原罪并不影响人的本性，道德的意志能够无须神的帮助而在善恶之间作出选择。在这种观点看来，（转下页）

　　道德法则的内容也由人与上帝之间的关键不同来决定。道德法则所管控的，不是上帝的意愿，而是我们所意愿的上帝之意愿。[①]在这一意义上，道德法则完全服从于神性选择，完全在人的演绎或解释的理性能力之上。道德法则并不与形成上帝的意志的终极真理相符，上帝并没有因为他认识到这种法则比其他法则好而选择它，而只是因为他想选择它。上帝不同于他所选择的东西，道德法则之所以好，不在于它本身好，而只在于上帝想要它。还有，上帝需要的东西是无限的。他甚至能够命令我们去恨他。[②]不管他的命令可能是什么，它们根本上总是善的和有约束力的。唯有上帝的意志在决定着什么是善和恶，而他本身不会被他自己先前的决定所束缚。

　　在奥卡姆看来，服从于上帝的法则并不能确保获得拯救。由于 23 绝对的自由，上帝拯救任何他选中的人。确实，几乎不同于所有前辈学者的奥卡姆宣称，只要上帝愿意，他甚至能够拯救那些没有受过恩典的人。不出所料，这种主张让很多人把奥卡姆视为半伯拉纠主义者，因为它似乎暗示着人类没有得到恩典也能获救。奥卡姆也许会这样为自己辩护，即虽然人可能在没有上帝恩典的情况下获救，但他的获救只是上帝的意志的结果，而与他自己的任何行为毫无关系。尽管如此任性的神性意志看上去与正义相矛盾，但在奥卡姆看来，没有什么比来自真理的东西更加正义。上帝已经赐予所有

（接上页）人要为自己的得救负责，无须恩典便可以得救。于是，耶稣的受难并非救赎的来源，他的一生仅仅是一个道德范例。因此，人可以通过一种严格的道德生活而得救，无论神是否意愿他们得救。"（迈克尔·艾伦·吉莱斯皮：《现代性的神学起源》，张卜天译，湖南科学技术出版社2019年版，第39页）——译者

　　① 参见 Miethke, *Ockhams Weg*, 312–13。

　　② *IV Sent*. q. 14 D (ad 5 um).

人生命的礼物，而且还能够赐予那些他所选中的人永恒生命的礼物。奥卡姆实际上完善了由阿奎那、根特的亨利和司各脱的观点，他们都坚持认为，每一种堕落的存在都会受到永恒的惩罚。奥卡姆坚持认为，没有一种造物本质上配得上独立于或先在于神性机制的永恒惩罚或永恒生命。①

这一道德法则的显现，不是通过自然或逻辑，而是通过启示。还有，由于每一个人都直接而独立地与上帝相关联，不存在关于启示的终极解释或特权解释。每个人最后都只是受他自己良心的约束。这样，教皇在信仰方面的权威就化为乌有——确实，对于道德法则，没有更好或更坏的裁判者，因此，关于道德事务的教会权威也不再有任何基础。②

教会在政治事务中的权威也越来越少。每个个体都是自由而独特的。伦理生活的唯一基础因此就是自由的自我决定。③人类天生自由，有权选择他自己的统治者，并且因此能够在表面上选择他们自己的管理形式。④不过，把这种从中世纪社会的传统权威结构中获得的解放视为现代自由主义的开端，恐怕会是一个错误。唯名论尽管明确拒绝中世纪生活和思想的基本结构，但并没有把人建构

---

① Adams, *Ockham*, 2: 1257–1337.

② *Contra Ben.* IV 1–15, *Opera politica*, ed. J. G. Sikes and H. S. Offler, 3 vols. (Manchester, University of Manchester, 1940–63); *Comp. Err.* c. 8, *Monarchia S. Romani Imperii*, ed. M. Goldast (Frankfurt am Main, 1614); *Brev. II* 13, V4, *Wilhelm von Ockham als politischer Denker und sein Breviloquium der principatu tyrannico*, ed. R. Scholz (Leipzig: Hiersemann, 1944). See Miethke, *Ockhams Weg*, 298.

③ Miethke, *Ockhams Weg*, 300.

④ 关于奥卡姆的政治哲学，参见 Arthur Stephen McGrade 等人的著作［Arthur Stephen McGrade, *The Political Thought of William Ockham: Personal and Institutional Principles* (Cambridge: Cambridge University Press, 1974); and Miethke, *Ockhams Weg*］。

为一种能够主宰自然和确保自己在世界中的安全的自由存在。相反，它宣称和上帝相比，人是完全无足轻重的。还有，它不但没有把人建构为自然和他自己命运的主人，还任由人漂泊在宇宙中，除了一个任性的神性意志，别无他助。[①]唯名论不仅意味着一种新的启蒙即将到来，也意味着一个全能而不可理解的黑暗上帝即将到来。

　　尽管奥卡姆被逐出教会，他的教义在1339—1347年间也不断受到指责，但他的思想很快就在欧洲大部分地方占了上风。在坎特 24伯雷大主教托马斯·布雷德沃丁（Thomas Bradwardine）和后来的罗伯特·侯卡特（Robert Holcot）和亚当·伍德汉姆（Adam Woodham）领导下，英国形成了一个强大的奥卡姆主义传统。在奥特库尔的尼古拉（Nicolaus of Autrecourt）和米雷库尔的约翰（John of Mirecourt）的领导下，奥卡姆主义在巴黎也同样强势。尽管这些思想家中间存在明显不同，但他们在拒绝传统经院哲学实在论方面却是一致的。事实上，在经院哲学依然兴盛的西班牙之外，奥卡姆主义是如此强大，以至于在路德时代德国只剩下一所大学没有被唯名论者主宰。

　　唯名论想要撕掉蒙在上帝脸上的那层理性主义面纱。通过这种猛烈的行动，亚里士多德、教父作者和经院哲学家们寻求建立的理性秩序被扔到一边，人类开始和全能的上帝相提并论。唯名论赠送人类一种基督教，这种基督教不受所有的异教影响，但基督在其中也只扮演一个次要的角色。三位一体的教义依然得到维持，但地位已明显地衰落。确实，奥卡姆也只有通过否定他自己的一般概念理论才能维持这一教义。[②]不过，在三位一体教义中，作为创造者

---

　　① David Clark, "Ockham on Human and Divine Freedom," *Franciscan Studies* 38 (1978): 160.

　　② Adams, *Ockham*, 2: 979–87.

和破坏者的上帝开始凸显，而作为救世主的上帝和爱的上帝逐渐融入背景之中。这位走到前台来的、似乎是新生的、超越理性和正义、超越爱和望的上帝，是一个具有无限强力的上帝，他的黑暗而令人难以理解的形式，就像之前作为爱和崇拜的对象那样，现在是恐惧的对象。

这个黑暗的上帝角色本身就是焦虑与担心的根源，又意外地成为连接关于上帝的新观念、黑死病的大毁灭和导致中世纪世界终结的天主教会大分裂的关节点。唯名论的上帝概念从一开始就被开发，用于重新宣称圣经基督教的优先性，以对抗那些更加趋于极端理性化的经院哲学家的观点。但是，这种观点的成功，主要是因为那个时代的大环境。这样一个任性而反复无常的上帝，在一个被瘟疫毁掉的世界里，一个被政治和神学的互相残杀毁掉的世界里，注定会越来越受欢迎。就这样，历史环境赋予了这个上帝概念以实质和外观。在这样的情况下，这一上帝在接下来的数个世纪里成为极度焦虑和不安的根源，就不会令人奇怪了。

25　　这一时期的思想史充满了与这一上帝和解的尝试，充满了要他变得对人不那么危险和可怕的尝试。这在 14 世纪的唯名论运动中已经变得很明显。一方面，托马斯·布雷德沃丁和米雷库尔的约翰重申了甚至在某些方面激进化了奥卡姆的主张，即神性自由、神性全能和神性冷漠。比如说，米雷库尔在 1347 年被判有罪，因为他激进的奥卡姆式观点主张，完全没有爱的人也可能获得永恒的生命，只要上帝愿意。[①] 在奥卡姆尝试为人类自由留下空间的地方，

---

　　① Blumenberg, *Legitimacy*, 195, 197, 617.

布雷德沃丁主张，"神性意志是所有事物的有效根源"[1]。另外一方面，奥特库尔的尼古拉、约翰·布里丹（John Buridan）、奥雷姆的尼古拉（Nicholaus of Oresme）、萨克森的阿尔伯特（Albert of Saxony）和茵根的马西利乌斯（Marsilius of Inghen），开始转向对自然的科学考察，这部分是因为物质形式的毁坏，也因为自然被视为神性意志动机的反映。

传统形而上学把上帝理解为最高存在。但从唯名论的视角来看，这样的描述是站不住脚的，因为并不存在存在者的等级或会延伸到上帝并包括上帝的完美秩序。上帝不是一个实体，因此不可能被认识，即使用阿奎那所坚持的类比推理也不可能实现这种认识。从传统形而上学的视角来看，唯名论的上帝只是虚无。当然，这样一种结论，对唯名论来说并不独特，它实际上已经提前被奥卡姆的同代人、他在阿维尼翁的熟人、伟大的德意志神秘主义者埃克哈特更精准地表达过了。不过，这种虚无，只是从亚里士多德和经院哲学的绝对形而上学视角来看的虚无。唯名论的上帝不是一个实体。他的存在存在于他的全能中，这种全能作为纯粹意志，是万物和万物之间关系的根源。上帝因此不能只从他的行动来理解，就像阿奎那所论证的那样；他就是他的行动。换句话说，他就是居于无中生有（*creatio ex nihilo*）的中心的因果关系。[2] 在这一意义上，自然只是作为独特的个体化实体的集合被建立起来，这些实体被带进

---

[1]　*De causa Dei contra Pelagium* 1. 9. 190D.

[2]　参见 Funkenstein, *Theology*, 144–45; and Anneliese Maier, *Studien zur Natur-philosophie der Spätscholastik*, vol. 4, *Metaphysische Hintergründe der scholastischen Naturphilosophie*, 2nd ed. (Rome: Edizioni di Storia e Litteratura, 1952–68)。

存在，而它们的存在由被理解为因果关系的神性意志所决定。①在唯名论运动中出现的对自然的考察活动，因此某种程度上可以说是尝试通过考察自然获得一种安全措施，这一自然作为充满上帝的存在，被作为因果关系的神性意志充满着。关于上帝与自然的关系的这一新观念，不仅在唯名论运动中，而且在文艺复兴和早期现代科学中也扮演着重要角色，它开始于库萨的尼古拉（Nicholas of Cusa），并且至少一直持续到莱布尼茨和牛顿的时代。②

唯名论对后来的思想史运动影响深远。因为唯名论思想在英国占尽优势，它在英国经验主义的发展中扮演着重要角色，对培根和霍布斯来说尤其如此。③它还以一种没有被充分认识的方式影响着宗教改革、反宗教改革和怀疑主义。

路德和加尔文明显继承了唯名论的遗产，尽管这份遗产的内容存在争议。虽然路德原则上不是一个系统神学家，但他宣称自己是一个奥卡姆主义者，他的神学深受唯名论者加布里埃尔·比尔（Gabriel Biel）的影响。④路德对个体及其与上帝的直接联系的强调，他用圣经对经院哲学的替换，还有他为了支持良心作为道德行

---

① 参见 Adams, *Ockham*, 2: 1310。

② 参见 Funkenstein, *Theology*; Koyré, *From Closed World to Infinite Universe* (Baltimore: Johns Hopkins Press, 1957); and A. C. Crombie, *Robert Grossete and the Origins of Experimental Science* (Oxford: Oxford University Press, 1953)。

③ 参见 Funkenstein 的著作（*Theology*, 334），以及 Michael Oakeshott 写给霍布斯《利维坦》的导论（Hobbes, *Leviathan* (Oxford: Blackwell, 1955), esp. xx）。

④ 参见 Ludger Meier, "Research That Has Been Made and Is Yet to Be Made on the Ockhamism of Martin Luther at Erfurt," *Archivum Franciscanum Historicum* 43 (1950): 56–67; Paul Vignaux, "Luther commentateur des Sentences," *Études de Philosophie Médiévale* 21 (1935); and Courtenay, "Nominalism," 58。

为的向导而对教会等级秩序的否定，无不来自唯名论。[1]为了反对经院形而上学，还反对文艺复兴运动中的科学和人道主义，他和加尔文标举上帝令人敬畏的全能。最有代表性的例子就是加尔文的名言，即太阳每天升起，不是因为自然法则，而是因为上帝想要它升起。这句话的推论必然是，如果上帝不想，那么太阳将不会升起。[2]

宗教改革者们在赞美这个全能上帝的同时，也试着转向由启示经验获得的心灵、感觉、良心和信仰的确定性，以让人觉得这个上帝更容易接近。和唯名论的上帝相比，宗教改革的上帝不再那么严厉和高高在上，而更像基督，更接近人。作为一个爱的上帝，虽然还是令人敬畏和宏达庄严，但比起奥卡姆的上帝，又已经不那么令人恐惧了。不过，这样一个上帝，根本上仍然是任性的。他完全根据他的意志预先决定被拯救或被诅咒的人，而不管他们应得的赏罚。这样，宗教改革运动接受和肯定了神性全能的教义，但又寻求减少由对神性意志的全新理解所导致的恐惧。

在对抗宗教改革运动的过程中，反宗教改革运动尝试以重视唯名论的挑战为基础，重新建立经院哲学和神学的统一体。在这方面作出重要贡献的是弗朗西斯科·苏亚雷斯（Francisco Suarez），他反对奥卡姆主义坚称一般概念只是一些词语，以及每一种东西都是完全独立的个体，主张区分本质与存在的必要性；但他也坚持认为，和有很多存在一样，也有很多本质，这就是说，就像有很多独立存在的事物一样，也有很多范畴。他攻击奥卡姆和其他唯名论者的所谓道德实证主义，但也批评阿奎那的法律理论，因为它没有强

[1]　参见 Paul Vignaux, "On Luther and Ockham," *The Reformation in Medieval Perspective*, ed. Steven Ozment (Chicago: Quadrangle, 1971), 107–18。

[2]　*Institutes of the Christian Religion* 1, 16, 2.

调意志作为法律的源泉。这样，他对经院哲学的复兴很大程度上受惠于和来源于唯名论。他的重要纲要《形而上学争论》(*Disputationes Metaphysicae*)和阿奎那的《神学大全》(*Summa Theologica*)，在由耶稣会士和其他人主持的学院的哲学课程中，依然扮演着支持亚里士多德的二级资源，但是对经院哲学来说至关重要的实在论已经变得不可相信了。尽管经院哲学在西班牙的兴盛一直持续到17世纪，但它在欧洲许多其他地方仅仅被视为一套逻辑游戏，比如伊拉斯谟(Erasmus)就把它视为"高度的心灵失常"①。

反宗教改革运动发现了一个支持怀疑论的更可靠的资源，而这一资源明显与唯名论相关。②出现在15世纪后期和16世纪早期的对古代怀疑论的再发现，以及对塞克斯度·恩披里克(Sextus Empiricus)的著作的重新介绍，当然也扮演了一个重要的角色，但是这种怀疑论已经通过奥古斯丁的《反学院派》(*Against the Academics*)为基督教徒所知，而且大多数基督徒已经接受奥古斯丁的主张，即怀疑论已经被启示所克服。不过，唯名论的上帝让奥古斯丁的上帝所保证的确定性变得很成问题。在这一意义上，唯名论通过质疑上帝的真诚，为怀疑论的攻击敞开了信仰的大门。宗教改革者本来想尝试复活这种奥古斯丁式神性启示的观念，以作为信仰和拯救的内在确定性的基础，但这样做的后果却是，他们的神性

---

① 引自 Bernard C. Flynn, "Descartes and the Ontology of Subjectivity," *Man and World* 16 (1983): 5。

② Etienne Gilson, *The Unity of Philosophical Experience* (New York: Scribner's Sons, 1941), 61–91; A. C. Pegis, "Concerning William of Ockham," *Traditio* 2 (1944): 465–80; and Robert Guelluy, *Philosophie et theologie chez Guillaume d'Ockham* (Louvain: 1947), 375–76. Adams 已经证明，奥卡姆本人可能不是一个怀疑论者，但他的思想导致了奥特库尔的尼古拉和其他人的怀疑主义(*Ockham*, 1: 552, 625–29)。

全能概念从外部危及这种尝试，而且他们也很难抵御来自反宗教改革运动的怀疑论攻击。比如说，伊拉斯谟在他的《论意志自由》（*On the Freedom of the Will*）中就指出，自由意志的问题对人类来说难以理解，他建议对信仰进行一种怀疑论的悬置，然后继续坚持教会的传统观点。路德用他著名的宣言"圣灵不是一个怀疑论者"回应了这种信仰主义的攻击。怀疑论对一种无可置疑的标准的要求，被这些反宗教改革思想家如金显·赫瑞特（Gentian Herret）成功用于削弱宗教改革者的内在确定性观念。不过这种怀疑论是一把双刃剑。宗教改革者们很快学习了他们的对手，并且不太成功地同样要求一种基础牢固的标准，以削弱伊拉斯谟和其他人所支持的对传统的信仰。

在蒙田的《为雷蒙德·塞朋德辩护》（Apology for Raymond Sebond）和弗朗西斯科·桑切斯（Francisco Sanchez）的《一无所知》（*Quod nihil scritur*）中，怀疑论被进一步发展为对人类知识的批评。[①]桑切斯对我们的讨论来说尤为重要，因为他的观点严重影响了笛卡尔的两个伟大同代人梅森（Mersenne）和伽桑狄（Gassendi）。桑切斯是一个彻底的唯名论者，他不是像蒙田和伊拉斯谟那样通过人的无知和错误的历史，而是通过对亚里士多德和经院哲学的批判，发展了他用来支持一种和缓的怀疑论的思想。他融合了唯名论和怀疑论中最尖锐的部分。他的观点和蒙田的观点，以及蒙田的弟子皮埃

28

[①]　Popkin, *Scepticism*, 18–66. 关于蒙田的怀疑论，参见 Hugo Friedrich 等人的著作［Hugo Friedrich, *Montaigne* (Bern: Francke, 1949), 161–79; and David Lewis Schaefer, *The Political Philosophy of Montaigne* (Ithaca: Cornell University Press, 1990), 73–152］。关于桑切斯，参见 Joseph Moreau 的文章［"Sanchez, précarétsien," *Révue Philosophique de la France et de l'Étranger* 92 (1967): 264–70］。

尔·沙朗（Pierre Charron）和让–皮埃尔·加缪（Jean-Pierre Camus）的观点，在 17 世纪早期的巴黎思想界，尤其是在所谓"自由主义者"（*libertins*）——他们占据着社会和政治的突出位置——中具有很大的影响力。同时，像弗朗索瓦·韦龙（François Veron）这样的人，开始用这些观点在那个时期重要的公开辩论中反对加尔文教徒。

笛卡尔和骗子上帝

唯名论的影响就这样在 17 世纪早期英国经验主义、新自然科学、宗教改革神学、反宗教改革神学和怀疑论的发展中扩散。不过，如果唯名论以一种 15 世纪和 16 世纪的思想方式支持这场革命，那么它就是全能上帝的预言者，这个上帝支持唯名论，质疑仅仅靠人类理性理解世界的努力，否定存在任何超越人类理性的知识的可能性。

这样一种上帝观念，正是笛卡尔必须面对的观念，也是藏在他基本原理后面的问题的来源。笛卡尔的思想因此至少可以被部分理解为尝试着为人打开一片空间，一块儿不受这位上帝的权力影响的自由领域。这块儿人类自由领域的基础，就是笛卡尔的"我思故我在"。

笛卡尔首次了解唯名论和全能上帝的问题，是在拉弗莱舍时所上的课程中。他在形而上学课程中学习亚里士多德和阿奎那，在29 道德哲学中学习苏亚雷斯和莱修斯（Lessius）。[①] 通过阿奎那和苏亚

---

① 参见 Etienne Gilson, *La Liberté chez Descartes et la théologie* (Paris: Alcan, 1912), 6; Camille de Rochmonteix, *Un Collège de Jesuites aux XVIIe et XVIIIe siècles*, 4 vols. (Le Mans: Leguicheux, 1889), 4:2–3, 30; and Norman Wells, "Descartes and the Scholastics Briefly Revisited," *New Scholasticism* 35, no. 2 (1961): 172–90.

雷斯，他对实在论的立场非常熟悉，对唯名论的立场也很熟悉，这一立场在苏亚雷斯的思想中被详细描述（尽管并非以唯名论的名义描述）。但是，他对经院哲学和唯名论的熟悉，无疑要远多于这些。笛卡尔宣称已经读完拉弗莱舍的每一本书，包括那些关于点金术和魔法的书籍（*Discourse*, AT, 6：5；CSM, 1：113）在此期间，或者稍后的一段时间里，他显然阅读了怀疑论者的著作（*Discourse*, AT, 6：29；CSM, 1：125；*Replies*, AT, 7：130；CSM, 2：94）。尽管笛卡尔不可能像有人猜测的那样是弗朗索瓦·韦龙的学生，但他很可能听过这个重要的反宗教改革辩论家的演讲，后者当时就在拉弗莱舍。[1] 也有人提出，在拉弗莱舍可能存在一个唯名论学派，而且韦龙这个也许做过笛卡尔教师的人，可能传授过神性冷漠的知识。[2] 这已经相当清楚地说明，笛卡尔离开拉弗莱舍时，至少已经对唯名论和他那个时代受惠于唯名论的思想运动有了一个大概的了解。[3]

不过，要从总体上确定笛卡尔关于唯名论和经院哲学的知识内容，这是很难办到的。在他想要描述他的作为本源性开端（*ab ovo*）的思想时，他费尽周折掩藏他的思想根源。在笛卡尔看来，经院哲学冗长且无效的争论无助于缓解人类的痛苦，也无助于增

---

[1] Rochmonteix 就相信笛卡尔是韦龙的学生，但 Popkin 暗示这不大可能（*Un Collége*, 30; *Scepticism*, 70–75, 173）。

[2] Hertling, "Scholastik," 18; Geneviève Rodis-Lewis, "Descartes aurait-il eu un professeur nominaliste?" *Archives de Philosophie* 34 (1971): 37–46.

[3] 参见 Andre de Muralt, "Époche — Malin Génine — Théologies de la toute-puissance divine," *Studia Philosophica* 26 (1966): 159, 172–91; Blumenberg, *Legitimacy*, 181–203; Jean Luc Marion, *Sur la théologie blanche de Descartes: Analogie, création de vérités éternelles et fondement* (Paris: Presses universitaires de France, 1981), 303–4, 330–40; and Funkenstein, *Theology and the Scientific Imagination*, 180, 185, 187.

加人类的力量和自由。经院哲学认为人类住在一个封闭的宇宙中，那里没有给人类自由和主动性留下任何余地。尽管笛卡尔相信与这样的过去彻底决裂是必要的，但他仍然认识到，他思考和写作于其中的这个观念里的宇宙，根本上被经院哲学所把控，如果他想被人理解，他至少得使用一部分经院哲学的语言。

很明显，笛卡尔的经院哲学知识大部分来自苏亚雷斯，后者又可能是他认识奥古斯丁、约翰·斯克图斯·爱留根纳（John Scotus Erigena）、安瑟尔谟、博纳文图拉的向导，还可能是他对阿奎那、奥卡姆和唯名论者罗伯特·侯卡特、茵根的马西利乌斯、加布里埃尔·比尔、热尔松（Gerson）、彼得·德·阿伊（Peter d'Ailly）和纽卡斯尔的安德里亚斯（Andreas of Newcastle）的大部分知识的来源。① 笛卡尔可能从拉弗莱舍的课本中熟知邓斯·司各脱，也一定知道唯名论者奥雷斯姆的尼古拉的数学著作，库萨的尼古拉的科学著作，至少对弗朗西斯科·桑切斯的医学著作很熟悉。② 他也可能通过纪尧姆·吉比厄弗（Guillaume Gibieuf）的《论天主与受造界的自由》（*De libertate Dei et creatura*）熟悉关于神性全能和神性冷漠

30

---

① Suarez, *Disputationes metaphysicae*; *De legibus* 2, 6, nr. 4. See also Hertling, "Scholastik," 15, 18, 342; Alexander Koyré, *Descartes und die Scholastik* (Bonn: Cohen, 1923), 17, 147; Gilson, *Liberté*, 13; *Études sur le rôle de la pensée médiévale dans la formation du système cartésien* (Paris: Vrin, 1930), 221; and *Index scholastico-Cartesien* (Paris: Alcan, 1913). Hertling、Koyré 尤其是 Gilson 已经证明，笛卡尔深受经院思想影响，但他们这样做，是为了说明笛卡尔的很多观念都是经院观念的再形成，而忽视了唯名论提出那些迫使他去思考的核心问题或难题的重要方式。

② Koyré, *Descartes und die Scholastik*, 81–82, 86, 94, 95. 另见 Jacob Klein, *Greek Mathematical Thought and the Origin of Algebra*, trans. Eva Brann (Cambridge: M. I. T. Press, 1968), 300–306; and Joaquin Iriarte Agrirrezabal, *Kartesischer oder Sanchezischer Zweifel* (Bottrop i. W.: Postberg, 1935).

的大多数争论。但是由于直到 1630 年才出版，他对神性全能或神性欺骗的看法的最初根源可能不是这本书。[①]

　　确实，那个全能的上帝，或者至少是他的化身，那个邪恶天才，已经在笛卡尔早期片段式著作《奥林匹卡》中出现了。这本书意在解释笛卡尔在 1619 年 11 月 10 日所做的三个重要的梦，它们对他那个"非凡的"普遍科学的观念来说是决定性的。但是，这部著作的片段式特征和文本的不确定性，让任何解释都成问题。出现在这本书中的关键问题在于，那个邪恶天才或邪恶的心灵如何能与上帝的至善及全能和解。《奥林匹卡》这本书中提出的解决办法是追随斯多葛主义，它类似于蒙田和文艺复兴的人道主义。

　　笛卡尔的普遍科学观念建立在数学基础上，它是对斯多葛主义的替代。在做完那些有名的梦后的九年时间里，笛卡尔致力于研究数学和科学，尤其是光学和解剖学。对笛卡尔来说，他的新科学的基础已经在片段式的《指引心灵的规则》[*]中制定好了，那就是直觉的确定性，即"只是来源于理性之光"的"一颗清醒而专注的心灵那无可怀疑的概念"（AT，10：368；CSM，1：14）。笛卡尔对《规则》的放弃，伴随着一种不断发展的怀疑论批判，这种批判于 1628—1629 年间征服了他。这种批判的根源并不清楚，但笛卡尔与巴黎的"自由主义者"团体和围绕红衣主教贝鲁尔（Cardinal Bérulle）的讲坛会的联系，可能在这种怀疑论批判的发展过程中扮

---

　　① 笛卡尔也几乎肯定不知道阿布·哈米德·加扎利（Abu Hamid al-Ghazali），后者拒绝了阿尔法拉比（al-Farabi）和阿维森纳的新柏拉图主义，并且像笛卡尔那样，在一种由不受逻辑或数学束缚的全能上帝所导致的怀疑论危机中，顺着怀疑之路得出结论（参见 Leo Groarke, "Descartes' First Meditation," 288–92）。

　　* 下文中原书简写为 *Rules*，因此后文均简译作《规则》。——译者

演了某种角色。这种怀疑论批判让笛卡尔抛弃了他对直觉的天真依赖，不再把自然理性视为确定性的基础以支持一种形而上学式的解决办法。[①]

不过，笛卡尔并没有放弃他的普遍科学的观念，反而寻求赋予它一个形而上学的基础。在 1630 年 4 月 15 日给梅森的信中，他把这些形而上学的考察与他的科学清晰地联系在一起："我相信，所有那些上帝准许他们使用理性的人们，必须使用理性着重认识上帝和他们自己。这就是我尝试开始我的研究的起点，如果我不能沿着这条线索寻找，我就不可能为我的物理学找到基础。"（AT，1：135）他在同一封信中继续描述了神性全能在这种形而上学中的重要性：

> 不用担心到处宣扬上帝在自然中建立这些法则，就像一个统治者在他的王国里建立法律一样……有人会告诉你，如果上帝建立了这些真理，他也能够改变这些真理，就像一个国王会改变他的法律；人们应当回应的是，如果上帝的意志能够改变，这就是可能的。不过如果我以同样的方式评判上帝，我会把这些真理理解为永恒不变的。他的力量超越了我们的理解力，而且我们通常假设上帝能够做任何我们能够理解的事情，而不是假设他不能做我们不能理解的事情，因为认为我们的想象力和他的力量一样大小，这会非常冒昧。我希望在下两周于我的《物理学》（*Physics*）中写下所有这些观点。（AT，1：135–36）

---

① 参见 Descartes to Gibieuf, 18 July 1629, AT, 1: 16。

　　笛卡尔在 1630 年 5 月 27 日给梅森的信中详述了这些观点，在那里他质疑永恒真理的必要性：上帝的意志是永恒的，但没有必要强迫他创造永恒的真理，这样它们就可以是不同的东西（AT，1：151）。[1] 在《答复》（*Replies*）中，他以类似的甚至可能更强烈的态度说道："如果任何人想要注意上帝的无量之大，他将会清楚地发现，没有什么东西不依赖于他。这不仅适用于那些存在的东西，而且适用于所有使事物成为真和善的秩序、法律和理性。"（AT，7：435；CSM，2：293–94）

　　这些段落让我们了解了神性全能对笛卡尔的重要性。笛卡尔认识到，这样一个上帝蕴含着一个非常严重的问题，但在早期思想中，他认为这个上帝的意志和他建立的法律不可能改变，因为它们就像上帝那样是永恒的。这样一种确保了清晰真理和确切观念的

----

　　① 但是，这一结论并不打算适用于道德法则。《沉思集》出版后的那些信件，描述了一个类似的上帝形象。在 1644 年 5 月 2 日致 Mésland 的信中，他描述了神性全能，后者甚至超越了《沉思集》里所描绘的程度："上帝的力量不可能是有限的……上帝不可能被决定让矛盾双方真的不能在一起，与此相应，他能做的，恰好与此相反。"（AT, 4: 110）这一令人震惊的声明，质疑了所有那些认为笛卡尔从不怀疑不矛盾律的真实性的人们的努力。在 1648 年 7 月 29 日写给 Arnauld 的信中，他再次肯定这一立场，宣称对上帝来说，创造一个没有山谷的山峰，或让一加二不等于三，没有什么不可能（AT, 5: 223–24）。他在 1649 年 2 月 5 日写给 Henri More 的信中说道，上帝能够做一切事情，上帝创造了一切事情，上帝是自由的，而且上帝是本质与生存、可能之物和现实之物、存在与真理的自由创造的理由 [AT, 5: 275；比照他于 1649 年 4 月 23 日写给 Clersellier 的信（AT, 5: 377, 545）。关于这个问题，参见 Funkenstein 等人的著作（Funkenstein, *Theology and the Scientific Imagination*, 117; Gilson, *Liberté*, 27; and Koyré, *Descartes und die Scholastik*, 26)]。Stephen Nadler 认为，比起唯名论者，笛卡尔的神性全能观念要更为激进 ["Scientific Certainty and the Creation of Eternal Truths: A Problem in Descartes," Southern Journal of Philosophy 25, no. 2 (1987): 175–91. 另见 *La création des vérités éternelles*, *Studia Cartesiana* 2 (1981)]。

神学假设，是他的科学的基础。但是，笛卡尔没有解释他为什么相信上帝的意志是不变的，也没有尝试证明这种主张。还有，他自己又通过宣称上帝的力量是不可理解的来质疑这种主张。如果我们不能理解上帝力量的内容，那么我们也不能知道上帝的力量是否和笛卡尔建议的那样不变。这样，对神性全能问题的这种神学解决办法——笛卡尔可能从邓斯·司各脱那里借来这种办法——就失败了。确实，这种解决神性全能问题的神学办法，在很多方面等同于虔信的方法，而我们已经看到，笛卡尔在《沉思集》里曾经拒绝这种方法。从这方面看，这种办法补充了他在《规则》甚至可能在《奥林匹卡》中提出的解决办法，这两处地方提出的办法多多少少类似于无神论的方法，后者也被他在《沉思录》里予以拒绝。笛卡尔早期尝试为他的科学寻找一个可以免受全能上帝专横威胁的基础，这种尝试的失败迫使他转到一个新方向，让他建构了一处抵御这个上帝及其无限强力的堡垒。这就是笛卡尔的形而上学计划。

一旦笛卡尔明确了他的普遍科学的基本原理，神性全能的问题对他来说就可能难以避免，因为这种科学取决于关于自然与上帝关系的假设，而这种假设或多或少都和唯名论的假设相同。拒绝本质形式、目的因、单义性和三段论逻辑，以及肯定神性冷漠、作为动力因的上帝意志、符号数学和作为广延的物质，这些对双方来说都是共同拥有的特点。在这一意义上，他的科学仰赖于一个唯名论的基础。不过，由于他坚持把确定性和数学作为这种科学的基石，他难以追随经验主义者的经验和可能性之路。因为并不寻求建立一种绝对确定的科学，培根和霍布斯不必面对神性欺骗的问题。但是对笛卡尔来说，这个问题难以避免，因为从笛卡尔的角度看，如果我们不能够确定地认识，我们就完全不可能认识。

笛卡尔解决这一问题的最终办法，是他的"我思故我在"，这个原理建立了一个堡垒，以躲避这个无所不能的上帝。在这个领域中，确定性能够得到保证，科学也可以在自由的人类意志主宰下繁荣昌盛。可能和我们猜想的相反，这一领域并不等同于无神论，因为它为上帝自身留下了一席之地。不过，在由笛卡尔竖起的石墙中，这个上帝就像别的其他人和物一样，受人类法则的支配，并且因此只能根据由笛卡尔的基本原理所建立的理性标准来行事。"我思故我在"把确定性视为新的真理标准，把人视为一种自由的、自我设定的和自作主张的存在。笛卡尔著名原理的那条推论——曾经用简练的词语写在他的门楣上，但经常被那些在全能上帝面前逃跑的人忽视——可能同样可以解释现代性的特征："放弃所有怀疑，就可入此门。"

怀疑并没有消失，这意味着笛卡尔的堡垒并不像他想象的那样安全，意味着唯名论的全能上帝发现了一条突破笛卡尔宏伟工事的路。这个突击并最终攻陷笛卡尔城堡的故事，就是全能上帝和"绝对之我"的故事。这个故事开始于笛卡尔的"我"（ego），通过费希特的思想，最终在19世纪和20世纪得出它不祥的结论。

第二章 笛卡尔与"绝对之我"的起源

    "我思故我在"是笛卡尔的堡垒,用于抵御全能上帝及其引起的激进怀疑论。它也是笛卡尔用以保护人类理性和自由的堡垒。但是,这一原理不只是一处堡垒或避难所——它也是笛卡尔尝试立足其上改变这个世界的阿基米德点,是其普遍科学的基石,他正是依靠这种科学来废黜这个任性和非理性的上帝,使人成为自然的主人和所有者,从而寻求为人重新赢得地球。因此,面对神学绝对论的猛烈攻击,笛卡尔非常大胆地聚集人类精神的力量,开展了一场规模宏大的反攻,他这样做并不只是为了保护人类自由和理性的一小部分而努力,而是为了重新征服自然,并且正如我们将要看到的那样,还为了使这个全能的上帝隶属于理性的法则。

    这一计划仰赖于一种新的思想观念,而且与经院哲学和唯名论都根本不同。正如我们已经看到的那样,经院哲学建立在本体论的实在论基础上,而且根据三段论逻辑来看待思想。唯名论的革命因为支持一种激进的个体主义,拒绝心灵外的一般概念的存在,又为了支持一种符号逻辑,放弃了三段论逻辑。这种新的思想方式假定,这个世界本质上并不是理性的,而是真实的,也就是说,它是通过命名制作 [来自拉丁语 *facere*,有"制作"(to make)之意] 出来的。正如唯名论所理解的那样,思想就是一种名称的赋予和关联活动。不过,鉴于所有一般的名称都是对现实的扭曲,思想只包含可能的或假设的知识，在唯名论全能上帝高大形象的映衬下，这些知识更显得成问题。

笛卡尔尽管对这两种传统都有所吸收，但最终都拒绝了它们，并且发展出一种新的思想方式。根据他的观点，这两种传统都不能保护知识免受神性全能和激进怀疑论的进攻。经院逻辑只是一种修辞形式，它赋予那些一无所知者的演讲一种逼真的外貌 34 （*Discourse*，AT，6：17；CSM，1：119；*Rules*，AT，10：379–80，406；CSM，1：20，36–37；*Search*，AT，10：516；CSM，2：410–11）。唯名论只是把这个世界还原为一团动荡不安的乱麻，把知识想象为只存在于与感觉相关的给定的名称中，存在于由这些名称联结而成的声明中（*Replies*，AT，7：182–83；CSM，2：128）。不过，知识和感觉是完全不同的两种东西：知识不只是联结起来的名称，而是"由名称表示的事物"（*Replies*，AT，7：178；CSM，2：126）。笛卡尔钦佩培根，和他一样渴望一种普遍科学，以解释所有事物之间的因果关联，但是他在培根和霍布斯的唯名论方法中看到了巨大的陷阱。他们对经验的依赖尤其成问题，因为尽管经验允许他们得出很多可能的和有用的结论，但它绝不能获得确定性，这种确定性，对保护科学和人类尊严免受神学绝对论和激进怀疑论的攻击来说尤为重要。

笛卡尔《指引心灵的规则》中作为直觉的思想

在笛卡尔看来，重要的是一种像培根已经想象过的普遍科学，不能只建立在经验的基础上，而应建立在用一种新的思想方式来理解和分析的经验基础上。笛卡尔理想中的这种新思想方式就是数学。不过，他之所以能够用数学模式重构所有其他知识形式，只是因为他首先重新思考了数学本身。①确实，严格意义上的数学和所有其他实质性科学一样，都属于这种新的思想方式，即普遍数学（*mathesis universalis*）或普遍科学，笛卡尔希望用它征服自然，控制那个全能的上帝。

正如笛卡尔的观点，思想的目的不是沉思，而是行动，由此他寻求关于永恒真理的知识，不是为了这种知识本身，而是为了让人能够理解这个世界，并为其所用（*Discourse*，AT，6：61-63；CSM，1：142-43）。这样，笛卡尔并不寻求关于最高事物的深远知识，而是寻求关于身边事物的确定而明显的知识。他不关心那种事物终极本质的知识，而是关心事物如何关联和彼此影响的知识。他相信只有通过正确的判断才能获得这种知识。这样，他在《规则》中一开始就宣称，"我们的研究目的，应当是用一种观点指引心灵，去对出现在心灵面前的任何事物作出真实而可靠的判断"（AT，10：359；CSM，1：9）。

判断就是肯定或否定事物是其所是，就是肯定或否定两个或更多的事物同属一类。比如说，在"物体是广延"这个断言中，我们判断物体和广延同属一类。这样，判断就是所有思想的基础。不过，判断经常误入歧途，我们也往往会从偏见或意见出发行事。因此，为了获得对一种普遍科学来说非常必要的确定而明显的知识，有必要理解虚假判断的根源，有必要拿出一种有助于避免类似错误的理论或法则。

正如笛卡尔所理解的那样，错误的根源在于我们对感觉和想

---

① 参见 Martin Heidegger, *Nietzsche*, 2 vols. (Pfullingen: Neske, 1961), 2: 161–62。

象的错误依赖，因为这两者都不可能提供确定的知识。这种依赖导致我们得出虚假的结论，认为真理可以在客体领域发现。对感觉的这种信仰从童年就开始出现，心灵也在那个时候依赖身体和感觉，以至于它一开始就把它们的证词视为有效的。这样，我们就毫无疑问地接纳了客体的独立存在。即使我们已经成年，获得了一种独立于身体的方法，能够更真实地判断事物，我们还是会屈从于偏见。尽管我们认识到它们的虚假，但我们还不能从心灵中把它们驱逐，一旦我们眼前不再拥有它们的虚假性的证据，它们会重新充满我们的思想。还有，要求没有感觉和想象的帮助而思考，这种努力虽然对真正的判断非常必要，但也很快就会使心灵疲惫不堪，从而又把我们甩回偏见中。最后，为了思考，我们必须把我们的概念粘贴到语词上，但是这样做我们会失去与这些语词代表的现实的联系，相应地我们会在没有真正理解的情况下思考与言说（*Principles*, AT, 8A：33–38；CSM, 1：217–221）。

在笛卡尔看来，真正需要的是一种能够指引心灵获得确定而明显的知识的方法。这种方法在《规则》中得到了具体描述。关于自然世界的真理，可能被隐藏了，但它不是神秘的，也不需要神秘的力量来揭示它。[1]真正知识的基础在直觉的确定性中被发现，它能够把握那固有而永恒的东西：

　　"直觉"能够给予的，不是感觉的变动不居的证据，也不是想象力把事物胡乱拼凑在一起时作出的虚假判断，而是一

---

　　[1]　Bernard Williams, *Descartes: The Project of Pure Enquiry* (Atlantic Highlands, NJ: Humanities Press, 1978), 28.

个明晰而专注的心灵所拥有的概念，直觉是如此简易和明显，以至于不可能为质疑我们所理解的东西留下空间。或者，同样的道理，直觉是一个明晰而专注的心灵所拥有的不容置疑的概念，它的起点只是理性的光芒。由于它是简单的，所以与演绎相比它更是确定的……这样，每个人都能在心灵上直觉到他存在，直觉到他在思考，直觉到一个三角形由三条边组成，直觉到一个球体只有一个面，等等。这样的认知远比大多数人所意识到的那样丰富，只不过在让心灵关注这些简单的事实时，他们对此不屑一顾。（AT，10：368；CSM，1：14）

借助这个直觉概念，笛卡尔超越了经院哲学和唯名论。演绎被降低到一个二流角色，经验也被贬斥为错误的源泉（AT，10：365-66；CSM，1：12）。知识的新基础是对真理的直觉，它只需要理性的光芒即笛卡尔所谓我们的自然之光（natural light）的照耀。对这些简单事物的直觉不可能是虚假的，因为它们被直接看到，而非判断的结果（AT，10：420，432；CSM，1：45，53）。确实，它们是所有判断的基础，它们本身不可能再被追根溯源（AT，10：370；CSM，1：15）。

由于直觉的确定性依赖于心灵视觉的直接性，通过简单的直觉起作用的公理的数量就相对较少。这样，演绎作为直觉的助手就显得必要（AT，10：368-70，383；CSM，1：14-15，22）。[①]那些并

---

① 在其早期思想中，笛卡尔经常交替使用"演绎""证明"和"归纳"等术语。关于这一点，参见 Nadler 等人的著作［Nadler, "Scientific Certainty," 179; and Desmond Clark, *Descartes' Philosophy of Science* (University Park, PA: Pennsylvania State University Press, 1982), 65–70］。

非直接显现的真理，可以通过一系列的判断来把握，这些判断的每一步也还都具有直觉的确定性。这样，演绎也依赖于直接的直觉。不过，由于心灵不可能在简单的一瞥中就包含这样一系列的判断，演绎还依赖于会犯错的记忆。通过重复而快速地使用证据，直到整个判断系列能够被一个简单的直觉所把握，记忆的错误可以在相对并不复杂的演绎中被最小化。对于数量较多的证据，不同阶段的直觉的计算将会把错误降到最低。这样，直觉对所有散漫的推理来说都是必要的。

以这种方法建立起来的思想体系构成了真正的知识。确实，在笛卡尔看来，我们真正知道的，只是那些简单的事物和它们的混合物（AT，10：421–27；CSM，1：46–49）。不过，要想把这些简单的事物彼此分离开来，以及把它们与感觉分离开来，这不是一件容易的事。笛卡尔认为，心灵只有转向自身，去掉所有想象的画面，才能实现这一目标，因为通过这种方式，心灵才能够把握诸如怀疑、无知、统一和持续这些简单但难以想象的事物（AT，10：419–20；CSM，1：44–45）。想象不可能区别这些作为形体和广延的简单事物，因为它们之间的不同纯粹是理智方面的（intellectual）不同 37（AT，10：444–45；CSM，1：60）。

这样一些理智之物（intellectual things）是纯粹的，因为它们没有被来自感觉并出现在想象中的画面所玷污。但是，这种纯粹性导致一个特定的问题：纯粹的理智之物与它们被假定能指向和解释的现实相分离。这个问题对笛卡尔来说之所以成为问题，是因为他的直觉概念以新柏拉图主义者和奥古斯丁的神性启示概念为范本。这种分离对奥古斯丁和新柏拉图主义者来说无足轻重，因为他们的目标不是关于这个世界的知识，而是关于这个世界的来源的知识，得到这种知识不需要一种普遍科学，而只需要关于上帝和他的意志的知识。这样一种教义虽然可能满足奥古斯丁的目的，但对笛卡尔来说却很成问题，因为它切断了心灵和物质世界。这样，笛卡尔就需要在永恒真理的领域和感觉领域之间架起一座桥。

在笛卡尔早期思想中，这座桥就是想象。[①]想象是感觉的粗糙材料和直觉的概念结合形成观念的共同基础。在想象中，像"许多"（manyness）这样的纯粹概念，会根据几何图形和比例被赋予决定性的和独特的形式。这样，所有概念之间的关系都可以根据几何图形来理解，而几何图形也可以用一般代数准确分析。这样，科学可以把由直觉揭示的永恒真理组织进一个理性体系，它绝不只是一个唯名论的符号体系，因为它能把握真理，而且与经院哲学的本体论分类完全不同。

尽管直觉是笛卡尔普遍科学的基础，但在对真理的想象中，那种由直觉使之变得可行的图式化表象，是联结理智与感觉的关键，正是它使得这种科学成为可能（*Burman*, AT, 5：176–77）。[②]理智独自就可以认识，但它运用了想象的表象力量作为理解力的帮手。在这一意义上，理智受到想象、感觉和记忆的帮助或干扰（AT, 10：398；CSM, 1：32）。外在事物通常强加给感觉以它们的印象，这些印象通过一般的感觉传送给想象。这里，这些印象的形式被理智予以抽象，并且得到图式化表象（AT, 10：444–45；CSM,

---

① 参见 Klein, *Greek Mathematical Thought*, 197–211, 293–309; and Dennis Sepper, "Descartes and the Eclipse of Imagination, 1618–1633," *Journal of the History of Philosophy* 27 (July 1989): 379–403。

② 参见 Stanley Rosen, "A Central Ambiguity in Descartes," in *Cartesian Essays: A Collection of Critical Studies*, ed. Bernd Magnus and James B. Wilbur (The Hague: Nijhoff, 1969), 24。

1：60）。以这种表象为基础，外在事物的存在被把握为广延，外在世界被理解为广延物（*res extensa*）。作为表象，这些形式可以通过运用来自直觉的图式得到分析。被作为广延物把握的自然，因此可以被数学性地描述和领悟。 38

　　直觉和感觉在想象中的联结是进行判断的基础。对客体的印象，由感觉传递过来，被理智分解成它们的构成部分，在想象中被表象为广延，这与由直觉使之变得可行的形式，以及由想象给予的先天决定的形式，形成对比。在此基础上，理智能够肯定必然或可能的表象形式，或者否定不可能的表象形式（AT，10：420；CSM，1：45）。这种对可能性的确定只是科学的开端。事物之间可能存在许多不同的关联秩序。一旦那些可能的关联被确定，就有必要展开实验去弄清楚哪些关联告知了事实。因此，作为判断和笛卡尔普遍科学的基础的东西，一般来说就是由直觉使之变得可行的确定而明显的知识，以及存在于想象中的先天图式。这成为判断所有经验和所有自然的标准。

　　只有当我们把各种元素纳入想象却没有考虑直觉时，判断才会误入歧途。这些判断中的一部分可能偶然为真，却不是确定的。笛卡尔并没有建议我们应当否定所有这些推测性的判断，因为他认识到那一时刻的压力通常要求我们去行动。不过，我们必须认识到，这些判断是推测性的，最多只会给我们"精神上的确定性"（*Principles*，AT，9B：327；CSM，1：289–90）。唯一确定的真理之路，是自明性的演绎推理，它包含了所有简单的自然事物，还有它们之间的关系。结果是，一种演绎性的科学建立起了所有事物间的因果关系。

笛卡尔后期思想中作为意志的思想

这个作为知识基础的直觉概念，在笛卡尔后期思想中被其基本原理"我思故我在"所替代。这明显是一种怀疑论危机所导致的结果，这种危机又由他对全能上帝观念所导致问题的认识而引起。笛卡尔尽管很早就可能知道神性全能这样一种观念，但从未真正领会它所导致的所有后果，尤其是对数学确定性的影响，因为他曾经假定直觉的内在光芒是对神性智慧从而是对神性确定性的反映。不过他逐渐发现，如果上帝真是全能的，这种光芒就可能是虚假的，这种光芒所揭示的真理也可能只是幻觉。还有，这样一个上帝存在，即使只是一种可能性——而不是说他确实存在——也已经足以削弱直觉和科学的确定性。

笛卡尔认识到，对确定性的需要来自他对他那个时代怀疑论的经验，他还认识到，那些用以反对怀疑论的论争充满太多的或然性，因而不能充分驳倒怀疑论。正如我们已经看到的那样，怀疑论本身是神性全能教义的副产品。这样，在建立作为笛卡尔科学标准的确定性方面，神性全能扮演的角色即使不是直接的，也是重要的。早在《规则》中，笛卡尔就已经对感觉、想象和记忆的真理表示了确切的怀疑。他对来自全能上帝之欺骗的可能性的明确认识，使他产生了更深远的怀疑。在他预先描述的各种思想模式中，没有一种能够为真理提供一种基础，使它免受全能上帝引起的怀疑论的攻击。笛卡尔认识到，为了发现这样一个真理的绝对不可动摇的基础（*fundamentum absolutum inconcussum veritatis*），他必须为判断开拓出一片新的地基。

在《规则》中，笛卡尔确认了四种认识能力：理解（understanding）[*]、想象、感觉和记忆（AT，10：411；CSM，1：39）。[①] 在他后来的思想中，这种解释被进一步扩大和改变。笛卡尔在"第二沉思"中宣称，一个思维物，也是一个能怀疑、理解、肯定、否定、意愿、拒绝、想象和感觉的物（AT，7：28；CSM，2：19）。在"第三沉思"中，他把自己描述为一个思维物（res cogitans），它能怀疑、肯定、否定，认识一些东西，但对更多东西无知，它会爱、恨、意愿、欲求，当然还会想象和感觉（AT，7：34；CSM，2：24）。对笛卡尔来说，思想是我们直接意识到的每一种东西，它们可以归于四个一般范畴：意志（包括怀疑、肯定、否定、拒绝、爱和恨）、理解、想象和感觉（Replies，AT，7：160；CSM，2：113）。[②] 在后来的《哲学原理》中，他指出，还有一种更具综合性的方法，可以把思想分为两种模式：（1）理智的感知和操作，包括感觉、想象，还有纯粹理智性的事物的概念；（2）意志的行动，包括欲求、抑制厌恶、肯定、否定和怀疑（AT，9B：17；CSM，1：204）。最后，在《论灵魂的激情》中，他描述了思想的两个范畴，在《哲学原理》中，他曾把它们视为灵 40

---

[*] 在康德那里，understanding 特指和理性（reason）相对的知性能力。由于笛卡尔并没有这样的区分，故在谈论笛卡尔思想的部分仍然把这个词直译为"理解"或"理解力"。——译者

[①] 记忆在笛卡尔看来不能和想象完全区分（Rules, AT, 10: 414; CSM, 1: 41-42）。他后来又区分了身体的记忆和理智的记忆（参见 Descartes to Mersenne, 1 April 1640, 11 June 1640, 6 August 1640; to Huygens, 10 October 1642; and to Arnauld, June-July 1648; AT, 3: 48, 84–85, 143, 580; 5: 193），他认为这两种记忆都是易出错的和不值得信任的。

[②] 另见 Descartes to Mersenne, May 1637; and to Reneri, April-May 1638; AT, 1: 366; 2: 36。在《对人体的描述》（The Description of the Human Body）里，笛卡尔有一个类似的解释，它还把记忆视为第五个范畴（AT, 11: 224）。

魂的两个基本功能，即它的行动和它的激情（AT，11：342；CSM，1：335–39）。[1]一般来说，行动等同于意志，激情等同于理解力的感知或形式。意志包括那些终止于灵魂的行动，比如对上帝的爱，对非物质性客体的思考，还包括那些终止于身体并导致自发运动的行动。激情或灵魂的感知，包括那些让灵魂作为它们原因的东西（对意愿的感知，对不存在的事物的想象，对只是理智性的事物的考虑，比如对上帝和灵魂的知识的考虑），还有那些把身体作为它们的原因的东西（比如感觉）（*Burman*，AT 5：154）。[2]不过，严格来说，只有那些起源于身体的东西才属于激情，因为那些起源于灵魂的东西，既是行动，又是激情或者感知，而且根据笛卡尔，这些东西从行动的高贵能力中得到自己的命名。还有，即使那些起源于身体的激情，也部分依赖于意志的行动，正是后者把这些激情带到理解力的面前，让它们能够被感知到。

这种关于思想的新观念，在一些决定性的方面重新修订了在《规则》中出现的解释。通常来说，外在客体把它们的形式加诸感官，后者把这些形式通过神经传送到大脑特别是松果腺，笛卡尔相信后者是身体与灵魂的连接点。[3]在这一意义上，感觉是心灵或灵魂的最低组成部分，而且只是在心灵与身体相连的范围内存在（*Dioptrics*，AT，6：109；*Replies*，AT，7：132–33；CSM，2：295–96）。在大脑中，这种感觉印象在想象中产生一种形象，笛卡尔在后来的思想中仅仅视想象为形象投射到其上的"幕布"，它似乎就是大脑或松果腺

---

① 另见 Descartes to Regius, May 1646; AT, 3: 372。

② 参见 Descartes to Mersenne, July 1641, AT, 3: 395。

③ 参见 Descartes to Gibieuf, 19 January 1642; and to More, August 1649; AT, 3: 479; 5: 402。

黑暗的一面（*Meditations*，AT，7：27–28；CSM，2：18–19）。

这个过程是不完美的，它会成为幻觉和错觉的牺牲品。幻觉与我们神经的物理能力的局限性相关，它们会导致可补救的错误。相比之下，错觉是把印象传递到大脑的生理机制遭到破坏的后果。这些生理过程——笛卡尔所谓"动物性精神"——能够在大脑中生产变化，它们模拟感觉，在想象中构造形象，而现实世界中并没有与这些形象对应的客体。这是疯狂和梦魇的来源，它们使想象本身不再可信。这样，思想就不能依赖感觉和想象。无论清醒还是睡眠，我应当只被理性所劝服（*Discourse*，AT，6：39；CSM，1：131）。确实，在笛卡尔看来，我们考虑身体，不是依靠感觉或想象，而只是依靠理智；没有生产观念的能力，感觉能力是消极和无用的（*Meditations*，AT，7：79；CSM，2：55）。这些观念然后在判断中被关联起来。就像在他早期思想中那样，判断对笛卡尔来说仍然保持中心地位，但是判断的本质特征已经改变了。

对于成熟的笛卡尔来说，判断是意志力和理解力这两种不同的心灵能力的组合。理解力在早期笛卡尔关于判断的思想中是主要元素，但在后来却成了被意志力取代的消极成分。不过，意志在判断中扮演的角色，只有在它更广泛地应用于笛卡尔后期的思想概念这一语境中，才能得以把握。

意志是感知中的积极力量，它指引理解力朝向想象中的形象。通过意志，理解力变得和感知（*percipere*）〔它分为 per- 和 *capere*，前者相当于"通过"（by），后者相当于"把握"（to grasp）〕一样积极，而且，意志还会刺激大脑形成形象以帮助理解力，从而夺取了想象先前的功能。同样，它也取代了作为代理召唤先天观念的直觉，把这些先天观念带到了理解力面前（*Replies*，AT，7：188–89；

CSM，2：132）。这样，尽管判断名义上是意志力与理解力的组合，笛卡尔还是主张它根本上由意志力来决定［《对某份报纸的评论》（*Comments on a Certain Broadsheet*），AT，8B：363；CSM，1：307］。以它的判断为基础，意志就会激发身体要么追求要么拒绝由判断确定或否认的东西。在笛卡尔成熟期的著作中，所有形式的思想都被理解为与意志绝对不可分割，都被理解为严重依赖于意志。①

笛卡尔尝试在面对全能意志的上帝时为人类自由和理性寻找一个安全的基础，而他对意志的强调就是这种尝试的本质性部分。尽管他早期严重依赖古老的理性主义，把思想视为直觉和理解，但是他让直觉和理解从属于意志，却依赖唯名论的人的观点，这种观点把人视为一种意愿着的存在。在尝试建构一座对抗超理性的意志上帝的城堡时，笛卡尔尝试在先天的人类意志之上重建理性，这一理性可以完全抵御神性欺骗的攻击。

把意志和思想联合起来，这是笛卡尔基本原理"我思故我在"的基础。正如我们已经看到的那样，这一原理是怀疑之路的结论。在我们先前对这条道路的思考中，我们把怀疑视作不证自明的。但是作为我们的介入考察的结果，事情已经变得很清楚了，那就是怀疑对笛卡尔来说还有一个我们先前所没有认识到的意义：一般而言，它是思想的一种形式，特殊而言，它是意志的一种形式。②

42

---

① 参见 Peter Schouls, *Descartes and the Enlightenment* (Edinburgh: Edinburgh University Press, 1989), esp. 35–50。Antony Kenny 指出，尽管一些经院学者已经主张意志能够要求赞成与反对，但笛卡尔是第一个把判断视为无中介的意志行为的人［"Descartes on the Will," in *Cartesian Studies*, ed. R. J. Butler (New York: Barnes & Noble, 1972), 4 ］。

② 参见 David Rosenthal, "Will and the Theology of Judgment," in *Essays on Descartes' Meditations*, ed. Amélie Oksenberg Rorty (Berkeley: University of California Press, 1986), 429。

作为意志的一种形式，怀疑似乎非常独特。在《答复》《哲学原理》和《论灵魂的激情》中对意志的描述里，笛卡尔囊括了怀疑、肯定、否定、爱、恨、欲求和拒绝（AT，8A：17，11：342-43，7：377；CSM，1：204，335-36，2：259）。稍微留意一番，我们就可以看到，除了怀疑这个例外，意志的其他形式都是成对出现的。这并不奇怪。意志包含着选择，而肯定与否定、爱与恨、欲求与拒绝都是可供选择的对立双方。在这个选择清单里，怀疑没有对立面。这样，要么怀疑不像其他意志形式那样包含选择，要么笛卡尔隐藏了怀疑的对立面。

人们可能期望用信仰（belief）或确信（faith）来和怀疑配对。不难理解，为什么笛卡尔的解释里会缺少信仰这一面。习惯上说，信仰开始于知识结束的地方，也就是我们原则上没有真或假的证据的地方。换句话说，信仰是一种没有基础的判断。经院科学接受这些判断，是因为它们似乎依赖于上帝这个最为确定之物。可是笛卡尔寻求建立的那种普遍科学，却是一个基础牢固的判断体系，它并不依赖于上帝，也不会受到上帝可能会有的欺骗。所以，在笛卡尔的科学里，确信没有一席之地。

笛卡尔用来替代确信的，是确定（certainty）。虽然与信仰或确信有很多共通之处，确定是来自内在之光或自然之光的理智说服的结果。它之所以能够说服我们，是因为我们不可能相信其他东西。确实，这个作为确定的真理观念利用了新柏拉图主义的真理概念，后者也是路德派和加尔文派的救赎的确定观念的特征。这样，笛卡尔以一种迂回的方式返回奥古斯丁的观点，即确信是对怀疑论的回答，尽管他的新的确信远离神性上帝。确定并非依赖于一个神性的担保者，而是依赖于不容置疑性。确定之物是不容置疑的，让人怀疑的是不确定的。这样，在怀疑与确定之间就存在一种必然的、不可避免的关系，就像在肯定与否定或者欲求与拒绝之间存在的那种关系一样。

按照对内在之光的这种理解，怀疑在意志中扮演的角色就会变得很清楚了。就像意志的其他形式一样，怀疑具有它的对立面。但是，这个对立面并不像意志的其他形式那样可以被简单、狭隘地理解。它毋宁说是作为理解力的本质的确定。笛卡尔在《沉思集》里对思想的描写已经很清楚地说明了这一点，在那里他把一个思想之物描述为一个怀疑、理解、肯定、否定、欲求、拒绝之物，而且是一个想象与感觉之物（AT，7：28；CSM，2：19）。这个系列里，怀疑与理解配对，某种意义上和意志的其他形式相似。但是，把怀疑与理解连在一起的真正意思，并不明确。一方面，它似乎表明怀疑在意志中扮演的关键而独特的角色，因为它是理解的对立面，是另一种基本的精神能力。另一方面，它似乎建议理解本身可能是意志的一种形式（*Replies*，AT，7：144–45；CSM，2：103）。可是，怀疑与理解的关系还要更为复杂。怀疑虽然是确定或理解的对立面，但也是实现理解的途径，因为它设定了确定的标准。确定之物是不可怀疑之物。对笛卡尔来说，怀疑不像对苏格拉底和蒙田那样本身就是目的，而是实现另外一个对人来说更高、更有用的目的的手段，这个目的就是一种普遍科学，它允许人们能够确保自己不受全能上帝的蹂躏，使人们成为自然的主人和所有者。不过，在这种科学仅仅为服务于实践而追求理论的范围内而言，它本身成为由意志掌握的工具，正是意志寻求征服和欣赏自然。这样，作为怀疑的意志并非旨在获得苏格拉底或蒙田的不轻信的智慧，也不是亚里士多德和经院学家的理论性的智慧，而是为了获得对世界的科学领会，这种领会仅仅为了给人提供实际利益而探寻自然的秘密。通过理解所有事物之间的因果关系，人们可以中断和改变自然运动的方向，把它引向人自己的目的。这种知识就是那个阿基米德点，它将使人们只运用他们的意志和肉身力量，就可以推动整个世界。作为怀疑的意志在科学里寻求自身的否定，就是为了以一种更高、更有力的形式重新设定它自身，因为只有这样才能征服世界。换句话说，科学与理解力只是意志的工具而已。

为了征服自然，人必须首先征服自身。这样，意志在怀疑之路上的首要目标就是自我解放和自我创造。就像笛卡尔理解的他自己一样，人总是被来自自身局限性或一个全能的骗子强加于自己的那些错觉所束缚。作为怀疑的意志能够使人从这些错觉中解放出来，而且能够为正确的判断及由此而来的自由行动建立基础。怀疑不是判断，而是一个决定，即没有判断能被确定地作出，即问题还会持续存在，这使得肯定或否定正在讨论的问题成为不可能。这样，怀疑就是意识到一种内在之光的缺席，只有这种内在之光才能让真理作为真理而得到揭示。同样，它还是这样的决定，即不去决定，除非有了明确而清楚的理由以某种方式激励它去决定。为了追求确定性，作为怀疑的意志会拒绝所有不能明确肯定是真的东西，也就是拒绝所有哪怕只存在一丝可疑之处的东西。

当然，不能确保这条怀疑之路一定通向真理，因为所有的东西都会有可疑之处。比如说，笛卡尔就怀疑数学的法则，甚至怀疑不矛盾律*。不过，这条路确实能够保证我们将不会赞同那些可疑之物。

44

---

*　吉莱斯皮有时候使用 the law of contradiction 即"矛盾律"，有时候使用 the law of noncontradiction 即"不矛盾律"，而二者表达的是同一个逻辑规律，故本书统一译作"不矛盾律"。——译者

这样，它能够预防我们被欺骗，预防我们以一种和我们最高利益相矛盾的方式行动（*Principles*，AT，8A：6；CSM，1：194）。

作为怀疑的意志的断言，导致所有我们通过感觉、想象甚至理解所得到的（包括由直觉所揭示的）事物都被拒绝了。通过这种方式，意志证明了自己相对于其他认知能力的优越性，也确定了自己在上帝及其造物面前的自由。①无论这个世界是否永远混乱不堪，是一个仁慈的上帝还是一个邪恶天才的作品，意志的怀疑能力都确保了我们不受欺骗的自由。因此，作为怀疑的意志之路，就是那条从所有任性和非理性权威那里获得解放的道路的开端（*Principles*，AT，8A：6–7；CSM，1：194–95；*Search*，AT，10：525；CSM，2：418）。

尽管作为怀疑的意志能够使自己免受所有外在锁链的束缚，但它得到的自由仍然只是消极的自由，除非它能为自己的存在和这个世界的积极知识寻找到一些理由，这些理由允许它为了追求自身的幸福而有效地维护自己。没有这样一种积极的自我维护，意志仍然只是一种破坏性力量，它赢得了自由，却付出了平静与明智的代价。一种纯粹的否定性意志是独立的，但它对世界和自己的存在都同样是无知的。确实，作为激进的怀疑，意志把世界和它自身粉碎成万千琐屑，这导致笛卡尔去假设他自己和整个世界都是虚无（*Meditations*，AT，7：21–22；CSM，2：14–15）。意志通过怀疑获得的自由是空白的自由。

45

————————

① 萨特指出，尽管笛卡尔为一种激进的自由观念作过辩护，但他并不足够激进，因为他最终把这种自由归属于上帝而非人 [Jean Paul Sartre, *Descartes* (Paris: Trois collines, 1946), 9–52]。这里的论证质疑了萨特的结论，认为上帝事实上是被在人自己那里发现的潜在的绝对自由重新定义了。

　　这是笛卡尔的思想在第二沉思的开端所达到的地点。他使自己免受所有的欺骗，但也把自己和世界打成碎片。他宣称自己似乎已经落入深水，难以让自己的双脚触到水底，难以游泳，或者难以支撑自己漂浮在水面。但是意志的这种迷失并没有导致意志的麻痹。在《谈谈方法》中，笛卡尔建议那些身处这一境遇的人们，像一个在森林里迷路的人那样，朝一个方向披荆斩棘，奋力前行，直到发现走出森林的路（AT，6：24；CSM，1：123）。在这里，笛卡尔遵循他自己提出的建议，决定继续走在怀疑之路上，直到发现某种不可怀疑之物，或至少直到他确定无疑地知道，每一种事物都是不确定的。正如我们已经看到的那样，正是这条路通向笛卡尔的基本原理。

　　对付这一原理，最初的困难是它令人迷惑的形式。"我思故我在"似乎是一个三段论的小前提和结论。如果情况就是这样，那么就必须有一个潜在的大前提，即"每一个思维着的东西都存在"。但是这样一个大前提，将会依赖先于这个原理而存在的知识，而这将意味着这个原理不是最基础的。笛卡尔反对把这个原理解释成一个三段论（*Replies*，AT，7：140；CSM，2：100）。尽管一些学者尝试按照三段论来理解这一原理，但是大多数学者还是同意这并非笛卡尔的本意。[1]由于拒绝三段论逻辑，他似乎不可能把自己的思想建立在一个三段论之上。

　　但是，如果拒绝一种三段论式的解释，我们就必须发现一种

---

　　[1]　一个明显的例外就是 Heinrich Scholz，他断言那个潜在的大前提不是"每一个思维着的东西都存在"，而是"只要我思维，我就存在"［"Über das Cagito, Ergo Sum," *Kant-Studien* 36, no. 1/2 (1931): 126–47］。但是，没有证据能够证明，笛卡尔曾经考虑过这种独特的方案。

替代的解释。笛卡尔宣称这个原理建立在一个简单的心灵视觉的事实基础之上，这暗示了它是一种直觉（*Replies*，AT，7：140–41；CSM，2：100）。可是，他宣称直觉和由直觉证明有效的简单事物不可能作为真理的基础。还有，这个原理中真正简单和初级的东西，不是思想与存在的同时发生，而是思想和存在本身。这些简单的东西被直接认识，而原理本身只是推理的结果。

笛卡尔的基本原理不是一个三段论或一个直觉的结果，而是一个判断的结果，而且因此是一个意志的事实。在《谈谈方法》和《哲学原理》中，他正是这样描述它的（AT，6：33；8A：8–9；CSM，1：127，196）。但是，在《沉思集》里，他却称呼它为一个必然的结论（AT，7：25；CSM，2：16–17）。他在这里所说的意思，不是指它是一个逻辑结论，而是说它是一个判断的结论，是对一种必然关系的肯定。这里有必要区分位于这一原理中心的命题，以及对**作为**基本原理的这个命题的承认和坚持之间的区别。这个原理的真理并不存在于它的逻辑**形式**，而是存在于判断或意志的**行为**，正是这一行为把它设置成了基础性的原理。① 这个陈述句"我思想，

---

① Jaako Hintikka 在他的重要文章《我思故我在：推论还是表现》（"Cogito, ergo sum: Inference or Performance," in *Meta-Meditations*, 50–76）中率先作出了这种论证。最好的替代性解释可能来自 Weinberg，他认为 *cogito* 是一个非三段论式的逻辑推论（*Ockham*, p. 91）。他主张笛卡尔采用的是在 12 到 14 世纪经院哲学家中最为流行的麦加拉–斯多葛逻辑学家们的立场，即一个有条件的命题要想是真的，其逻辑前项必须和对它的结论的否定不相容。Weinberg 这里依赖于笛卡尔在《规则》里使用的"关联"（*conjunctio*）和"没有必然联系"（*connexio necessaria*）。但是，我们已经尝试证明，笛卡尔在其后期思想中面对神性全能问题时放弃了这些不充分的观念。即使人们忽视了这一点，毋庸置疑的是，对思（*cogito*）的否定，在**逻辑上**与对在（*sum*）的否定不相容。笛卡尔明确断言，这是心灵必须通过经验学习的东西。

故我存在","这个命题'我是,故我存在',每次我说出它,或者每次它在我的心灵被思考,都必然是真的"。而且,"我怀疑,故我存在"在逻辑上不一定为真,但只要它们是意志的主张,它们就是真的。在《哲学原理》中,笛卡尔这样描述意志的必然性:"这种情况是不可能的,即当我作出这一判断,而我作出这一判断的心灵却不存在。"(AT,8A:9;CSM,2:16–17)在这一意义上,笛卡尔的基本原理就是意志的判断,就是意志对自身的必然性和不容置疑性的肯定;换句话说,这个原理就是意志的自我奠基行为和自我创造行为。[①]

当笛卡尔在《哲学原理》中解释各种真理的确定性时,意志的这种自我奠基、自我确认行为的机制变得多少清晰起来:"我们不可能怀疑它们,除非我们思考它们;但是如果不能同时相信它们是真的,我们就不能思考它们……因此如果不能同时相信它们是真的,我们就不能怀疑它们;这就是说,我们永远不可能怀疑它们。"(AT,7:145–46;CSM,2:104;比照 *Principles*,AT,9B:9–10;CSM,1:183–84)很明显,在这段话里,作为怀疑的意志在建立这些命题的真理中扮演着关键角色。正如我们已经看到的那样,通过拒绝所有可疑的和不确定的东西,怀疑是意志用来使自己免受欺骗和免犯错误的手段。这样,它也是人们免受上帝和他的造物的束缚的手段。但是正如我们已经看到的那样,这只能通过否定上帝和整个世界才能做到,而这种否定留给意志的,只是一种明显的真空。笛卡尔的基本原理的核心是他的发现,即意志不可能怀疑

---

① Hintikka 称这种意志行为是"表现性的表达方式"("Inference or Performance," 60–61)。Caton 正确指出,这一事实并非必须公开的,因此并不必然是一种表现(*Subjectivity*, 143)。

或否定自身，即这样一种否定实际上是自我肯定。^①意志以这种方式作为一个"我"构成了它自身，这个"我"是绝对自由的，能免受一切欺骗的伤害；正如它已经做的那样，它从自身的毁灭中再生（AT，7：12；CSM，2：9）。正是通过这一行为，意志把自身构成一个自我，并且因此把自身构成所有事物都能在其上建立起来的基础或主体。^②确实，由于主体来自怀疑的普遍否定，它只能站在它自己创立的位置上。

意志关于自己的声明的自我肯定或自我确认特征，并非像有些人主张的那样，依赖于不矛盾律或第一人称声明的特别性，而是依赖于所有正在思想和正在意愿之物固有的那种自反性特征。^③但是，只要我们根据我们模糊的日常概念"自我意识"或"主体性"来捕捉这种自反性的明确特征，就会无功而返。因此，我们必须尝试更仔细地确定笛卡尔用思想的自反性所表达的意思。

47

---

① Gerard Simon 认为，这一否定原则是一种本体论原则，而非仅仅一种逻辑原则（"Les vérités éternelles de Descartes," 126–129）。笛卡尔本人主张，"虚无以存在为前提，被理解为和存在并置，但是存在本身总是根据虚无来被思考。"（*Burman*, AT, 5: 153）

② 参见 Heidegger, *Nietzsche*, 2: 148–58。

③ 在《哲学原理》中，笛卡尔主张，"当我正在思考的时候却假设能思考的东西不存在，这是一个矛盾"（AT, 8A: 7; CSM, 1: 195）。但是，这不是传统逻辑意义上的矛盾，也就是说，它并没有同时设定了 A 和 -A。相反，它设定因为 A 所以 B，而且如果 B 存在，那么 A 存在。可是，这只能通过经验被认识。笛卡尔更为典型的地方在于他在《真理研究》中的断言，即比起不矛盾律，还有他在《答复》中主张的不矛盾律建立在"我思故我在"之上，他的基本原理要更为确定（AT, 10: 522; CSM, 2: 416; AT, 7: 140–41; CSM, 2: 100）。于是，在笛卡尔的思想中，"我思故我在"扮演的角色，相当于不矛盾律在亚里士多德思想中扮演的角色（Scholz, "Über das Cogito, Ergo Sum," 322）。

自我意识与意志

　　笛卡尔尽管常被视为自我意识的发现者，实际上并非第一个认识到人类具有思考自己思想之能力的人。柏拉图在《阿尔基比亚德Ⅰ篇》(*First Alcibiades*) 里宣称，灵魂具有注视自己的能力，亚里士多德也在《尼各马可伦理学》(*Nichomachean Ethics*) 中暗示，人们能对他们自己的认知产生意识。[①] 可是，这种古老的观念与笛卡尔用自我意识所表达的东西少有相同之处。柏拉图和亚里士多德认为人的存在本质上由自然或理性决定，而不是由反思自己的思想的能力所决定。可是，按照从笛卡尔到黑格尔的现代大陆思想所理解的那样，成为具有自我意识的人，意味着成为自在自为的人，也就是说，意味着以一种似乎背违古人的方式远离自然和理性的束缚。

　　自我意识假定心灵和它的对象的统一性，对于古人来说，就像亚里士多德已经清楚说明的那样，这只有在那些不受物质束缚，因而是独立和自足的存在者那里才是可能的。[②] 根据亚里士多德，这样的存在者只有一个，那就是存在的第一推动者，他在《形而上学》(*Metaphysics*) 中把它描述为对思想的思想。[③] 作为物质性的存在者，人不是自足的，他们很大程度上被物而不是他们自身所规定。这样，人类不是通过反思，而是通过检验他们的行为，来认识

---

　　①　Plato, *Alcybiades I* 133B-C. 我们这里并不关注这则对话的作者究竟是谁的问题。另见 Plato, *Theaetetus* 186D; and Aristotle, *Nichomachean Ethics* 1170a29–1170b3. See Weinberg, *Ockham, Descartes, and Hume*, 83–91.

　　②　*De anima* 432a2.

　　③　1074b35–1075a4. 关于自我意识与原初动力的关联，参见 Stanley Rosen 的文章 ["*Sophrosyne* and *Selbstbewusstsein*," *Review of Metaphysics* 26 (1973): 617–42]。

他们自己。只有那些被提升到物质之上，进入神性之中，接近第一推动者的哲学家，才能够进行纯粹直觉的反省。

现代的自我意识观念拒绝把人视为完全的自然性存在，而是根据第一推动者的模型，把人重新规定为完全自由和自足的存在。这种转换主要归功于奥古斯丁，尽管他大量吸收了新柏拉图主义的思想，尤其是普罗提诺的思想。跟随亚里士多德，普罗提诺把自我意识归于最高存在者努斯（*nous*）或者心灵，但是和亚里士多德不同的地方在于，他宣称人类偶尔会参与到努斯中去。在这种情况下，人类就具有了完全意义上的自我意识。[1]奥古斯丁吸取了这一观点，把自我意识完全归于人，以至于人成为上帝的形象。但是，即使对奥古斯丁来说，自我意识最大程度上也只是人类灵魂的二流能力。人类可以接近基本的真理，不是通过反思，而是通过神性的启示。

不管它在奥古斯丁思想中的终极地位究竟如何，这个自我意识观念在经院哲学那里只是扮演着微不足道的角色，因为这种哲学接受了亚里士多德的观念，即灵魂通过它自己的行为认识自身。自我意识的现代观念产生于奥古斯丁主义的复兴之中，一批像司各脱、奥卡姆这样的方济各会思想家，以一种奥古斯丁式的风格提出，我们关于自己心灵体验的知识是完全不明确的和直觉性的。[2]但是，司各脱和奥卡姆都没有展开一个已经成熟的自我意识概念。事实上，两个人甚至都没有把自我意识构想为原初的或基础的东西。

这一传统为自我意识这个现代观念奠定了基础，但只是到了

---

[1] *Enneads* 5. 9.1–14.

[2] 参见，例如，Ockham, *Sent.* Prol. qu. 1, KK。

笛卡尔，这个概念才第一次出现。笛卡尔为了回应怀疑论的危机才发展了这个概念，而这一危机产生于他对那个与人类知识相关的问题的认识，这个问题又是由神性全能的观念引发的。可是，这个怀疑论的问题本身不能解释笛卡尔的反应，因为奥古斯丁的思想也可以被建构成一种针对怀疑论的答案。① 因此，要想理解笛卡尔赋予自我意识和人类自由的关键角色，我们必须考察奥古斯丁和笛卡尔之间的不同之处。

　　奥古斯丁和古代晚期的大多数思想家们所面临的问题是恶的起源问题。某种程度上说，这是社会和政治生活堕落的结果，但也是古代哲学难以解释理性宇宙怎么可能包含邪恶的结果。这个问题对基督教来说尤其严重，因为它认识到了恶的存在，也提供了一种疗法，但就是难以解释恶的起源。事实上，包括青年奥古斯丁在内的许多思想家，都认识到他们所相信的作为创造者和救世主的基督教上帝观念是一个矛盾。如果有必要存在一个救世主，那只能是因为一次恶意的创造。换句话说，上帝必须既是无限邪恶的，又是无限仁慈的。摩尼教在这方面提供了一种有吸引力的替代品：不存在一个上帝，而是存在两个上帝，一个负责创造的邪恶上帝，和一个负责拯救的善良上帝。表面上看，这样一种神性二元论要好于矛盾的一神论。对基督教的辩护因此依赖于对神性的统一和仁慈的证明。自由意志教义使得这种辩护成为可能，因为这种教义把邪恶的根源置于人心中，而非上帝那里。这样，对奥古斯丁来说，只

49

_____

　　① Blumenberg 指出，在一个基本层次上，奥古斯丁和笛卡尔面对的是同一个问题，也就是认识问题。在他看来，由于奥古斯丁没能克服认识问题，由笛卡尔进行第二次克服就是不可避免的（*Legitimacy*, 127–36, 172–79）。不过，这一结论混淆了两位思想家所面临问题的关键不同。

要人类个体能够洗心革面，邪恶问题就可以被解决，而基督教可以实现个体的这种转变。

尽管这种邪恶起源的解释解除了上帝是矛盾体的异议，但也没能使上帝的统一性变得可以理解。这种理解在对人类灵魂的自反性的分析中达到了。因为人类是根据上帝的形象创造的，他们可以通过检视他们自身的存在来得到一些洞见，以此进入神性存在的结构。他们在自身那里看到思想、意志和感觉的统一性。人类和上帝以这种方式实现了三合一，成为三位一体。这样，我们可以通过理解我们自己的思想理解上帝。以这种方式，奥古斯丁用自我意识来为上帝辩护。

笛卡尔的问题具有完全不同的本质。为了驱离摩尼教对基督教的威胁，奥古斯丁用上帝的全能来和解上帝的善、正义和理性。对笛卡尔来说，主要的威胁不是针对上帝的，而是针对人自身的，而且威胁的主要根源，不是摩尼教用来针对上帝的诺斯替教义，而是来自神性全能的怀疑论。这样，笛卡尔调用自我意识不是为了替上帝辩护，而是为了保护人类免受上帝的攻击，并且最终是为了给人类、世界以及上帝本身建立一个新的基础。[①]

笛卡尔不只是在他的思想里赋予自我意识这个传统概念新的角色，而是彻底地改变了它的含义。正如我们已经看到的那样，自我意识在古代和中世纪都被理解为一种直觉行为，而且因此是一种沉思（contemplation）。它被认为是消极的，而非积极的。在这种意义上，思想只是对自然或永恒形式的反映。亚里士多德在《灵魂

---

① 参见 Gerhard Kruger，他认为在笛卡尔那里"自我意识本身指派自身反抗所有的神性全能"［"Die Herkunft des philosophischen Selbstbewusstseins," *Logos, Internationale Zeitschrift für Philosophie der Kultur* 22 (1933): 246］。

论》（*De anima*）中告诉我们，心灵在思考三角形时，会变成一个三角。[1] 只有在普罗提诺那里，努斯扮演了一个比较积极的角色，但也只是对第一推动者而言。[2] 在奥古斯丁那里，这个努斯诗人（*nous poietes*）为神性意志提供了基础，也为人类意志提供了来源，尽管它从未被奥古斯丁或经院哲学连续应用到关于人类自我意识的讨论中。这样，尽管对古代思想和经院哲学来说，一个更为积极的自我意识概念已经潜在地存在，但它们都没有发展出这样一个概念。[3]

笛卡尔拒绝把这个传统的自我意识概念视为一种沉思。它不是思想的一个元素，而是每一个思想行为的特征。在1641年7月写给梅森的一封信里，笛卡尔明确表述了这一想法："我已经证明，灵魂不过是一种会思想的东西；因此，说我们能够思想任何东西，同时却对我们的灵魂一无所知，这是不可能的。灵魂是一种能够思想所有我们要考虑的一切的东西。"（AT，3：394；比照 *Principles*，AT，8A：7；CSM，1：195）所有作为思想的思想，总是对自身的思想。所有的思想，甚至包括感觉，因此都必然是反思性的。[4] 心灵首先反思的，不是世界或形式，而是它自身。它不依赖于任何超越于它之上的东西；它是完全自由的。

在断言所有思想的自反性或者自我意识在所有意识中的普遍性时，笛卡尔并不是说思想本身被单独呈现为什么被思想的东西，

---

[1]　429a–429b.

[2]　*Enneads* 5. 9. 3.

[3]　参见 Hintikka, "Inference or Performance," 68。

[4]　正是这种能力区别了人的感觉和动物的感觉（*Replies*, At, 7:269–70; CSM, 2:187–88）。

好像它只是另外的什么东西。笛卡尔认识到，这样一种观念是站不住脚的，因为它会导致一个无限的倒退（*Meditations*，AT，7：50；CSM，2：34）。我们当然可以用这种方式思想我们自己和我们的思想——确实，在很多方面，当笛卡尔的先行者们谈论对思想的思想时，他们心里主要就是这么想的——但这**不是**笛卡尔的自我意识概念。①

为了理解笛卡尔用自我意识所表达的意思，我们需要返回他对思想的分析。对亚里士多德来说，思想本质上在于重复世界上的事物之间的实际联系。在笛卡尔看来，与世界的这样一种直接的联系是不存在的，因为世界并不会向我们呈现出它的真理，我们也不能轻而易举地确定我们自己与真理的关联。毋宁说，感觉的原材料被聚集在一起，根据一个由直觉或意志设立的主题，由理智重新建构，在想象中表象它的本质和真理。这样，通过这些感官，世界对我们来说不再只是可利用的，而成了容易受到数学分析和技术控制影响的广延物。可是，我们之所以能够以这种方式理解和主宰自然，只是因为思想根本上首先反思自身，然后才是世界。思想因此就是诗，希腊语的意思就是 *poiēsis*，指的是一种制作，它通过表象首先制作自身，然后为自身制作这个世界。尽管在笛卡尔早期的想象力观念里这个自我意识概念还是模糊不清的，但在他意识到意志在对世界的表象性占有和重构过程中的关键角色后，这个概念

---

① 这种对笛卡尔的"我思我思"（*cogito me cogitare*）的误解，是分析哲学的典型特征，它也存在于 A. J. Ayer 的著名反对观点中，即从笛卡尔的"我思"得出的结论不是"我在"，而只是"那当下被思的"［*The Problems of Knowledge* (London: Macmillan, 1956), 45–54］。如果规定思维物（*res cogitans*）特征的自我意识就只是对思想的思想，那么这个结论就是正确的。但是，正如我们将要看到的那样，事实并非如此。

的意思开始变得清晰起来。

可是，说思想总首先是对自身的反思，然后才是对对象的思考，这究竟意味着什么？对古人来说那赋予思想的直接理解性特征，让人在对象中迷失自身。正如笛卡尔所理解的那样，思想永远不可能让自己迷失在对象里，因为它站在一个远离世界的地方，出现在每一次思想行为中，也因此出现在每一个对象中。确实，某种意义上是对象迷失在主体中，从它的自然环境中被抽象出来，在自我的发明的人工领域被设立起来，再由自我意愿着的意志再现在想象力的屏幕上。在这种意义上，所有的思想都是诗，是对这个世界的塑形意愿。那出现在每一次思想行为中的自我，都被建构为主体，表象就是为它而存在，就像观众或听众是为了意志对作为广延物的世界的呈现而存在。

只要世界被意志重构为广延物，它就必然与思维物绑在一起：这个世界能被再造为对象的集合，只要这些对象是为主体而存在、依据主体而存在。通过把世界表象为广延物，意志能够再造世界，只要它能够再造它自己，就像广延物为了它而再造一样。这样，通过再造世界，意志可以在最为基础的水平上占有世界，以至于它从一开始就已经是**"我的"**世界。在这个意义上，自我就不只是另外一个对象，而是对世界的整个表象性的再创造行为的本质依据。

在何种意义上笛卡尔对世界的"诗性"表象事实上就是一种再创造？在一种更加有限的意义上，这种行为是否不再是诗性的，也就是说，它并没有生产出一个世界的模型，这个模型不管是对现实的卓越模仿也好，拙劣模仿也好，都能通过和现实世界相比较而得到判断？这些问题固然来自健康的常识，但依赖于对笛卡尔思想乃至整个思想中的革命的根本误解，这种革命开端于唯名论，在我们自己的时代得出终极结果。这个传统断言，没有"真实"的世界用来让这个被建构的世界作比较；世界只是它被表象的那样。这样一种观念与古代和中世纪的世界观念格格不入，它依赖于我们将必须进行的对神性全能观念的检视方式。

征服世界的斗争

在一个完全唯名论的世界里，人类因为他们的局限性，被迫运用一般概念来把握完全个体化的存在者。但是，这样的概念会扭曲现实。不过，这样的扭曲只是问题的一部分。由于上帝直接或靠第二级原因创造了所有存在者，他可以在任何时候省却第二级原因，直接作用于我们的心灵或感官。这样，真正的对象是否存在，就变得很成问题。世界不是理性的。确实，它甚至不是由各种个体化的存在者凑在一起形成的相对比较容易应付的一片混乱，因为我们还可以用人为的概念来捕捉这些存在者；它是神性意志的一次表演或者表象，它也许可能符合物理真实，也许不可能符合物理真实。面对一个全能的上帝，"真实的"世界消失了。

在这些情况下，哲学对宇宙的沉思，以及神学对神性意志的演绎，都变得毫无用处和荒诞不经。在笛卡尔看来，思想的任务毋宁说是对世界的表象。[①] 但是这样一种表象包含与上帝的一场斗争，一场夺取出现权的斗争，一场决定谁来表象、因此谁来拥有世界的

---

① 笛卡尔自己经历过这样一种对世界的想象性重建和占有（参见 *Discourse*,
AT, 6: 42–46; CSM, 1: 131–34）。

斗争。①我们总是发现我们自己就在表象之中，在一个对象世界中，那些对象似乎以某种特别的方式有因果关系地联系着彼此。作为有意志的存在者，我们有能力想象所有可能存在于事物间的因果关联，然后通过实验来决定哪些是实际存在的联系。然后，我们能够根据意志在对更好、更有用的秩序的想象中形成的图像改变这些因果关联。这样一种转变使我们能够征服和控制自然。对因果关系的这种重组，是笛卡尔诗性的普遍数学的技术性时刻，是依赖于他的基本原理"我思故我在"这个阿基米德点的支点。因此，它也是我们能够从一个任性的上帝那里赢回世界的手段。

　　表面上看，这样一种计划显得很荒唐：人怎么可以和一个全能上帝进行竞争？笛卡尔的答案英勇无畏：人自己某种意义上已经是全能的，某种意义上已经是上帝，否则这样一个斗争的想法就会是荒诞不经的。②在笛卡尔看来，人类似于上帝，因为他具有表象能力和由此而来的再造世界的能力，以及使世界变成他自己的世界的能力。正如我们已经看到的那样，这种能力建立在思想的自反性之上，而这种自反性又依赖于意志的自我意愿。正是意志成为人的第一来源，意志的首要之事是去意愿，也就是说，去作为一个主体意愿自身，然后把自己设立为一个使征服自然成为可能的阿基米德点。意志的本性因此就是自我肯定和主宰一切。可是，这样一种本质上是主宰一切的神性意志的意志，把人推向了和上帝作战的位置。

---

　　①　Funkenstein 认为，笛卡尔和 17 世纪一般性地发展出了一个反思性（*ergetic*）理想，以替代古代的沉思性（contemplative）理想：上帝建构了自然，而笛卡尔为了理解这个自然而尝试重建它（*Theology and the Scientific Imagination*, 191, 297）。Funkenstein 基本上是正确的，但他低估了笛卡尔科学的实践目标，以及由此而来的为主宰世界而和上帝展开的斗争。

　　②　参见 Flynn, "Descartes and the Ontology of Subjectivity," 13。

53　　　根据笛卡尔，意志既是上帝又是人的根本特征（AT，7：56–57；CSM，2：40）。按照笛卡尔所描述的样子，上帝是全能的：他的意志是无限有力的，他是完全自由的。作为结果，思想、意志和创造对他来说是一个东西，是完全相同的。[①] 还有，他的意志是完全中性的，因此不会被超常的必然性、法则或理性束缚。相应地，他先于所有善和真理的观念，是这些观念的根源（*Replies*，AT，7：435–44；CSM，2：293–99）。[②] 上帝创造了那些不朽的观念，而且可能已经使它们变得完全相反，也就是说，他可能已经否定了不矛盾律，或者使 2+3=5 为假。[③] 确实，他的全能意志甚至超越了选择本身，因为他创造了选择出现于其中的可能性。[④]

　　　笛卡尔意识到，这样一种全能意志的假定意味着人、自然和真理必然严重依赖于上帝。按照笛卡尔的理解，存在是被创造的存在，是上帝自身创造性力量和整顿性力量的显现。上帝因此能够而且也确实给万物赋形，它们完全不过是上帝任性意志的偶然产品。这样一种神性意志的观念对笛卡尔的自然概念来说是关键性的。

　　　经院哲学按照亚里士多德的那一套，把自然理解为由物质因、

---

　　① 参见 Koyré, *Descartes und die Scholastik*, 43。

　　② 另见 Koyré, *Descartes und die Scholastik*, 24, 29, 34–35。

　　③ Marc-Wogau, "Der Zweifel Descartes und das Cogito ergo sum," *Theoria* 20 (1954): 135. Ferdinand Alquié 宣称，永恒真理的存在和神性全能是"笛卡尔形而上学的基础"［Alquié, ed., *Descartes: Oeuvres Philosophiques*, 3 vols. (Paris: Garnier, 1963), 1: 208］。笛卡尔有时候甚至主张上帝可能还会改动"永恒真理"。法语版的《形而上学》把上帝描述为不可改变的，但更权威的拉丁语版并没有提及这一特征。这导致笛卡尔在 1630 年 4 月 15 日写给 Mersenne 的信中提出的观点——即永恒真理是不变的——成了问题（AT, 1: 135–36）。

　　④ Harry Franarkfurt, "Descartes on the Creation of Eternal Truths," *Philosophical Review* 86, no. 1 (January 1977): 38.

形式因、动力因和目的因主宰的东西。对亚里士多德来说，形式因和目的因明显具有根本性。[1]经院哲学尽管给予动力因更大的空间，但也给了形式因和目的因优先权。经院哲学视上帝为创造者和第一推动者，却用亚里士多德的工匠模式来解释他。他根据理性的永恒形式创造了世界，这个理性的永恒形式也包含他自己的存在。这一观念得到了阿威罗伊的明确辩护，在阿奎那那里也得到了含蓄表达。唯名论对神性全能的强调颠覆了这个自然因果概念，把神性意志和动力因设定为先于一切的。这样，上帝就不再被视为工匠，根据一个理性的计划塑造世界，而是被视为一个全能的诗人，他的神秘的创造性自由能够幻化出无限多样的绝对个体性的存在者。

　　笛卡尔继承了这样一种自然概念，即自然是一种绝对全能的意志的创造物。从亚里士多德式的视角来看，这样理解的自然肯定是一片混乱。确实，如果我们问传统形而上学的问题"自然是**什么?**"，唯一可能的结论就是："无。"这个"宇宙"缺乏形式和目的，而且那些看似存在的物质材料实际上只是幻象。在这样的一个"非宇宙"里，相较于我们关于世界的知识，关于上帝的知识微不足道。[2]不管上帝存在与否，自然都以差不多的方式运转，我们也必须运用相同的手段来理解它。笛卡尔自己也在他的《谈谈方

54

---

　　① 关于亚里士多德的因果关系概念，参见 Helene Weiss 的著作［*Kausalität und Zufall in der Philosophie des Aristotles* (Basel: Falken, 1942)］。

　　② Blumenberg 于是认为，唯名论创造了一个隐匿的上帝 (*deus absconditus*)，他与现代科学不相关 (*Legitimacy*, 184)。尽管在狭义上他是正确的，但他难以认识到这个上帝对现代自我的重要性，这主要是因为他的分析仍然基于他对先验自我的信仰。在他看来，历史是一系列的时代，其中不变的自我面对的是在变化的语境中出现的长期存在的相同问题。这里给出的观点认为，现代自我观念的本源，是对一种关于上帝和世界的特殊形而上学理解的独特回应。

法》里这样建议。如果上帝在一个想象的空间里创造了一个新的世界，又毫无规律可言地不停撼动它，那么唯一的结果就是混乱，要么，他就必须按照他建立起来的法则来行事，而这个世界就和我们自己的世界完全相同了（AT，6：43–44；CSM，1：132–33）。[①] 这样，不管是只有一个全能的上帝，还是只有自然法则，就没有什么区别了，因为自然的所有作品都可以根据对动力因的分析来解释。在这样的意义上，世界是纯粹机械的，没有"是什么"，只有"会怎样"。[②] 主宰这样一个世界，不需要按事物本来的样子接受它们，而是在想象力中把世界作为广延物来表象性地重构它，因为只有以这种方式世界才能被数学式地分析和控制。

　　人能够凭借他的意志改造这个世界。在这种意义上，正如笛卡

---

① 参见 Funkenstein, *Theology and the Scientific Imagination*, 74。

② 这种意义上的上帝，根据因果关系被解释为自因（*causa sui*）。Jean-Luc Marion 指出，这样一种上帝解释在笛卡尔之前可能还不为人所知（"The Essential Incoherence of Descartes' Definition of Divinity," in *Essays on Descartes' Meditations*, 325–27）。即使对奥卡姆来说，上帝也不是动力因，而是自由的原因（Adams, *Ockham*, 2: 1179）。根据 Marion，说上帝除了他自己的本质没有其他原因，就是把他解释为无限的力量，同时又让他服从于理性的命令，即每一种东西都有一个原因。于是，Marion 认为对上帝的这一证明与笛卡尔对无限而不可理解的上帝的描述不相容。但是，正如我们将要看到的那样，正是在笛卡尔意义上的上帝的无限性，让上帝和万物同一。于是，宣称上帝是自因，就是宣称因果性本身是自因，就是宣称因果性是纯粹的意志。

莱布尼茨相当清楚地认识到这一结论，明显受到了它的折磨。他写道："上帝或笛卡尔的完美存在，并非人们想象的和人们希望的那个上帝，也就是说，是一个正义而睿智的上帝，尽一切可能为造物之善而做任何事情，而是类似于斯宾诺莎的那个上帝，也就是事物的原则和某种始源性的统治力量，他推动所有事物的运动，做一切他能做的事情；他没有意志或理解力，因为根据笛卡尔，关于他的意志的对象，他没有善的概念，对于他的理解力的对象，他没有真的概念。"[Letter to Malebranche (?), June 1679. 引自 A. Robinet, *Malebranche et Leibniz* (Paris: Vris, 1955), 114–20。另见 Frankfurt, "Eternal Truths," 54]

尔在《论灵魂的激情》中所说的那样，意志是人性的完善，是人类自尊的唯一基础（AT，11：445；CSM，1：384）。[①]确实，除了人的意志或欲望的自由倾向，没有什么东西能够影响人，这种意志或欲望是如此本性自由，以至于它永远不可能受到束缚（*Passions*，AT，11：359；CSM，1：343，384）。这种意志是人类自由的根源，也是人类力量的基础。它因此也是人类免于全能上帝欺骗的根源，还是人类征服自然的基础。[②]

　　尽管笛卡尔的意志概念对现代性具有深远的意义，但这个概念的起源还是不清楚的。虽然人们提出的诸多来自经院哲学的起源解释貌似有理，但是还存在一个问题，那就是笛卡尔在写作《指引心灵的规则》时，已经很好地接受了所有这些解释，但是在这部著作中，并没有这种教义存在的证据。确实，只是在1639年后的时间里，意志概念才在笛卡尔思想中扮演显眼的角色，而且只是在后来的《哲学原理》和《论灵魂的激情》中，这个概念才变得突出。这样，似乎是笛卡尔发展了这个意志概念作为对他思想基础的彻底重思的一部分，以回应怀疑论危机，这一危机产生于他对由神性全能引起的问题的认识。笛卡尔读过纪尧姆·吉比厄弗的《论天主与受造界的自由》，但也只是在他已经明确阐明关于永恒真理的神性创造的教义之后。这样，这本书就不可能是他的神性全能观念的根源，尽管这本书在形成他的后期意志观念过程中可能扮演着重要角色。如果真是这样的话，这种关联可以帮助我们解释笛卡尔思 55

---

　　① 参见 Descartes to Mésland, 2 May 1644; AT, 4: 117。

　　② 参见 Stanley Rosen, *Nihilism: A Philosophical Essay* (New Haven: Yale University Press, 1969), 62–65。

想中神性观念与人类自由的汇合。[①]

人类意志能够对抗上帝，重建自然世界，因为这种意志和上帝的意志相同（*Meditations*，AT，7：57；CSM，2：40）。[②] 就像上帝的意志一样，纯粹的人类意志是无限的、冷漠的和绝对自由的，不会屈从于理性或任何其他法律及规则。[③] 这种具有无限性的人类意

[①] Gibieuf 用于描述人和上帝的核心术语是"广度"（amplitude），它包括落在"自由"和"意志"名下的所有东西［Francis Ferrier, "L'Amplitude chez Gibieuf," *Revue Internationale de Philosophie* 114 (1975): 475–95］。根据 Gibieuf，自由"位于这样的事物中，它没有界限的封闭，而具有**无限的广度**"（*De libertate Dei et creatura*，370）。这意味着人参与了无限。"具有充分的自由，也就是被奉若神明，而且是相互被奉若神明地具有充分的自由。"（Ibid., 480–81）对 Gibieuf 来说，造物都是上帝的放射物，他尝试根据它们和上帝的接近程度来衡量它们的自由或广度。在这一方面，他追随他的老师 Bérulle，后者认为上帝把自己显现为一个放射物，它同时是人的灵魂和物质的本质的形式因。但是，Gibieuf 的自由教义，削弱了神性权威观念，因为他能够仅仅根据上帝命令的普遍性来定义它们（Ibid., 489）。就像对 Arnauld 一样，对 Gibieuf 来说，意志的理性根据其一般性来定义。关于对理性和意志的这种重新定义的极端重要性，参见 Patrick Riley 的杰作［*The General Will before Rousseau* (Princeton: Princeton University Press, 1986)］。

[②] Descartes to Mersenne, 25 December 1639, AT, 2:628; Gilson, *Liberté*, 25.

[③] 关于这一点，参见 Koyré 等人的著述［Koyré, *Descartes und die Scholastik*, 44; Gilson, *Liberté*, 26; Margaret Wilson, "Can I Be the Cause of My Idea of the World? (Descartes on the Infinite and the Indefinite)," in *Essays on Descartes' Meditations*, 350］。对于笛卡尔冷漠的人类意志观念的这种解读，Antony Kenny 给出了一个可能是最具挑战性的观点。在《笛卡尔论意志》（"Descartes on the Will"）一文中，他指出，由于我们无法在我们思考清楚而明晰的真理时而不相信它们，我们不可能像上帝那样是冷漠的和自由的。Peter Schouls 认为，对笛卡尔来说，我们可以自由拒绝赞同清晰而明确的观念，以便证明我们的自由（*Descartes and the Enlightenment*, 90）。Georges Moyal 更为坚决地证明，根据笛卡尔的解释，我们只有在选择成为理性的时候，才会被清晰而明确的观念所束缚，而我们不需要作出这样的选择［"The Unity of Descartes' Conception of Freedom," *International Studies in Philosophy* 19, no. 1 (1987): 46］。于是，笛卡尔在"第四沉思"中的声明，即我们越少冷漠地行动，就会越自由地行动，必须在最为重要的那些方面被理解为暂时性的（AT, 7:58–59; CSM, 2:41）对于自然科学来说尤其如此。在他于《谈谈方法》（转下页）

志与神性的宿命相抵触。但是，笛卡尔在《答复》中宣称，尽管宿命使得自由不可想象，人们还是可以通过内省经验到这样的事实，即去意愿和成为自由的是完全相同的事情（AT，7：191；CSM，2：134）。[1] 这样，人类意志甚至不会屈服于神性全能的强力。

但是，在最直接的意义上，人不是上帝。尽管人的意志可能和上帝的意志相抗衡，但他的知识和力量却普遍较差。上帝的力量是无穷的：他以一种神奇的方式于虚无中（*ex nihilo*）创造出了无尽的万物，而且完全理解这些东西的过去、现在和将来。他的意志和他的知识因此是相符的。对人来说，在他的意志和力量之间存在太多的断裂。意志是完美的，而且不可能犯错，只要它不超越它的活动范围（*Principles*，AT，8A：21；CSM，1：207）。但是，这个范围的限制，由他的理解程度来决定。当意志超越了这种限制，它就会陷入错误，因为它在它所不知道的地方进行判断（*Meditations*，AT，7：56–57；CSM，2：39；*Replies*，AT，7：314–15；CSM，2：218–19）。[2]

面对理解力与意志力之间的这种断裂，笛卡尔并没有选择康德式的分离人类活动与知识，因为他并不相信理解力一定是有限

（接上页）中解释世界的创造时，笛卡尔宣称存在一些一般真理，它们在任何可能的世界里都必须被坚持（AT，6:40–60；CSM，131–41）。结果，一些关于自然的一般真理可能由此推论出来。但是，这些推论出来的真理无论如何不可能扩展到与人类生活相关的事情的层次上。位于这一层次的可能的因果路径数量是如此巨大，以至于需要用大量的实验来确定究竟是哪些路径被上帝或自然实际运用了。但是，由于存在其他路径，我们不会被迫顺从——在这个术语的严格意义上——自然。于是，当我们已经建立起一种真正的**普遍数学**时，我们将能够追求我们选择的任何一条路径。于是，关于人类生活问题，我们将会从根本上变得冷漠，不再被由神性安排的有序自然所奴役，而成为自然的主人。面对自然，我们将会成为一个神灵。

①　参见 Descartes to Elizabeth, 3 November 1645, AT, 4:332。

②　Descartes to Hyperaspistas, August 1641, AT, 3:432.

的，或者理解力完全不同于意志力。*确实，普遍科学将会最终给人以上帝所具有的那种知识和力量。阻碍扩大人的知识和意志活动用以获得力量的范围的主要原因，不是自然或上帝，而在于人的激情（*Burman*，AT，5：159）。① 我们之所以在世界的本质方面受骗，是因为我们只是在我们的想象和愿望的基础上判断和行动（*Replies*，AT，7：314；CSM，2：218）。表面上，我们难以避免这样的错误判断，似乎是神性的不公正或神性欺骗的例证，因为上帝如此创造我们，以至于我们不会犯错。但是根据笛卡尔，他可能已经这样做了，只是通过牺牲意志的自由，而这是我们存在的本质和荣誉所在。最终，上帝是否有缺陷地创造了我们，变得无关紧要。不管是靠运气还是靠恩惠，我们具有了清除错误和欺骗的能力，它们曾经迷惑了我们的理解力。以此为基础，我们还会建立一种无可置疑的科学。但是，迈向这种神性知识和力量的第一步，却是意志把自身限制到它确定知道的东西上。这种自我限制是作为怀疑的意志的自我肯定。这样，意志的最初行为是走向怀疑之路，是在"我思故我在"的牢固基础上第一次建立起思想。

意志能够免于错误，不受来自上帝及其造物的欺骗，方法就是它自己的反思行为。它把自身建立为自身的基础，使它自己脱离错误的奴役。以此为基础，它可以开始对世界的漫长的表象性重构。意志的这种自反性不仅是这项伟大的事业的基础，对笛卡尔无可

---

* 对笛卡尔来说的理解力（understanding）与意志力（will）之间的断裂，应该就是对康德来说的知性（understanding）或理论理性和实践理性（practical reason）之间的断裂。——译者

① Koyré 认为，对笛卡尔来说，我们既是错误的根源，也有能力克服错误，从而获得上帝的绝对完满（*Descartes und die Scholastik*, 47, 52）。

置疑的科学来说还是真理的标准。这种自我反思的意志用它自己衡量所有其他事物，根据它自己这个模型在表象中重构每一种事物，目的就是成为上帝。

意志在判断中所运用的真理标准，就是基本原理"我思故我在"。只有像这个真理那样清楚和明白的真理，才是有效的真理（*Discourse*，AT，6：33，CSM，1：127；*Principles*，AT，9B：17–18；CSM，1：204；*Search*，AT，10：527；CSM，2：420）。笛卡尔这里要表达的意思是，只有那些作为怀疑的意志不能否定的事情才是真的。在《沉思集》里，笛卡尔这样解释道："在过去的几天里，我一直在问世界上的任何东西是否都存在，我已经认识到，从我产生这个问题这一事实，就能非常明显地说明：我存在。我不能不判断那些我如此清晰理解的事物是真的；但这不是因为我受外在力量的驱使被迫去判断，而是因为理智中一束强烈的光芒被意志中的一种强烈倾向所引导，因为相较于我的不够冷漠，我的信仰的自发性和自由占据更大的比例。"（AT，7：58–59；CSM，2：41）

对笛卡尔来说，确定性的意义还远没有搞清楚。一些论者尝试说明，确定性不是其他，就是救赎的确定性的世俗化版本，这种救赎的确定性对路德和新教来说异常重要。① 有一些证据支持这样

---

① 这种世俗化论证和卡尔·洛维特的基本一致［Karl Löwith, *Gott, Mensch und Welt in der Metaphysik von Descartes bis zu Nietzsche* (Göttingen: Vandenhoeck & Ruprecht, 1967), 24–40］。尽管拒绝作为一种肤浅理解的世俗化概念，海德格尔也指出过路德的救赎确定性概念对笛卡尔的重要性［*Nietzsche*, 2: 142, 145; Martin Heidegger, *Seminaire tenu par le Professeur Martin Heidegger sur las Differenzschrift de Hegel* (Paris: by Roger Munier, 1968), 8］。Popkin 认为笛卡尔更接近于新教改革者。在他看来，对笛卡尔来说真正的知识只有通过连续不断的恩典行动才能获得，这种行动维持着固有的观念，借助于自然之光，这种知识迫使我们接受为无法怀疑的真理（*Scepticism*, 184, 189）。

一种解读。在《答复》里，笛卡尔宣称，上面刚引用的那段话应当证明给所有的正统神学家，因为他也相信超自然的上帝之光是确定性的源泉（AT，7：148；CSM，2：105）。可是，笛卡尔在这里可57 能有点不诚实。就在《答复》里这段话上面，紧挨着一段话，笛卡尔在那里把超自然的启示与我们的自然之光作了一番比较；在《沉思集》里那段话后面也有一段话，在那里他把他关于自己的存在的判断描述为他的自然之光的结果（AT，7：59–60；CSM，2：41，104）。就像他自己表明的那样，他这里的言辞意味着不是为了说服哲学家或科学家，而只是为了说服正统神学家。笛卡尔并没有否定神性启示的可能性。他甚至可能相信神性启示会取代我们的自然之光。比如说，在《哲学原理》中，他断言我们必须相信我们的自然之光，只要没有什么东西违背由上帝揭示出来的光（AT，8A：16–17；CSM，1：203）。但是，这两种光不是一个东西。自然之光来自意志的自反性，这种自反性作为自我意识构成自身。意志在这个意义上只会把它不能怀疑的东西肯定为真，而那不能怀疑的东西就是它自身。在这个意义上，每一种真理都必须建立在"我思故我在"的自反性的确定性之上。但是，在这样严格的证明标准之下，很难看到人们怎么能够建立一种普遍科学。

驯服全能的上帝

对笛卡尔的科学来说，证明基本原理是必要条件，但非充足条件。事实上，这种科学依赖于一个二级原理，它至少能保证数学的真理。正如我们已经看到的那样，笛卡尔能够在他的基本原理之上建立思想自身的独立性。但是，要想离开这个人类自由和确定性的堡垒，把人类意志的统治扩展到自然世界中去，笛卡尔必须直面这个狂野而不可预知的上帝本身，还要驯服他的非理性精神。换句话说，他必须证明这个上帝不是一个骗子（*Replies*，AT，7：144；CSM，2：103）。上帝必须为人类所用！笛卡尔相信，普遍科学将会终结怀疑论，治愈所有的人类疾病，这种科学因此会以一种令人惊讶的风格依赖全能的上帝，而后者正是怀疑论的源泉。

　　笛卡尔说道，上帝保证了那个作为科学基础的清晰而明白的观念的真理性，因此对科学来说信仰上帝是必要的。① 于是，一个无神论者是不能获得确定性的（*Replies*，AT，7：139；CSM，2：99）。这样，笛卡尔主张，尽管第欧根尼（Diogenes）、西奥多勒斯（Theodorus）、毕达哥拉斯和怀疑论者怀疑几何学的证明，但"他们不可能已经证明并知道上帝的真实本质"（*Replies*，AT，7：384；CSM，2：263；比照 AT，7：139；CSM，2：99）。

　　上帝由邪恶天才转换为真理的神性保证人的关键，在于笛卡尔关于神性完善的证明的奇特性，这种特性存在于他所谓的对上帝存在的本体论证明中。在《沉思集》和《答复》中，笛卡尔给出了三种不同的但彼此相关的上帝定义。在"第三沉思"里，上帝被定义为无限的观念（*idea infiniti*）；在"第五沉思"里，上帝被定义为最完满的存在（*ens summe perfcetum*）；在第一和第四个答复里，上帝被定义为自因（*causa sui*）。② 把上帝视为无限的观念，似乎要强调上帝是个骗子这种可能性，因为无限性似乎暗示着不可理解性。可是，把上帝定义为最完善的存在，似乎是为了证明上帝不是

① Oedingen, "Der Genius Maliguns," 182; Frankfurt, *Demons*, 172.
② 这里我采用的是 Marion 的区分（参见 "Incoherence," 299）。

一个骗子。最后一个定义进一步使上帝服从于理性，也就是服从于自因。这样，在笛卡尔的上帝概念里，就存在着明显的不一致。[①]不过，这种明显的不一致，被笛卡尔关于无限性的新理解所克服了，这种新理解认为无限性是上帝的完善的基础。

关于上帝不是一个骗子的证明，紧随在上帝的完善的证明之后。这个证明依赖于笛卡尔的基本原理。笛卡尔说道，他在他自身中发现了完善的观念，而且知道这种观念不是他自己的存在所固有的，因为他在怀疑，也就是说，他不能带着确定性认识每一种东西。这样，完善的观念必然来自一个高于他的根源，而这个根源就是上帝。因此，上帝是完善的。

笛卡尔并非第一个使用所谓本体论证明的。它曾经被安瑟尔谟在其《独白》（*Monologium*）中运用过，也被其他经院哲学家运用过，其中最著名的是托马斯·阿奎那，后者在《神学大全》的开端把它作为证明上帝存在的第四种方法。笛卡尔知道这种证明的托马斯主义形式，但是把它转换成了一种唯名论的风格，以一种他自己的体系才具有的特征来解释诸如可能性、客观性、素朴性和无限性等概念。[②]对安瑟尔谟和阿奎那来说，这种论证依赖于一个假定，即存在不同的秩序或不同程度的实在性，还存在一个从偶然事件到有限存在到无限存在的完善等级。笛卡尔吸纳了这种等级，尝试用它更好地理解上帝（*Replies*，AT，7：165–66；CSM，2：116–17）。这种变动和经院哲学家们的意图相矛盾。安瑟尔谟运用这个论证，不是为了理解上帝，而是为了证明世界怎样参与神性的完善。上帝

59

---

① "Incoherence," 297–338.

② Koyré, *Descartes und die Scholastik*, 142.

存在的证据在他看来紧随在这一事实之后，即我们不可能形成一个关于上帝或他的本质的概念。[①]这样，对安瑟尔谟来说，上帝的无限性给予他的，是隐蔽的神话，而不是清晰、明显的真理。笛卡尔尽管从经院哲学那里借用了本体论论证，但把它彻底变革为服务于他自己目的的方法，和先前的使用相比，他的使用显得非常奇异。

　　笛卡尔对上帝观念的转换依赖于一个新的无限性概念。他对上帝的第二个定义因此依赖于第一个定义，而且事实上从属于第一个定义。[②]对经院哲学来说，一个真正的无限性就是一个矛盾。宣称上帝是无限的，就是宣称上帝不可能被明确地理解，但是用矛盾的言辞来说，上帝只可以被否定性地理解。即使是明确认识到有限性和无限性之不同的博纳文图拉，也在定义上帝时追随传统的否定性方法。[③]在笛卡尔视上帝为无限性（*sub specie infinitatis*）的地方，博纳文图拉视上帝为神性（*sub specie divinitatis*）。[④]笛卡尔视无

---

　　① 参见 Jean-Luc Marion, "Is the Ontological Argument Ontological? The Argument According to Anselm and Its Metaphysical Interpretation According to Kant," *Journal of the History of Philosophy* 30, no. 2 (April 1992); 208–17。

　　② Marion, "Incoherence," 325.

　　③ *Itinerarium* 3, 4.

　　④ Ibid., 5, 7. 另见 Koyré, *Descartes und die Scholastik*, 115–17。笛卡尔能够用几何学的方式呈现上帝，并把上帝和他的造物相比较，是因为他已经把上帝定义为一个实体，后者不仅仅类似于所有其他的存在者，而且在每一个方面——除了量的方面——都和它们同一；上帝是无限的，而它们是有限的［参见 Jean Marie Beyssade, "Création des verités éternelles et doubte métaphysique," *Studia Cartesiana* 2 (1981): 93; and Marion, "Incoherence," 303–7］。这是笛卡尔明显远离经院前辈的一步。Marion 认为这是对上帝真正的神性的缩减。他认为"第五沉思"的三个论证把抑制点降低至无限者和有限者的停顿："这是一份令人惊讶的声明：关于上帝的观念被发现置于同样的基础上，至少在我那里和关于三角形的观念的基础一样；于是，上帝同样作为简单的本性成为一种观念。"（"Incoherence," 323）

限性为某种积极的东西，而非仅仅视为一种否定性的方法。这样，无限性这个概念就不是一个矛盾的概念。[1]更重要的是，它不只是对有限性的否定。笛卡尔决定性的洞见在于，有限性是对无限性的否定或限制。[2]

笛卡尔并不把他的模式视为一个无限的序列，而是一个无限的图形（*Replies*，AT，7：367–68；CSM，2：253）。真实存在的是那个处于完全无差别性之中的整体，每一种确定的形式都只是对这个整体的限制和否定。这样，我们不可能通过放大任何一个有限图形来理解关于上帝的观念，因为正是这个图形的有限性与上帝格格不入。只有一次性地作为一个整体把握，我们才可能拥有关于上帝的观念（*Replies*，AT，7：371；CSM，2：256）。但是，这样一个几何学例子对上帝来说绝对是一个不完美的模式，因为上帝是真正无限的，无论如何没有局限性（*Principles*，AT，8A：15；CSM，1：202）。这样，笛卡尔宣称，其他所谓无限的事物其实只是不确定的事物。不确定的事物类似于无限的事物，因为我们并没有注意到任何限制，但是它可以是真正无限的事物，只要我们确定地知道它没有限制。[3]在这个意义上，上帝就是无限性地无限的。

对上帝的这种描述和对神性全能的激进定义相符，我们可以在司各脱、奥卡姆和唯名论者那里看到后者。但是，笛卡尔在分离上帝和人的深渊之上所建的桥梁，完全是独一份的东西。因为是无

---

[1]　Descartes to Clersellier, 1646, AT, 4:445–46.

[2]　Descartes to Hyperaspistas, August 1641, AT, 3:427.

[3]　Descartes to Chanut, 6 June 1647, AT, 5:51. Margaret Wilson 认为，这种无限／不确定的区分，可能只是一个策略，因为笛卡尔同样把人类意志视为无限的（"Can I Be the Cause," 349–50）。

限性地无限，上帝肯定不可能被像人这样的有限存在所理解。但是，我们可以把上帝清楚而明白地理解为一种可以被理解的无限 60 存在（*Replies*，AT，7：112；CSM，2：81）。[1]这里，笛卡尔的几何学桥梁属于答案的一部分。但更重要的是这一事实，即人本身是无限的，也就是说，他具有一种无限的意志。

正如笛卡尔本人所暗示的那样，神性理智的观念并非不同于我们自己的理智，除非一个无限的数字不同于一个二次方或三次方的数字（*Replies*，AT，7：137；CSM，2：98）。不过，这并不意味着我们可以进行从人的意志到神性意志的计划。[2]毋宁说，这个无限的神性意志观念总是已经内在于我们，并且在和基本原理一样的判断中被建立起来（*Replies*，AT，7：106–7，123；CSM，2：77，88）。我们通过怀疑建立起自身，也就是说，通过对现实的否定建立自身，由此关于我们自己的存在的知识包含在对上帝的知识中（*Replies*，AT，7：111–12，365；CSM，2：80，252）。[3]

为了理解笛卡尔这里所宣称的内容，我们需要返回我们对笛卡尔的思想概念的分析。在《规则》中，笛卡尔主要把思想视为表

---

① Beyssade主张，这意味着我们绝不可能拥有一个充分的上帝概念（"Création," 95）。但是，事实可能并非如此，即神圣不可理解性似乎来自神圣无限性。上帝是不可理解的，因为他不能被思考，也就是说，他不能被想象。但是，笛卡尔宣称上帝可以被理解（Ibid., 92–93. 另见 Wilson, "Can I Be the Cause," 358）。于是，我们能够拥有一个清晰而明确的上帝观念，而且这个观念比其他任何观念都更清晰而明确，即使我们不能想象或表象上帝。

② Descartes to Mersenne, 21 April 1641, AT, 3:360.

③ 另见 Koyré, *Descartes und die Scholastik*, 104, 112; Martial Gueroult, *Descartes selon l'ordre des raisons*, 2 vols. (Paris: Aubier, 1953), 1: 245; Caton, *Subjectivity*, 130. 确实，人们会说，怀疑本身——意志通过质疑所有决定的方法把自己从这些决定中提取出来的能力——就已经是神性的，或者至少利用了无限者，而笛卡尔已经把后者视为神圣者。

象。我们已经看到，这个表象概念在笛卡尔后期思想中一直保存着，但不再被理解为意志的自我肯定的结果。意志从世界中抽象各种事物，然后在想象中把它们重构和表象为广延物。于是，思想是各种形式的建立，并且相应地是对无限之物的限制。这种形成笛卡尔科学核心的分析模式的基础，就是他的基本原理。正如我们早先看到的那样，这一原理是意志自我证明的行为，在这种行为中并通过这种行为，意志把自身设立为所有客体的基础或主体，也就是说，设立为广延物的思维物。在其无限性中，人类意志等同于上帝的无限性。在它追随怀疑之路、拒绝任何虚假之物这一范围内，人类意志努力把自身确立为不受限制的因而和上帝一样的存在。它消除了每一种束缚它的具体形式和图形。意志发现它不能否定自身，发现它必须肯定自身，这是意志的有限性的证明，同时也是"我"——那个"我思故我在"中的"我"——的确立。这样，本质上与上帝意志相同的人类意志，发现它是有限的，它不是上帝。可是，对这样一种有限性的发现，同时是对无限性存在的必然性的认识，也就是说，那个有限性存在——人——只是作为对无限性存在的否定而存在，作为对上帝的否定而存在。这一真理同样建立在"我思故我在"的基础上。如果这一真理不是真理，我们就不能怀疑它，也就是说，我们就不能怀疑存在一个无限的东西，因为怀疑和无限性存在是同一的。我们确实只是在同一种行为既认识到了上帝，也认识到了我们自己，因为思想在这里就是意愿，正是在同一种行为中，我既意愿上帝是上帝，也意愿我就是我。在这样的意愿行为中，我为自己确立了一个领域，这个领域超越了上帝的统治。在这个意义上，上帝不可能是人，或者任何类型的有限存在，因为上帝不可能被这些限制所束缚。但是，这些限制是自我意识的来源。这样，上帝作为无限性地无限的东西，不可能是具有自我意识的，而且我们能够确定地知道这一点，因为我们能够认识到上帝是无限的。[①] 不过，欺骗是不完善的后果，这样的不完善不会在上帝那里发现。也就是说，欺骗需要自我意识，后者是区别自身与他者的基础。但是上帝不具有自我意识。上帝因此不是一个骗子。如果上帝不是骗子，那么数学的真理不可能被怀疑，以人的完善方式出现的唯一东西就是人自身。通过科学，人能扩大他的知识和力量的范围，直到这个范围等同于他的意志的范围，也就是说，直到他成为自然的主人和占有者。尽管在与上帝争夺控制自然的权利的斗争中我们不可能是冷漠的，但我们的最终目标是把我们的意志设立为绝对意志，因此也是完全冷漠的意志。

　　需要着重指出的是，严格来说，笛卡尔并没有拿出一个关于上帝存在的证据，他拿出的，只是一个无限存在者的证据。这样，笛卡尔证明了上帝不可能是那个被传统地理解的上帝，因为作为无限性的无限以及由此而来的不具有自我意识，上帝在这个传统意义上不可能具有意图或意志。确实，他甚至不可能去选择，因为他创造了使得选择成为可能的每一种替代物。这个结论指出了笛卡尔的论证的潜在意义。它不意味着证明了上帝的存在，而是意味着上帝与人类事务毫不相干，意味着即使存在一个无限和全能的上帝，他也不可能是一个骗子，一个邪恶天才。[②] 如果我们可以确切地知道不存在邪恶天才，那么我们就不可能怀疑数学真理。如果我

---

　　① 　参见 Frankfurt, "Eternal Truths," 40。

　　② 　正如 Soffer 所言，"笛卡尔的自然已经通过神性的不可思议性除去一神论特征，成为拟人化的笛卡尔力学"（Soffer, *From Science to Subjectivity*, 155. 另见 Schouls, *Descartes and the Enlightenment*, 51, 60, 61）。

们不可能怀疑数学真理，那么普遍科学就只依赖于我们避免犯错的能力，而通过方法，错误能被最大限度地避免。这样，我们就可以确定地认识每一种真实和可能的东西；我们能生产一种完美的普遍科学，运用这种科学，我们可以主宰和拥有自然。简言之，由于上帝不可能是骗子，我们就能成为上帝。①

62　　尽管在笛卡尔看来，人似乎第一次与上帝格格不入，但明显的是，二者之间并没有真正的对抗。透过笛卡尔的理性和确定性城堡来看，唯名论不可预测而超理性的上帝，成了一个理性的和可预测的上帝。上帝的无限性和全能意志最终证明对人类意志和力量毫无危害性，相反，还能使后者实现对自然的普遍主宰。可是，在这辉煌的外观之下存在一个趋向，也就是说，这种和谐是虚假而不稳定的。笛卡尔关于上帝存在和上帝之善的证明不是完全令人满意的，因为他的上帝是一个无能的而非全能的上帝，这个上帝已经失去独立性，仅仅成为人类思想中的一个表象。唯名论的那个野性全能的上帝就这样被置换为一个服从于人类完善概念的上帝。同时而且可能更重要的是，人类意志被认为是无限的，人类自由被设定为潜在的绝对自由。为了保护人免受彻底的怀疑论的攻击——它可能由唯名论的上帝的全能自由所引起——笛卡尔在人的灵魂中准确地设立了无限意志和自由，它们在上帝那里曾是何等的危险。这样，人被赋予绝对的自我肯定能力，以对抗自然世界，并且最终对抗上帝本身。于是，在笛卡尔那里，人与上帝的和谐似乎依赖于对上帝的急剧缩小，以及对人的无限夸大。② 在笛卡尔从来没有完全

---

① 参见 Funkenstein, *Theology and the Scientific Imagination*, 327。

② 参见 Michael Buckley, *At the Origins of Modern Atheism* (New Heaven: Yale University Press, 1987), 97–98.

明确地表达的计划之下，是这样的可能性，即人就是上帝，或者至少能够成为上帝。① 但是，在成为上帝的过程中，人也削弱了笛卡尔尝试为理性奠定的基础。

这些结论，在笛卡尔那里充其量来说都只是暗示性的。他思想中理性的或数学性的时刻，在他的生命中以及他的直接继承者那里都是卓尔不群的，在后来的现代思想的发展中，在新的无限的和最终任性的人类意志观念中，这种数学基础变得越来越明确。可是，神性全能的观念和人类意志的无限性观念，在笛卡尔死后的一段时间里很快就被压制了。斯宾诺莎完全拒绝永恒创造者的观念，还有无中生有（*creation ex nihilo*）的观念。神性偶然性和任意性因此对他不再是问题。世界或实体在他看来是绝对的存在，这种意义上，所有的改变都只是这种存在的永恒重组。更为正统的莱布尼茨被永恒真理的神性创造教义的结果深深困扰。于是，他得出结论： 63 "通过说事情不是由善的法则来判定为善，而仅仅是由上帝的意志来判定为善，在我看来，这似乎不假思索地就破坏了上帝所有的爱和他所有的荣光。为什么因为他的所作所为而称颂他，如果他能够做完全相反的事情，他还值得相同的称颂吗？那么他的正义和智慧

① Annette Baier 认为，对笛卡尔来说，真正的上帝就是有自我意识的沉思者（"The Idea of the True God in Descartes," in *Essays on Descartes' Meditations*, 365）。但是，这一结论把太多属于费希特和黑格尔的东西归于笛卡尔了。笛卡尔还没有把人置于上帝的位置；他让上帝变得不相关，从而为人成为神一样的存在打开了大门。Margaret Wilson 有着类似的看法："笛卡尔确实认为，他的生产不确定者概念的能力不能根据他自己的本性来解释，还需要某种外在于他自己的存在。他把自己描述为一种不受限制的意志力量，这一事实似乎并没有影响他的判断"（"Can I Be the Cause," 355）。不管何种原因，笛卡尔最终并不愿简单抛弃上帝，尽管他自己的思想中那种强烈冲动依赖于一种无限的人类意志观念，后者可能会被置于上帝所占的位置。

将在何方？如果只有某种专横的力量，如果意志替代了联系，而且根据暴君的定义，能够讨好这最有力量者的只能是暴君。"①

马勒伯朗士响应了这种观点："如果上帝只是全能的，没有被其他属性约束……那么我们如何能够确定他在第一天不会把所有魔鬼都放在天堂，把所有圣者都放入地狱，而且一瞬间之后毁灭掉所有他所做出来的东西！作为全能者，上帝难道不能每天都创造一百万颗行星，制造一个新的世界，每一个都比最后一个完美，然后又把它们一个个碾成沙子？"②

就莱布尼茨和马勒伯朗士拒绝唯名论和笛卡尔所共有的神性全能观念，重新强调其他神性属性如理性、正义和善来说，他们能够避免人与上帝之间的激烈斗争。还有，由于他们并没有清空上帝的这些属性，他们也不必把人奉若神明以恢复这些属性。但是，就他们接受了笛卡尔的科学和废除了自然神学而言，他们很难逃避这一结论，即在一些特别的事务中，理性只是意志空泛的一般性，对人类思想来说，那是不能令人满意的，对人类福祉来说也具有非常的潜在危险。笛卡尔理性城堡的漂亮外观在17和18世纪非常吸引眼球，因为在长期的宗教战争和政治混乱之后，它似乎能够提供一个安全的基础来重建理性的政治和社会生活。不过，这种理性主义的那些黑暗基础，却被笛卡尔主义者隐瞒起来了，因为他们认识

① Gottfried Wilhelm Freiherr von Leibniz, *Die Philosophische Schriften*, ed. C. J. Gerhard, 7 vols. (Berlin: Weidmann, 1875–90; reprint, Hildesheim: Olms, 1960), 4: 428.

② *Oeuvres complètes*, intro. Henri Gouhier, 22 vols. (Paris: Vrin, 1958–84), 16: 100. 关于这一点，参见 Riley 等人的著述［Riley, *The General Will before Rousseau*, 57–62; Ferdinand Aliqué, *Cartesianisme de Malebranche* (Paris: Vrin, 1974), 226–33; and Geneviève Rodis-Lewis, "Polémiques sur la création des possibles et sur l'impossible dans l'école cartésienne," *Studia Cartesiana* 2 (1981): 105–23 ］。

到由一个全能上帝和一个潜在的全能人性造成的危险。这样一种
上帝和人的观念会质疑科学、道德和宗教的权威性，因为它去除了
对人类行动所有自然的和理性的引导。这些黑暗的基础因此很大
程度上仍然很难察觉。可是，对启蒙运动来说仍然看不见的东西，
在 19 世纪和 20 世纪已经变得相当明显。

第三章　费希特与"本体之我"的暗夜

"死去的基督在宇宙中发表的关于上帝不存在的演讲"

　　有一次我躺在山坡上夏日阳光下睡觉,一直到晚上……梦见我在一个墓园醒来……一种高大而高贵的东西从至高处下来,带着永恒的痛苦和所有的死亡叫喊道:"基督,没有上帝吗?"……他回答,"没有……我走遍了所有的世界,我攀爬那些恒星,和银河系一起飞过天堂的沙漠;但是没有上帝。直到存在投下它的阴影,我才爬下来,并凝视着深渊哭喊道,'我的父,你在哪里?'但我听到的只有永恒的风暴,没有人主宰的风暴,还有那闪烁的彩虹,它只有本质,却没有一个创造它的太阳,延展在深渊之上,落入其中。当我仰望不可测度的世界以追寻神圣的眼睛时,只有一个空空的眼眶回望着我;来世位于混沌之上,啃噬着混沌,撕咬着自己。——哭喊,刺耳的尖叫,直到阴影散去,因为他不在! ……坚硬的、无语的虚无! 冷酷的、永恒的必然性! 愚蠢之极的偶然性! 你认识你自己吗? 你什么时候会打碎这个世界和我? ……在这个荒凉的坟墓中每一种东西都是那么孤独! 我只有我自己——哦,我的父! 哦,我的父! 哪里是你无限的胸膛,让我在那里安息？——唉，如果每一个我都是它自己的父和创造者，为什么它不能也是它自己的复仇天使？"①

这段令人惊恐的话，是由 19 世纪早期作家让·保罗（Jean Paul）所写，他在其浪漫主义同代人——他所谓"审美虚无主义者"（aesthetic nihilists）②——的教义中看到一种危险，这段话就是对这种危险的文学描述。在他看来，他们的虚无主义来自一种断言，即人是一个自主的、自我创造的"我"，不受上帝和自然的束缚。他把这样一种人的观点以及与之伴随的绝对自主性的欲望，视为某种情况的结果，即"当下时代无法无天的任性精神，这种精神将会自私地虚无化整个世界和宇宙，以便清空一块地方，好在空无中自由**游戏**"③。这样做的后果是不妙的，因为"在一个上帝像太阳那样 65 存在的时代过去之后，世界很快就会进入黑暗。嘲笑宇宙的人只尊重他自己，但在夜晚来临时，会对他自己的造物恐惧不安"④。不过，在让·保罗看来，这些浪漫主义者不应当为这种虚无主义负终极责任——他们只是重复了他们的老师德国唯心主义者们所阐明的教义。

让·保罗的攻击，响应的是他自己的老师弗里德里希·耶可比的声音，他和虚无主义的文学战斗，也是对耶可比与德国唯心主义

----

① Jean Paul, *Werke*, 6 vols. (Munich: Hanser, 1959), 2:268–71.

② *Horn of Oberon: Jean Paul Richter's School for Aesthetics*, trans. Margaret Hale (Detroit: Wayne State University Press, 1973), 15. 关于虚无主义在德国浪漫主义那里的发展的进一步讨论，参见 Werner Kohlschmidt 等人的著作［Werner Kohlschmid, *Form und Innerlichkeit* (Bern: Francke, 1955); Dieter Arendt, *Der "poetische Nihilismus" in der Romantik: Studien zum Verhältnis von Dichtung und Wirklichkeit in der Fürhromantik*, 2 vols (Tübingen: Niemeyer, 1972)］。

③ *School for Aesthetics*, 15.

④ Ibid.

尤其是费希特批判唯心主义的哲学战斗的反映。事实上，"虚无主义"这个概念第一次开始作为描述唯心主义的危险的概念被普遍使用，这些危险体现在人类的理智、精神和政治健康方面。F. L. 戈茨乌斯（F. L. Goetzius）在他的《神学中的否定主义和虚无主义》（*De nonismo et nihilismo in theologia*，1733）中明显第一次书面使用了这个术语。不过，这本书相对没有名气，对后来这个概念的再出现与发展没有明显贡献。18 世纪后期，这个术语再次出现，J. H. 奥博莱特（J. H. Obereit）尤其是 D. 杰尼斯（D. Jenisch），在他 1796 年的《论康德教授先生在形而上学、道德和美学中的发现的基础与价值》（*On the Ground and Value of the Discoveries of Herr Professor Kant in Metaphysics，Morals，and Aesthetics*）中，把先验唯心主义描述为虚无主义。他用这个术语所描述的，不是康德（甚至不是费希特）的著作，而是极端的康德主义者的著作，他们的教义是：自在之物对我们的认识来说就是无。不过，尽管杰尼斯运用了这个术语，他从来没有真正发展出一个虚无主义的概念。真正作出这一贡献的是耶可比，他在 1799 年的一封致费希特的公开信中第一次使用了这个术语："确实，我亲爱的费希特，如果你，或任何可能的人，想称呼我所反对的唯心主义为**喀迈拉主义**（chimerism）＊，这并不会让我苦恼，我就把它斥为**虚无主义**。"①

＊　"喀迈拉主义"的语源是希腊语喀迈拉（Chimera），后者是希腊神话中一个狮头、羊身、蛇尾的吐火女妖，因毁坏农田、残害牲畜而被希腊英雄柏勒洛丰所杀。——译者

①　F. H. Jacobi, *Werke*, 3 vols. (Leipzig: Fleischer, 1812–25; reprint ed. Darmstadt: Wissenschaftliche Buchgesellschaft, 1968), 3: 44. 正如 Wolfgang Müller-Lauter 已经证明的那样，我们并不清楚耶可比是否从 Jenisch 或其他更早的资源中采用了这个术语［"Nihilismus als Konsequenz des Idealismus: F. H. Jacobis Kritik der Transzendentalphilosophie（转下页）

　　早在写信给费希特之前十年，耶可比就已经卷入一场在赫尔德与斯宾诺莎之间展开的著名争论，即所谓的无神论大战。[①]赫尔德坚称斯宾诺莎主义是有神论，而耶可比认为它是唯物主义，因此也是无神论。他与费希特的争论也遵循着类似的思路。耶可比是费希特较早的一个崇拜者，在上述引文所出自的那封信中，他仍然称费希特为思辨理性之王。他虽然为费希特的才华所折服，从不怀疑后者的道德和宗教信仰，但特别担心费希特的基本原理会使费希特走向无神论，尽管这有违他的初衷。

（接上页）und ihre philosophiegeschichtliche Folgen," in *Denken im Schatten des Nihilismus*, ed. Alexander Schwann (Darmstadt: Wissenschaftliche Buchgesellschaft, 1975), 114]。耶可比很有可能从法语文献中获得这一术语，并用它把费希特和法国革命的激进分子关联在一起。法语文献中确实有这样一种运用的并非毫不含糊的证据，Louis-Sébastien Mercier 在他编的词典 *Néologie: ou Vocabulaire des mots nouveaux à renouveler, ou pris dans des acceptions nouvelles*（Paris: Moussard, 1801）第二卷中列出过一个条目如下："NIHILIST OR NOTHINGIST (*RIENNISTE*)。指某人什么都不相信，对什么都不感兴趣。它是在伟大的《百科全书词典》(*Dictionnaire encyclopaédique*) 中出现的坏哲学的一个美丽结果！"（*Néologie*, 2: 143）耶可比或许受到类似的术语 *Nihilianismus* 的影响。我们知道，他使用过 Cramer 的《词典》(*Dictionary*)，后者用这个术语命名一种基督教的异端邪说，这种邪说认为，如果上帝是人，那么他就是虚无。另外一个可能的根源来自 F. Nicolai，他曾经在 1798 年用 annihilation 指控过费希特。在无神论论战中，这一指控被一无名作者拿来针对费希特，耶可比并非此作者，但可能受到了这一用法的影响（Müller-Lauter, "Nihilismus als Konsequenz des Idealismus," 114–17）。由于没有更充分的证据，我们似乎不能更加确定耶可比所使用的这一术语的根源。关于这一主题，还可参见 Theobald Süss 等人的著述 [Theobald Süss, "Der Nihilismus bei F. H. Jacobi," *Theologische Literaturzeitung* 76 (1951): 193–200; and Otto Pöggeler, "Hegel und die Anfange der Nihilismus-Diskussion," in Dieter Arendt, ed., *Der Nihilismus als Phänomen der Geistesgeschichte in der wissenschaftlichen Diskussion unseres Jahrhunderts* (Darmstadt: Wissenschaftliche Buchgesellschaft, 1974), 307–49]。

　　① 参见 Frederick C. Beiser, *The Fate of Reason: German Philosophy from Kant to Ficher* (Cambridge: Harvard University Press, 1987), 44–91。

耶可比给费希特的信，出现在费希特遭受攻击的时间里，当时
66 人们推测他在教授无神论。耶可比的信打算消除他是费希特的支
持者或反对者的幻觉。可是，他对费希特体系的反对，却是影响深
远的。正如他所看见的那样，费希特的唯心主义没有认识到位于意
识或理性之上的真理，因此堕入一种绝对的主观主义，而这种主观
主义本质上不过是一种颠倒的斯宾诺莎主义。它把所有的事情都
还原为"我"的行为，而且因此把上帝还原为仅仅是人类想象力的
创造物而已。耶可比拒绝这样一种观点，厌恶这种"所有恐怖之物
中最可恐怖的东西"[1]。如果在"我"的表象之上没有任何东西存在，
那么善、美和神圣之物都只是一些空泛的名字。[2]

根据耶可比的观点，这种哲学宣称要让每一种事物都可理解，
实际上却导致每一种事物都被归于虚无。能够替代这种哲学的，是
那样一种哲学，它不能知道那些最根本的东西，它接受神秘的天启
智慧的引导。这种非知的哲学（philosophy of not-knowing）被唯心主
义者描述为喀迈拉主义，因为在他们看来，每一种决定由此都来自
个体的倾向或任性。[3]尽管耶可比拒绝这种恶意的解释，他还是相
信，即使它是对的，他的思想也将仍然比唯心主义更可取，因为后
者仅仅是关于表象的哲学，因此是关于虚无的哲学。根据耶可比，
人不可能是他自己的原因。他依赖于某种外在于他的东西，任何尝
试做自己的依据的努力都会溶解每一种实体性的东西。耶可比得
出以下结论："人有且只有一个选择：要么是虚无，要么是上帝。通
过选择虚无，人使自己成为上帝；这意味着他使上帝成为幽灵，但

---

[1] Jacobi, *Werke*, 3:29.

[2] Ibid., 36.

[3] 参见 Müller-Lauter, "Nihilismus als Konsequenz des Idealismus," 146。

这是不可能的，如果没有上帝，人和围绕人的万物都不过是幽灵。我再重复一遍：上帝外在于我，是一个活生生的本质，他为他自己而存在；要么，**我**就是上帝。没有第三种可能性。"[①]

　　在由耶可比和让·保罗发起的唯心主义批判中，我们看到了我们现代虚无主义的开端。这一章把耶可比、让·保罗和浪漫主义者对待费希特思想的态度，视为检测作为虚无主义概念起源的费希特思想的重要性的起点。正如我们将要看到的那样，虚无主义产生于无限意志这种观念，费希特曾经在笛卡尔和康德的思想中发现了它。可是，费希特以一种方式使这种意志观念极端化了，而这种方式是笛卡尔和康德都不能接受的，它把"我"这个概念转换成一种创造世界的意志。这种极端化导致思想远离笛卡尔和康德所赞美的启蒙运动的黎明时刻，进入"本体之我"（the noumenal I）和虚无主义的暗夜，而这暗夜曾经使耶可比和让·保罗无比惊恐。费希特的唯心主义以这种方式成为虚无主义的隐秘源泉，而在 19 世纪和 20 世纪早期，这个虚无主义开始变得逐渐清晰起来。

费希特唯心主义的历史和知识背景

　　约翰·戈特利布·费希特（Johann Gottlieb Fichte）于 1762 年出生在萨克森的一个农民家庭里。年纪很小的时候，他的聪慧就被一个当地贵族发现，后者资助他在著名的普夫达寄宿学校接受教育。费希特后来在耶拿、威登堡和莱比锡研究神学和法律，但是由于保护人的死去而没能完成研究。费希特渴望成为一个学者，成为有教

---

① Jacobi, *Werke*, 3:49.

养的阶级中的一员，但是就像其他许多受过教育但没有财产的人一样，他被迫通过工作支持自己，而且通常是在有损人格的情况下工作，那就是做一名贵族和中产阶级的家庭教师。

法国大革命和康德哲学在思想领域引发的革命，给他的生活带来了新的方向。他成为一名雅各宾党人，并且开始梦想成为一个哲学家。他于1790年辞职并旅行到柯尼斯堡，去拜见康德，寻求他的建议与支持。为了得到康德的注意，他写了一篇名为《试评一切天启》（*Attempt at a Critique of All Revelation*）的文章寄给康德。康德被这篇文章深深打动，劝自己的出版商出版它，但是出版商在第一版里隐去了作者的名字。结果，这篇文章被误认为令人期待已久的康德关于启示信仰的著作，从而得到广泛赞誉。当人们清楚费希特才是真正的作者时，他便一举成为哲学名人。

费希特拥有一个辉煌且充满暴风骤雨的学术人生，而这很大程度上是因为他那毫不妥协的个性。在1793和1794年，他匿名发表了两本雅各宾派小册子，其中第一本为思想免受德国王室的约束性法律限制而辩护，第二本支持法国大革命而反对德国保守主义。1794年，他接受了耶拿大学的一个职位，并且发表了代表作《全部知识学的基础》（*Foundation of the Entire Science of Knowledge*）的第一版，还有《论学者的使命》（*Vocation of the Scholar*）。1796年和1798年，他又出版了《自然法权基础》（*Foundation of Natural Right*）和《伦理学体系》（*System of Ethics*）。1799年，他被控传播无神论而不得不辞去职位。1800年，他移居柏林，出版了《人的使命》（*Vocation of Man*）和《闭关的商业国家》（*Closed Commercial State*）。在拿破仑时期，他成为一个热情的德国民族主义者，在著名的《对德意志民族的演讲》（*Addresses to the German Nation*）中，他呼吁德国人民坚持自己的权利，反对外来统治。1810 年，他成为柏林哲学教授们的领头人，并且在 1811 到 1812 年间担任柏林大学校长。1814 年，他死于一场高烧。

在 1790 年代的德国，费希特具有绝对重要的影响力。比如说，弗里德里希·施莱格尔（Friedrich Schlegel）在他的杂志《雅典娜神殿》（*Athenaeum*）中宣称，法国大革命、歌德的《威廉·麦斯特》（*Wilhelm Meister*）和费希特的《知识学》，是他那个时代最伟大的事件。[①] 他是一个无比卓越的教师。在一封写于受教于费希特期间的信中，荷尔德林（Hölderlin）宣称"费希特现在是耶拿的灵魂，而且感谢上帝，他确实当之无愧。我知道没有其他人有这样的深度和精神活力"[②]。他对他的学生具有重要影响，他们中的许多人后来在德国学术生活中扮演重要角色。他几乎是所有德国早期浪漫主义者的老师，那些所谓耶拿浪漫派成员，包括蒂克、瓦肯罗德（Wackenröder）、诺瓦利斯（Novalis）、弗里德里希·施莱格尔、奥古斯特·威廉·施莱格尔（August Wilhelm Schlegel）和他的妻子卡洛琳（Caroline），以及荷尔德林、谢林和后来的叔本华。但是，他的名声非常短暂。1800 年后，他在哲学天空中的光芒就很快被谢林和黑格尔取代了。他的早期著作对谢林和黑格尔都影响巨大，并且通过他们的思想对 19 世纪后期的重要思想家产生了重大影响，他的政治哲学也对像卡莱尔（Carlyle）、拉萨尔（Lassalle）和巴枯宁等各

---

① (Stuttgart: Cotta, 1960), 232. 参见 Jürgen Gebhardt, ed., *Die Revolution des Geistes* (Munich: List, 1968), 7–13。

② Friedrich Hölderlin, *Gesammelte Werke*, ed. Wilhelm Böhm, 5 vols. (Jena: Diederichs, 1924), 5:96.

种类型的思想家产生了直接影响。①

费希特受到的最根本的思想刺激，来自康德在思想界引发的哥白尼革命。费希特是在由笛卡尔特别是卢梭和法国雅各宾党人开启的现代思想领域中理解康德的。②康德思想明显是这一传统的发展结果，但也是对另外一种伟大的早期现代思想传统即经验主义的回应。

当霍布斯说笛卡尔通过把"我"确定为基础，从而把他的体系建立在一个错误的基础上时，他代表了几乎所有的经验主义者(*Replies*，AT，7：171–96；CSM，2：121–37)。根据这种观点，"我"和整个主体领域都只是物质的排列。与此相应，也不存在自由意志。就像其他存在者一样，人类被物质的法则所主宰。所谓自由意志，实际上只是行动之前的最后冲动。还有，没有"我"的确定性，笛卡尔关于上帝存在和上帝之善的证明就不可能持续。从经验主义的视角看，笛卡尔的上帝就是虚无。更重要的是，没有"我"和上帝的确定性，笛卡尔那无可置疑的科学就缺乏一个基础。于是，像休谟这样的经验主义者就可以认为，对笛卡尔来说的因果关联其实只是经验的规律性。对经验主义来说，科学只能描述这样的规律性。这样，它的结果就不再是确定的或先天的，而只是可能的和后天的。

康德尝试从经验主义的攻击那里既拯救科学，又拯救自由（而

69

---

① 参见 Charles E. Vaughan, *Studies in the History of Political Philosophy before and after Rousseau*, ed. A. G. Little, 2 vols. (New York, Russell & Russell, 1960), 126; and Carl Trautwein, *Übre Ferdinand Lassslle und sein Verhältnis zur Fichteschen Sozialphilosophie* (Jena: Fischer, 1913)。

② 参见 Andreas Wildt, *Autonomie und Anerkennung: Hegels Moralitätskritik im Lichte seiner Fichte-Rezeption* (Stuttgart: Klett-Cotta, 1982); and Stanley Rosen, *The Limits of Analysis* (New York: Basic Books, 1980), 182。

且因此拯救道德和信仰），方法就是既深化又限制由笛卡尔建立起来的主体性基础。在康德看来，笛卡尔和一般理性主义已经背上了坏名声，因为他们要求知识超越人类知性能力的限度。为了给科学建立一个真实的基础，为自由、道德和信仰在面对怀疑论时打开一片空间，康德相信一种彻底的理性批判是必要的。

休谟的怀疑论是对理性主义的正面进攻。他证明因果关系不可能由经验逻辑地推断出来，或来自经验，这给了理性主义科学特别沉痛的打击。康德感觉到这种论证的力量，也认识到它可以被延伸到其他概念。对康德来说，这样一种批判似乎会削弱所有知识的基础。但是，康德不相信休谟的论证能证明确定的知识是不可能的。它毋宁说是指出了理性主义的关键失败在于不能把理性限制在一个和它的能力相称的范围内。这种失败必然把理性带入与自身的矛盾，带入康德所谓二律背反。

二律背反的发现对康德的批判哲学来说是原动力。[①]其中特别重要的是因果关系的二律背反（*KrV*，A445/B473–A453/B481）。在描述这种二律背反时，康德尝试说明因果关系概念不可能被成功地扩大至适用于无限者，却不违背充足理由律，还尝试说明因果关系最终必须以一个第一性的、因而也是同时的或无前因的原因为先决条件。可是，这样一种贯穿自由的因果关系，却与因果关系的根本原则相矛盾，即每一事件都有原因。康德指出，这个矛盾意味

---

① Immanuel Kant to Garve, 26 September 1978. Immanuel Kant, *Gesammelte Schriften*, ed. Königlich Preussischen Akademie der Wissenschaften (Berlin: Reiman, 1900–), 12:257–58；另参考 4:338, 341n; 10:252; 18:60–62。另见 Hans Feist, *Der Antinomiegedanke bei Kant und seine Entwicklung in den vorkritischen Schriften* (Borna-Leipzig: Noske, 1932; dissertation, Berlin 1932), esp. 3–17。

着，没有神性或人类自由，自然科学不可能是完整的，但是，这样
70 一种自由与自然科学给予的关于自然的因果解释又是不相容的。

　　在康德看来，二律背反是理性固有的欲望所造成的结果，这
种欲望要把理性扩张到超出自己的局限性，去尝试理解无限者。这
个洞见把康德引向先验唯心主义，引向一个我们对自在之物没有
知识的领域，我们的意识中只有关于自在之物的外观或表象的知
识。在其哲学生涯早期，这一点就已经变得很明显，即我们的经验
根本上是由意识的形式形成的，我们是通过意识来感知和理解的。
他认为，空间和时间，不是自在之物，而只是我们的直观形式。这
样，只有在事物出现在空间和时间中时，也就是说只有作为现象存
在时，我们才能感知到它们。同样，这些感知不是根据它们的本质
特征组织起来的，而是根据我们的理解范畴组织起来的。从世界那
里，我们可能只是得到了一种最初的冲动来让我们去思想，但是我
们只是在意识的结构里理解这个世界。尽管我们不能理解自在之
物，因为我们只能通过我们自己的组织器官来认识它们，但是我们
可以认识这些自在之物的外观或表象。对这些外观的知识构成了
科学，或者构成了更具康德特征的知性（understanding）。

　　这样，康德的起点就是完全主观主义的。那个在最基础的水平
上**存在**的，是意识（*Bewusstsein*）或者经验。*Bewusstsein* 对康德和一
般唯心主义来说，是一个比我们的意识（consciousness）概念要宽
泛得多的概念。我们通常用意识指一种存在于我们自身的认识能
力。这只是唯心主义的 *Bewusstsein* 概念的很小一部分内涵。康德从
沃尔夫那里引用了这个概念，后者用它来翻译笛卡尔的 *conscientia*。
它是一个复合词，由形容词 *bewusst* 和动词 *sein* 或名词 *Sein* 组成，
其中前者指"已知的"、"意识到的"，来自动词 *wissen*，即"知道"，

而后者指"去存在",或者是指名词"存在"。这样,它是存在与认知的相聚或统一,指认知着的存在和已知的存在。于是,它不能被简单地等同于经验主义的主体。这个在反思中变得对我们可见的经验主义之"我",事实上只是意识的客体,而非意识本身。意识毋宁说是主客体的双重表现,人和自然在其中被联结起来。这样一种多面统一体来自一个更高层次的主观主义,来自所谓统觉(apperception)的先验统一性,来自伴随我们的所有表象的"我",这个"我"是使这些表象得以可能的必要条件。这样,康德的主观主义拥抱所有人类和自然之物,只要我们遭遇了它们,而且,这种主观主义还开启了这样的可能性,即像上帝这样超越我们意识的无限之物,也在某种意义上**存在**,尽管他否认我们可以用认识现象的相同方式认识它们。

在康德看来,对自然之物和超自然之物进行这样一种分离,是为一种先天的自然科学建立一个确定基础的唯一方式。对康德和他的同代人来说,科学存在于一个综合的真理体系中。每一个人,包括休谟在内,都认识到某种分析性真理的存在,这就是说,有一种真理,其中谓词可以来自对主词的分析。这样一种真理是先天的,因为它们不要求依赖于经验。每个人也都认识到经验主义真理的存在,其中谓词可以通过感知被认识。这些都是后天的真理。但是科学却依赖于先天综合真理的可能性,也就是说,在这种真理中,谓词不可能由主词逻辑地推演出来,这种真理也不依赖于感官的证据。休谟相信,没有这样一种真理。康德要做的,就是尝试证明休谟错了。

先天综合真理证明的基础,是先验唯心主义。休谟开始于也终结于经验,但是他并没有考察经验自身的结构。为了证明所有的经

71

验都在意识范围内出现，都被意识的法则主宰，康德从事了这样一种考察。康德认为，如果休谟是正确的，那么就不可能有经验。因为经验如果存在，它必须是作为**"我的"**经验的统一体。这样，所有的经验都与"我"联系在一起，都通过意识而出现。意识的结构由此建立了知性的限度和法则。

康德认为，知性是判断的结果，判断有一个给定的、不变的结构，这一结构在范畴中显现自身。这些范畴组成了先天自然科学的基础。确实，这样一种科学不可能先天地告诉我们任何特别的事件的原因会是什么，但是能够告诉我们每一种事件都有一个原因。这样，一种关于现象的先天自然科学就是可能的，但是我们必须认识到，它只是关于现象的科学，而非关于自在之物的科学。

这样一种限制，不仅为科学建立了基础，也为自由和道德打开了空间。如果自然法则适用于自在之物，那么人类自由就是不可能的，而且如果没有人类自由，就不可能有道德律令，因为个体将不会为他们的行为负责。道德律令的存在暗示了人类是自由的，而且因此是不同于其他自然存在者的存在者，他不只是自然因果链条中的手段或环节，而是以自身为目的，能够管理好自身的行为。存在于因果关系的二律背反中的自然与自由的明显矛盾，就这样被先验唯心主义解决了。尽管自然法则统治着现象，但人类不只是一种现象性的存在者。他们因此拥有追求自由的能力和追求道德的能力。在《纯粹理性批判》中，除了证明一种贯穿自然的因果关系以外，康德同意去证明一种贯穿自由的因果关系的可能性。在《实践理性批判》中，康德在卢梭的指引下设定一种自由的因果关系，来作为道德律令的基础。

不同于《纯粹理性批判》，《实践理性批判》不考虑什么东西存在，而是考虑什么东西应该存在。对于像培根和笛卡尔那样首先表达普遍科学观念的思想家来说，什么东西应当存在的问题通常在某种语境中被理解，这种语境就是他们与正在盛行的神学正统作斗争，以肯定那些本性为善的东西。在实践层面上，他们原则上总是关心人类的保存与繁荣。尽管笛卡尔把人的本质理解为自由或意志，但他并没有宣称自由是人类行为的目标，或者是道德的原则标准。只有在卢梭那里，这个更加激进的自由概念才变得明确起来，正是这个卢梭式的自由概念对康德来说是决定性的。①

　　对康德来说，人既在自然之中，又在自然之上。作为一种现象性的存在，人完全被自然必然性通过他的激情和欲望来决定。但是他的意志是自由的，因为这种意志能够认识什么东西应当存在，还能把自己从它的自然冲动提升到理想的层次上。但是，它能否认识这一理想，却很成问题。自由意味着理性地行动，也就是说，根据不同于我们的特殊性的普遍原理来行动。绝对命令作为人的行为标准的普遍法则，是自由的先决条件。自由不是激情的任性妄为，而是它们对道德法则的服从。可是，自由意志的可能性，并不能保证它的有效性。事实上，康德严重怀疑自由意志能够在现象世界运用任何因果力量，因为我们不仅仅是自由的，还受自然因果的统治。人站在自然和神性之间，被方向相反的强力拉扯着。可是，通过道德律令超越自然，是人类生活唯一正当的目标。换句话说，人必须努力实现自身中存在的上帝般的本性，即使这个目标永远难以达到。　73

　　许多同情康德事业的思想家都没有认为康德得出了令人信服

---

　　①　参见 Richard Velkley, *Freedom and the End of Reason: On the Moral Foundation of Kant's Critical Philosophy* (Chicago: University of Chicago Press, 1989)。

的结论。他们发现他在思想方法方面的革命令人难以接受，主要是因为他似乎为想象力和思辨理性留下太少空间，而他们发现这些东西对人的生活来说是如此可爱和必要。相反，康德的世界，似乎显得荒芜而单调。

康德充分意识到他的批判哲学未必能够满足他的同代人。但是，他相信他们的不满是因为这样的事实，即他们想要更多的存在。人们所知道的，只是"一块儿小岛，被自然包围，处于难以改变的限制中。而真理的大陆——多么迷人的名字！——被宽广而狂野的海洋所环绕，那里是幻想的原产地，层层雾气和快速融化的冰川给远处的海岸增添一种神秘的外表，诱惑冒险的航海家一次次鼓起希望，把他吸引进他永远难以拒绝、也永远难以完成的事业"（*KrV*，A235/B294–A236/B295）。

尽管注意到康德的警告，他的批判者们还是倾向于把他们的不满解释为康德思想不够充分的结果。他们特别不满的地方在于康德解决自然与自由的矛盾的假定方案。比如说，黑格尔就认为康德虽然解决了自然与自由的二律背反，却把这个矛盾转移到了意识中。正如他所见，康德只是使意识本身——最高级的东西——充满了矛盾。[1] 从这个角度看，第一和第二批判显得不能协调。先验唯心主义似乎不仅是二元论，还是矛盾的二元论。康德主义这种明显的矛盾为舒尔茨（Schulze）等怀疑主义者的攻击大开方便之门。[2] 康德的拥护者希望他的第三批判能够解决这些问题，能够为自然与

---

[1] G. F. W. Hegel, *Werke in 20 Bänden*, ed. Eva Moldenhauer and Karl Markus Michel, 20 vols. (Frankfurt am Main: Suhrkamp, 1970–71), 20:359.

[2] 参见 Beiser, *Fate of Reason*, 266–84; and Dieter Henrich, "Fichtes ursprüngliche Einsicht," in *Subjektivität und Metaphysik* (Frankfurt am Main: Klostermann, 1966), 224。

自由的和解提供基础，但是他们对第三批判的结论感到失望。还需要更多的东西。赖因霍尔德（Reinhold）对此解释道，仅仅一种理性的批判是不充分的；必要的是一个理性的**体系**，这个体系让理论与实践来自一个单一的根源。康德的后继者们尝试建构的，正是这样一个理性体系。①

当笛卡尔为理性建立了一个城堡，人在其中能够免受全能上帝的古怪任性的折磨时，他打开了现代性的大门。这个城堡是确定性的领地，它把混乱的风暴和由这个上帝引起的怀疑主义挡在门外。笛卡尔还赋予人类科学的武器，让他们按照人的尺度和为了人的目的去改造与重建世界。可是，休谟的攻击在笛卡尔的城墙上打开了一个缺口，并且威胁到了他的整个事业。康德能够重建这些城墙，但只能通过缩小范围的方法。只有把关于上帝、道德和自由的推测性判断排除在外，知性的一致性才能得到保证。这样，笛卡尔的上帝被驱逐到现象领域之上。可是，上帝因此也从笛卡尔加之于他的束缚中获得解放。

这样，康德思想开启的现象的光明白昼，开始被难以穿透的黑夜所围绕。构成真正的实在的自在之物，仍然只是一个黑暗的x。康德警告我们不要进入这个暗夜，当然，他也使它显得魅力无限。他暗示本体性的暗夜可能实际上正是真实的世界，而我们居于其中的白昼可能只是这个夜色中的实在的表象［比照 *KrV*, A249–A253 (Omitted in B)，及 A253/B308–A260/B315］。还有，他指出我们

---

　　①　这种用一个系统方案解决康德主义问题的研究，不是发展康德思想的唯一道路。席勒及其他人走上了一条美学道路，后者对康德思想的发展来说也具有深远的重要性。关于这条路的比较充分的讨论，参见 Yack 的著作（*The Longing for Total Revolution*, 133–84）。

必须接受道德律令的指引，因为那是能使我们走出暗夜的计划。最后，也是最重要的，是康德似乎也运用实践理性的观念，在笛卡尔精心建立的理性之墙上打开了一个缺口。

对康德的后继者们来说，这个缺口具有难以抵抗的诱惑力，他们相继通过这个缺口，去探寻他们的启蒙的神秘根源。康德甘心住在他的真理小岛之上。人们能够知道的所有事情，都在柯尼斯堡学到手了。但是，他的后继者们从他的思想中学到的，是另外一种不同的课程。它让他们知道，这个有限的世界作为人的家园实在太过局促，因为它是一个有限的假象世界，与人的无限本质格格不入。他们不满于康德那个井井有条的真理之岛，为了追寻真正的存在，他们开始到康德所谓充满风暴的大海上航行。第一个航行在这黑暗大海上并致力于探索这片夜色笼罩的领域的，就是费希特。①

费希特和自由的基础

正是法国大革命和康德哲学的联合，推进了费希特的哲学化。费希特曾被正确地称为"法国大革命第一个合法的天才儿子"②。在早期《无眠之夜的偶思》（Chance Thoughts of a Sleepless Night，75 1788）一文中，他描述了自己在前革命世界中所看到的种种退化。

---

① Charles Taylor 在他的 *Hegel* 中 [（Cambridge: Cambridge University Press, 1975), 3–51] 描述过这种与"自我展现的主体"达成妥协的尝试的更大语境。

② George Armstrong Kelly, *Idealism, Politics, and History: Sources of Hegelian Thought* (Cambridge: Cambridge University Press, 1969), 193. 另见 Bernard Willms, *Die totale Freiheit: Fichtes politische Philosophie* (Cologne: Westdeutscher, 1967)。Ernst Gelpcke 拒绝这一观点，认为狂飙突进运动对费希特的影响才是关键性的 [*Fichte und die Gedankenwelt des Sturm und Drang* (Leipzig: Meiner, 1928)]。

在他看来，这个世界完全堕落了，唯一的希望是个体，后者被视为完全孤绝的主体，他志在革命。① 在《现时代的根本特点》(*The Course of the Present Age*，1804)中，他把他的时代描述为"完全邪恶的"(SW，7：12；也见7：16–20)②。他嘲弄那些贵族、教会、专制政体、王室、犹太人、军人、固有的秩序、国家和保守派，也就是说，嘲弄整个过时的体制。但是，费希特尽管支持革命的理想，还是谴责它的荒唐暴力。尽管现实的革命在他看来就是一场"恐怖的表演"，他还是期望它能很好地起作用，只要它能说服德国王室，要想避免血腥，自由化是必要的(SW，6：6)。

　　至于费希特的雅各宾主义，许多人已经给出结论，认为法国大革命和宣告它来临的那种哲学思想，是费希特自由教义的主要来源。③ 尽管很少有人怀疑费希特深受卢梭道德主义和法国大革命道德主义元素的影响，但它们不可能是他的自由教义的唯一根源。1790年的时候，他还是一个忠诚的决定论者，而这已是在他接纳卢梭和孟德斯鸠很久之后，也在大革命爆发之后。④ 事实上，他并没

---

① Willms, *Freiheit*, 16. 关于费希特个人对旧制度的厌恶，参见 Antony J. La Vopa 的著作 [*Grace, Talent and Merit* (Cambridge: Cambridge University Press, 1988), 356]。

② 括号内表示的是所引费希特著作的名称、版本、卷数和页码，参见著作简称列表。

③ 参见 Hans Freyer, *Über Fichtes Machiavelli-Aufsatz* (Leipzig: Hirzel, 1936); Eduard Zeller, *Vorträge und Abhandlungen geschtlichen Inhalts* (Leipzig: Fues, 1865), 142 , 144; and Manfred Buhr, ed., *Wissen und Gewissen: Beiträge Zum 200. Geburtstag Johann Gottlieb Fichtes, 1762–1814* (Berlin: Academie, 1962), 158–60。关于费希特与卢梭的关系，见 Richard Fester 等人的著述 [Richard Fester, *Rousseau und die deutsche Geschichtsphilosophie* (Stuttgart: Göschen, 1890); Georg Gurwitsch, "Kant und Fichte als Rousseau-Interprten," *Kantstudien* 27 (1922): 138; Franz Haymann, *Weltbürgertum und Vaterlandsliebe in der Staatslehre Rousseaus und Fichtes* (Berlin: Heise, 1924)]。

④ Willms, *Freiheit*, 18.

有抓住法国大革命的真实意义，直到他对康德哲学尤其是康德道德哲学有了"惊人的发现"之后。正是在革命顶点的这一发现，促使费希特为了给自由奠基，开始考察超越现象领域的黑暗之路。康德在思想领域的哥白尼革命粉碎了他的决定论，让他相信自由是必要的。在康德的视野中，法国大革命变得可以理解了，它就是人与生俱来的渴望自由的体现。[①] 正如他所看到的那样，康德哲学为使人成为人的高度自治权奠基，而法国大革命在一种新的政治和法律秩序中建立起了人的高度自治权。[②]

　　但是，费希特并不满足于康德主义把自由明确设立为世界的基础。尽管他首先是一个完全的康德主义者，可是作为他尝试反对舒尔茨、为康德和赖因霍尔德辩护的结果，费希特已经开始相信一种纯粹的康德主义是站不住脚的。舒尔茨曾经在匿名出版的《埃奈西德穆》(*Aenesidemus*)[③] 中令人难堪地批判过康德和赖因霍尔德。他看到，赖因霍尔德和其他人之所以强调自在之物，是因为他们并不理解自由。在这一意义上，康德哲学从它的结果而非原因来看是正确的。在他对康德的解释中，自由成为他打破自在之物的奴役锁链的目标，也是他要发展的一种体系的目标，在这种体系中，自由是绝对的。[④] 由此，他以一种卢梭式的风格解读康德，宣称他的

76

---

　　① Willms, *Freiheit*, 22, 26.

　　② Roger Garaudy, *Gott its Tot: Das System und die Methode Hegels* (Frankfurt am Main: Europäische Verlagsanstalt, 1965), 149.

　　③ 参见 Daniel Breazeale, "Fichte's Aenesiemus Review and the Transformation of German Idealism," *Review of Metaphysics* 34 (March 1981): 545–68。

　　④ Fichte to J. J. Baggessen (?), 1795 (?), J. G. Fichte, *Briefwechsel*, ed. Hans Schutz, 2 vols. (Hildesheim: Olms, 1967), 1:449–50. See Zeller, *Vorträge*, 144; Wilhelm Metzger, *Gesellschaft, Recht und Staat in der Ethik des Deutschen Idealismus* (Heidelberg: Winter 1917), 154; Gelpcke, *Fichte*, 64, 159; and Willms, *Freiheit*, 59–60.

"体系从始至终只是对自由概念的分析",还认为它是"关于自由的第一个体系"。[①]在费希特看来,这样一个体系,只能通过对自由**独有的**因果关系进行哲学证明才能建立,而这只有在把世界演绎为一个来自自由的整体时才能实现。这样一种演绎,就是费希特代表作《全部知识学的基础》[*]的目标。

费希特的《知识学》,是为他的学生们写的一本教材,那时他已于1794年获得耶拿大学的教授职位。尽管这本书几乎立即就被视为天才之作,它还不是一个终极成果。事实上,费希特从来都没有满意过这部著作,终其一生都在修改它。他曾经于1797年增加了两篇著名的导论,又于1801年引人注意地重写了全书。尽管持续不断地努力,这本书还是很难达到他所希望的那种清晰性。不管怎样,它对德国思想生活施加了巨大影响,在设定思辨唯心主义和德国浪漫主义的路线时扮演了关键角色,并且对左翼黑格尔主义和19世纪的一系列其他思想运动都施加了重要影响,尽管不是直接的影响。

在第一篇导论里,费希特告诉我们,这本书的目标是传播康德的伟大发现。事实上,这本书是对康德主义的片面发展。基于康德先验唯心主义中潜在的二元论,有两种可能性作为和解理性与自身的基础。一种可能性会强调自在之物是先验经验主义的基础,另一种可能性会否定自在之物,尝试在自治性的"我"的基础

---

① *Fichtes Freiheitslehre*, ed. Theodor Ballauf and Ignaz Klein (Dusseldorf; Schwann, 1956), 9; Kelly, *Idealism*, 191. 另见 Wilhelm Metzger, *Gesellschaft, Recht und Staat*, 154; and Gelpcke, *Fichte*, 64, 149。

* 原书中下文均简写作 *Science of Knowledge*,因此下文均简译作《知识学》。——译者

上建立自然和自由。费希特指出，康德的伟大发现被教条的实在论者们（realists）*遮蔽了，后者坚称自在之物为经验主义提供了基础（*WL*，SW，1：419；*SK*，3）。紧随耶可比，他主张康德从来没有严肃地发展他的教义，康德的批判唯心主义的核心不是自在之物，而是先验之"我"。《知识学》的目标就是去证明这一事实，去颠倒实在论的观念，后者认为对象决定我们的认知能力（*WL*，SW，1：421；*SK*，3）。但是要想实现这种逆转，只有通过更为深刻地确定经验的基础，而在康德那里，这一点仍然是模糊不清的（*WL*，SW，1：425；*SK*，8）。① 对费希特来说，这意味着要去建设一个康德认为很有必要但没有能力完成的体系（*WL*，SW，1：478；*SK*，51）。②

《知识学》尝试确立这样一种科学的基本原理。在费希特看来，科学建于其上的基础不能用这种科学去证明，而必须以一种更广泛的科学、一种科学的科学或者费希特所谓知识学（*Wissenschafts-lehre*）为前提，只有这种科学才能解释我们所经验的一切。这样一种科学的基础必然外在于所有的经验，因此是绝对的（*WL*，SW，

---

* 费希特把承认外在世界独立存在的唯物主义者叫作实在论者。很明显，这里的实在论和中世纪的实在论不是一回事。——译者

① 正如 Robert Pippin 已经指出的那样，费希特相信康德没有充分考察主体，因而不能解释"我思之我"或作为经验的必要前提的统觉主体本身是如何可能的［*Hegel's Idealism: The Satisfactions of Self-Consciousness* (Cambridge: Cambridge University Press, 1989), 43］。

② See Henrich Steffens, *Was ich erlebte* (Breslau: Max, 1841), 161–62. 在回应费希特的主张时，康德认为他的三个批判已经是一个基础扎实的体系，并且宣称费希特的体系"完全站不住脚"［*J. G. Fichte im Gespräch: Berichte der Zeitgenossen*, ed. F. Fuchs, R. Lauth, and W. Schreche, 4 vols. (Stuttgart-Bad Cannstatt: Frommann Holz-boog, 1978), 2:217］。但是，康德明显没有读过费希特的《知识学》。还有，在《先验演绎》（"Transcendental Deduction"）一文中，他宣称尽管这样的体系是可能的，但《纯粹理性批判》并非这样的体系，而只是对理性的批判（*KrV* A83/B109）。

1：428–29；*SK*，11）。费希特的体系尝试根据这一基础解释所有的东西，把所有的多样性化为统一性。[①]

《知识学》旨在确定所有人类知识本原的、绝对无条件的第一原理。传统哲学认识到，不矛盾律是它的基本原理。正如我们已经看到的那样，笛卡尔用"我思故我在"替换了不矛盾律。费希特接纳了这一笛卡尔式原理，但又以一些空前的方式使它激进化了。

费希特的基本原理

费希特设定了三条基本原理，它们共同包含了所有逻辑和本体论的本质。作为所有实在的基础的绝对无条件的第一原理，是A=A（*WL*，SW，1：92；*SK*，94）。这是同一性原理。成为实在的意味着自我同一性地存在。尽管费希特选择这个开端，因为它是一个被普遍接受的真理，但是他并不满意它所假设的自明性，尝试着证明它为什么是真的。[②]但这样一种证明，只能通过超越经验才能实

---

① Reinhart Lauth, "J. G. Fichtes Gesamitidee der Philosophie," *Philosophisches Jahrbuch* 71, no (1964):267.

② 尽管研究费希特的同代人和大多数当代学者都假设费希特的目标是证明他的基本原理的真理性和意义，但这一假设本身并非没有争议。比如说 Alexis Philonenko 就指出，费希特的计划本质上是批判性的，他接下来尝试证明的不是他的基本原理的真理性，而是它们的不充分性和虚假性［*L'Oeuvre de Fichte* (Paris: Vrin, 1984)］。这样一种解读意味着，费希特著作的目标主要是认识论的而非本体论的。尽管这一解读有助于解释费希特《知识学》中明显的不连贯性，但它和费希特在其他著作里给出的许多声明相矛盾。一个值得指出的例外是 Luc Ferry 的 著 作［*Rights—The New Quarrel between the Ancients and the Moderns*, trans, Franklin Philip (Chicago: University of Chicago Press, 1990), 77］。即使 Philonenko 是正确的，他所描述的费希特也不是为 19 世纪人所知的费希特，而这种费希特对虚无主义的发展来说是如此重要。

现。可是，超越经验如何可能？

费希特宣称，我们可以通过他所谓理智直观（intellectual intuition）的方式认识这些原理的基础（*WL*，SW，1：471；*SK*，44）。这里，他似乎让自己不同于康德，因为后者宣称这样一种直观是不可能的。但是费希特却认为他们之间存在的明显不同只是术语方面的不同，他的理智直观类似于康德统觉的先验统一性的直观，或者是康德已经直观到的某种东西，如果他分析过绝对命令的意识的话（*WL*，SW，1：472；*SK*，46）。①

费希特尝试通过思考第一原理的真理条件来与它的基础达成
78 妥协。费希特认为，A=A，只有在有一个 A 存在的时候才为真，否则这一原理为假。但是，A 存在，只是因为它被"我"设定或在意识中并且为了意识而建立。带着这个观念，即对象是被设定的（*gesetzt*），费希特毅然超越了康德在自我设定的自由哲学的引导下对对象的理解，后者把对象视为给定的（*gegeben*）。在设定 A 时，"我"宣称A 是实在的，于是 A=A。但是，什么是"我"设定这种同一性的可能性的条件？根据费希特，只有当"我"本身已经具有断言同一性的能力时，这才有可能。他认为，这样一种能力，只能是"我"对自己的自我同一性的认识的结果，即认识到"我是"，或者"我是我"，或"我＝我"。根据费希特，正是这种认识，是绝对无条件的第一原理。A=A 只是对"我＝我"的抽象。只有 A 存在，A=A 才是真的，但是"我＝我"却永远为真，不管它什么时候表达出来，就

---

① Pippin 认为，费希特在这里从康德的思想中吸收了一个真正的元素。康德把"心灵从自身那里生产表象的能力"（*KrV*，A51/B75）定义为"知识的自发行为"，而自发行为也被他用来描述自由的无条件因果性（*KrV*，A533/B561）（*Hegel's Idealism*，45）。

像笛卡尔已经证明的那样（*WL*，SW，1：100；*SK*，100）。还有，由于 A=A 决定什么是实在的，实在性这个范畴只是"我"自己的本质特征的投射，这一特征是对象实在性的评价标准。

费希特的出发点是理智直观，它是由"我通过绝对设定它自己的存在而开始的"（*WL*，SW，1：98；*SK*，99）。①带着这一断言，费希特把他在康德主义和法国大革命的结合中发现的自由的感伤，带向了它最为极端的表达。②在最为根本的意义上，"我"是彻底自由的和绝对的，也就是说，"我"使自己免除一切关系，除了那些自己建立起来的东西。费希特在这里表达了革命的冲动，这种冲动忘掉所有异己的决定，仅仅在"我"自己的基础上建立了"我"。③

这种自我建立或自我设定的行为构成"我"的本质，因此它不能作为某种东西或对象来理解，而只能作为一种本原行动来理解（*WL*，SW，1：440；*SK*，21）。这样一种作为行动的主体观念，在笛卡尔的基本原理"我思故我在"中已经变得很明显，但是被他关于"我"的描述遮蔽了，他把"我"描述为思维物。④作为行动的"我"的特征，在康德那里变得更加明显，他认识到自我意识不是别的，就是"我"自己的行为。但是费希特走得更远。尽管对康德

---

① 1797 年，费希特又把这一基础扩展为"我通过把我自己的存在绝对设定为自我设定而开始"（SW，1:528. 参见 Henrich, "Einsicht," 202–3）。

② Ibid., 198. 另见 Fichte to Achelis, 1790. J. G. Fichte, *Gesamtausgabe der Bayerischen Akademie der Wissenschaften*, ed. Reihhard Lauth and Hans Jacob (Stuttgart-Bad Cannstatt: Frommann, 1964–), 3. 1:13–94。

③ Karl Löwith 指出，不同于康德，费希特认为人不仅仅是上帝与世界之间的联系，而是上帝和世界绝对的、创造性的根源。于是，他得出结论，对费希特来说，上帝本身已经在自我设定的"我"的道德世界秩序中消失（*Gott, Mensch und Welt*，92，95）。

④ 参见 Heidegger, *Nietzsche*, 2: 163。

来说意志作为统觉的先验统一性和作为实践理性是基础性的，但是意志的行为被不变的法则管理着，这些法则来自本体领域。费希特尝试从绝对无条件的"我"的纯粹行动中推演出所有的东西。正如乔治·凯里（George Kelly）已经指出的那样，通过费希特，我们进入了歌德的浮士德——他宣称："太初有为。"①——的活动领域。正是这种基础性的创造行动，成为所有其他行动的基石，因为它为自由扫清地基，因此也为创造本身扫清地基。实在只是这种创造性意志的副产品，因为这种意志只探索它自身。②

79

迪特·亨利希（Dieter Henrich）曾经指出，对作为自我设定的"我"的认识，是费希特的基本洞见。在亨利希看来，这是一种新的自由观念的表现，而它也建立了一种新的自我意识概念。从笛卡尔到康德的现代哲学，都把自我意识理解为一种反思，或者理解为把人们通常用于感知对象的意识转向自身。③但是，这种反思理论，被一种灾难性的矛盾所困扰：如果"我"是自我意识，自我意识指的是认识到"我是我"，那么，那个在"我是我"的认识中反思自身的"我"是什么？它不可能是自我意识，因为这只可能作为反思的结果才出现。它也不可能是某种前反思的"我"，因为"我"进入存在，只是这种反思的结果。④在亨利希看来，费希特第一个认识到了这种矛盾，并且尝试通过分析生产自我意识的本原行动来解决这一矛盾（*WL*，SW，1：459；*SK*，34–35）。

---

①   Goethe, *Faust*, 1236. Kelly, *Idealism*, 184.

②   Ballauf and Klein, ed., *Fichtes Freiheitslehre*, 37; Garaudy, *Gott ist Tod*, 150. Pippin 以一种康德的方式重新解释了这种费希特式声明（*Hegel's Idealism*, 56）。

③   Henrich, "Einsicht," 191.

④   Ibid., 194.

亨利希的论证是引人注目的,它使费希特计划中的一个重要元素变得明显起来。但是,亨利希并没有领会到这一程度,即类似的论证也适用于笛卡尔。正如我们已经看到的那样,笛卡尔的基本原理是意志的声明,是自我确立的判断,它为其他一切判断清扫地基。费希特的设定(positing)观念令人惊讶地类似于笛卡尔的意愿观念。两个人都把这种行为理解为自我确立的判断。对费希特来说,在"我是我"的宣称中"我"的自我设定,是一个独断的或设定的判断。"我 = 我"在这个意义上依赖于"我是(存在)"的判断。康德曾经指出,这样一种判断是不可能的,因为存在不是一个谓词,但是费希特认为,它接近于康德所谓无限判断,就像"它是美的"(*WL*,SW,1: 117;*SK*,115)。不像分析判断和综合判断,它们通过把一个谓词归于一个主词,要么分离要么综合两种不同的概念,无限判断让概念或主词与任何其他概念失去关联,因而是完全不确定的。① 这样的判断是设定存在的基础性判断。在这个意义上,存在被理解为意志或"我"的产品。这个本原的或绝对的"我",这个在"我是"或"我 = 我"的判断中断言自己的"我",因此是前范畴性的。只要一个谓词附加于它,它就停止成为绝对的。② 这样一种判断之所以可能,仅仅是因为"我是"的"我"不是一个 80 物,或一个范畴,而是本原行动,是它产生了所有的物和范畴。

对费希特的同代人来说,这个本原之"我"的地位是模糊不清的。正如乔治·凯里所指出的那样,它可以被解释成宇宙论的或神性的,也可以解释成有限的人类自我或唯我论的自我,这种模糊

---

① John Lachs, "Fichte's Idealism," *American Philosophical Quarterly* 9, no. 4 (October 1972): 313.

② Ibid., 314.

性导致费希特被大量有意无意地误读了。[①]费希特尝试说清楚"我"这个概念，还在 1797 年版的两个导论中针对种种误解为自己的思想辩护。他宣称他的"绝对之我"的教义不是个人主义或自我主义的教义（*WL*，SW，1：517；*SK*，84）。《知识学》开始于作为理智直观的"绝对之我"，结束于作为一个清晰缜密的概念的"绝对之我"；作为一种直观，"绝对之我"还不是一个个体，而作为概念，它已经不再是一个个体（*WL*，SW，1：516；*SK*，84）。在 1797 年 3 月 21 日致赖因霍尔德的信中，他的宣称更加明确了。他说"绝对之我"不是他费希特，不是那个构思了《知识学》的人，而是通过他行动的上帝或自然。[②]同样，在 1801 版的《知识学》中，他说道，"个体之我"从不行动，"但是宇宙在我之中行动。"[③]

就"绝对之我"设定而且因此只意愿它自身而言，也就是说，就它只是自我确立的行为而言，它仍然是纯粹的、无差别的普遍性，一种"无限的平面"（费希特从笛卡尔那里借用的一个类比），

---

① Kelly, *Idealism*, 207.

② *J. G. Fichtes Leben und literarischer Brifwechsel*, ed. I. H. Fichte, 2 vols. (Sulzbach: Seidel, 1830), 2:255. 另见 Kelly, *Idealism*, 184–85。Leszeck Kolakowski 认为，费希特自我取消的外向化辩证法，植根于新柏拉图主义神谱的整个历史中，和所有把上帝描述为通过他自己的创造性活动进入存在的教义中。不过，在费希特那里，神性存在的品质被转换成人类心灵 [*Main Currents of Marxism*, trans. P. S. Falla, 3 vols. (Oxford: Oxford University Press, 1978), 52]。费希特思想的这种神学运动，几乎被像 Neuhouser 和 Luc Ferry 这样的学者完全忽视，他们把费希特描述为个人主义的提倡者。自我设定并没有被视为一种绝对的行动，个体之人某种意义上参与其中，而是被仅仅视为一种精神活动，个体之人通过这种活动赋予自己他们自己的价值 [参见 Neuhouser, *Fichte's Theory of Subjectivity* (Cambridge: Cambridge University Press, 1990), 111, 122, 124]。

③ *New Exposition of the Science of Knowledge*, trans. A. E. Kroeger (St. Louis, 1869), 124. See Kelly, *Idealism*, 184.

是完全的自我同一。那么，这样一种无差别的"我"怎么能够生成我们通常经验着的那个有差别的世界？答案在于费希特的第二原理。

　　就像第一原理一样，费希特的第二原理也是被绝对地设定，而且相应地也不能被证明或推导。但是，在内容方面，它以第一原理为条件。这个原理是 A ≠ 非 A（*WL*，SW，1：102；*SK*，103）。这是否定性的原理，用以平衡（*entgegengesetzt*）实在性的原理，即 A=A。但是，费希特指出，它不能由第一原理推论出来，因为它包含 A=A 所完全缺乏的对立面（*WL*，SW，1：102；*SK*，102）。它之所以出现，也只是因为它是被"我"绝对性地设定的。它是意志的一种行动，行为的一个时刻，这个时刻把自身设定为"我"。"我"设定这样一个对立面的能力，也就是对设能力（counterposit），在费希特看来必须依赖"我"本身中存在的这样一种对立面或差异。这样，A ≠ 非 A 就依赖于"我"对一个"非我"的认识，以及对"我 ≠ 非我"这一事实的认识（*WL*，SW，1：104；*SK*，104）。

　　在费希特看来，这样一种他者的起源，对意识来说是难以解释的。但是，没有这一个他者，自我意识就是不可能的。这是因为，"绝对之我"把自身作为"我"来认识的那种无限的和无差别的活动要求必须存在一个他者，以推动"绝对之我"把自己作为对比这个他者的他者继而作为自我同一者来反思。这样，当教条唯心主义者尝试否定"非我"的实在性，以及证明它只是我们的有限意识的一个时刻时，他们就会误入歧途（*WL*，SW，1：156；*SK*，147）。并非所有事物都服从于我们的有限意志。我们必须接受意识中的表象的存在，它们遵循一种奇异的法则，自然必然性的法则。

　　"非我"的存在导致一个"我"难以避免的问题。"非我"是

81

"我"的对立面，而且完全能战胜"我"。"非我"存在的地方，"我"就不存在。但是"非我"也是被"我"设定的，而且因此以"我"为先决条件。"我"与"非我"的互为必然性和互相矛盾，是问题的实质，这个问题显现在康德的二律背反中（*WL*, SW, 1: 246; *SK*, 217）。对理性主义来说，"我"与客观世界（"非我"）的关键连接在于上帝。① 康德拒绝这种神性调解的观念，在统觉黑暗而又晦涩的先验统一性之上确立了这种关系。在这种康德主义的基础上，费希特以一种康德从来没有打算过的方式设定了"我"与"非我"之间的一种内在和解或综合。这个和解由费希特的第三原理即互相限定原理设定（*WL*, SW, 1: 108; *SK*, 108）。

这一原理完全被其他两个原理所决定。就它们彼此互相限制而言，既不是"我"也不是"非我"被设定为无限的或绝对的，"我"和"非我"都是相应的某种**东西**，即有限的存在者。"绝对之我"不是某种东西——它是纯粹的行为，是无限的、无差别的和不受束缚的。相反，"非我"是行为的对立面，也就是无差别的东西。只有在"我"与"非我"的互相限制中，我们日常经验的世界才进入存在。那个无限的、在"我＝我"中设定的"绝对之我"，成为一个个体性的"经验之我"，而那个无差别的"非我"成为构成对象世界的个体性事物。像自己如此欣赏的斯宾诺莎一样，费希特也从非确定性的无限进入无限的确定性中。②

三个原理都是意志的基本判断的结果。费希特的第一原理是一个独断的判断，第二个原理是反独断的判断，最后一个原理是一

---

① 参见 Kelly, *Idealism*, 216。
② Lachs, "Fichte's Idealism," 313.

个综合判断，它为明确表达的自然世界以及科学建立基础。正如黑格尔认识到的那样，这最后一个原理因此是关于基础的原理。① 可 82 是，这样一种设定基础的综合，没有先前的对立命题是不可能的，同样，这两个命题又都依赖于最初的那个命题。因此，所有三个原理是相互必须和相伴而生的（*WL*, SW, 1: 114; *SK*, 113）。这是费希特思想本质性的辩证特征的基础。

《知识学》的剩余内容，是对"我"与"非我"之间的辩证和解或相互限制的考察。它分为两部分。第一部分是对"我"被"非我"限制的可能性的思考，也就是对对象世界决定所有主体性的结构的思考。这一理论环节相当于康德的《纯粹理性批判》。第二部分考察"非我"被"我"限制和规定的途径，也就是对象世界被主体性影响的途径。这一实践环节相当于康德的《实践理性批判》。

作为想象力的理论理性

在该书寻求理论性解决方案的那一部分，费希特尝试实现"我"与"非我"、人类自由与自然必然性之间的和解，方法是考察"非我"限制"我"的可能途径。他的目标是确定这些途径中的任何一个是否能够被视为一种完全的综合的基础（*WL*, SW, 1: 144; *SK*, 137）。这些调停环节，产生于对"我"与"非我"之可能关系的思考的辩证演绎，是由康德列举出来的知性范畴。它们代表所有可能的关于世界的经验的形式或结构。康德只是从他所承经院哲

---

　　① *Werke*, 20: 397. 但是，对费希特来说，这一原理永远不能是一个真正的基础，因为"我"和"非我"的终极和解是不可能的。关于这一点，参见 Pippin（*Hegel's Idealism*, 57）。

学的判断表里引用了这些范畴。费希特尝试从判断本身的基本结构中辩证地推论出它们。在费希特令人痛苦的模糊推论中多多少少有点清楚的是，"我"与"非我"之间不存在也不可能存在**理论上的**和解。自由和主体性不可能仅仅根据主宰对象世界的法则来解释。这样，《知识学》就证明了我们不可能以理解对象世界的方式理解"我"和我们的主体经验（*WL*，SW，1：177；*SK*，164）。

根据费希特，这个结论暗示着启蒙运动的理性观念难以捕捉自我的无限本质。话语理性（discursive reason）的无限性问题并非一个全新问题，它可以追溯至古希腊，在唯名论和实在论的争论中也处于中心。笛卡尔建立了一个新的无限性概念，为有限的自然理性范畴与神性的和解奠定了基础。二律背反使康德相信，这个无限性概念不可能统一有限与无限，于是他满足于先验唯心主义的二元论。对费希特来说，这样一种二元论是不可接受的。理性只能有一个。他尝试在无限性的基础上建立这种统一性，而他在"绝对之我"中发现了这个无限性。在这个意义上，他追随的是笛卡尔用其自由意志概念所展示的道路，而上帝和人都拥有这种自由意志。

费希特的"我"的特征模糊不清。尽管根据它的具体存在来看，"我"是有限的，但是根据它的实际行动来看，"我"又是无限的。费希特认为，所有"我"的模式都寻求符合这种无限性本质，符合"我"自己的设定，即它绝对自由的行动（*WL*，SW，1：205；*SK*，186）。但是，"非我"约束着"我"。表面上看，这样一种约束似乎是不可能的，因为它可能只有在"我"是消极而非积极的时候才出现，而这有违"我"的本质。如果"我"被"非我"约束，"我"怎么可能是绝对自由的行动？费希特尝试通过在"经验之我"和"绝对之我"中间进行适当的区分，来解决这一明显的矛盾。"非我"是真实的,而且限制着"经验之我",但它不会也不可能限制"绝对之我"。尽管这种办法似乎很特别,但它可以通过费希特的激进声明来证明,即"非我"本身只是"绝对之我"的一种表现。"经验之我"和"非我",也就是个体性的人类主体和对象世界,在费希特看来只是"绝对之我"的自由行动的表现,是作为上帝和人的本质的无限意志的表现。

由于"非我"建立了对"经验之我"的限制,而且"非我"对"经验之我"的存在是必要的,"我"和"非我",无限之物和有限之物,必须联结起来。《知识学》的理论环节考虑了"我"把自身设定为受"非我"限定的种种可能方式。但是,所有方式都被证明是不充分的。联合建立不起来。但是,这两个领域也不是完全脱离的。如果完全脱离,经验将是不可能的,因为为了有经验,"我"和"非我"必须彼此碰面。这种碰面之所以可能,是因为想象力。

我们通常把想象力理解为一种形成形象的能力,特别是形成虚构形象或幻觉的能力。费希特知道这个传统观点,但是认为只有在存在一个可以作为衡量标准的客观真理存在时,由想象力生产的形象才可能是假的。费希特相信,他已经证明不存在这样的真理。在他看来,没有自立自存的自然形式;所有的形式都是由"我"设定的。他得出结论,即所有确定的实在都是想象力的产品,这种想象力根据形式或范畴,使无限之物在有限的形象中显现。

根据费希特,想象力之所以能够完成这种使命,是因为它存在于有限之物、无限之物以及在它们之间摆动的东西中。想象力尝试通过生产一种统一的形象或隐喻来统一它们,这些形象或隐喻把无限之物带入有限之物的表象,由此允许有限之物作为有限之物出现,也就是作为无限之物的对立面出现(*WL*, SW, 1:215; *SK*,

193）。① 比如说，一棵树的形象把一种有限存在带进视野，但只是通过把它和它所不是的其他事物的无限性相区别来实现。这样，它同时使有限之物和无限之物变得可见。在这种形象中，想象力把对立面双方保留在一起，虽然没有统一它们，但也没有允许它们消灭对方（*WL*, SW, 1: 207; *SK*, 187）。不过，在它们摇摆的中间地带，想象力给予它们实在性，它们会变得凭直观就可以知道（*WL*, SW, 1: 226; *SK*, 202）。由想象力建立的限制既创造了树，也创造了非树。我们根据其中一个理解另一个。由于是凭直观可知的，它们可以被抽象，以适合于知性，也就是说，它们可以成为概念和范畴。知性和科学在这个意义上依赖于想象力的创造性力量，正是这个想象力建立了经验的形式和范畴。

不同于一般的观点，费希特得出结论，认为科学并不依赖于不矛盾律，而是依赖于有限之物和无限之物在想象力中的对立（*WL*, SW, 1: 214; *SK*, 192）。认知就是建立边界，而建立边界是所有判断和范畴的本质。边界从这一事实中获得它们的意义，即它们把每一种东西都和它们不是的东西分别开来。但是，只有当一个边界被作为一个边界来认识的时候，这个边界对知识来说才是决定性的。这样，只有当"我"某种意义上已经超越直观的边界时，知性才是可能的。换句话说，先验之物只会被一种存在者理解，这种存在者既是先验的，又是经验的，它既具有理论能力，也具有实践能力，而在某种根本的意义上，这两种能力是同一种能力（*WL*, SW, 1: 278; *SK*, 245）。

---

① 参见 Ballauf and Klein, eds., *Fichtes Freiheitslehre*, 25; and Julius Drechsler, *Fichtes Lehre vom Bild* (Stuttgart: Kohlhammer, 1955)。

由想象力创造出来的形象建立或定义了一种边界或限制，并且区别了有限之物和无限之物。但是，它也通过在边界上把两者带进视野而统一了它们。于是，在范畴中建立的、对哲学和科学都是本质性的有限之物和无限之物的统一，就是由想象力建立的边界的产品。在这个意义上，哲学和科学完全仰赖于一种想象性的制作，仰赖于诗，即原初希腊意义上的 *poiēsis*。在费希特的思想中，它们还被定义为理性的，但这只是由于这一事实，即理性自身已经被重新定义为创造性的**设定**，而非对既定之物或永恒之物的消极沉思。

但是，这样一种诗性科学，不可能提供一种牢固的知识基础。无限性的行动不可能在任何形象中被完全领会。由想象力建立，以及稍后由理性在知性中稳固的边界，总是被"我"自己的无限性行动推倒，因为"我"总是藐视一切这样的限制。"我"和"非我"，无限之物和有限之物的矛盾的理论性解决方案，难以建立一个令人满意的综合。

对费希特来说，这个结论可能无法避免。他根据想象力把理性重新定义为一种无限的创造性意愿，它能画出关于它自己的无限性的有限图画。于是，永远不满于这一结果，持续不断地画出新的图画，就不足为奇了。

对康德来说，这个问题并不存在，因为他以某种方式划分了理性，这种划分既给科学也给道德留下了空间，既为"有限之我"、客观世界，又为"无限之我"、主体自由留下了空间。但是费希特相信，他已经发现康德的真理之岛本身只是一种幻觉，没有固定不变的形式，每一种东西都只是想象力在雾层之上的投射物，在那里，一种形象让位于另一种形象。当然，这种被康德准确预测到的困惑，将会吞噬那些留在他小岛上庇护所中的人们。为了通过这些雾层寻找他自己的路，费希特看上了那些令人绝望的危险方法。因为这种摇摆和挫折将会永远存在，有限之物和无限之物之间的绳结"必须被切断，而不是被放松，所用的刀斧，就是一种绝对理性，哲学家并没有宣布过这种理性，只是预告过这种理性：由于无法和解非我与我，**那就让**非我彻底消失吧！"（*WL*，SW，1：144；*SK*，137）由想象力产生的持续向前的形象之流是不充分的。因为有限之物永远不可能使无限之物具体化，所以它必须被排除。只有通过对所有他者的排除，人才能是自由的，才能进入他自己的无限本质。由于所有的形式和范畴都是幻觉，所有的形式和范畴都必须86 被根除。①

早期现代哲学原则上关注的是人类的保存和繁荣，但即使是在这样的语境中，一些思想家也已经认识到，自由是必要的。这在笛卡尔那里还是含蓄的，在卢梭那里已经是明确的了。但是这种自由与自然的关系，相当程度上还没有被考察。康德直面这一问题，并且尝试为它们的相互共存提供基础。在费希特的思想中，我们看见一种转向，从共存转到作为绝对的自由的主张，以及相应的消灭客体自然的要求。自由且唯有自由才能实施统治，一种纯粹的意志或行动，自身形成，不受任何法律约束，完全知道自己是所有

① 根据这一结论，我们会清楚费希特为什么不能遵循席勒给出的审美之路，而这一道路对他的大多数同代人和后继者来说是如此重要。艺术最多只能够生产一种近似于无限之物的东西。歌德和其他人也许会满足于把这种近似视为人类最大的可能性。对费希特来说，这样一种立场是对道德责任的放弃。正如我们将要看到的那样，正是这样一个实现无限之物的乌托邦式梦想——不同于新人道主义趋向于完美的有限形式观念——开始在19世纪和20世纪构成虚无主义的本质。

法律、所有逻辑和所有本体论的根源。[①]但是,对"非我"的排除,也就是对客观世界和所有客观理性的排除,包含了对"经验之我"的排除,因为"经验之我"只能出现于与"非我"的联结中。宣称"非我"必须被排除,因此也意味着宣称"经验之我"必须成为绝对的,宣称人必须成为一种绝对不受束缚、因此绝对自由的存在,换句话说,就是宣称人必须成为上帝。

自由与"本体之我"的暗夜

在《知识学》关注实践理性的环节,费希特尝试具体解释"我"限定和规定"非我"的潜意识方式,也就是要证明在意识中出现的对象世界是意志的无意识行为的结果,因而也是自由的显现。这种解释使费希特超越意识领域,进入"本体之我"的黑暗中。

费希特《知识学》的目标,是对一种和解"我"与"非我"的经验进行统一性的解释。他在该书第一部分得出结论,一种理论性的综合难以完成这样的使命,没有一种建立在"非我"或绝对理性之上的世界解释能够充分解释经验。结果,他认为必要的综合要求排除"非我"。对对象世界的这种消灭完成于这一证明,即"非我"直接决定于"绝对之我",也就是说,"绝对之我"是"非我"的基础和根源(*WL*, SW, 1:250, 271;*SK*, 221, 239)。

只有以深度考察"我"的行动为基础,这样一种证明才是可能的,而"我"的行动,就是本体性自由的行动。康德相信,这样一

87

---

① 参见 Kolakowski, *Main Currents*, 1:53。

种考察是不可能的，因为直观或知性难以接近这个领域。相反，费希特相信，通过想象力，我们能够接近这一领域，因为想象力能够在有限的形象中（不完美地）描绘它。尽管我们不能像认识对象世界那样认识这一领域，但它并非向知性完全关闭。确实，我们能够通过想象力的跳跃来理解它，而由于人的本质自由，这种跳跃是可能的（*WL*, SW, 1：298；*SK*, 262）。

费希特用意志的下意识领域定义这个本体性领域，而这个下意识领域，包括情感、本能和心理驱力。① 在他看来，这个意志领域是"非我"的世界的基础和真理。但是费希特对下意识的理解根本不同于我们自己的理解。比如说，我们通常假设在我们的生理或经验中，我们的情感有一个物理的原因。这样，我们就把情感典型地理解为激情，也就是对行动的反应，而这种行动有它外在于我们的原因。在某种层面上看，费希特同意这种假设。从"经验之我"的角度看，所有的情感都是激情。但是这些情感的真正根源，是作为绝对行动的"我"，作为纯粹意志的"我"本身。这样，情感就是自由的形式，它们也并非反应行动，而是本原行动。它们是"经验之我"对自己的本质的经验，对"绝对之我"的自由行动的经验，这个"绝对之我"作用于"经验之我"，并通过"经验之我"起作用。费希特关于所有经验的这种基础的想象性建构，是他的自由教义的基本表达，这种教义尝试证明，"经验之我"和"非我"事实上只是本原行动或意志的一些时刻，正是这种本原行动或意志构成了"绝对之我"本身。它是意志的自我奠基行动。

从最直接的层面上看，这种意志或行动作为**努力**（*striving*）而

---

① 参见黑格尔的早期论文 "Glauben und Wissen"（*Werke*, 2:296）。

出现（*WL*, SW, 1：261-62; *SK*, 231）。"我"努力使自身中的"非我"服从于"我"。费希特认为，这种服从被"绝对之我"以绝对存在的名义所要求（*WL*, SW, 1：259; *SK*, 229）。[1]换句话说，自由建立这个绝对命令，是为了让自由本身是绝对的，为了让自由本身免于对他者的所有依赖，方法就是消解他者的他性。努力是"经验之我"中的意志的支配性形式，因为这个"我"还不是绝对的。它是构成"绝对之我"的意志的纯粹行动的不完美表现。费希特用以描述"绝对之我"的这个纯粹行动概念，是对亚里士多德的 *energeia* 概念*的改编。*energeia* 是一种以自身为目的的行动，而且因此没有自身之外的目标。[2]相较而言，努力总是对某种东西的追求，这种东西没有出现在行动本身中，而且总是以异己的他者的在场为先决条件。作为结果，只要他者介入，努力就会不满，就会以消灭他者为目标。因此，努力是一种否定形式，它由一种半组织化的视觉引导，也就是说以一种本质上已经是而且因此实际上应该是的视觉引导。正如黑格尔所指出的那样，努力对费希特来说就是康德所理解的"应该"（ought）。[3]

　　这种证明"非我"是"绝对之我"的表现的努力，不只是为了战胜和征服世界，也是为了征服每一个体的"经验之我"（SW,1：130）。它不只是笛卡尔式的技术计划，寻求主宰和改造自然，也是一种卢梭主义的道德计划，旨在人自身的改变。确实，使自然服

---

　　[1]　Kelly 称这一领域为观念的本体论优先领域（*Idealism*, 218）。

　　*　关于亚里士多德的 *energeia* 概念，参见陈康先生的解释（汪子嵩、王太庆编：《陈康：论希腊哲学》，商务印书馆 1990 年版，第 355—393 页）。——译者

　　[2]　参见 Lachs, "Fichte's Idealism," 312。

　　[3]　*Werke*, 20:407.

从之所以必要，只是因为它阻碍了绝对统一性和"我"的自由。因此，终极目标不是消灭由"非我"生产的对立面，而是"我"与自身的和解，"经验之我"与"绝对之我"的和解。从自然那里获得解放，仅仅是克服异己性的手段，是"我"与自身和解的手段。这样，否定总是服务于自我确定。但是，由于"我"自己是本性自由的，克服异己意味着建立作为绝对的自由。

从"绝对之我"的角度看，"非我"只是"我"本身中的一种内在分裂。可是，"经验之我"把这种分裂经验为一种感觉。正如费希特所理解的那样，"本原之我"既是所有的东西，又不是任何东西。作为纯粹而无条件的行动，它完全没有内在的区分，因此包含所有的东西。但是，由于它是无差别的，它是没有特殊性的东西，因而是无。这种纯粹行动被一个出现在"我"之内的异己元素所干扰。根据费希特，这个异己的他者的起源是不可知的，但是它的存在是意识不可否认的事实。通过在何者存在与何者不存在之间建立一个边界，这个他者渐渐破坏了"我"的自我认定（*WL*, SW, 1：265，269；*SK*, 233–34，237）。"我"把这个边界经验为一种抑制"我"的行动的感觉（*WL*, SW, 1：266；*SK*, 235）。作为这种感觉的结果，"我"不想让自己朝着边界阻挡的方向延伸太远。"我"于是不再是绝对的，而只成为一个"经验之我"。这样，正是这种感觉，而不是一种外在的客体，限制了"我"的意志和行动。

89

"我"的这种局限性也是自我意识的根源。"本原之我"是一个纯粹行动，一个想成为无限的平面的点，因此它不能反思自身。它是纯粹的意志。但是，这种拓展在某个特别的点上被"非我"阻止了。意志遇到了一个它难以克服的抵抗。意志从这一点被反射到它的起点（*WL*, SW, 1：228；*SK*, 203）。由于"我"与"非我"或客体遭遇，"我"开始意识到自己作为一个"我"存在。以这种方式，"我"开始成为自我意识。经历这种经验的"经验之我"的这种内在经验，就是一种无能的感觉，这种无能感为"我"设立了限制。就"我"在自身中发现这样一种无能来说，"我"也发现自己是一个有限之物。通过一种内在的经验，"我"由此开始认识自身及其特殊性。

费希特认为，"非我"或客体看似在阻止"我"，实际上只是"我"的自我限制的机会或场合。这个断言不应当被解释为对"非我"的终极实在性的否认。费希特宣称，"非我"只有在"我"允许自身被影响时，才能影响"我"。这样，"非我"对"我"来说变成某物，只是因为"我"自己的一个决定，只是因为那种感觉，即"我"有自己的局限性。确实，没有这种感觉，"非我"对"我"来说将是无。[①]

但是，如果事实就是如此，那么"我"为什么会把"非我"设定为对"我"的制约？对费希特来说，答案在于"我"的努力的不可能性。我努力追求无限之物，但无限之物难以达到。在某个缺乏无限之物的点上，"我"达到了"我"的力量的极限，不可能走得再远。在这一点上，"我"被无限之物所驱逐（*WL*, SW, 1: 272, 275; *SK*, 240, 242）。从情感的层次看，这是内在于"我"的无能感的根源，这种无能感就是指"我"的意志有限，"我"不是上帝。但是，"我"从自己被无限之物驱逐的地方开始返回的运动是无法把握的，因为"我"所是的及"我"所产生的感觉，都归于客体，归于"非我"。

这种感觉的真正起源不可能通过"我"经历这种经验就可以被

①　Ballauf and Klein, eds., *Fichtes Freiheitsleher*, 32.

认识到，因为"我"的趋向于无限性并被无限性阻止的意志并没有得到反思，因此也不可能达到意识（*WL*，SW，1：235；*SK*，208）。正如我们已经看到的那样，直观的边界由想象力建立，而想象力本身某种意义上已经超越了它所建立的边界，某种意义上已经是无限的了（*WL*，SW，1：237；*SK*，210）。这样，想象力的基本行动不可能服从于这个边界。因此，作为意识的根源，这个无限的意志绝不会在意识中或为了意识而出现。

这样一种无限意志的绝对行动只会被它自身所束缚。"非我"或他者因此也必然是这种行动的一个时刻。根据费希特，它事实上是对立方向中的同一意志或运动，从无限者返回到起点的运动。"我"因此包含两种互相需要的运动，一种是以无限者为目标的离心运动，一种是返回"我"的向心运动（*WL*，SW，1：274；*SK*，241–42）。

从这一视角看，"我"的本原行动明显包含两个部分。一方面，它是一种无限的实践性的努力，以使无限者变得丰满，也是一种无尽的自我确定行为，旨在使这个世界的主体获得绝对自由。另一方面，它是一种趋向于反思的理论性力量，其中那个反思的成分忘记了自身，因为它自己没有被反思（*WL*，SW，1：308；*SK*，269）。①这两种驱力都同样具有本原性，而且相互需要。反思是"我"走向"我"之外的基础，因为只是由于反思的存在，才有限度，也才有内外之分。那种彻底探讨无限者的要求，是"我"努力寻求普遍因果关系的基础，因此也是通过边界的行动的根源。这样，它使边界作为边界而得以理解，使"我"作为"我"而得以理解（*WL*，SW，1：276；*SK*，243）。没有反思，就可能没有追求无限者的努力，没

---

① 参见 Lachs, "Fichte's Idealism," 312。

有这样一种追求无限者的努力，也就没有反思。

这样，实践理性可能永远不会达到它的目标。但是，这个目标作为永恒的刺激一直保留着，它鼓舞进一步的行动。在费希特看来，这种绝对自由与和解的目标，就像在我们眼前挂着的一幅关于我们的幻象，我们永远达不到（*WL*，SW，1：270；*SK*，238）。这一事实指出了意志真正本原性的特征即**渴望**（*longing*）。按照费希特的理解，渴望是朝向某种未知之物的驱力，它通过需要、不适和空虚来揭示自身（*WL*，SW，1：303；*SK*，265）。只有通过渴望，"我"才能从自身出发去设定某物。这样，正是通过这种行为，外在世界在"我"之内被揭示（*WL*，SW，1：303；*SK*，266）。由于分离与空虚的感觉，"我"超越自身，去寻求"我"所缺乏的东西。这种异己性是无限的努力的根源，这种努力既产生了"非我"，又产生了"经验之我"。

渴望因此是意志原初的、完全独立的显现，这种意志居于自我的核心（*WL*，SW，1：304；*SK*，267）。渴望是作为自由本质的努力的根源。同样，它是"我"的行动的最深层基础。换句话说，它是实在性的本体基础。正如黑格尔所认识到的那样，渴望对费希特来说是神性的。[①] 渴望实际上是指向改变那些感觉的驱力，是指向重新解释客观世界、使世界从属于"我"的手段（*WL*，SW，1：320；*SK*，280）。正如我们已经看到的那样，"我"把"非我"经验为一道边界，它反映出"我"自己的无能感，这种感觉作为"我"难以得到无限者的结果出现。于是，这些感觉的改变，只有作为我们扩大无限者的能力的延伸结果才能出现。渴望尝试获得无限者，

91

　　[①]　　*Werke*, 20:407.

同时对自己的局限性有所意识。但是就它意识到自己的有限性来说，它在某种意义上已经超越了它们。在这种意义上，渴望是无限的"绝对之我"的能力，它在有限者、"经验之我"中显示自身。它既是扩大无限者的驱力的源泉，也是反思的驱力的源泉，因此既是理论性意志的源泉，也是实践性意志的源泉。

渴望来自对"我"的局限性的不满，也就是说，来自对"我"的无能感的不满。但是，这种感觉之所以出现，是因为在渴望中，"我"在某种意义上已经超越了"我"的局限性，并且因此感觉到一种矛盾，这种矛盾出现在作为绝对行动的东西和作为经验性存在的东西之间。可是，"我"应当成为的东西，对经历着这种经验的"我"来说还是不清楚的。"我"只清楚"我"不满于"我"所是，这还伴随着某种强迫性的感觉。这样，渴望开始反对这种感觉，反对对 x 的感觉，意愿它的对立面，即感觉非 x，但是对这种新的感觉的实质性特征一无所知（*WL*, SW, 1：305–6；*SK*, 268）。这个过程由想象力根据"我"的命令来重建世界而完成。这样，想象力投射了一个新的形象，它在有限者和无限者之间设立了一个新的边界。但是这个形象和它所建立的新世界的实质性结构，不是来自"我"本身，而是来自对旧世界的否定，对旧的感觉 x 的否定。

新形象产生了新边界和对局限性的新感觉（*WL*, SW, 1：323；*SK*, 282）。这又导致一种新的不满和新的渴望。"我"并没有认识到"我"真正渴望的就是对所有局限性的废除，因此是对所有感觉的废除。作为结果，"我"被驱动着，沿着一条辩证的道路，通过不断地否定接踵而至的实在性，从一个形象赶到另一个形象。在每一个解放的时刻，"和谐出现了，对某种**倾向**的感觉接着就发生了，在这种情况下，它就是**一种满足**的感觉，一种酒足饭饱的感觉，一种彻底完成的感觉。"但是这种和谐"只持续了一瞬间，……因为渴望必然会重新出现"(*WL*, SW, 1: 328; *SK*, 286)。

在费希特看来，这个过程是无穷无尽的。利用康德的观点，费希特指出，要在"绝对之我"的畅通无阻的行动中获得最高的统一性，只有在一种完全的无限性里才可能实现(*WL*, SW, 1: 217; *SK*, 195)。由于这一原因，人永远不可能获得绝对自由和无限存在。这一事实并没有动摇或减弱道德律令追求这样一个目标的努力。相反，它赠予人类一个礼物，这个礼物就是追求一个永远不会实现的理想的无限使命。由于人类与自然和自由的彻底分离，康德想拯救人类脱离这一命运。在康德看来，自然与自由之间的任何和解，都只能作为超越我们控制的技术力量的结果而出现。这样，人类自由在形成人类历史的过程中无足轻重。自由充其量可以作为促使个体行动的命令而存在，但即使是在这一层次上，它也必须服从于激情的自然力量。于是，如果我们被一种善的意志所推动，我们就能获得一种道德的满足，即使我们不能通过改造这个世界或我们自己的欲望来符合它的要求。与此不同，费希特认为，人类意志能够改造世界，而且只要持续运用自由影响这样一种改造，人们也能获得道德的满足。这种改造的终点是自由的完成，也就是"经验之我"从所有锁链中挣脱，获得解放。由于这个目标永远不可能达到，而只能无限接近，努力总是有一个道德目标。费希特的思想因此建立了一种理想，它永远不可能实现，它只是对一种永远不可能完成的行动的刺激。

以这种方式，费希特把人带到了他自己的存在的无限性深渊前面，这是一个本体性的暗夜，一个康德认为知性永远难以主宰的地方。在他看来，人只能倾听良心的呼唤，而良心在这深渊之外发声。相反，费希特认为，消灭所有分离人与无限性的有限形式，是人的道德责任，因为这些形式是使人与自己分离的障碍。通过对"非我"的破坏，人争取实现他自己的无限性，他自己的无限自由。这样一种抗争把光明带进了黑暗，因为它越来越证明，这个深渊其实只是人自己的本质。以这种方式，费希特把人送上一条指向无限性也就是神性的道路。他很少想过这样做的危险性，而这种危险性对尼采来说已经变得太清楚，那就是，人将会被这种无限性撞得粉身碎骨（*M*, KGW V, 2：335）。

极权主义的自由政治

正如我们将要看到的那样，这个费希特式的自由观念，对早期德国浪漫主义、左翼黑格尔主义和俄国虚无主义具有重要影响，它们都以各自不同的方式宣称一种自由政治。但是这样一种政治，在费希特自己的政治哲学中已经是很明显的了。

虽然从早期接触法国大革命的原理，到后来拥护超级德意志民族主义，费希特关于政治事件的思想经历了很大变化，但他一直都在寻求一种能够实现他的绝对自由幻觉的政治。可是，他从来都没有满意地找到这样一种政治。尽管如此，他在寻找过程中所使用的极端方法，还是暗示了尝试实现这样一种自由观念的危险。

虽然《知识学》从"绝对之我"的视角考察自由，但这个"我"在我们实际的经验世界中仍然是未完成的。实践生活由"经验之我"和"非我"、个体之人与自然的对抗来规定。每一个体都被一种追求自由的内在渴望所驱动，尝试证明外在世界不过是他自己的创造性意志的表现。于是他努力从由"非我"强加的局限性中解放出来，并且成为绝对的。换句话说，每个人都在寻求实现存在于他自身中的人的普遍本质。①

　　但是，个体难以靠自己实现这样一种转变。事实上，根据费希特，个体不可能成为自我意识，不可能把自己作为"我"来认识，也就是靠自己的力量把自己作为一个自由存在来认识。自我意识依赖于遭遇其他自由的意识。意识首先是它所感知的东西。最初，意识遇到"非我"、自然的不自由世界，并且被它吸引。只有在它遭遇一个既自由又是他者的存在时，也就是说，只有在它遭遇另一个"我"时，它才能意识到自己是一个自由存在（*NR*, SW, 3：29；*SK*, 4：218）。这另一个"我"是一个"你"，一个像我们那样的他者。不同于卢梭，费希特相信"人注定要生活在社会中；他应当生活在社会中；他不是一个完整的、完全的人，当他独自生活时，他与自身相矛盾"（*BG*, SW, 6：306）。

　　这样，对一个人的自由的认识，同时也就是对他人的自由的认识。不同于黑格尔，个体不必通过证明其他人的不自由来证明自己的自由。"我"站在"非我"的对立面，通过征服"非我"、使"非我"作为财产服从于"我"而肯定自身。但是其他个体不能被视为财产，视为工具，而必须被视为以自身为目的的存在。只有通过否认他人是自由的存在者，才能把他人视为工具，但是这样一种否认也是对自身自由的否认。

　　但是并非所有人都能够自由，因为许多人仍然被"非我"以自然欲望的形式所束缚。在《知识学》的第一个导论里，费希特已经指出，有两种类型的人，一种已经把自己提升到对自由的意识中，

---

　　①　参见 Kolakowski, *Main Currents*, 1:53。

还有一种并没有做到这一点（*WL*, SW, 1：433; *SK*, 15）。只有前者才会根据他们的道德意志统一行动，而其他人必须在道德限制下行动。康德认为我们有道德义务把所有人都视为以自身为目的的人。费希特对这种立场进行了限定。他相信我们有道德义务把所有确实以自身为目的的人视为以自身为目的的人，也就是说，把所有自由的存在者视为以自身为目的的人，他还相信我们有义务帮助其他人成为自由的人，方法就是把他们从"非我"的专制中解放出来。这样，高压统治可能会被用来修正个体的行为，这些个体被任性（*Willkür*）而非道德意志所驱动。

但是，道德对费希特来说不是政治。确实，他加宽了康德在它们之间挖出的鸿沟。他接受康德的观点，即道德属于自由领域，政治属于欲望领域，但又拒绝康德的结论，即自由是无力改变世界的。自由事实上可以把人和世界转变到让政治成为多余。在法国大革命初期，费希特相信这样一种激进变革即将来临，但又逐渐看到，这种变革最多只是一个长期的计划。他也开始认识到政治本身能扮演一个重要的角色，帮助引起这样一种变革，但是政治权威只能作为一个权力体系才能被合法建立，而这样一种体系必须以自由为基础。

不过，政治自由不可能是绝对的自由，因为人们不相信那些被欲望驱使的人可能把他人当作目的来看。他们必须被限制。由于没有一种原初手段，把这样的人从那些遵守他们的道德意志的人那里区分出来，所以每个人都必须怀疑其他人，保护自己免受他人侵犯。结果就是所有人反对所有人的战争。[1] 在费希特看来，理性

---

[1] Willms, *Freiheit*, 110.

个体将因此只赞成一种政治秩序,这种秩序能保证没有哪个人的自由意志会在现在或将来任何时候受到其他人的任性行为的危害。于是,自由存在者的公共生活要求所有个体的任性自由在未来被限制。[①]因此,只有通过完全的管理和完全的教育,自由才能得到保证。于是,费希特的国家必然是极权主义的。[②]

95

在费希特看来,这个国家是人类意志的创造,由普遍赞成来建立。不同于道德法则束缚所有的个体,由国家建立的权利原则只约束那些自由接纳它们的人。由此,这种被创建起来的意志类似于卢梭的普遍意志,使个体意志服从于共同体的普遍道德意志。但是不同于卢梭,费希特认为个体有权在任何时候离开。在这个意义上,国家对费希特来说是一个纯粹自愿的联盟。

国家的目标是通过摧毁"非我"实现人类自由。实现这一目标的原则性方法是财产制度。[③]财产对费希特来说是所有权(*Eigentum*),是"我"自己的东西,是服从于"我"的东西。费希特的财产概念在很多方面不同于我们的财产概念。在费希特看来,生活的目

---

① Willms, *Freiheit*, 94.

② 这一事实对费希特的同代人和一些当代学者来说非常明显,比如,参见黑格尔等人的著作 [Hegel, *Werke*, 2:474–80, 519–20; and Fredrich Julius Stahl, *Philosophie des Rechts nach geschishtl. Ansicht*, 2 vols. (Heidelberg: Mohr, 1830), 1:159, 165]。当代学者的著作参见 Willms 和 G. A. Walz [Willms, *Freiheit*; and G. A. Walz, *Die Staatisidee des Rationalismus und der Romantik und die Staatsphilosophie Fichtes* (Berlin: Rothschild, 1928), 596]。与此相反,Zwi Batscha 和 Manfred Buhr 在费希特式的国家里看到了更多的个体自由空间 [Batscha, *Gesellschaft und Staat in der politischen Philosophie Fichtes* (Frankfurt am Main: Europäische Verlagsanstalt, 1970); and Buhr, *Revolution und Philosophie: Die ursprüngliche Philosophie Johann Gottlieb Fichtes und die Französische Revolution* (Berlin: Deutscher Verlag der Wissenschaften, 1965)]。

③ 参见 Metzger, *Gesellschaft, Recht und Staat*, 139; Walz, *Staatsidee*, 430; and Reinhard Strecker, *Die Anfänge von Fichtes Staatsphilosphie* (Leipzig: Weiner, 1916), 106, 173。

标不是满足或幸福，而是自由，这需要的不是具体的东西，而是去自由的权利，是畅通无阻的行动。财产权因此不是拥有实物的权利，而是拥有自己的力量和追求的权利（*NR*，SW，3：210；SW，6：117–18，177–78）。① 实物对这个目标来说也许是必要的，但是它们的所有权总是有条件的，总是被他人的需要所限制，他人为了拥有这些实物，会动用他们自己的力量。这样，财产对个体来说是基本的，就像自由对"我"来说是基本的那样（*BG*，SW，6：292）。它是具体的自由。

作为自由的基础，财产不能由市场来决定，因为市场被"非我"、被一种盲目的机械必然性所主宰。② 市场不过是欲望的领域，非自由的领域。政府必须管理经济和职业，以保证个体自由使用他的力量，以组织社会对自然进行技术性的征服。这些就是费希特闭关的商业国家的目标。这个国家整合经济的所有不同部门。它控制各种企业的规模和活动，允许个体选择自己的职业。但是，它不保证个体能够从事他自己的职业。③ 除了控制各种企业的规模和活动，国家还有权控制企业成员的收入和开销，预防劳动与失业的脱位，后者来自消费者偏好的自由表现。还有，在费希特看来，为了使这种可控的经济成为可能，国家能够而且确实必须排除国外贸易，使社会孤立于世界经济。

表面上看，对高压统治的这种深度依赖似乎削弱了费希特的

---

① 在对洛克财产权观念的翻译方面，费希特追随康德［Susn Meld Shell，*The Right of Reason: A Study of Kant's Philosophy and Politics* (Toronto: University of Toronto Press, 1980), 127–52］。

② 参见 La Vopa, *Grace, Talent, and Merit*, 367。

③ Ibid., 365, 366.

普遍人类解放的目标，但是从费希特的观点看这个结论是错误的，因为高压统治只是被用于针对"非我"，而不是"我"，针对非自由，而不是自由。首先，这是由技术施行的对野蛮自然的高压统治。其次，这是针对存在于个体之人中、显现为任性或欲望的自然本性的高压统治。我们的人性因此并没有受到束缚，相反还获得了自由。用卢梭式的话来说，就是我们被迫自由。

即使这样的高压统治与自由能够共处，人们也可能会正当地怀疑，对于那些带领人们走向自由的领导人，费希特是不是太过于乐观了。我们怎么就可以确信他们自己不会任性地作为？怎样才能阻止他们成为暴君，阻止他们为了满足自己的欲望，以保护人类自由为借口，动用国家巨大的极权力量？费希特反对通过隔离在这种典型情景中使用的权力来阻止这样的权力滥用。在早期思想中，他认为通过设立一个监督官的位置以监督统治者，篡位这样的事情就不会发生，但是他逐渐认识到，这样一种制度起不到什么作用。这样一种制度化的约束同样限制了国家行善的权力。无论如何，费希特最终确信，这样一种约束是不必要的，因为统治阶级将会是一群高贵的学者，他们会正直地献身于自由事业。

费希特政治理论的基础，是他对学者的统治的论证。确实，这个阶层使他的国家成为可能。普遍的人类解放的目标要求对事物的全面管理，要求对人的全面教育，后者对克服存在于绝对自由和普遍专制之间的矛盾非常关键。学者阶层对这个教育体系非常重要，不仅是因为他们拥有必要的技术知识，还因为只有他们具备必不可少的美德，能够把普遍的善置于他们自己的个人利益之上。学者是普遍自由目标的具体表现，他们寻求为所有人建立这种自由。"在神圣的观念中，（学者）本身携带着未来时代的形式，这种形式 97

终有一天会变成现实……介入这种斗争，使行动和（每个新时代都会出现的）观念的纯洁性达到和解，这是学者的事业。"（SW，6：350–403）他对未来看得更远，因此能够更好地理解，为了促进普遍自由目标的实现，还需要做些什么（*BG*，SW，6：331–34）。这个阶层的道德优越性，是他们的行动的结果。他们具有更为普遍的视角，因为他们并不服从于劳动的社会分工，这种分工生产出片面的人。这样，他们持续保持着后来黑格尔所谓一般阶层或普遍阶层的特征。

在早期思想中，费希特曾想象这个进行统治的学者阶层的观念本质上是平等主义的，因为存在于这个阶层和社会其他阶层之间的不平等，是大众对学者尊重的结果。但是在后期思想中，费希特逐渐接受了这种观念本质上的精英主义，他授予学者一种特殊地位和自由，作为他们的道德优越性的结果。尽管这个阶层可能是精英，但是它完全不同于古老的贵族阶层，因为它是一个新的系统性社会结构的一部分，这种社会结构与旧体制的碎片式组合完全不同。① 所有人的道德平等接受了社会的不平等，后者以相互影响和协调的功能性需要为基础。

对费希特来说，权利和政府的目标是建立普遍的道德自由，其中每个个体的特殊自然意志都要服从于"绝对之我"的普遍意志。只有通过人类的共同努力，消灭"非我"，才能实现这一目标。"如果我们成不了神灵，这场（针对自然的）战争永远不会终结；但是我们可以也应该可以使自然的影响越来越弱，让理性的统治越来越强……个体不能做的事情，就是所有人团结起来形成的力量所能

---

① La Vopa, *Grace, Talent, and Merits*, 371.

做的事情。每个人都在个体性地战斗，但自然的弱化随着集体的斗争而出现，每个个体所实现的胜利最终属于所有人。"（*BG*，SW，6：315–17）

　　费希特的实践目标，是笛卡尔和培根征服自然计划的激进化，这个计划的目标，不是个体之人的物质福祉，而是全部人类从自然那里获得的解放，以及相应的人的普遍自由和力量领域的建立。对费希特来说，这个目标能够实现，只有通过有教养的学者精英领导来组织劳动者大众的方法。这样，政治的目标不是存活或繁荣，而是从自然那里获得解放，这也意味着从自然那里获得内在的解放，也就是从保存或繁荣的欲望那里获得解放。尽管这个政治计划需要高压统治，但随着社会的进步和"非我"在人类生活中的影响越来越弱，对高压统治的需要就会消失。这样，不同于他的同时代人，费希特相信黄金时代不是存在于过去，而是存在于未来，并且通过用科学和技术主宰和控制自然，这个时代就能到来（*BG*，SW，6：335–46）。确实，这个道德自由的终极目标是唯一能够为高压统治正名的东西，对费希特的政治来说，这个高压统治是本质性的。

　　在后期思想中，费希特为一种超级民族主义的形式辩护，因为他开始相信，对祖国的爱能够替代高压统治，成为社会和道德转型的手段。在构造这种以爱国主义为基础的平等主义的民族共同体时，费希特还希望克服存在于精英和大众之间的矛盾，这种矛盾是他早期思想的特征。尽管爱国主义可能会减少对狭义的内在高压统治的需要，但是这样一种爱国主义本身，只有通过一种更极权的教育体系才能建立和维持。比如说，国家可能必须把年龄尚小的儿童从父母那里分离出来，使他们接受义务教育和服兵役（*RDN*，SW，7：428–44）。

98

在费希特看来，每一个民族都有各自的特征和权利体系。历史本身必须根据这种民族主义的术语来理解。确实，在他的《知识学》中，费希特把自由之人和被自然主宰之人的区别的根源置于不同的原始种族中（SW，4：470–77，489–96）。从这个角度看，社会起源于由一个高级种族的精神恐怖所支持的武装力量中，这个高级种族接受权力神授的独裁者（*Zwingherren*）的领导（*RDN*，SW，7：565，576）。这个种族的目标在于人类解放，而且它的神圣使命就是统治其他种族。费希特认为，这一使命在每一个时代都会落在一个特殊的民族头上，而他则坚信，在他的这个时代，德意志民族就是这个天数命定的继承者。

这种观点不是简单的沙文主义。在费希特看来，德国的胜利存在于人性的利益之中。[①]作为人类自由代理人的德意志民族，和作为一个给定社会的自由代理人的学者阶层，要创造一个理性的社会和政治秩序。为了要求它的独特的创造性自由，德国只遵循普遍的道德法则（*RDN*，SW，7：277–95）。这样，德意志民族就是地球的拯救者："如果它下沉了，人类也会随之下沉，没有一点的重建希望。"（*RDN*，SW，7：499；比照 7：486，503）从这一角度看，民族的自我肯定是一种人道主义，而且一个好的爱国者，就是一个好的世界主义者（SW，7：571–73）。

费希特的政治哲学反映了《知识学》的道德乌托邦主义。费希特认识到，在这种乌托邦成分与他的思想的实践目标之间有着一种明显的矛盾，但他相信，随着理想的无限接近，这种矛盾会得到缓解。但是，这种修正并没有减少这样一种方法在实践中的危险。

99

---

① Willms, *Freiheit*, 135.

费希特假设自然或"非我"对人类意志来说是无限可塑的。但是，如果自然，尤其是人的自然，比费希特所相信的那样被证明会更有力地抵抗改变，那么比这种抵抗力更强的高压统治和暴政就可能是必需的了。还有，这样的暴政能得到道德的正名，它所带来的折磨会被解释成解放的手段。确实，由于费希特承认道德努力的目标永远不可能获得，这样一种结局就是可能的。尽管很明显的是，这种极权主义元素在他后期的民族主义思想中变得更加清楚，这种思想强调以拯救人类为神圣使命的出众人物，强调由上帝派遣的独裁者，但它同样出现在他早期更加社会主义的思想中。正如我们将要看到的那样，它是自由和绝对意志观念的一个方面，这个方面在 19 世纪变得越发清楚了。

费希特和虚无主义的发展

人们普遍认为，虚无主义起源于 19 世纪后期。但是，导致 19 世纪和 20 世纪虚无主义的关键转向，开始于费希特对启蒙运动的理性观念的拒绝，费希特这样做是为了支持一种绝对的主观主义，它尝试让所有的理性都从"绝对之我"的无限意志中推衍出来。这种拒绝导致"本体之我"的暗夜，导致对努力和渴望的盲目崇拜，它们是这种下意识意志的显现。尽管费希特利用了笛卡尔和康德的思想，但他最终选择了一条不同的也更危险的路。正如耶可比所认识到的那样，这条路导致上帝的死亡和人的神化。

费希特的影响史总的来说还没有被人们察觉。在接下来的部分，我们将会尝试弄清楚他在虚无主义的发展过程中所具有的重要性。现代性开始于笛卡尔尝试建构一个城堡，以抵御绝对全能因

100　此也是超理性的上帝。但是，为了建立这样一个城堡，笛卡尔必须
　　在人自身之内设定一种类似的全能和非理性。这是人类意志的本
　　质自由。卢梭和康德让存在于人本身的这一元素变得明确而根本。
　　但是在费希特那里，这一变化成了哲学革命，它以绝对自由和全能
　　的名义反对一切现状。这种哲学革命预示并通告了19、20世纪的
　　社会和政治革命。在现代性的结尾，人开始从他关于自由和理性的
　　长梦中醒来，发现他自己已经成为他寻求杀死的那头怪兽。

第四章 恶魔式存在的现身：
浪漫主义与虚无主义

老虎

101

老虎！老虎！黑夜森林中
燃烧着的煌煌火光：
是怎样的神手或天眼
造出你这样的威武堂堂？

你炯炯两眼中的火
燃烧在多远的天空或深渊？
他乘着怎样的翅膀搏击？
用怎样的手来夺火焰？

又是怎样的膂力，怎样的技巧，
把你心脏的筋肉捏成？
当你的心脏开始搏动时，
使用怎样猛的手腕和脚胫？

是怎样的槌？怎样的链子？

在怎样的熔炉中炼成你的脑筋？

是怎样的铁砧？怎样的铁臂

敢于捉着这可怕的凶神？

群星投下他们的标枪

用他们的眼泪润湿穹苍：

他是否微笑着欣赏他的作品？

是否他创造了你，也创造了羔羊？

老虎！老虎！黑夜森林中

燃烧着的煌煌火光，

是怎样的神手或天眼

造出你这样的威武堂堂？ ①

——威廉·布莱克（William Blake）

通过描述一种我们将称之为恶魔式存在（the demonic）的观念，布莱克华丽而令人不安的诗章为我们提供了一个意义深远的洞见，让我们看到浪漫主义和虚无主义之间的关联。随着我们对这一章所提供材料的考察，这个术语的完整意义将会变得越来越清晰，这里我们只是初步提出，恶魔式存在意味着现象背后的一种黑暗、有

102

---

① 该诗最早出现在 John Grant 的文章《〈老虎〉的艺术与主题》["The Art and Argument of 'The Tyger'," *Texas Studies in Literature and Language* 2, no. I (Spring 1960): 38–39]中。

（译文来自郭沫若：《英诗译稿》，上海译文出版社 1981 年版，第 119—121 页，稍有改动。——译者）

力、本质上具有否定性的意志，这种意志产生于神性，却反对神性，它授权于一些个体，使他们获得解放，也使他们超越传统道德的约束，进入一种状态，它既是超人性的高贵状态，又是兽性的堕落状态。他们反叛上帝，愿意接受他所实施的惩罚，毫无畏惧，做他们想做的，取他们想取的，他们是破坏者、征服者和革命者。

布莱克的诗，特别有助于唤醒这种恶魔式存在的全部力量，也通过把它作为一个问题提出而使它显得无比神秘。在他的诗中，恶魔式存在并没有被直接描述，甚至没有被提及。相反，构成诗歌的十四个问题限制了这种存在令人恐惧的可能性。恶魔式存在的问题产生于这首诗对两种形式的恶魔式存在的思考。其中一种是可怕的老虎，它有一双喷火的眼睛，隐藏在暗夜险恶的丛林中。另一种更可怕、更令人恐惧和更神秘，他就是老虎的创造者。

老虎是一个破坏者，一个来自地狱或地狱般的天堂的造物，出生于并充满了耗尽一切的火。但是，老虎不仅是一个破坏者，还是一个令人敬畏的破坏者；它在让我们恐惧的同时，还让我们着迷。那构成其本质的无形式的、变幻不定的火，具体表现在一种美丽、诱人也可怕的对称之中。这样，尽管很危险，但老虎不会被谴责。确实，恰恰是老虎的危险，以及这种危险所带来的刺激，还有老虎在破坏时所有的那种恶魔般的快乐，在吸引着我们。

但是，崇高难以为破坏充分正名。老虎不会被谴责的深层原因是这样一种可能性，即它由一种类似的力量所创造，这种力量还创造了自然的其余部分，包括布莱克心爱的羔羊。如果这是真的，对羔羊说是，意味着也要求对老虎说是。[①]这还意味着，这种同时为

---

① Morton Paley 认为，对布莱克来说，由羔羊代表的天真年代开（转下页）

羔羊和老虎负责的创造性力量，是一种矛盾性的力量，因此也是不可理解的力量。正是老虎的存在给出了这一结论，因为老虎的创造者必然是破坏者的创造者。

　　这个结论导致进一步的怀疑，即老虎而非羔羊更像那个创造者，因为在创造与死亡打交道的老虎时，这种创造性的意志显示出它最深层的真理，即它的力量可怕，它的自由不受不矛盾律的束缚，因此也不受所有善恶观念的束缚。① 布莱克只是用一个问题指出了这种可能性，这个问题表达了他的可怕的怀疑，即这种创造性力量可能在微笑点头并因此肯定这个破坏者，把它视为自己本身，把它神圣化。对布莱克来说，这种可能性还导致一个问题，即它超越了人类的理解力，但问题之所以作为问题出现，恰好是因为他自己也被这个破坏者所吸引。② 这样，布莱克发现自己对老虎有着明显难以抑制的赞赏之情，并且因此不得不直面这样一种可能性，即上帝本身可能更像老虎而非羔羊，更像一个破坏者，更冷酷无情和邪恶，而不像人们通常理解的那样。

　　这个洞见导致一种完全颠覆性的结论，即至恶可能是至善的

（接上页）始经历老虎的恐怖。比如说，布莱克的诗《小女孩找到了》("The Little Girl Found")，就结束于对"在老虎出没的荒野中 / 沉睡的孩子"的发现。Paley 还认为，该诗含有一种政治信息。夜晚的森林是旧世界不公正的专制制度，与之相伴的是第五节里描述的牛顿式恒星力学，后者已经摧毁了美德和天真。老虎代表着法国大革命的恐怖，被理解为神性愤怒的化身，它把这个堕落的世界荡涤一空［"Tyger of Wrath," *PMLA* 81, no. 7 (1966): 540–51］。

　　① 参见 Grant, "The Art and Argumet of ' The Tyger,'" 40, 48, 49; Mark Schorer, *Willian Blake: The Politics of Vision* (New York: Holt, 1946), 250–51; and Martin Nurmi, "Blake's Revisions of *The Tyger*," *PMLA* 71 (1956): 669–85。

　　② 在布莱克的预言性作品中，他把老虎创造者的工具——槌、铁砧、熔炉和链子——都给了永恒的预言家和想象力的象征劳斯（Los）[Hazard Adams, *Blake and Yeats*: The Contrary Vision (Ithaca, NY: Cornell University Press, 1955), 238]。

某个时刻，上帝可能不仅仅是冷漠的，还可能是邪恶的，或者说恶魔式存在是上帝和他的全能自由的最真实、最彻底的显现。① 在这个意义上，布莱克的诗显示了一个问题的致命吸引力，这个问题以各种不同甚至对立的形式，使大多数浪漫主义卷入了虚无主义。但是，恶魔式存在在这里只是通过一块儿黑色玻璃看到的、隐藏在老虎后面的那种恶魔般的创造性力量。老虎本身仍然是异己的、非人的，它不会说话，是一种噩梦般的不可理解的破坏力。因此，恶魔式存在仍是某种远离人类生活的某种东西，一种激起迷狂和恐惧但还没有改变现实的力量。

这一章就是对这种恶魔力量施予 19 世纪早期想象力的那种巨大魅力的考察。这种魅力驱使着这一时期的思想家发展出一种越来越具体又可理解的恶魔式存在观念，后者已经逐渐进入人类生活和政治的中心。以这种方式，布莱克诗歌中的老虎开始成为实际的、最终是令人恐惧的政治和社会强力。这种转变，不仅通过那些被恶魔式存在完全吸引的人而实现，也通过那些对这种存在无限恐惧的人而实现，后者包括这个时期最渊博、最有力的思想家。他

---

① 关于布莱克的恶魔式创造者，参见 Paul Cantor 的著作［*Creature and Creator: Myth-Making and English Romanticism* (Cambridge: Cambridge University Press, 1984), 29–54］。就像许多浪漫主义者那样，布莱克深受 Paracelsus 和 Jackb Böhme 的神智学著作影响，宣称上帝在两个相反的原则里显现自身：怒与爱、火与光、父与子。正如 Paley 所言，"这些原则并非二元论式地相互对立：它们是一种无休止的辩证过程中的对立，而这一过程的综合，就是神性"（"Tyger of Wrath," 543）。这一观点在布莱克的《天堂与地狱的婚姻》（*Marriage of Heaven and Hell*）中表现得尤为明显，许多学者都把它和《老虎》相提并论（See Grant, "The Art and Argument of 'The Tyger,' " 43–44）。布莱克自己也宣称，"世界的创造者必然是一位非常残酷的存在"［*The Complete Writings of William Blake*, ed. Geoffrey Keynes (London: Nonesuch, 1957), 617］。这样的评论让 Algernon Charles Swinburne 把这首诗视为浪漫主义的撒旦崇拜［*William Blake* (London: Hotten, 1868), 120］。

们尝试拒斥或重构这个恶魔式存在观念，但即使是他们最终也没能拒绝这个观念。确实，正是这些浪漫主义的虚无主义的对手，不知不觉、不情不愿地成为浪漫主义的虚无主义的最有力支持者，也正是他们制止虚无主义的努力，把虚无主义扶上了王位。

104

浪漫主义与虚无主义：恶魔式英雄

唯名论强调神性意志的霸权地位，把它设立在高于理性的地方。相反，早期现代思想家们寻求建造一座堡垒，以抵御这样一种神性意志的潜在任性和混乱。笛卡尔牢不可破的自我确定意识概念，经验主义无限的自然因果关系概念，以及康德对实践理性的合理性的认定，都有助于限定神性任性和非理性的力量和范围。但是，费希特建立的"绝对之我"，似乎体现和许可了这种神性意志。就像唯名论的上帝和笛卡尔的邪恶天才，"绝对之我"的创造性能力超越了自然理性。基督教的传统上帝在这个意义上开始显得有点多余了。在19世纪早期，这个"绝对之我"的概念本身被一种恶魔式的强力观念所替代，后者充满着和引导着人类历史和自然世界。一般意义上的浪漫主义，尤其是德国浪漫主义带来了这种转变。①

---

① 术语"浪漫主义"（Romanticism）首先由费希特的学生弗里德里希·施莱格尔创造，用以规定一种新的表现主义风格，它区别于18世纪古典主义的模仿风格。但是，在其发展过程中，浪漫主义开始包含各种各样的形式和作者，以至于我们很难把它视为一种统一的运动。关于像 A. O. Lovejoy（他主张浪漫主义的唯一原则是无限的多样性）与 René Wellek 及 M. H. Abrams（他们接受施莱格尔最初的主张）之间的长期争论，参见 Marilyn Butler 的著作［*Romantics, Rebels, and Revolutionaries: English Literature and Its Background, 1760–1830* (Oxford: Oxford University Press, 1981), 2–9］。本章尽管也追踪浪漫主义的虚无主义的发展，但并不主张所有的浪漫主义都是虚无主义。

恶魔式存在观念的起源可以追溯至希腊语 *daimon* 或 *daimonion*。对希腊人来说，恶魔是处于诸神和英雄之间的过渡精神。在某些解释里，它们所处的是诸神和人类之间的领域，在别的解释里，它们是存在于内心的精神。这个意义上，苏格拉底那著名的 *daimon* 就是一种内在的精神或天才，它是某个神灵的后裔。还有，伟大的英雄们被认为死后会成为 *daimons*，并且经常作为 *daimon* 来受崇拜。这种内在于人但也超越于人的精神力量的观念，对后来的恶魔式存在观念来说至关重要。但是在犹太教和基督教的一神论世界里，这样的精神首先被解释为天使，但也被更多否定性地解释为邪恶的精神，或者魔鬼的代理人。浪漫主义的恶魔式存在观念虽然保留着这种否定性内涵的许多方面，但也具有比较肯定的意义。这个更为肯定的英雄般的恶魔式存在观念的复兴，与基督教的衰落相关。但是，浪漫主义的恶魔式存在观念，不是恶魔式存在的古代"英雄"观念的简单复归，因为人们持续认识到，不管这样的力量可能多么强大，它们本质上仍然是邪恶的。

浪漫主义的精神之父是卢梭，他详细表达了自由与意志的概念，它们不仅为法国大革命的政治激进主义，也为浪漫主义的灵性和情感主义提供了基础。这个自由概念有两种表达，一种在《社会契约论》中被表达为普遍意志，一种在《忏悔录》和《一个孤独的散步者的梦》中被表达为内在意志。这个概念来自笛卡尔和基督教唯意志论传统。尽管雅各宾党人在他们的政治革命中接受普遍意志的引导，浪漫主义者们却选择了自然人的个体意志观念，以反对中产阶级社会的文化和精神堕落。浪漫主义所设想的新人不是所有人，而是这样的人，他转向自身，在自己的灵魂中发现一种英雄意志，这种意志在努力抗争着使自己免受社会生活的束缚，而且发

105

现了一条返回更加自然的存在的道路。

浪漫主义不仅在人的灵魂中，而且在自然世界中也发现了这种意志。对浪漫主义者来说，自然不仅仅是根据创造的范畴进行的有序物质运动，还是一种神秘而几乎不可理解的意志的表现，这种意志不会显现给感官，但能被情感所把握，它是一种充满激情的、下意识的和次理性的意志，以一种神秘而不可预测的方式行动。比如说，当拜伦的曼弗雷德宣称"知识之树不是生活之树"[①]时，他几乎代表了所有的浪漫主义者。

这种意志很少被定义为神性的，更多情况下被典型地理解为恶魔性的，理解为反抗上帝的撒旦的意志，或者其他恶魔精神的意志。这个意志的黑暗地狱，正是基督教理性的光明天堂要隐藏的地方。[②] 布莱克的诗只是这种浪漫主义观念的诸多例子之一，但它指出了一个意义深远的问题，对浪漫主义来说，这个问题产生于它与这个原始意志的遭遇。

布莱克自己很少受形而上学的关注点的影响，后者对费希特和其他人来说却是非常重要的。他据以思考的语言，并没有受到哲学思想的直接影响，却主要受到他对圣经和其他宗教著作的神智学解读的影响，这些著作给予了恶魔式存在丰富的内涵。这一点对许多其他英国浪漫主义者来说是普遍真实的，尽管是在较小的程度上。多数德国浪漫主义者虽然都很熟悉神智学，但也普遍接受

---

① *Manfred*, 1.1. 12.

② 一些现代学者把浪漫主义的这一元素规定为诺斯替主义。参见 Harold Bloom, *Poetry and Repression* (New Haven: Yale University Press, 1976); Harold Bloom, *Agon: Toward a Theory of Revisionism* (New York: Oxford University Press, 1982), 3–90; and Cantor, *Creature and Creator*。

了很好的专业哲学训练。比如说，蒂克、诺瓦利斯和施莱格尔兄弟都在那个时代的哲学体系中受过系统教育。尽管他们也被恶魔式存在所迷，但他们不仅在一种神智学的基督教或异教泛神论的神学光芒中看待恶魔式存在，还在费希特形象模糊的"绝对之我"的形而上学暮色中看待它。这并不奇怪，因为他们几乎都是费希特的学生，都在他们最具创造力的早年时光里受到费希特思想的深刻影响。[①] 还有，这种费希特式的基础，帮助他们解决了存在于布莱克的老虎与老虎的神秘创造者之间的那种抽象关系。解决方案的基础，就是费希特的"绝对之我"和"经验之我"的关联。站在布莱克的老虎背后的恶魔上帝，在他的作品中把自己显示为人类灵魂的隐秘本质。这样，老虎可怕的创造者，不过就是人自身。但是，人也因此不再是人："经验之我"变成了"绝对之我"，人变成了超人。[②]

　　正是由于这一原因，耶可比把费希特哲学和一般唯心主义视为**虚无主义**。出于同样的原因，耶可比的学生和后继者让·保罗把德国浪漫主义者描述为诗性虚无主义者（poetic nihilists）。让·保罗相信，这些浪漫主义者给文明生活带来了真正的危险，因为他们的主观主义与现实是如此遥远，是如此孤立于现实，以至于它让人被

106

---

　　① 参见 Richard Hannah, *The Fichtean Dynamic of Novalis' Poetics* (Bern: Lang, 1980); Geza von Molnar, *Novalis' "Fichte Studies": The Foundations of His Aesthetics* (The Hague: Mouton, 1970); and Stefan Summerer, *Wirkliche Sittlichkeit und ästhetische Illusion: Die Fichterezeption in den Fragmenten und Aufzeichnungen Fr. Schlegels und Hardenbergs* (Bonn: Bouvier, 1974)。

　　② M. H. Abrams 指出了浪漫主义的这种倾向，即把超自然的东西自然化，把神性人性化［*Natural Supernaruralism: Tradition and Revolution in Romantic Literature* (New York: Norton, 1971)］。

虚无所包围。就像他们的政治兄弟罗伯斯庇尔一样，为了支持理性和那个"我"，这些诗性虚无主义者拒绝把自然和上帝作为标准。让·保罗担心"在一个上帝像太阳那样存在的时代过去之后，世界很快就会进入黑暗。嘲笑宇宙的人只尊重他自己，却在夜晚来临时对他自己的造物恐惧不安"[①]。

在这一抨击中，让·保罗可能已经想到了路德维希·蒂克（Ludwig Tieck）的威廉·洛维尔，他被称为"第一个欧洲虚无主义者"[②]。洛维尔事实上是整个德国浪漫主义英雄家族的兄长，这个家族还包括了荷尔德林的许珀里翁，布伦塔诺（Brentano）的高迪微和布吕希纳（Brüchner）的丹东。他还是像拜伦的唐璜、谢林的普罗米修斯、司汤达的于连·索雷尔以及普希金的尤金·奥涅金和莱蒙托夫的毕巧林这些著名的浪漫主义英雄并不遥远的表亲。但是，洛维尔之所以特别重要，不只是因为他是一个更为激进的浪漫主义英雄，还是因为他成为这样一个彻底的自我主义者，以至于他被"我"的恶魔潜能完全吸引。他是一个"彻底的费希特主义者"[③]。

在小说开头，洛维尔是一个充满梦想的青年绅士，安逸地生活在英国社会中。他应父亲要求，开始了一次长途大陆旅行，离开英国田园牧歌般的乡村，经历着巴黎、佛罗伦萨以及罗马的都市堕落生活。外在的旅行象征着他精神内部的旅行。在旅行的每一个阶段，他都被他自己所深深吸引。迄今为止一直构成和限制着他的存

107

---

① *School for Aesthetics*, 15.

② *William Lovell* (Stuttgart: Reclam, 1986). 关于洛维尔是第一个虚无主义者，参见 Bruno Hillebrand 的文章［"Literarische Aspekte des Nihilismus," *Nietzsche-Studien* 13 (1984): 91］。

③ Hillebrand, "Literarische Aspekte," 95.

在的那层文明外表被逐渐磨损了，他把自己交给了一种他自己的自我探险行动，并且最终发现了他的恶魔本质。主观地看，这一过程被经验为一个被社会遮蔽和限制的自我的解放和荣耀。客观地看，这是朝向放荡与邪恶的堕落。① 于是，洛维尔的发展就是胜利与退化的混合，它既是一个天才的快速飞行，同样又是向不道德和颓废的急剧堕落。

这条路明显反抗的是传统社会的道德观念。洛维尔与他最亲近的朋友断绝关系，让他的父亲孤独地死去，引诱一个无辜的农村姑娘，谋杀她的未婚夫，然后遗弃她，又尝试毒死他最好的朋友，引诱和拐骗这个朋友的姐姐，任由她在悔恨中死去。和18、19世纪中的任何一个文学恶棍形象一样，他的生涯令人恶心。确实，他甚至比他的文学"楷模"——理查德森（Richardson）的洛夫莱斯*——更加坚决地作恶。不过，洛维尔令人吃惊和具有革命性的地方，在于他不是一个恶棍。他毋宁说是一个英雄，他的动力不是恶毒的欲望，不是为了他自己的快乐或利益，而是对自由的渴望，是认识他隐秘的内在自我以及主宰所有人的那种内在强力的渴望。但是他想得到的，是一种恶魔般的知识，这种知识拒绝给予那些生活于道德法则之下的人们。

不道德和肉欲主义是他获得解放的手段。他拒绝罪恶感和同情感，因为它们是负担，不利于他对他的内在自我和世界的内在自

---

① 关于《威廉·洛维尔》的更为广泛的讨论，参见 Arendt 的著作（*Der 'poetische Nihilismus,'* 2: 330–84）。

* 洛夫莱斯（Lovelace）——与 loveless 即"无爱"谐音——是18世纪英国著名作家理查德森（Samuel Richardson）书信体小说《克拉丽莎》（*Clarissa Harlowe*）的男主人公，一个借爱情之名行淫欲之实的伪君子。——译者

我的认识。这些感觉会限制意志。成为自由的，不仅仅意味着克服外在的束缚，更重要的是克服内在的束缚。洛维尔的肉欲主义不只是快乐主义，而是一种狂妄的自我确定，它以一种虐待狂式的方式考察关于世界的最深刻而最有意义的真理，就像它们在他的感觉里所反映的那样。放荡，是解放的途径。

他以一种费希特的方式认识到，外在世界是派生性的；它只是来自"我"自身的、来自"绝对之我"的下意识和无限意志的"非我"。为了认识并因此与这种被隐匿的意志结合，洛维尔必须颠覆把他设定为一种有限存在的传统惯例。这些限制看上去是由外在世界设立的，但在费希特看来外在世界只是"绝对之我"的意志的表现，而且我们通过我们的感觉在最为本原的层次上经验这种意志。这样，"经验之我"只需要通过它的感觉就能认识到它自身和世界，这些感觉表明它的局限性，而且因此显示"非我"和客观世界的形状。为了更深层次地理解作为"经验之我"和"非我"基础的"绝对之我"，有必要克服这些感觉和它们建立的限制。这意味着要克服"非我"和"经验之我"，与"绝对之我"结合，与作为所有事物基础的最为根本的创造性意志结合。洛维尔向残酷的肉欲主义不断重复而又深化的旅行，不是其他，最终就是一种英雄主义的悲剧式努力，努力成为绝对意志的一部分，努力获得无限性，努力获得绝对自由。他的生活就是尝试撕毁欧洲传统生活的庸俗面纱，揭示恶魔主观主义的全部真理性，揭示位于这种主观主义核心的肉欲和任性。他的例子证明，位于世界核心的本原意志，并非羔羊的意志，而是老虎的意志，或者至少只有老虎的意志才能穿透存在的真理，才能得到真正的自由。

这种知识并没有带给洛维尔满足。自由不是幸福。他的努力使他反对所有的限制、所有的地平线，而在他跨越每一道地平线时，一道新的地平线又总是环绕着他。从费希特的视角看，他永远不可能幸福，因为他寻求的是自由和自治，但这样的自由永远不可能达到。于是，他总是不断受挫。无限性难以企及。当一张新的面纱被撕毁，他总又面临另一张面纱。他努力成为上帝，结果却成为怪兽，或者确切地说，成为怪兽般的上帝。

蒂克认识到洛维尔的行为黑暗而傲慢的一面，但是并没有诅咒这些行为。对蒂克来说，这种努力中有一种值得欣赏的本质性的东西。洛维尔的命运没有被打算当作一种针对傲慢的警告，而是作为一种感人的号召，呼唤人们去攻击天堂的城墙，即使它们最终没有被推翻。这样，即使洛维尔没有成为上帝，他也成了上帝的一个恶魔般的对手，并且因此成了某种超人般的东西。

对蒂克和其他早期德国浪漫主义者来说，洛维尔的人生是高贵的和悲剧式的。它照亮了人的恶魔本质。他的"罪行"不是卑劣的行径，而是为换取高尚的自由而必须付出的代价。不道德成为自由和伟大的徽章。对耶可比和让·保罗来说，似乎是唯心主义和主观主义把洛维尔诱骗进了虚无主义。耶可比指出这种黑暗的可能性："我知道，迷信本身走得太远，以至于它会让它自己受到崇拜。除了虚无，它不再相信任何东西；它……只有它本身，它只看到它自己……作为命运的工具被决定；它不是意志，却发现自己是意志的代理人，这种意志想要把最可怕的东西带入光明，这些东西本来只是出现于黑暗的传说中。"[1]

---

[1]　F. H. Jacobi, *Jacobis auserlesener Briefwechsel*, 2 vols. (Leipzig: Fleischer, 1825), 2: 398.

虽然蒂克也认识到一种绝对主观主义所包含的恐怖，但是他并不想谴责它，因为那些庸俗的替代品对他毫无吸引力。正如蒂克所描述的那样，后革命时代的人，要在过度文明的浅薄和恶魔般的深刻之间作出选择。

这种恶魔式的替代品的迷人之处不可低估。甚至是让·保罗，恶魔主义最严厉的批判者之一，也在他的小说《泰坦》（*Titan*）中描述了一个虚无主义英雄，罗凯洛尔。这部作品尽管是对浪漫主义的虚无主义的批判，但也能清楚地说明这种虚无主义对让·保罗所具有的魅力。这并不令人奇怪。就像他的导师耶可比一样，让·保罗相信存在一个人类无力理解或控制的上帝。他们的上帝非常接近唯名论的上帝，而在这个意义上，他们的上帝与藏在布莱克的老虎后面那种恶魔般的力量就没有什么不同了。但是，费希特主义和浪漫主义尝试把这种力量置于"我"之中，这让他们非常厌恶。

在《威廉·洛维尔》（*William Lovell*）中，我们清楚地看到虚无主义从浪漫主义精神中诞生，而后者恰好已经在费希特的思想中得到了预告。费希特不是一般意义上的浪漫主义甚或德国浪漫主义的精神灵感，但是他对德国早期浪漫主义的影响却是关键的，这表现在从浪漫主义向虚无主义的转变，因为正是费希特的思想，使得仅仅作为"我"的投射的自然概念成为可能。对卢梭来说，自由和自然之间的关系还是模糊不清的。他发展出一种人类意志或自由的观念，作为一种能力去把人提升到自然和它的法则之上，但是他确实没有发展一种相应的自然理论，即把自然视为自由或人类意志的计划。同样，尽管许多浪漫主义者都有强烈的泛神论观点，但他们中很少有人想要证明自然作为一个整体就是人类自由的表现。确实，浪漫主义的主流，虽然典型地美化内在的情感生活，不再强调有意识的思想和理性的力量，但也确实和费希特一样，把自然本身归纳为意志的显现。

　　洛维尔的命运暗示着费希特式主观主义的结局。尝试在"我"的绝对自治之中为人类生活奠定基础，是对传统道德的反叛，标志着欧洲思想生活激进变革的开始。它毁坏了所有的客观标准，削弱了理性自身，确立了超理性、情感和感觉的霸权，不断关注并信仰那些超自然的、不可思议的和奇迹般的东西。在拒绝自然的理性秩序和一种数学式的自然科学时，这种绝对的主观主义以一种唯名论的方式转向一种绝对任性和潜在地非理性的意志，但是这种意志，不再是神秘的上帝，而是一个"绝对之我"。在这一意义上，唯心主义和浪漫主义标志着传统基督教上帝的死亡，它被简化成一个概念，预示着一种超人的到来，后者接受他的潜意识本能的指引。

　　但是，在浪漫主义那里，这种超人仍然是模糊不清的，而且更典型地以野蛮人而非超人的特征出现。这些上帝般的野兽中最有名的，肯定就是弗兰肯斯坦（Frankenstein）的怪兽，但这样的恶魔角色在浪漫主义文学中比比皆是。[①] E. T. A. 霍夫曼（E. T. A. Hoffman）、埃德加·爱伦·坡（Edgar Allan Poe）和许多其他浪漫主义者的作品中，都充满了这样令人不安的角色。在这个意义上，对超自然之物的关注，是超人最初的但仍缺乏自我意识的思考。

与魔鬼打交道：歌德的浮士德和邪恶的失效

　　虚无主义于1789—1807年间首次出现于欧洲舞台上，而且与

---

① 关于弗兰肯斯坦，参见 Cantor 的著作（*Creature and Creator*, 103–32）。

这个时期横扫欧洲的基本政治和思想变革密切相关。尽管这一运动对德国乃至更广泛的欧洲想象力施加了非常可观的影响，但虚无主义直到 19 世纪结束也没有在那个时代占据支配地位。在此期间，它消失得如此彻底，以至于后来的许多学者开始相信，是屠格涅夫发明了这一术语。我们怎么去解释虚无主义的这种黯然失色？尽管部分原因出于对革命激情的警告，但也有原因来自歌德和黑格尔的巨大思想影响，即使这种影响不是主要的。

歌德曾经说过"古典的是健康的，浪漫的则是病态的"，他的大部分著作也都致力于证明这个命题的真理性。[1] 歌德之所以对浪漫主义的灵魂有如此敏锐的洞见，是因为他自己曾在其早期狂飙突进运动阶段追随类似的浪漫主义之路。由此，他对浪漫主义的拒绝，某种程度上是对他自己灵魂中的浪漫主义元素的拒绝，是尝试驱逐他自己的恶魔。[2] 这种尝试在早期的《少年维特之烦恼》中已经变得很清晰了，但在《浮士德》中表现得更加明显。

《浮士德》的写作时间跨越了 60 年，它的创作和出版情形对理解它的接受史与影响史都非常重要。尽管这部作品的最初版本《浮士德初稿》(*Urfaust*) 写于 1773—1775 年间，但直到歌德于 1790 年出版《浮士德：一个片段》(*Faust: A Fragment*)*，这之间再没有什么东西发表。以当下样子呈现的这本书的第一部分，直到 1808 年

111

---

① Johann Peter Eckermann, *Gespräche mit Goethe in den letzten Jahren seines Lebens*, ed. H. H. Harben (Wiesbaden: Brockhaus, 1959), 253. 歌德对浪漫主义的泰坦崇拜尤其持批判态度。关于歌德与浪漫主义的关系，参见 Karl Viëtor 的著作［*Goethe: The Thinker,* trans. Bayard Q. Morgan (Cambridge: Harvard University Press, 1949), 147–64 ］。

② Eric Heller ,"Goethe and the Avoidance of Tragedy," in *The Disinherited Mind* (Cambridge: Bowes & Bowes, 1952), 29–49.

* 原书中下文均简写作 *Fragment*，因此下文均简译作《片段》。——译者

才出版，而第二部分直到1832年歌德死去前几天才得以完成，并于同年出版。《片段》受到了可观的热捧，尤其是在浪漫主义者中间。《浮士德：第一部分》虽然没有受到好评，但仍然被广泛阅读和研究。《浮士德：第二部分》的接受更成问题。它被视为抽象而费解的。单独发表于1827年的"海伦"那一段情节，被普遍欣赏，但剩余部分却使读者困惑不解，招致不少批评，以至于人们认为那是天才衰退中的产物。①

在戏剧开头，浮士德是一个彻底的浪漫主义者。没有什么东西能够满足他。他宣称自己已经掌握了所有传统形式的人类知识——哲学、法律、医学和神学——而且也明白了有些东西我们不可能知道，也就是说，他发现自己拥有的知识只相关于事物的外表，却不相关于藏在外表背后的东西。作为结果，他寻求魔术，以掌握那些主宰这个世界的恶魔力量。他与这种恶魔精神、大地精神的第一次遭遇就吓怕了他，打败了他，因为他认识到恶魔作为一种存在，完全超越于他的理解和控制能力之上。这个精神是自然本身的精神，万物来自它，也在其中循环往复。所有的对立面，兴与衰，生与死，都包含在这种精神中，都交织在一起。它是一片无限的、永恒的大海，无限地运动着，永远不可能被把握，也不可能被模仿。浮士德本身只不过是这种精神的一部分，永远不可能和它一致。它吓坏了他，震慑住了他。

随着通过一次跳跃就达到绝对的尝试彻底失败，浮士德返回有限者，希望得到满足，但这种满足已经通过一种恶魔般的肉欲主义

---

① 参见 John R. Williams, *Goethe's Faust* (London: Allen & Unwin, 1987), 47–62; and Rudiger Scholz, *Goethes 'Faust' in der wisswnschaftlichen Interpretation von Schelling und Hegel bis heute: Ein einführernder Forschungsbericht* (Rheinfelden: Schauble, 1983)。

逃离了他。为了这个目的，他与靡菲斯特达成协议以获得后者的服务，条件是一旦他得到了满足，也就是说，如果他一旦说，"稍停片刻吧，你是如此的美丽！"他将成为靡菲斯特的仆人。在这一意义上，浮士德就像洛维尔和其他浪漫主义的虚无主义者追求自由和关于主宰世界的神秘力量的知识那样，走上了一条相同的肉欲主义道路。

112 　　在该书第一部分，浮士德重获青春，并且引诱了一个天真少女葛丽卿，他先使她怀孕，又抛弃了她。她的母亲死于一种安眠药，这种药是葛丽卿在浮士德指引下拿给母亲的；在一场决斗中，浮士德杀死了她的哥哥；他们的孩子也被淹死了；葛丽卿被控谋杀了孩子。被一种混合着爱与悔恨的情感驱使，浮士德尝试拯救葛丽卿，但她拒绝他的恶魔力量的帮助，宁愿选择死亡和救赎。浮士德崩溃了。这是 19 世纪早期被人熟知和称道的故事。

　　著作的第二部分更富寓意，也更少被接受。浮士德通过自然的恢复力量治愈了痛苦。他开始为国王服务，却又被他用魔法召唤出来的海伦的美貌所迷，并且开始动身寻找她。他考察了古代世界的神话背景和人类本性的变幻不定的力量。然后，他尝试综合浪漫主义和古典主义的艺术，以他与海伦的婚姻为象征。这是一次失败的婚姻。他们的后代，恶魔般的欧福里翁，毁灭了自身，海伦自己也消失了。浮士德被一朵金色的云彩带走。多年后，他阅尽海浪的起落，决定返回陆地，建造一处宏伟的堤防以挡住海水，再开辟一片新土地以建设一个新的国家。但是，为了完成这个计划，他必须容许一对挡了他路的老夫妇被靡菲斯特的奴才们杀死。当计划接近尾声时，他听见挖掘土石的声音，想象着他的有魔力的工人们在升高最后一道城墙。但是由于身心的盲目性，他并没有认识到他们实际上是在挖掘他的坟墓。就在这样一个充满幻觉的时刻，他似乎看到了一片自由的土地，一群自由的人民，从而宣称自己能够对这样一个时刻说："稍停片刻吧，你是如此的美丽！"就在这宣告发出的瞬间，他倒地而亡。靡菲斯特要取走他的灵魂，但天使否定了这一要求，带着浮士德的灵魂飞向天堂。虽然有罪，浮士德还是被拯救了。

　　尽管批评浪漫主义，歌德最终并不愿意简单地谴责浪漫主义的虚无主义。之所以有这样的不愿意，部分原因肯定是他坚持一种观点，即那种统治世界的恶魔力量终究是善的力量：

> 　　尽管恶魔式存在能够在所有具身或非具身的东西中显现……但它与人有着非常奇异的关联……当它以一种无法抵御的方式出现在人那里……一种可怕的力量从他们那里释放出来，他们对所有造物甚至每一种元素都施行一种令人难以置信的力量，谁能说，他们的影响到底能达到多远？所有统一起来的共同体力量也难以抵御他们……除了和他们进入竞争状态的宇宙本身，他们不可能被任何其他东西征服；这样的观察可能导致这样一条陌生而可怕的格言：反对上帝的人们不可能拯救上帝（*Nemo contra deum nisi dues ipse*）。①

113

　　正如歌德所看到的那样，这些魔鬼"最终都依赖于一个上帝"②。尽管个体之人的行为都被这种恶魔力量所主宰，而且这些行为可能是邪恶的，歌德还是得出结论，认为情况不仅仅是这样的。他们的

---

　　①　Johann Wolfang von Goethe, *Werke*, 14 vols. (Hamburg: Wegner, 1950–60), 10:177. 歌德多次描述过拿破仑、卡尔·奥古斯特（Karl August）、拜伦、帕格尼尼（Paganini）、普鲁士弗里德里希二世和俄罗斯彼得大帝的恶魔本质（Ibid., 10: 651）。

　　②　Ibid., 12: 299.

恶魔般的努力很接近上帝本身的那种努力。就像在《浮士德》开篇天使合唱队所唱的那样，上帝不仅仅要为世界的和谐负责，还要为它令人恼火的混乱负责。上帝的无限包含了这种矛盾。在这个意义上，歌德所欣赏的恶魔本质，属于上帝的一部分，而且因此超越了自然和理性。

在浮士德求助于魔术时，这种恶魔般的超越性就已经变得很明显了。作为一种无中生有的能力，魔术是最激进的自由的显现。它是人能够超越自然和免受"非我"束缚的手段。它因此也是浮士德用神性在一片空无之上建立自身的手段。但是，在《浮士德》中，魔术师不是浮士德，而是靡菲斯特。事实上，靡菲斯特是浮士德的诗性天才，一种恶魔意志，能使他魔术般的或者正确地说诗性的创造成为可能。靡菲斯特把他自己描述为

> 那种力量的一部分，/它常常想作恶，却总是行善。/……我是经常否定的精神！/这句话很对：一切事物有成，/就终归有毁；/所以倒不如一事无成。/因此你们称之为罪恶、毁灭的一切，/简单说，一个"恶"字/便是我的本质。/……我是一部分的一部分，这一部分最初就是一切，/黑暗的部分生出光明，/骄傲的光明要压倒黑暗的母亲/要把它原有的地位和空间占领。（1337–52）①

---

① 那种他属于其中的力量，几乎可以确定就是地球的精神，吓住了浮士德。而靡菲斯特，只是这种无限强力的一个决定性时刻。

[《浮士德》译文参考董问樵先生的翻译（歌德：《浮士德》，董问樵译，复旦大学出版社 1983 年版），有一定修改。——译者]

　　靡菲斯特是一种否定精神，但只能是决定性的否定，而不是绝对性的否定。于是，浮士德回应他："你在大处不能否定，只好从小处开始。"（1360–61）靡菲斯特，以及与之相关的浮士德，只能在很小的意义上作恶，也就是说，是在全能上帝的霸权中作恶，这个上帝已经以一种方式把世界安排妥当，以至于任何作恶的尝试，最终只会是行善。靡菲斯特含蓄地否定了这一点，因为他宣称黑暗生出光明，但是他有可能不诚实。在《诗与真》（*Poetry and Truth*）中，歌德描述了作为这种解释的基础的神学理解：上帝创造了路西法，路西法以他自己的形象创造了天使。然后，他和一些天使开始反抗上帝并被逐出天堂。他们成为了物质。接着，上帝创造光明以平衡黑暗，而光明与黑暗的混合物构成我们所经验的有限之物。①靡菲斯特这里代表一个类似于费希特的立场，这种立场尝试根据绝对自由的行动来解释一切，这种绝对自由被理解为绝对的否定性。歌德本人否认这种否定的开端，维护上帝的肯定性力量的统治。

　　在这部戏的第二个开场白"天堂序幕"中，歌德的这一立场得到了清楚表达。它采取的是靡菲斯特与上帝的对话形式，靡菲斯特开始这段对话，详细揭示了人们在尘世遭受折磨的无尽方式。这些话暗示一种观点，即这个被创造的世界是不完美的。为了回应这一观点，上帝指定他的仆人浮士德为反例。靡菲斯特暗示浮士德以一种陌生的方式服侍上帝，因为他霸占了所有的东西，但仍然不知

114

---

①　*Werke*, 9:350–53. 在《色彩论》（*Farbenlehre*）中，歌德把黑暗与光明的混合视为色彩的可能性的基础，并且因此也是经验的基础［参见 Hans Heinrich Schaeder, "Urform und Fortbildung des Mnichäischen Systems," *Vorträge der Bibliotek Warburg, 1924–25* (Leipzig: Teubner, 1927), 65–157; and Dennis Sepper, *Goethe contra Newton: Polemics and the Project for a New Science of Color* (Cambridge University Press, 1988)］。

满足。上帝回应说，尽管浮士德以一种令人困惑的态度服侍他，但浮士德将会很快更加清醒地行动。靡菲斯特宣称他能够引诱浮士德，如果上帝不干预的话。上帝说，只要浮士德留在尘世，你可以自便，因为"只要人努力追求，他就会犯错"（318）。确实，对于人类行为来说，魔鬼具有必要的促进作用："我从未把你的同类憎嫌。/在一切否定的精灵当中，/我觉得小丑最少麻烦。/人的活动太容易迟缓，/动辄贪求绝对的晏安；/因此我才愿意给人添加这个伙伴，/他要作为魔鬼来刺激和推动人努力向前。"（337–43）

人最大的危险就是会变得死气沉沉，会满足于活着而停止追求。只有通过邪恶的诱惑，他才会从懒惰中提升，而这种邪恶的诱惑更准确地说只是**看似**邪恶的诱惑，因为上帝保证，这种表面的邪恶实际上是更高和更广泛的善的一部分。这样，尽管浮士德犯下了很多罪行，但它们都不会被谴责，因为事实上它们是本性为善的充沛活力的一部分。由于他努力，他必然不可避免地犯错。

结果，浮士德绝不可能被诅咒。因为他的灵魂注定属于天堂，天使们这样唱道："灵界高贵的成员，已从恶魔手救出：不断努力进取者，吾人均能拯救之。"（11，934–11，937）依赖于否定性的恶魔力量的浮士德，因此从来没有逾越善的边界，也从来没有真正作恶。他不是麦克白，他甚至不是威廉·洛维尔。不同于浪漫主义的绝对自由个体（这种个体具体表现为布莱克的老虎），浮士德是驯服的；即使不是无害的，他也不是令人敬畏或恐惧的。

歌德对浮士德的驯化，不是他对这种类型的人误解的结果。确实，比起同代人，他对这种具有恶魔性格的人的反思可能要更为深刻，但是他却认为他们的充沛精力实际上有助于促进生活。还有，他确信他们不可能受自然法则和束缚普通人的传统的管制。浮士德不会让人恐惧的原因，与浮士德本人没有多少关系。毋宁说，它是浮士德在歌德的宇宙中所占位置的必然后果。他是一种本原性力量，但这样一种力量是上帝为了终极的人性之善而安排的。

　　尽管歌德用悲剧来标注《浮士德》，但它至多也不过是一场感情悲剧。[①] 在这个由仁慈而全能的上帝主宰的新柏拉图主义世界中，不可能存在真正的邪恶，因此也没有真正的自由。靡菲斯特和否定性的力量总是受到重挫。在浮士德死后靡菲斯特的演讲中，这一事实表现得再清楚不过了。他相信他大获全胜，他的任务已经 *vollbracht*，即"完成了"，"终结了"。但是合唱队宣称，这只是 *vorbei*，即"过去了"或"掀过了"。靡菲斯特大怒："过去了！这是一句蠢话。为什么说过去了？／过去和全无，完全是一样东西！／永恒的造化何补于我们？／不过是把创造之物又向虚无投进。／'事情过去了'！这意味着什么？／这就等于从来未曾有过，／又似乎有，翻来覆去兜着圈子，／我所爱的却是永恒的空虚。"（11，598–11，605）

　　否定本身总是在否定一切，而那伟大的否定者本人也要服从于他自己的法则，从而只剩下生成的循环，永恒的转换，以及永恒的挫败，还有促进下一步行动的永恒的刺激。结果，歌德比费希特式的浪漫主义更接近于莫扎特：在浮士德那里，布莱克的老虎变成了狮子，牵引着萨拉斯托的理性战车，与萨拉斯托的同伴及敌人——黑夜女王——战斗。[②]

---

　　① 　参见 Heller, "The Avoidance of Tragedy," 29–49。

　　② 　许多浪漫主义作家，包括克莱斯特（Kleist）、荷尔德林、诺瓦利斯和谢林，都画了一个返回救赎的"大圆圈"。天堂的统一性破碎为自我和外在世界的对立，这被理解为一种必要的分离，这使得自我在更高层次上和异化的自然重新统一成为可能（Abrams, *Natural Supernaturalism*, 221–51）。但是，不同于歌德，大多数浪漫主义者相信，这一目标至多只存在美学的可能性。（这里（转下页）

黑格尔和恶魔式存在的辩证关系

　　和歌德一样，黑格尔也认识到了浪漫主义的虚无主义的危险，也尝试去克服它，方法就是证明自由或否定原则并不会导致无意义和绝望，反而会导致绝对知识、彻底理性的道德和政治。黑格尔从费希特和浪漫主义面临的相同矛盾开始，却结束于一种理性的精神和政治秩序，而这与他们主观主义的非理性主义完全不同。他拒绝费希特以绝对主体为基础建构所有存在的尝试，相反，他通过一个意义更深远的意识概念，寻求和解主体与客体，以及相应地和解自由与自然。这种和解依赖于一种辩证证明，即矛盾的虚无性是最高的理性。[①]

　　就像费希特一样，黑格尔开始于康德的二律背反学说，但不是设定自由对自然的优越性，他要做的是寻求它们的和解。这一和解的基础在于二律背反自身。对康德来说，二律背反中矛盾的必然性是思想的灾难，但对黑格尔来说，它反而是拯救的根源，因为如果矛盾是**必然的**，就像康德已经证明的那样，那么矛盾就暗示存在着一种必然性，这种必然性可以被视为和解的基础，而且确实就**是**和

116

　　（接上页）提及的是莫扎特的歌剧《魔笛》。埃及王子塔米诺被巨蛇追赶而被黑夜女王所救，后者拿出女儿帕米娜的肖像给王子看，王子一见倾心。黑夜女王接着告诉王子，女儿已被萨拉斯托抢走，希望王子能去救她。实际上，萨拉斯托是光明之国的领袖，黑夜女王的丈夫白日之帝临死前把法力无边的太阳宝镜交给了他，还把女儿帕米娜交给他来教导。黑夜女王因此十分不满，企图摧毁光明神殿，夺回女儿。王子最终识破黑夜女王的阴谋并且和帕米娜结为夫妇。——译者）

　　① 关于这一点，参见我的著作 [*Hegel, Heidegger, and the Ground of History* (Chicago: University of Chicago Press, 1984), 47–56, 96–115]。

解。矛盾的这种思辨的综合，是黑格尔唯心主义的基础。它允许他发展出一种全面的体系，能够避免费希特和浪漫主义者的绝对主观主义，也能避免经验主义和自然科学的冷漠的客观主义或唯物主义。

但是，黑格尔之所以能够实现这种和解，只是因为他接受了隐藏在先验唯心主义核心中的那种模糊的虚无主义。在他看来，康德主义使得虚无主义不可避免。[①]正如他所见，要么选择一种虚假的虚无主义，这种虚无主义设定了一个先验而神秘的上帝，要么选择一种真正的虚无主义，这种虚无主义认识并参与了绝对。由耶可比代表的虚假虚无主义，导致一种令人沮丧的认识，即理性不可能统治世界。于是它使人类服从于一个任性的、恣意妄为的上帝。黑格尔自己的虚无主义，遵循的是费希特的道路，它拒绝任性的神性全能，支持真正的全能，以及绝对精神的辩证合理性。

但是，这样一种虚无主义是否能够被视为和解的基础，有赖于绝对本身的合理性。就像费希特的"绝对之我"一样，黑格尔的绝对精神建立在否定性之上。作为一种辩证运动，绝对精神既是矛盾的，又是统一的，既是分离，又是聚集。绝对精神就是生成。但是对黑格尔来说，生成就是绝对的否定性：

> 生成就其本质，就其作为反思性的运动而言，是指**从无到无、因而返回自身的运动**。过渡或生成在过渡中克服自身；在这个过渡中生成的，不是一个存在的非存在，而是一个无的无化，而且这作为对无的否定，构成了存在。——存在只是从无

117

---

① 参见 Pöggeler, "Hegel und die Anfänge der Nihilismus-Diskussion," 307–49。

到无的运动，于是它就是本质；而且这个存在不再**有**它**自身**的运动，而毋宁说它只是绝对的自身显现，纯粹的否定性，它自身之外不再有什么东西会否定它，它只是通过它自身的否定性否定自身，只是在这种否定中存在。①

就像黑格尔所理解的那样，绝对就是否定自身的无，就是对毁灭的毁灭。黑格尔相信，接受这一点，认识它的必然性，就是克服它。离开"无的深渊……那种感觉：上帝死了……在完全严肃意义上的最高总体，以及离开它最深的基础，它在最令人愉快的自由中的包罗万象的形式，立刻就会出现。"②在黑格尔看来，虚无主义达到极致，就会返回自身，就会把自身重构为最广泛的秩序。

如果自由是对有限的或定在的自然世界的超越，那么自由本质上就是无，而且同样总是对存在的否定。绝对自由在这个意义上必然就是绝对性的否定。但是绝对性的否定必然是自否定，因此是对否定的否定，相应地，就是存在的源泉。这是黑格尔在尝试证明完全的虚无主义的不可能性时所走的思想道路。他指出，所有存在的基础就在虚无之中，这种虚无能被人类理性所接受。确实，他在这种自否定的虚无之上，重建了所有的理性和科学。这是他的辩证法观念的实质。但是这种虚无，就是自由。虚无的自否定因此就是自由的自我限制，并且相应地就是一种理性必然性的体系的建立。

对黑格尔来说，这种自我建立和自我限制的自由就是人类历史的原动力。历史就是这种自由从纯粹的意识通过自我意识、理性

---

① *Werke*, 6:24–25.
② Ibid., 2:432–33.

和精神最终达到绝对知识的辩证发展过程。《精神现象学》就是对这一伟大的人类旅途的解释。它描述了那种无意识进程，通过这一进程，这种自由把自己提升至一种完全的自我知识，一种在绝对知识中实现的与自己的全面和解。

在这个意义上，黑格尔超越康德和费希特，跨出了意义深远而重大的一步。康德乃至费希特都相信，有一道难以跨越的深渊分离了人与绝对。对康德来说，所有思辨性的知识因此都是不可能的。科学只是现象学的，也就是说，只是关于自在之物的外观或表象的知识，而且我们不可能理解我们的存在的终极基础。在道德领域，这意味着没有关于善与恶的科学知识。但是，我们却可以直接从道德律令那里得到道德真理。实践理性告诉我们应该做什么。形而上学地说，我们不可能认识上帝，但是我们可以认识上帝想要通过我们所做的事。正如我们已经看到的那样，费希特尝试通过扩大康德的实践理性观念，建构一个统一的科学体系，但即使是他也认为绝对知识是不可能的。人在道德上有义务努力追求这样的知识和自由，但是他永远难以达到这一目标。

对黑格尔来说，绝对不是"绝对之我"，而是绝对精神。在他看来，康德与费希特难以在知识和绝对之间架设桥梁，是因为他们总是纠缠于一种有缺陷的意识哲学。他们**只是**从"我"的视角理解所有事物。这种主观性的意识开端，对正确理解世界来说是必要的，但终究是不充分的，因为它并没有认识到所有个体意识都只是一般意识或精神的某个时刻。在这个意义上，历史是精神开始意识到自己作为绝对的过程。它也是所有精神的时刻在思辨的综合中的和解过程。对个体意识来说，这意味着不断成长的认识，即它是一般意识或精神的一个时刻，也就是说，是社会整体的一部分。它

118

也是一种在绝对知识中实现的终极认识，即精神是绝对的，也就是说，精神是神性的。在这个意义上，绝对知识就是个体、社会和神圣者的思辨性的和解与综合。不同于康德与费希特，黑格尔由此在人与上帝之间架起了桥梁，方法就是把绝对的实在性不是赋予人，**也**不是赋予上帝，而是赋予精神。

把终极实在性赋予自我运动和自我发展的精神，这开启了作为人类存在卓越领域的历史。道德不再是问题，因为个体不再被想象为本身就是彼此独立的绝对目标，而成了一个更大的社会整体的诸多时刻。道德不再是多余的，而从属于伦理和政治。行动不再由道德标准来判断，而是由它们是否有益于完全理性的伦理和政治的建立来判断，个体正是在这样的伦理和政治中被整合进精神性的全体中。

这意味着所有善和恶的标准，都相对于精神在任何给定历史时期的实践任务而言，也意味着所有的人类个体都只是精神的一些时刻。这些个体中最伟大的个体，就是世界历史性的个体。这些人是绝对的无意识代理人，他们承担着绝对最高也最深远的使命。他们是歌德的浮士德的第一批堂兄弟——老虎、恶魔般的毁灭者和否定者，以及只追求统治权和高贵性的征服者。但是，就像浮士德那样对自己一无所知，他们的努力作为"理性的狡计"的结果，服务于"神性"，而且就像靡菲斯特一样，他们的否定总是为善服务，不管他们想还是不想。拿破仑的命运就是一个完美的例子。只要拿破仑根据一种一般的利益而行动，他就是成功的，但是只要他认识到精神的目的，他就变得多余，从而被逐出欧洲舞台。[①] 就像歌德

① *Werke*, 12:533.

一样，黑格尔把浪漫主义虚无主义的恶魔破坏者转变成了理性的代理人。征服一切的老虎变成了羔羊的仆人；非理性存在变得理性了，恶魔式存在归顺了神性存在。

但是这样一种转变，依赖于传统秩序的实现，依赖于理性更多的是狡计而不是非理性，依赖于理性让自身成为绝对。黑格尔的整个**科学体系**都在尝试证明这一事实。从实践观点看，这一论证的最重要部分，是他在《法哲学原理》中对既有伦理和政治理性的证明。

在《法哲学原理》前言部分，黑格尔宣称："合理性的都是现实的，现实的也都是合理性的。"[①] 这句话经常被解释为对当前政治秩序的寂静主义辩护。事实上，黑格尔在《法哲学原理》中所描述的政治秩序，与他所处时代的那些国家完全不同。他的论断必须在他关于精神的发展这一观念语境中加以理解。在这部著作的早期演讲版中，他这样写道："合理性的成为现实的，现实的也成为合理性的。"[②] 他所指出的是理性与现实的和解，是在绝对知识中认识到，来自他所谓"世界历史的屠杀台"明显无意义的苦难，必然会被最终成为现实的国家的合理性所救赎，也就是说，在世界历史性个体中显现自身的恶魔力量，最终被认识到只是辩证理性的无意识显现和完全实现。为了证明这一点，黑格尔必须证明老虎确实成了羔羊的仆人。《法哲学原理》就描写了理性的伦理和政治生活最后不可逾越的形式，它之所以可能，是因为精神在绝对知识中与自身实现了和解。

120

---

①　*Werke*, 7:24.

②　Hegel, *Philosophie des Rechts: Die Vorlesung von 1819/20 in einer Nachschrift*, ed. Dieter Henrich (Frankfurt am Main: Suhrkamp, 1983), 51.

尽管没有仔细检查这个理性国家的结构，但对我们的目的来说，指出这是一种已经能够完全束缚和驾驭恶魔式存在的国家，已经足够了。不存在更多的世界历史性的个体。他们不再是必要的或可能的。精神或理性在它的狡计中已经果实累累，不再需要依赖个体的无意识行为。恶魔之人的历史使命已经完成，因为人性已经最终意识到它自己的目标。

黑格尔这样说，并不意味着所有的个体都已经变得完全彻底地理性了。毋宁说有一个阶级，所谓的普遍阶级即公务员或官僚，被视为精神在国家中的**有意识的**代理人，负责管理伦理和政治事务以符合理性。这些官僚之所以构成一个普遍阶级，是因为他们直接参与了绝对精神。他们接受了哲学教育，在做决定时，会注意普遍的善。他们会被他们的理性意志所指引。恶魔式的老虎和这个世界里的威廉·洛维尔们已经被辩证理性所驯服，后者告诉他们，他们争取自由的意志，只有在理性的国家中才可能获得最终满足。黑格尔指出，他们的否定最终都是自否定，是对否定的否定，它能够产生存在，能够认识到绝对否定和绝对自由的不可能性。这样，恶魔式的老虎被转换成善解人意的公务员，在他们身上"公平、正直、文雅的举止变成了习惯"①。

这样的转变并不意味着所有的人类矛盾都消失了。战争和武士仍然在理性国家中扮演一个角色，但是他们与恶魔式存在的关联消失了。发起战争，不是为了高贵或征服，而是为了保护国家的自治。从结构上看，战争有助于保持国家的内在统一性，以对抗市

---

① *Werke*, 7: 464.

民社会的离心力。结果，战争变得文明，也变得不那么暴力了。①

　　长期的冲突之后，黑格尔的体系为和解提供了基础。它相应地具有非常广泛而深刻的吸引力。它也因此提供了一处对抗虚无主义的壁垒，这种虚无主义首先出现在费希特和早期浪漫主义者那里。②但是，这种辩证理性的新型堡垒，依赖于一个不确定的基础。黑格尔针对虚无主义的独特办法建立在同样的否定性基础上，这种否定性构成了虚无主义思想的核心，而这一点很大程度上也解释了这种办法的成功。但是，他把否定性转换成合理性，把否定转换成肯定，**只有**以他对绝对的思辨综合为基础，才是可能的。但是这种综合从一开始就是可疑的，并且最终被证明是不足为信的，这种证明不仅来自黑格尔的批判者，也来自他自己的很多学生和追随者。

121

　　黑格尔体系的黯然失色，部分原因是黑格尔的朋友和支持者普鲁士文化部长冯·阿尔滕斯泰因男爵（Baron von Altenstein）于1838年被强制退休，以及腓特烈·威廉五世（Frederick William V）这个热心的浪漫主义民族主义者于1840年获得王位。谢林被招去掌管黑格尔在柏林的教席，而且被要求"根除黑格尔主义"。1848年革命的失败，对黑格尔把合理性的与现实的相等同的观点也是一次沉重打击。不管对黑格尔体系的不满的根源何在，即使只是这样一个事实——即它难以说服后世——就已经说明它是有缺陷的，因为它居然预知自己必然成功。

---

　　①　关于这一点，参见我的文章［"War and Bourgeoisification in the Thought of Hegel," *Understanding the Political Spirit*, ed. Catherine Zuckert (New Haven: Yale University Press, 1988), 153–79］。

　　②　参见 Wolfgang Bartuschat, *Nietzsche: Selbstsein und Negativität; Zur Problematik einer Philosophie des sich selbst vollenden Willens* (Dissertation, Heidelberg, 1968), 181。

不管黑格尔体系的哲学真理是怎样的，它最终难以约束对绝对自由的渴望，这种绝对自由已经在法国大革命和浪漫主义的虚无主义中显现自身。黑格尔相信，企图获得绝对自由，必然导致灾难，他尝试把这种渴望引到更有限制性、更理性的自由上。但是，黑格尔为人性展示的这条路，依赖于一种思辨的综合，而这种思辨的综合使同代人迷惑不解，也依赖于合理性的与现实的二者的等同，而这种等同让大多数同代人恼怒不已。于是，在劝说他的后继者们满足于他的真理之岛方面，黑格尔还不如康德那样成功。继承黑格尔的那些人性思想的首领们，为了寻找绝对自由的神秘大陆，开始在危险的大海上航行。

曼弗雷德和"我"的悲剧

歌德那部完整的《浮士德》从来没有被浪漫主义者完全理解或接受。他们对这部完整的作品困惑不解，也非常不满，但对1790年版的《浮士德：一个片段》却情有独钟。格里奥帕策（Grillparzer）、黑贝尔（Hebbel）、莫里克（Mörike）、凯乐（Keller）和 C. F. 迈耶尔（C. F. Meyer）都曾公开反对这部作品的第二部，因为后者对他们来说似乎仅仅是一个奇怪的寓言。[1]尤其是结尾部分，激起了浪漫主义者们的愤怒。浮士德应当被拯救，显得异常荒谬。[2]在他们看来，浮士德是一个不完美的英雄，没有完全献身于绝对主观性和自由，太关心与世界的和解，他的终极抱负太过平庸，最后，他的邪恶太

① Williams, *Goethe's Faust*, 48.
② Ibid., 49.

过可怜，难以成为他们所想象的更高人性的典范。

122

　　浪漫主义者对完整的《浮士德》不再抱有幻想，这可以与他们对曼弗雷德这位浮士德不那么远的表亲的热爱相比照。确实，对许多浪漫主义者来说，曼弗雷德是浮士德本来应当成为的那种英雄，是青年歌德才华横溢的想象力的实现，但这种想象力已被老年歌德所腐败。某种程度上，这肯定是时间选择的结果。拜伦于1817年完成《曼弗雷德》(*Manfred*)并于同年发表。它刚好诞生于浮士德第一部和第二部发表的中间。毋庸置疑，拜伦在构思《曼弗雷德》时深受歌德这部巨著的影响，但同样无可置疑的是，他的作品的意图完全不同于《浮士德》的意图。[①] 浮士德和曼弗雷德都寻求成为某种比人更多点什么的东西，都在恶魔式存在的驱使下到来，也都受这种存在的主宰，而且都被推进卑鄙的邪恶中。但是，尽管有罪，浮士德还是能获得拯救，因为那诱惑他的否定精神总是服务于善。而曼弗雷德呢，注定没有获得拯救的希望，因为授权给他的那种恶魔力量与邪恶密不可分。

　　就像浮士德，曼弗雷德认识到所有传统知识的不充分，寻求通过魔术对世界有一种更深的理解。这样的知识不是通过对自然世界的观察，或者通过逻辑的推演，而是通过感觉的当下直观，这些感觉与"不受约束的宇宙精神"(1.1.29)相连。但是这样的直观受社会习俗的束缚，因此只有当这些束缚被突破时，我们才能把握真

---

① 参见 Byron to Rogers, 4 April 1817; to Jeffrey, of 12 October 1817; and to Murray of 7 June 1820. *The Works of Lord Byron*, ed. Rowland Prothero, 13 vols. (New York: Scribner's Sons, 1900), 11:97, 174; 12:36–37. 拜伦和歌德的差异非常明显〔参见 Goethe to Knenel, October 1817. *Goethes Werke*, ed. Gustav v. Loeper et al., 133 vols. (Weimar: Böhlaus, 1887–1912), 4.28: 277–28〕。

理。也只有这样，我们才能真实地感觉。曼弗雷德以一个可怕的代价得到了这种超人的知识和自由。为了在其所有的深度中认识世界，他必须突破这个世界最神圣不可侵犯的屏障。于是，他的知识就来自最可恶的犯罪——强奸他的姐姐，并逼其自杀。这些事件构成了整部戏剧的背景。

表面上看，这部戏似乎是一个饱受罪恶折磨的男人为一种莫名的行动进行的忏悔。但是，尽管曼弗雷德感觉有罪，可他并不后悔他所做的一切，而且打心里还想再做一次。当他姐姐的幽灵消失时，他伸出手去拥抱幽灵，哭喊着"我要抱紧你，我们将会再一次——"（1.1.190–91）他的欲望是无限的，它们引导着他超越了一切限制。这正是他的超人自由的根源。他知道他的伟大要付出何等代价，但愿意付出这一可怕的代价，愿意承担他的罪孽所包含的那种可怕的罪恶感。浮士德从葛丽卿的死亡中逃离，通过自然的遗忘恢复原状。曼弗雷德却处于对他自己行为的持续意识之中。确实，他必须保留对这种行为的记忆，因为这种犯罪的知识正是他的自由、他的知识和他的伟大的根源。他所达到的高度要想得到维持，就必须不断回到由这种高度所产生的可怕深度中去。他就居住在这种可怕之物的边上，以此避免滑入日常生活。不同于浮士德，曼弗雷德没有无视可怕的真理，而是居于这个真理之中。

曼弗雷德的犯罪特征不是偶然的。它是他的存在的极限表达，是对他性的否定，是破除所有界限、把万物都变成"我"的尝试。于是，曼弗雷德亵渎了最神圣的差异法则，即关于乱伦的禁令，后者在那些彼此关系最近的事物之间画了一条线。对他来说，这一点尤为重要，因为阿丝塔特不只是他的姐姐，她还在每一个方面都是他的孪生姐姐：她是那样的优雅和温柔。曼弗雷德从她那里看到自己，用一种完全的自恋爱着她，从而废除了她的独立性。"我爱她，而且我摧毁了她！"（2.2.117）即使是爱这个和解的卓越根源，在被用来服务于自我意愿的"我"时，也会变成毁灭的动力。

曼弗雷德的姐姐的精神，使亵渎这一法令的结果显得很清楚："由你冰冷的胸膛和阴险的笑容，/由你难测的狡猾的港湾，/由那表面善良的双眼，/由你紧闭的灵魂的虚伪；/由你高超的演技/以冒充人心；/由你以他人之苦为乐/由你这个该隐的兄弟，/我诅咒你！你/该下地狱！"（1.1.242–251）

浮士德洗净了罪恶，恢复了原状，实现了与世界的和解。曼弗雷德则被完全孤立于世界和他人之外。他是他自己的地狱，他难以逃脱这一地狱，甚至不能去想逃脱的可能，因为只有在牺牲他超人的自由和知识、放弃他用犯罪建立起来的至高无上的"我"时，逃脱才有可能。[①] 于是，他拒绝了女巫的拯救，因为他必须为此发誓服从于她的意志（2.2.157–59）。他所受的苦是伟大的，但更伟大的是他超人的高傲。

曼弗雷德的伟大，对一种新型的悲剧英雄来说就是典范，这种英雄的无比的高贵，至今令人难以想象。他甚至瞧不起来索要他的灵魂的魔鬼：

124

　　曼弗雷德：和我签约购买我过去的力量的/不是你们这样的东西，/而是更高贵的科学——苦修和勇气，/注视的长度，心灵的强度和/认识我们的天父的技巧——当大地/看见人们

---

　　① Zamiruddin 认为，这部戏不可能结束于曼弗雷德罪恶的消除，因为这样的话"他会停止成为英雄"［*"Manfred*: Restudied as Drama," in *New Light on Byron*, ed. James Hogg (Salzburg, Universität Salzburg, 1978), 39］。

和精神并肩前行，/却没有赋予你最高地位：我站立/在我的强度之上——我藐视——否认——/鄙夷和嘲笑！——

精灵：但你的许多罪行已使你——

曼弗雷德：你所说的罪行是什么？/大多数罪行必须由其他罪行来惩罚，/更伟大的罪犯吗？——滚回地狱吧！/你没有资格谴责我，我能感到这一点；/你绝无可能控制我，我能知道这一点：/我做了也就做了；我自己承受/折磨，这折磨不是从你那里来的：/是不朽的心灵制造了它/不管它的思想是善还是恶，都要报答——那是它自己疾病和死亡的根源——/是它自己的空间和时间：它的本来意义，/当必死性被剥除，/没有颜色来自转瞬即逝的事物，/但被吸引进忍耐或欢乐，/只要认识了它自己的沙漠。你不要诱惑我，你不能诱惑我；/我不会被你欺骗，也不会被你捕捉——/但我是我自己的毁灭者，我将会/是我自己的将来。（3.4.113-40）①

不是上帝，而是自我创造的"我"在统治这个世界。曼弗雷德宣称自己高居魔鬼和上帝之上，是一颗不死的心灵，能创造自己和自己的世界，它居于自身之内，体验来自自身的欢乐与折磨。在这方面，他与费希特和让·保罗遥相呼应。但是，曼弗雷德开始认识到费希特从来没有想象过、早期浪漫主义者也只是猜测到的一点：做自己的创造者，就是做自己的法官、陪审团和刽子手。

加缪和其他人曾经指出，这种对浪漫主义来说是如此典型的

---

① 关于《曼弗雷德》中极端自主性的重要性，参见 Frederick Garber 的著作 [*Self, Text, and Romantic Irony: The Example of Byron* (Princeton: Princeton University Press, 1988), 126–35]。

内在折磨，来自意志不计任何代价追求解放的无尽欲望，以及与此相应的无能于逃离道德顾忌。[①]这样一种解释并没有理解曼弗雷德所揭示的令人震惊的真理。如果他是他自己的世界，那么他的罪行就不在于他对他人的伤害，而在于他对自身之内的他者的毁灭。被他强奸的姐姐，就是他自己，她的死亡，就是他自己的高雅和温柔的死亡。他的罪行是罪行对自身的惩罚。正如他姐姐的精灵所预测的那样，他正是他自己的地狱。他的伟大的自由和知识，只有通过残酷地对待自己才能得到；只有通过斩断同外在于他的一切事物的关系才能得到，只有通过把自己限定在自我的空无领域中才能得到。在这种意义上，他的自由就是虚无的自由，他已经成为一个超人，而唯一的方法却是去成为一个野蛮人。

125

正如我们已经指出的那样，《浮士德》最多是一个感情悲剧。相反，《曼弗雷德》却是浪漫主义的超级悲剧，是追求绝对自由和绝对知识的"我"的悲剧。这部悲剧不是某种黑暗而不可理解的命运的结果，也不是某些有缺陷的性格的结果。曼弗雷德意愿他的悲剧，意愿他的苦难和毁灭。他，而非别人，使他成为一个怪兽。但是，正是他的这种被意愿的命运，为他所代表的伟大揭示了新的可能的高度。这种全新的美德是那样超过我们的知性，以至于它只能通过曼弗雷德自愿忍受的痛苦来暗示。浪漫主义不可能超越这一点。[②]在曼弗雷德那里，布莱克的老虎和老虎的神秘创造者已经融为一体；他们变成了喀迈拉。

---

① Albert Camus, *The Rebel: An Essay on Man in Revolt* (New York: Knopf, 1956), 47–54.

② "比起曼弗雷德实际所走的距离，在曼弗雷德的指引下，自我还能走得更远。最终，只剩下他自己、四面密封的墙和心灵的苦涩王国，在那里，他是领主，是主子，也是他自己的毁灭者。"（Garber, *Self, Text, and Romantic Irony*, 134）

歌德从来没有达到这种高度或深度，而是尝试警示人类这样一条道路的危险。但是，歌德最终不能提供一种必要的警示，因为他热爱这些登上如此危险的山峰又坠入如此黑暗的深渊的人们英雄般的努力。于是，他最终没能谴责浮士德。但是，歌德至少感觉到这样一种道路的危险，即使他不可避免地受到它的吸引。在自传《诗与真》的结尾，歌德描述了他在作出生活中一个至关重要的决定时，会拒绝最后再考虑一遍的请求。带着激情和热忱，他让他最具恶魔气质的英雄艾格蒙特说出这样的话："孩子，孩子啊！别再这样了！就像被无形的精神所鞭打，太阳——这时间之马——驾着我们的命运的光阴战车呼啸而过；什么都没有留下，除了勇敢地紧握缰绳，引导车轮忽左忽右，避免绊住石头或奔向悬崖。至于它要去哪里，谁知道？他已经很难记起他从哪里来了。"[1]

相反，歌德的后继者们，19 世纪那些坐在老虎背上的狂热骑士们，是那样地专注于他们的旅途，以至于他们不愿也不能认识他们可怕的目的地。

左派黑格尔主义和政治虚无主义的现身

尽管在他的时代里，黑格尔反对虚无主义的尝试比歌德更成功，但在他死后一段时间里，正是他的学生和追随者们应该为虚无主义成长为一股世界历史性的政治力量负主要责任。黑格尔尝试通过和解自由和自然必然性来为对抗虚无主义提供堡垒。但无论是左派黑格尔主义还是右派黑格尔主义，都对作为黑格尔思想核

126

---

① *Werke*, 10: 187.

心的思辨综合不感兴趣。对他的思想，右派黑格尔主义者赞成一种保守的、神学的解释，这种解释坚持上帝的统一性和处于绝对之中的国家。他们原本希望看到这种统一性能够在一个自由的德国里实现，但是在 1848 年革命失败后，又越来越倾向于浪漫主义的民族主义。[①] 左派黑格尔主义者拒绝黑格尔思辨性的解决办法，转而用他的辩证法来反对现存政治秩序，希望以此催生社会正义。[②]

左派黑格尔主义者运用黑格尔的否定原则，批判现存政治秩序，运用他的辩证法，尝试描述政治变革的理性目标。这样一种批判性的和前瞻性的方法，不同于黑格尔的思想，因为后者本质上是追溯性的和调和性的。在他看来，矛盾必然总会从完全和解的角度得到理解，不会是指向必然的未来的路标。

左派黑格尔主义者拒绝黑格尔思想中的神学元素，在他们看来，这种元素与现存政治结构压制性的独裁主义密切相关。这在路德维希·费尔巴哈那里已经变得很明显，他曾经说过，"**属神的本质不是别的，就是**属人的本质，或者说得更好一些，就是**人的本质**，这个本质，突破了个体的、现实的、属肉体的人的局限，被对象化为一个另外的、不同于他的独自的本质，并作为这样的本质而受到**仰望**和敬拜，但仍然是他自己的本质——所有属神的本质之一切**规定**，都是属人的本质之规定。"[③] 浪漫主义带着个人自治的兴趣反叛上帝和理性。左派黑格尔主义把上帝和理性降低为人类精神

---

① 参见 Hermann Lubbe, ed., *Die Hegelsche Rechte* (Stuttgart-Bad Cannstatt: Frommann, 1962)。

② 参见 Karl Löwith, *Von Hegel zu Nietzsche: Der Revolutionäre Bruch im Denken des neunzehnten Jahrhundertd* (Zurich: Europa, 1941)。

③ *Werke in sechs Bänden*, ed. H. M. Sass, 6 vols. (Frankfurt am Main: Suhrkamp, 1975), 5:32.

的反映，或人类需要的投射，是为了保证人类的全能。费尔巴哈宣称"所有个体之人不能认识和不能做的事情，人类全体都能认识，都能做。所以，那种同时知道所有特殊个体的神性知识，就在类的知识里找到了它的实在性。"①左派黑格尔主义的思想发展，代表这种人类自治和全能观念的持续的激进化，这种激进化紧握并最终普遍化了黑格尔的否定性原则。

这样，左派黑格尔主义实质上是非黑格尔主义者。事实上，它是对费希特主义的隐秘回归。②但是这种费希特主义，经历了黑格尔的历史与政治哲学的转换。黑格尔尝试通过在一个更高的思辨综合之上和解辩证的对立，以此用费希特的否定原则否定自身。左派黑格尔主义对黑格尔思想中的思辨时刻的拒绝，意味着返回一种非和解的辩证发展。于是，它是对费希特的回归，但这种回归发生于一个完全黑格尔式的历史和政治视野中。对黑格尔来说，历史是人类社会生活的辩证展开。那些引起变革的代理人，是世界历史性的个体。在这个历史的结尾，这些个体在理性国家中被公务员这个普遍阶级所取代。

左派黑格尔主义者认为，这种国家并不足够理性，所谓普遍阶级只有名义上的普遍性，因为每个个体都有特殊的阶级兴趣，它们与普遍性格格不入。于是在他们看来，进一步的变革势在必行，要把权力赋予一个真正而非形式上具有普遍性的阶级。但是，这样一

---

① *Werke in sechs Bänden*, ed. H. M. Sass, 6 vols. (Frankfurt am Main: Suhrkamp, 1975), 3:261.

② Tom Rockmore 已经详细证明，费希特对左派黑格尔究竟有多重要［*Fichte, Marx, and the German Philosophical Tradition* (Carbondale: Southern Illinois University Press, 1980)］。

种变革的代理人，不再被理解为单个的世界历史性个体，而被视为世界历史性的政党或阶级。对马克思来说，这个政党就是共产党，它要推翻资本主义体系，建立无产阶级的统治。但是，马克思看得如此清楚、近在眼前的目标，却在后来的左派黑格尔主义者那里逐渐隐退到遥远的未来中，它只能通过不停的革命性变革才能达到。这样，黑格尔寻求克服的费希特主义，反讽性地又成了后来的黑格尔主义的本质。正是通过左派黑格尔主义对黑格尔的否定原则的滥用，虚无主义开始成为一种世界历史性的政治计划。

现实主义的浪漫主义魔鬼

黑格尔思想中的否定性元素从黑格尔主义锁链中挣脱，这种情况是逐渐显现出来的，因为后来的思想家们只是在发现不那么激进的替代方法被证明无效以后，才开始不情愿地求助于更加激进的否定形式。尽管这些犹豫不决的虚无主义者——不管是右派还是左派——仍然保持着批判性，但是他们发现在对现存秩序的批判中，有一种难以阻止的倾向，即越来越追求一种绝对性的否定。批判成为对每一种稳定形式和秩序的批判。根据否定所理解的那种自由，发现自己被各种限制所束缚。一旦人们抛弃黑格尔"好的无限性"的循环路线，就会不可避免地被"恶的无限性"所吸引，也就是说，被费希特追求不受拘束的自由的无限努力所吸引。但是这样一种自由，只有在对持续建立起来的秩序不停地否定时，才有可能，也就是说，只有通过永恒的革命，才有可能。踩在这条路上的第一个脚印，就是对现实主义的浪漫主义批判。

开始于19世纪30年代的这种批判，由所谓青年德意志运动的

128

成员所领导。①"青年德意志"这个名字，由国家权力机关于1835年创造，用以把一群年轻的作家和思想家关联在一起，他们中有海因里希·海涅和卡尔·古茨科（Karl Gutzkow），他们的基本立场就是反对当局。他们并不完全熟悉彼此，也没有明确的纲领。尽管他们只是在表面上统一在一起，但由于对贫穷，对工业企业和官僚国家的冷漠独裁不断增长的意识，他们确实都反对浪漫主义。他们也深受左派黑格尔主义影响，尤其是后者把否定观念作为社会批判基础的想法。确实，正是他们对这种否定性元素的强调，最终导致他们在19世纪40年代后期被描述为虚无主义者。

　　卡尔·古茨科自己在小说《虚无主义者》（*The Nihilists*）中描述过这种虚无主义。②这部作品所讲故事发生在一个无名的德国公国中，大多数情节都出现在1848年革命之前的数月时光里。故事以一个年轻女人赫塔·文邨芙对两个不同男人——康斯坦丁·乌尔里希斯和艾伯哈特·奥特——的吸引为主要情节。他们三个人都是虚无主义者，而他们的虚无主义是他们的左派黑格尔主义的延伸。当我们第一次遭遇赫塔时，她正在阅读费尔巴哈的一段话，叙述者整段引用了下来："实践的认识是一种被自我主义污染的认识。根据这种认识，我观察一个东西，不是从这个东西本身出发，而只是占有它，就像一个男人爱一个女人，只是出于肉欲的目的。实践的认识不会自身满足，只有理论的认识会自身满足，它是快乐的，它是神圣的；对它来说，爱的对象是惊叹的对象"（*N*, 183）。

　　这段话表明了这篇小说和它的虚无主义评价所开启的一种区

---

　　① 参见 C. P. Magill, "Young Germany: A Revaluation," in *German Studies* (Oxford: Basil Blackwell, 1952), 108–19。

　　② 后面括号里所引题目和页码都来自这本书，参见著作简称列表。

分。在小说中，两种不同形式的虚无主义分别由两个男人所代表，每一种虚无主义的相对价值，都反映在赫塔对第一个人的爱和后来对第二个人的爱中。但是她的爱和知性能力的发展，事实上只是费尔巴哈在实践认识和理论认识之间所作区别的现实表现。

古茨科以这种方式揭示，极端的虚无主义就是一种激进的自我主义，它以靡菲斯特式的批判和否定精神显现自身。同时，他为一种温和的虚无主义辩护，这种虚无主义也具有批判性和否定性，但是它也有兴趣建构一个更好的世界。康斯坦丁·乌尔里希斯代表的那种虚无主义，与费尔巴哈所谓实践认识、靡菲斯特式的纯粹否定或激进批判的时刻相符（N, 271）。他很聪明，也很迷人，总是受关注的对象，总是主宰着关于科学与政治事件的当下思想。他是一个左派黑格尔主义者，代表卢格（Ruge）和布鲁诺·鲍威尔（Bruno Bauer）的精神讲话，总是被反对派的汉斯·冯·兰德修斯男爵描述为一个共产主义者（N, 237）。这使得他和他的虚无主义在1848年革命前令人眩晕的日子里大受欢迎（N, 201）。

赫塔被康斯坦丁的魅力所吸引，这种魅力似乎能够允诺一种全新的生活。但是康斯坦丁还有另一面她没有看到，即"一种狂暴的自我主义"（N, 194）。正如叙述者所描述的那样，这个"双重恶魔式的康斯坦丁"用他的话语吸引她，而这些话语连他自己都不相信，因为他就是一个玩世不恭的人。他是一个语言的巨人，反对一切，但是他的反对并非开始于对一个更好世界的幻想，而是开始于一种超越每一种世界、超越每一种内容的欲望。他的精神是彻底批判性的和否定性的。

在停留于康斯坦丁家的那段时间里，赫塔开始了解这一事实，在那里她还认识了他的妹妹芙瑞达。就像艾伯哈特所描述的那样，芙瑞达是一个"大自然的野孩子"（N，232）。她虚荣心十足，从不关心其他人的感觉。她想控制所有人，即使不可能，至少也要打倒那些她实际已经控制的人。她是否定精神的化身。她总是在说，却从来不听，她总是在批判，却对她所反对的东西缺乏知识。正如赫塔最终认识到的那样，芙瑞达的天才是"笑对一切的破坏者的天才，是否定性的天才，就像她哥哥的天才一样"（N，241–42）。通过这个妹妹和这个家里的其他人，赫塔认识到康斯坦丁否定一切的虚无主义的肤浅。

　　康斯坦丁本人不懂得什么是适度。他要么想做加图，要么想做恺撒，要么选择美国，要么选择俄国。这种绝对的批判主义允许他和那些像他的人高居于一切内容之上，因为他们从来不必肯定或创造某物。他们相信自己是"大地的诸神，宣布精神就是磷火，浪漫主义就是废话，自由将是一个童话；在他们的断言中，有一种横扫一切的姿态，这种姿态是一个人应当具备的姿态，必须完全具备的姿态，而且他还必须只听从他自己的本能而行动"（N，238）。康斯坦丁的否定性异常有力，赫塔是唯一一个勇敢面对他的人，她指出，他对本能的粗暴力量的持续呼吁是对所有人类进步的否定。在她看来，把完全对立的可选择之物永远并置起来，这样做没有益处。最好是寻求仲裁与和解，寻求权利与责任、强与弱的联姻，因为文明作为一个整体，依赖于相互限制，以及对人容易犯错的同情（N，243）。但是，她的批判没有人愿意听，芙瑞达和康斯坦丁嘲笑她迂腐而守旧。

　　艾伯哈特·奥特是另一种类型的虚无主义者。他也是一个左派黑格尔主义者，也反对现存秩序，但他不是一个自我主义的否定者，不必通过谴责和破坏一切来镇静他自己的自我。艾伯哈特个子很高，安静又严肃，而且能够征服被他的内在而非外貌所吸引的人。他具有自我牺牲精神，有他人导向，富有建设性。他不倦地组织政治团体和纲领以支持改革。他与康斯坦丁的不同，是理论认识和实践认识的不同。康斯坦丁想要认识事物，是为了拥有它们，为了使所有东西都向他屈服，这样他好做创造的中心。艾伯哈特遵循斯多葛主义的箴言，即人活着不是为了自己，而是为了他人。他相信"把激情和自我主义作为准则，会毁掉一切"（*N*，224）。不像康斯坦丁那样热情洋溢的演说家，他认定检验一个人的，不是他的语言，而是他的行动和他对历史的影响。

他很快成为赫塔的理想。他拥有赫塔在康斯坦丁那里所欣赏的一切，却没有赫塔在康斯坦丁那里发现的令人讨厌的东西。她最终认识到她并不爱康斯坦丁本人，而只爱他的知性，但这种知性在艾伯哈特那里得到了更好的发展。但是，艾伯哈特尤其吸引她的地方在于他对艾格尼丝的爱。艾格尼丝原先已与康斯坦丁订婚，但康斯坦丁遇见赫塔后，就借助于赫塔废除了这个婚约。出于同情她的遭遇，艾伯哈特开始爱她并最终娶了她。这对康斯坦丁和芙瑞达来说是不可思议的，他们只把价值赋予那些能够满足他们欲望的东西。但是，正是对他人的关心，使他备受赫塔的喜爱，最终，她决定离开康斯坦丁。

革命的爆发改变了一切。康斯坦丁也似乎被改变了。在他心里一直摇摆不定的东西，现在变得稳固了。他到处都很积极，在每件事上都是领导。赫塔失去了自制力，康斯坦丁的激情、愤怒和仇恨成了她自己的激情、愤怒和仇恨（*N*，238）。他们持续保持积极和行动。但是，赫塔不能忍受这种不断否定的生活。她患上重病，回到瑞士去康复。她从康斯坦丁那里知道的消息越来越少，并且开始

131

认识到他已经变了。他们分手了。

革命失败带来巨大的变化。艾格尼丝死于分娩。芙瑞达嫁给了保守派贵族冯·兰德修斯男爵，康斯坦丁娶了男爵的妹妹，在政府部门谋了一个检察官的职位。他们的行为说明，芙瑞达和康斯坦丁是纯粹的自我主义者。但是，艾伯哈特和赫塔，则过着一种更有建设性也更有意义的生活。赫塔接过照顾艾格尼丝孩子的责任，艾伯哈特成为一个公设辩护律师。破坏性的虚无主义者难以完成任何有价值的事情，只能满足于社会职位和褪色的名誉。他们生活在浪漫主义的幻觉中，以为他们拥有独特的天赋，高居众人之上，对建设性的虚无主义者开始建设一个新世界极尽嘲笑之能事。

在小说结尾部分，两种形式虚无主义的不同之处开始变得清晰起来，在那里，康斯坦丁告发了赫塔的父亲，说他是制宪会议的一员。他受到艾伯哈特的辩护。康斯坦丁指出，在革命之前他自己和他那样的虚无主义者已经开始鄙视这个世界，致力于对它的否定，因为他们相信这个世界很容易就会焕然一新。但是，当他们看到改革所导致的很多矛盾的结果，他们感到恶心。绝对性的否定并没有催生一个纯粹自由的乌托邦。这个半成品的世界，不可能满足一种精神，这种精神总是要么要求全部，要么否定一切，要么是加图，要么是恺撒，要么是美国，要么是俄国。由于难以直接有效地获得完美，他们得出结论，认为这个时代还没有完全成熟，于是就返回旧秩序，拥抱旧秩序，成为它的一员。我们可以在这份声明中看到全部的自我主义、康斯坦丁的自我中心主义和他的虚无主义。除了只是否定性的精神，他们什么也没有提供。绝对性的否定没有带来一个黄金时代，这使得他们完全放弃否定，只是寻求个人在现存秩序中的满足。

艾伯哈特和赫塔代表了一种不同的立场，这在艾伯哈特的演讲中表现出来。在他看来，否定的力量可以被驯服，从而指向建设性的方向。到处制造混乱的绝对性的否定，让位于决定性的否定， 132
这种否定不寻求批判和否定一切，而是利用否定改革现存秩序，使之缓慢地、探索性地转变为更好的秩序。但是他们的有限的成功，受到极端虚无主义者的鄙视，后者把任何不完美的东西都视为无价值的，因为他们自己不是别的，就是反对和破坏。他们到处破坏。艾伯哈特由此得出结论，即温和的改革者"比起那些完全倒向敌人一边的人，应该更受尊敬"（N，269）。

在结尾部分，温和的虚无主义者们在共同建设新生活中发现了快乐。赫塔向艾伯哈特解释，她怎样因为他忠于自己的责任而爱上他。他们决定结婚，赫塔的父亲用充满希望的左派黑格尔主义的话语回应了这一好消息，这句话也代表了古茨科的温和虚无主义观："时代和人都会走进一个圆圈，但永远相同的循环会沿着一条温和的路线向上爬升，就像一个螺旋，我们的希望也伴随着这螺旋而生"（N，274）。

从某个层面来看，古茨科是虚无主义的批判者，至少是最极端的那种虚无主义的批判者。但是这种批判只是他为温和虚无主义进行辩护的一部分，这种虚无主义运用决定性的否定而且非绝对性的否定来进行理论性的努力，以获得绝对。这种虚无主义不是自我主义和粗暴的利己主义，而是善良的和自我牺牲的，它献身于责任，献身于对人类生存境遇的稳固推进。古茨科的叙述暗示，这种形式的虚无主义建基于对左派黑格尔思想的真正理解。以这种方式，他寻求使左派黑格尔主义远离1848年革命的深渊，并把它引向后革命世界中存在的一种更具建设性的政治约定。

不可否认，这种温和虚无主义比康斯坦丁的绝对虚无主义更有吸引力，但它也不是没有危险。初看之下，古茨科的温和虚无主义似乎与传统自由主义相一致，后者采取一种合法的形式，拒绝激进的手段。但是，这种温和虚无主义仍然遵循左派黑格尔主义的否定路线，而且事实上比极端虚无主义更加坚决：它并不在某个伟大的天启式否定时刻努力改变世界，一旦失败又重回寂静主义，相反，它认识到自己的使命重大，采取了一种持续的、确定的否定战略，以此走向成功的结果。它确实更容易与现实和解，能够在世界上建设起一座家园，但是，这种和解永远只是暂时的，与之和解的世界仍然需要被否定和改变。

人们也许还会怀疑，这样一种否定教义能否与一种通向世界的建设性道路相容。在小说的语境中，这个问题可以转换成另一个问题，即对艾伯哈特和赫塔的描述的可能性问题。这样的人可能存在吗？他们能够一边坚持自治的绝对必要性，一边又满足于仅仅是温和的变革？如果他们真的相信绝对自由对幸福来说是必要的，那么他们能被描写成在一个有限自由的世界里幸福生活的人吗？这里，人们必须质疑，自由和责任是否能够像古茨科希望我们相信的那样很容易就融合在一起。这个折磨德国唯心主义很久的问题，也只是在黑格尔思辨的综合里找到了一个答案。但正是这种综合，被左派黑格尔主义者和青年德意志们抛弃了。那么，他们以什么为基础重建自由与责任的联合？左派黑格尔主义的一般回应是他们认为存在一种拯救自由的责任，也就是说，一种支持和践行批判、否定和革命的责任。在古茨科小说里，这种基础对任何其他种类的和解来说都是缺乏的，他所描述的和解因此似乎显得很特别，或者依赖于一种难以理解因此也不稳固的基础。这导致人们进一步相信，古茨科的温和虚无主义事实上是不稳定的，很可能会褪变成他所批判的极端虚无主义。19世纪后半期的历史，也明显朝这个方向奔去。

最后，人们还必须怀疑，赫塔和艾伯哈特自我牺牲的虚无主义是否比芙瑞达和康斯坦丁自我主义的虚无主义更可取。表面上看，自我牺牲行为比自我主义的行为更可取。但是，只有在为之牺牲的目标本身值得这种牺牲时，情况才会如此。在小说的语境中，自我牺牲实际上是被同情所驱动，而同情本身又受审美判断的授权，审美判断认为，这种行为是美的。比如说，赫塔对艾伯哈特的爱，来自一种想象，这种想象使她着迷于艾伯哈特对绝望中的艾格尼丝的抚慰。正如小说中所描写的那样，温和虚无主义者的这种自我牺牲是高贵的，但这种高贵来自它的目标。如果这样的目标只是感觉的产物，那么就存在一种真正的危险，即自我牺牲会在另外的循环中被证明是有违常情的。就反对消极行为的积极行为的动机存在于感觉之内而言，我们面对着在威廉·洛维尔那里看到的同样的危险。感觉在哪里统治，残忍就在哪里出现。把自己交给一种事业，〔134〕这样做之所以值得，只是因为这项事业是正义的。如果这项事业的正义性只由我们的感觉来决定，那么我们就会经历把自己交给邪恶和狂热的危险。对自我牺牲和感觉的依赖，为恶魔打开了一道新的也更危险的大门，因为这里的恶魔不是出现在个体中，而是出现在集体中，不是出现在威廉·洛维尔的小说世界，而是出现在政党和人民之中，其后果不是个体的堕落，而是整个人类的退化。在这个意义上，古茨科拒绝自我主义的虚无主义，赞赏自我牺牲的虚无主义，为一种任性的虚无主义奠定了基础，这种虚无主义占据了大多数人的心，它不仅违背他们自己的利益，还违背整个人类更好的利益。为了道德而殉难的这些虚无主义者，成为邪恶不知情的代理人。

第五章　被释放的恶魔：俄国虚无主义和普罗米修斯式存在的追求

　　我们已经考察过恶魔式存在施予19世纪早期想象力的非凡影响。另外一个相近的浪漫主义英雄是普罗米修斯。正如歌德在诗歌《普罗米修斯》中所描述的那样，他是一个勇敢直面和对抗诸神的存在，他知道他们的力量，知道他们可能带来的痛苦，但仍然不愿意向他们屈服。在某种意义上，他比那些神灵更优秀，因为他是自足的，而神灵们却依赖于他们的崇拜者。歌德的普罗米修斯是这个世界伟大的支持者，他鄙弃天堂轻而易举的快乐，追求尘世生活的艰苦斗争。他甘愿承担这种痛苦，这使他高于诸神之上，成为他伟大的骄傲的源泉。这首向宙斯申诉的诗以下面这一节结尾："我坐在这里造人，/以我自己的形象，/一个像我一样的族种，/被造以受苦，流泪，/以欢乐，以享受，/也像我一样，/对你们置若罔闻。"①

　　歌德的普罗米修斯似乎是浪漫主义痴迷于恶魔式存在的另一个例子。但是，普罗米修斯还意味着更多。恶魔式存在是对神性存在的否定，或者在歌德和黑格尔那里，是上帝或世界精神的否定性时刻。相比之下，普罗米修斯式存在（the Promethean）先于或同于

---

　　① *Werke*, 1:44–46.

神性存在的出现。它不能只是用否定性来定义，它也不是一种否定性力量。普罗米修斯不服从神性法则，而根据他自己的法则生活，这种法则与神性法则相对抗。撒旦只是被逐出天堂，他的自治主张总是不道德的和充满罪恶的。普罗米修斯被不公正地绑缚在石柱上，原因是他对人的热爱。他的自治主张因此与犯罪无关，而与正义的愤怒相关。

·但是，普罗米修斯式存在与神性存在并非完全不同。正如歌德诗歌最后一节所清楚表达的那样，普罗米修斯的主要行为是按照自己的形象造人。尽管普罗米修斯式存在超越了恶魔式存在的否定性，但它这样做，只是因为它篡夺了基督教传统赋予上帝的权力。在这个意义上，普罗米修斯不是一个仁慈的神性法则不道德的违背者，而是神性专制的反抗者。他是自治的根源，是人类解放的代理人。如果说布莱克的恶魔式老虎包含耗尽一切的神性之火，那么普罗米修斯从诸神那里盗取这种火，并把它带向了人间。

本章尝试证明普罗米修斯式存在这一观念对俄国虚无主义的重要性。俄国虚无主义一般被理解为对唯心主义和浪漫主义的拒绝，对唯物主义和民粹主义的支持。正如我们即将看到的那样，这种虚无主义的特征是对普罗米修斯式存在的渴望，对一种新型人类的渴望，这种人类居于寻求自治的人性层次之上。因此，这种版本的普罗米修斯式存在，根本依赖于从唯心主义和浪漫主义那里继承来的意志和自由观念。这意味着，虚无主义者的这种超越所有神灵的新型超级人性，事实上完全依赖于它所反对的那个老上帝。在这个意义上，俄国虚无主义不过是绝对意志观念的一个走得更远、更激进的替代物，我们已经追踪过这种绝对意志的发展过程，它发端于唯名论，通过笛卡尔到费希特，再到德国浪漫派。

136

俄国虚无主义的背景

19世纪早期的俄国社会依赖于独裁和东正教这两根柱子，由一个镇压性的警察机构维持，这个机构通过新闻审查、流放和简单的暴行来消灭所有反对派。一些俄国自由主义者寻求改革这种体制，但发现在俄国国内很难得到支持。1825年十二月党人造反的失败，暗示着自由主义改革者面临的困难。还有，这一事件发生之后，大批体制批判者被迫移民，他们通常与俄国国内发生的一切失去联系。对他们来说，俄国越来越成为一个观念而非现实，语言而非行动成为政治改革的手段。

这种语言政治的倾向被早期革命家们的贵族背景进一步强化了，像维萨里昂·别林斯基（Vissarion Belinski）、尼古拉·涅克拉索夫（Nikolai Nekrasov）和亚历山大·赫尔岑（Alexander Herzen），他们相信理性论辩的力量，希望通过泼洒成吨的墨水来实现改革。不过，他们的读者很少，而且尽管他们说了很多，这些话却很少被听到，更少变成现实。

这些激进分子受惠于英国自由主义和德国唯心主义的政治观念。他们之所以痴迷于唯心主义的空幻高度，部分原因是当时极其乏味的独裁政治氛围，也是沙皇尼古拉一世尝试使俄国社会普鲁士化的意外结果。他们从日常生活的严酷现实逃进理想，已经在思想层面上做好了理论准备，这种准备由共济会会员的神智学完成，后者在那个时代的俄国有很大的思想力量，对在激进的东正教派的波希米亚式神秘主义影响下接受思想教育的人来说尤其如此，他们是所谓的旧礼仪派教徒。[1] 对于诸如谢林的浪漫主义唯心主义的接受来说，这种神智学运动的重要性很难被高估，这有助于解释出现在俄国的千禧年特征。彼得·恰达耶夫（Peter Chaadaev）认为，俄国为了所有基督教文明的利益，跳过物质主义的西方，建立起一个精神王国，这是典型的俄国版谢林主义，也暗示他们与波希米亚和神智学之间的传承关系。[2] 在俄国谢林主义领导者、浪漫主义批评家纳杰日金（Nadezhdin）的思想里，也明显存在着对通过革命性变革催生一个全新古典时代的梦想。

　　这种神智学背景也使黑格尔主义在俄国比德国有更多的神秘色彩，在尼古拉·斯坦科维奇（Nikolai Stankevich）的思想里，这一点非常明显，他在传播黑格尔、康德和费希特思想过程中扮演特别重要的角色。[3] 他的年轻追随者米哈伊尔·巴枯宁（Mikhail Bakunin）对此反应尤为典型。黑格尔哲学似乎以一种神秘的方式使自己超越了浪漫主义的主观主义。他这样写道："我的**个人之我**被永远杀死了，它不再为自己寻求一切；它的生活今后将是在绝对中的生活；但是本质上，比起所失的，我的**个人之我**得到更多……我的生活现在是一种真实的生活。"[4] 但是，在像赫尔岑和巴枯宁这样的现

　　① James H. Billington, *The Icon and the Axe: An Interpretive History of Russian Culture* (New York: Knopf, 1966), 309–10. 我关于德国唯心主义对前虚无主义时期俄国思想的影响的讨论受益于 Billington。

　　② Ibid., 316.

　　③ Franco Venturi, *Roots of Revolution: A History of the Populist and Socialist Movements in Nineteenth Century Russia*, trans. Francis Haskell, intro. Isaiah Berlin (Chicago: University of Chicago Press, 1960), 38.

　　④ 引自 Billington, *Icon*, 325。参见 Arthur Mendel, *Michael Bakunin: Roots of Apocalypse* (New York: Praeger, 1981), 84–112; and Aileen Kelly, *Mikhail Bakunin: A Study in the Psychology and Politics of Utopianism* (Oxford: Clarenden, 1982), 142–64。

行体制的反对者中间，右派黑格尔主义很快让位于左派黑格尔主义，或者让位于一种左派黑格尔主义与圣西门主义的混合物。这种左派黑格尔主义和圣西门主义转向，实际上是在远离神性，把人作为世界历史性的核心力量。希望迄今为止一直被置于作为变革与和解代理人的上帝或世界精神之中，从今以后就被置于人之中了。这样，最早一批受圣西门影响的人们，就具有一种准宗教特征，当然，它是一种以人为中心的信仰。但是，这些早期俄国激进分子并不同意圣西门对工业生产的强调，他们没有指望工人，而是指望农民作为未来普罗米修斯式超人的模板。

138

　　正是对人的这种神化，激起谢林主义者们的愤怒，让他们把俄国左派黑格尔主义描述为虚无主义。比如说，在对赫尔岑和别林斯基的攻击中，米哈伊尔·卡特科夫（Mikhail Katkov）认为，"如果人们观察宇宙，并且必须在两种极端的态度中选择一种，那么人们更容易成为一个神秘主义者，而非虚无主义者。我们处处被神迹所包围"[1]。在他看来，黑格尔主义的辩证法是无趣的，它只是无处不在的否定癖好的恶意表达。他的攻击事实上是耶可比和让·保罗对费希特及浪漫主义虚无主义者的攻击的延伸。卡特科夫和其他俄国谢林主义者知道耶可比的著作，也很熟悉让·保罗的文学批判。他们对左派黑格尔主义的批判聚焦在辩证否定性的费希特式时刻，在这方面，他们反映了谢林在德国"根除黑格尔主义"的尝试。于是，俄国关于虚无主义的讨论，就是德国论战的延续。

---

　　[1]　Martin Katz, *Mikhail N. Katkow: A Personal Biography 1818–1887* (The Hague: Mouton, 1966), 31.

新人与虚无主义运动的起源

19 世纪后半期，1848 年革命的失败和 1855 年信奉自由主义的沙皇亚历山大二世的登基，使得俄国政治、思想领域面临彻底的洗牌。对俄国西化主义者来说，德国和法国革命的失败令人震惊。自由主义者对其他阶级的明显背叛，削弱了为阶级联合所作的辩护，而这种联合，西化主义者们从十二月党人暴动开始就已经发展起来了。这种背叛也坚定了独裁政府针对思想界的立场。

亚历山大二世的就位，以及结束于 1861 年 2 月 19 日农奴解放时刻的自由化时期，似乎是西化主义者们祈祷书的答案。在这里，最终是沙皇把存在于一个非理性社会中的各种元素调和进了一种新的统一性。但是，沙皇的改革是有限的，而且被激进分子视为避免彻底改革的奸计。他们得出结论，与独裁政府打交道的方式只有一种，那就是否定，就是在"新人"的领导下进行革命性的变革。

在他们看来，这些新人应该完全不同于过去的那些激进领导人，他们不是语言的巨人，而是行动的巨人；不是被他们的出身连累的贵族，而是"来自另外阶层的人们"；不是"多余人"，而是具有坚定意志的不可抵抗的人。根据赫尔岑，真正的改变需要"首先去实际行动，而非理论"[①]。只有一个新的普罗米修斯才能带来这种行动，虚无主义运动的目标，就是把这个新的普罗米修斯从绑缚着他的专制岩石上解放出来。

俄国虚无主义通常被定义为否定的痉挛性发作，这阵发作在

---

① 引自 Venturi（*Roots*, 15）。

1858 至 1863 年间撼动了整个国家，而这段时间也是虚无主义唯一最明显的表现时期。但是，它是一个很好的出发点，有助于我们思考这一现象，因为它标志着虚无主义运动从观念领域进入了现实。这一时期见证了一大批俄国青年从独裁政府和正统观念中解放自己的尝试。他们中的大多数都不是贵族，而是医生、律师和其他职业人员的后裔，他们自己也有类似的职业训练，并且拒绝那些老朽贵族们对激进运动的领导。他们的希望不在于改革，而是为一个新的开端彻底清扫地基。

这种虚无主义运动实质上就是普罗米修斯式的。伊万·屠格涅夫的阿尔卡狄·基尔沙诺夫，把虚无主义者描述成"一个不向任何权威低头的人，一个不相信任何真理原则的人，不管这样的原则被置于什么样的神龛中"（FAS，17）①。赫尔岑扩大了这个定义：

> 虚无主义是没有结构的逻辑，是没有定理的科学，是对经验的无条件服从，是对所有结果的顺从接受，不管它们是什么，只要它们由观察所产生，或由理性所获得。虚无主义不把事物变为虚无，而是证明被视为某物的虚无只是一种光学幻觉，而且证明每一种真理，不管它如何有悖于我们的幻想，都比这些幻想更健全，而且在任何情况下我们都有义务接受。②

人们经常认为俄国虚无主义不过就是怀疑主义和经验主义。虽然这种断言有某种道理，但它难以抓住俄国虚无主义的千禧年

---

① 括号中涉及屠格涅夫著作名和页码，参见著作简称列表。

② Alexander Herzen, *My Past and Thoughts: The Memoirs of Alexander Herzen*, trans. Constance Garnett (New York: Knopf, 1973), 642.

热情。这些虚无主义者并非怀疑主义者，而是否定和解放的热情支持者。还有，他们对传统权威的方法论拒绝与他们对自己的启蒙思想的天真信仰相关，这一点完全不同于怀疑主义，后者表现为对敌对观点的彻底鄙弃。

　　谢尔盖·克拉维琴斯基（Sergey Kravchinsky）比较接近这一元素，他在1883年把虚无主义描述为"一种激情而有力的反应，不是针对政治专制，而是针对道德专制，后者是个体私人生活和内在生活的重负"①。这个定义指出了虚无主义对激进自治的核心要求。尽管这样的自治要求否定所有制度的压制，但是这些虚无主义者确信一个金光闪闪的自由世界就等在这个破坏性大海的彼岸。虚无主义的破坏性时刻只是人类生活全新的重建阶段的前奏。即使是激进主义的反对者彼得·博博锐尤金（Peter Boboriukin），也认识到虚无主义的原则和趋向"与其说是消极的……不如说是积极的。如果虚无主义者开启了一种破坏性的批判主义，它也只能使他们带着更大的热情和更真切的信仰，把他们自己的规则和主义介绍进他们教义的每一部分"②。

　　对俄国虚无主义进行这样一种建设性的解释，存在以下一些问题：首先，虚无主义积极的或建设性的一面从来没有被清晰地规定过。对许多激进主义者来说，它似乎是社会主义，建立在农村公社（*mir*）基础上。另一些人把一个管理阶层视为新秩序的基础。但是大多数虚无主义者确信，只有在压制的锁链被砸碎时，这种积极的目标才有可能得到正确的表达。因此，虚无主义留给俄国青年人

140

---

① 　*Underground Russia* (New York: Scribner's, 1883), 4.
② 　"Nihilism in Russia," *Fortnightly Review* (1 August 1868):132.

的神秘魅力，不能被解释成简单的乌托邦主义。但是，它也不能被解释为对现实世界的简单拒绝。对虚无主义者来说，否定从来不只是否定，它还被按照费希特或黑格尔的方式理解为自由的基础。这种自由既是消极的，又是积极的，一种是免受过去的专制锁链束缚的自由，一种是追求未来难以想象的奇迹的自由。它把厌恶、否定和一种信仰联合在一起，而这个信仰就是，有一个更好的世界就等在地平线之外。

同样成问题的是，一种建设性的计划能否与激进主义对普遍否定的渴望相容，也就是说，一旦被释放出来服务于破坏，普罗米修斯之火能否转变成一种服务于文明的生产性力量。古茨科就怀疑破坏性虚无主义与建设性虚无主义的这样一种和解是否可能，但是这种怀疑在俄国激进主义那里少有反响。

俄国虚无主义一般来说主要利用左派黑格尔主义的思想，尤 141 其是费尔巴哈的思想。但是，俄国虚无主义与德国左派黑格尔主义的发展不同，后者接受了历史的辩证发展的**必要性**，以及相应接受了对人类意志的自由和力量的严格约束，而前者赋予人一种几乎绝对的力量来变革他的社会与政治存在。这种虚无主义观念的理论基础是一种信仰，即历史不是由不变的法则主宰，而是由自由的个体主宰。在这一意义上，俄国虚无主义比德国左派黑格尔主义更加费希特化。这在巴枯宁的思想中表现得尤为明显，他曾被斯坦科维奇于 1836 年介绍给费希特，并且在生命的剩余部分深受费希特的自由和否定观念的影响。根据巴枯宁，费希特是我们时代真正的英雄。[1] 左派黑格尔主义的这种费希特式转变，还因为法国

① 参见 Mendel, *Bakunin*, 56–83, 134–36, 145。

乌托邦社会主义者的影响，他们包括康斯德拉特（Considerat）、勒鲁（Leroux）、傅立叶（Fourier），尤其是圣西门（Saint-Simon）、孔德（Comte）和蒲鲁东（Proudhon），和德国、波兰的左派黑格尔主义者相比，这些人普遍把自由视为一种更加伟大的有因果关系的能力。

　　这种对人类自由的因果性力量的信仰，对激进的普罗米修斯主义来说是本质性的，它强化了他们的看法，即俄国可能要走一条不同的发展道路，就是绕过资本主义，直接进入社会主义。这个被孔德、马克思和许多俄国保守主义者共有的看法，在对俄国村社的社会主义特征的广泛信仰中得到培育。这种观念也有助于解释俄国虚无主义为什么会采用民粹主义的形式。

　　对这样一个独特机会的信仰，给虚无主义事业增加了一种铤而走险的特征。直接过渡进社会主义是可能的，但是这个机会不可能永远持续存在。许多人相信，资本主义的发展将会破坏农村公社，使俄国被高效而不道德的工业管理者所掌控。激进的变革因此必须立即实施。

　　对农村公社的社会主义特征的聚焦，导致许多学者得出错误结论，即虚无主义只是广义的社会主义运动的一部分。许多虚无主义者既不是民粹主义者，也不是社会主义者。即使虚无主义者中的那些民粹主义者，也不总是社会主义者。还有，在那些民粹主义者或社会主义者中间，许多人只在次级意义上是民粹主义者或社会主义者。他们的原则性目标还是否定，即旨在解放人的普罗米修斯力量。这种目标非常关键，因为如果普罗米修斯获得了解放，其他东西都会得到解放，但如果相反，所有的事情到头来都是徒劳。出于这一原因，激进主义者愿意相信，未来一代能够决定社会和政治生活的形状。但是释放普罗米修斯，需要的只是否定和虚无主义。

142

这种人类自由的普罗米修斯式观点为激进主义者设立了一项道德律令。正如马克思所言，如果历史被超越人类控制的力量所驱动，那么就不会有人对世界上的邪恶真正负责或有义务做些什么。相反，如果人自由塑造自己的命运，那么革命性的行为就是一种道德责任。N. K. 米哈伊洛夫斯基（N. K. Mikhailovsky）就认为，任何阻碍进步的东西"都是不道德、非正义、危险而非理性的"[①]。从这个角度看，经济和政治的疾病，都是社会肌体的道德缺失的结果，而随着社会改革，这些疾病都会消失。[②]于是，献身革命就是最高的道德律令，而且投身这一事业，可以免除所有的个人过失。

如果人类社会的重建仅仅依赖于人类意志，那么虚无主义者就会得出结论，即这样的改变可以立刻实现。这样的结论指出虚无主义者的思想中存在一种千禧年元素，甚至是天启元素。比如说，尼古拉·杜勃罗留波夫（Nikolai Dobrolyubov）就认为，为了他们期待的社会变革，有必要等待一个类似的夜晚。[③]对新世界即将来临的信仰的基础，是虚无主义者的天真信念，即关于自然和人的全部真理已经被发现，而且能够被运用于人类解放事业。尽管这种观念可以追溯至黑格尔，但它建立在一种激进的唯物主义——而绝不是他的唯心主义——之上。求助于唯物主义，这对俄国虚无主义者来说并非是独特的，左派黑格尔主义者就已经走上类似的道路，但是比起他们的德国表兄弟，俄国虚无主义者是更热情也更少批判的

---

① 引自 Charles A. Moser, *Antinihilism in the Russian Novel of the 1860s* (The Hague: Mouton, 1964), 37。

② Isaiah Berlin 认为，对于激进主义者来说，唯一必要的是"被俘的英雄挣脱锁链，他从此以后将会全面发展，生活在自由和幸福中"（Venturi, *Roots*, xvii）。

③ Nikolai Valentinov (N. K. Volski), *The Early Years of Lenin*, trans. Rolf H. W. Theen (Ann Arbor:University of Michigan Press, 1969), 209–10.

唯物主义者。深受德国唯物主义者雅各布·默莱肖特（Jacob Mole-schott）、卡尔·福格特（Karl Vogt）和路德维希·毕希纳（Ludwig Büchner）的影响，这些虚无主义者认为，自然科学已经为千禧年铺好了道路。这种对唯物主义的求助也与无神论的发展相关。虚无主义的无神论植根于左派黑格尔主义，但是赋予它具体实在性的却是唯物主义，尤其是它与达尔文主义的联合，后者在虚无主义者中间日益受欢迎。比如说，在神学讲座中，虚无主义者经常高喊"人就是一条毛毛虫"，以此攻击唯心主义和宗教信仰。①

　　虚无主义运动的领导人与两种互相竞争的杂志相关联。其中最重要的一种杂志是《现代人》（*Contemporary*），由尼古拉·车尔尼雪夫斯基和杜勃罗留波夫主编。这两个人都注定要从事神职，但是在阅读了黑格尔和费尔巴哈之后放弃了信仰，转向激进的社会变革。他们献身于农村社会主义，攻击1848年的革命者十二月党人，把解放农奴的自由主义者不仅视为多余人，还视为堕落而奸诈的政客。在他们看来，自由主义对受奴役的人们来说只是打着权利旗号的骗术。真正需要的不是自由主义的改革，而是激进的革命。但是，这样一种革命，只能由一种新型人类来发动，这种人是行动的巨人，而非语言的巨人，而后者正是先前一代人的特征。车尔尼雪夫斯基因此标举罗伯斯庇尔和路易·奥古斯特·布朗基（Louis-Auguste Blanqui）为虚无主义者的典范。在这方面，他可能更接近于卡莱尔，而非马克思。他对经济学很少了解，相信历史路线不会被抽象的经济力量所决定，而是被伟人所决定。

　　相较于《现代人》群体，由德米特里·皮萨列夫（Dmitri Pis-

143

---

①　Billington, *Icon*, 386.

arev）和他的杂志《俄罗斯语文》（*Russian Word*）领导的另一种虚无主义运动，较少民粹主义。① 皮萨列夫相信，俄国的改变，只能靠思想精英来完成。他虽受左派黑格尔主义普遍阶级领导观念的影响，但更看重孔德的科学精英统治观念。② 不过，这样一种精英要想存在，就必须普遍否定现存秩序："一句话，这是我们阵营的基本原理：凡该被粉碎的必须被粉碎；凡禁得起反抗的，就让它留在那里；很快变成碎片的东西都是垃圾；无论如何，左派右派都要打击，邪恶不可能也不会从这里产生。"③ 皮萨列夫相信，只有强壮的人才会经得起这样的破坏，他们将会成为统治一切的精英。他的追随者们致力于开辟这条否定性道路，比如瓦伏洛米·扎伊采夫

---

① 在《革命的根源》（*Roots of Revolution*）中，Venturi 把《现代人》群体描述为民粹主义者，并且基于皮萨列夫集团的精英主义和实证主义把这一集团成员描述为虚无主义者。他还指出，皮萨列夫集团愿意接受虚无主义者的标签，而《现代人》成员却拒绝这一称号。这一区分，对形成关于俄国革命运动特征的当代理解影响重大。但是，这样的区分是随意而不可信的。术语"民粹主义者"在俄国并不流行，直到 19 世纪 70 年代才成为这场运动或其一部分的名字。在早期大部分时光里，两个集团的成员们都被卡特科夫、屠格涅夫、赫尔岑和其他人描述为虚无主义者，而克鲁泡特金（Peter Kropotkin）直到 1897—1898 年间，还把这场革命运动描述为虚无主义［Herzen, *My Past*, 642; Kropotkin, *Memories of a Revolutionist* (Montreal: Black Rose Books, 1989), 275–82］。他的观点得到很多人的响应。尽管这一称号让车尔尼雪夫斯基和杜勃罗留波夫很沮丧，但皮萨列夫接受了它。在这方面，他可能要比那两位更诚实一些，或者在政治上更天真一些。两大集团之间的差异其实并没有那么大。即使 Venturi 也发现两大集团在 1862 年后已经合流，但因此又想把它们都称为民粹主义的，并为它们保留雅各宾民粹主义者的"虚无主义者"名号（Venturi, *Roots*, 325–26）。Venturi 因此歪曲和遮蔽了这一激进运动根本上的虚无主义特征。

② 皮萨列夫于 1865 年把孔德的思想引入俄罗斯［Jmes H. Billington, "The Intelligentsia and the Religion of Humanity," *American Historical Review* 65, no. 4 (July 1960): 813］。

③ 引自 Rogers（"Darwinism," 14）。

（Varfolomey Zaytsev）和尼古拉·索科洛夫（Nikolai Sokolov）就在皮萨列夫死后成为巴枯宁的弟子。

尽管两种居于领导地位的虚无主义群体在许多细节上彼此相异，但它们都通过破坏现存秩序，寻求解放俄国人民的普罗米修斯式力量。但是这两个群体在政治方面的影响都很有限，因为它们其实对政治变革并不感兴趣。对政治如此缺乏关注，是因为它们认为政治与一种过时的人性阶段相连。人们是自由的，可以用最为激进的方式塑造自己的命运。如果他们还没有这样做，那是因为他们道德堕落。和这样的人在一起，没有任何妥协的可能。一个新的开端要求打倒这样的人，推翻他们的社会制度。革命就是一条道德律令。

144

这样，道德开始预示一种意识形态政治，它不是被对权力的欲望所推动，而是被一种传教士般的狂热所推动，这种狂热想要用一切手段去转变异教徒的信仰，并让他们获得拯救。受车尔尼雪夫斯基启发，一个较小的地下组织"青年俄罗斯"，于 1860 年在 P. G. 扎契涅夫斯基（P. G. Zaichnevsky）的领导下成立了。它的直接目标就是"一场血腥而残酷的革命，它将彻底改变当代社会的整个基础"①。

这样一种传教式政治指出这样一种事实，即虚无主义不是一个简单的否定性教义，而是一种新的信仰，孔德所谓对人性的信仰。即使像卡特科夫这样的虚无主义反对者，也认识到虚无主义是"一种令人灰心的信仰，充满了内在的矛盾和无意义，但依然是一种信仰，它有自己的牧师和信徒……对否定的信仰反对一切权威，

---

　　①　Tony Cliff, *Lenin*, 4 vols. (London, Pluto, 1975), 1:11; Venturi, *Roots*, 285–94.

但这种信仰本身建立在对权威的服从之上。在这些教派人士的眼里，每一种具有否定特征的东西因此都是确切无误的真理"[1]。卡特科夫在这种新型信仰中看到了过分夸大人类意志的危险，但正是这种普罗米修斯主义，使得这种运动充满了魅力。

虚无主义者相信，这种新型的普罗米修斯式人性典范，已经存在于那些领导革命运动的骨干中。这些普罗米修斯式的骨干被车尔尼雪夫斯基称为"新人"，被皮萨列夫和尼古拉·谢尔盖诺夫（Nikolai Shelgunov）称为"思考着的无产阶级"，被 P. L. 拉夫罗夫（P. L. Lavrov）称为"批判性地思考着的个体"，被其他人称为"文化先锋"。N. K. 米哈伊洛夫斯基（N. K. Mikhailovsky）称他们为**知识分子**。[2]

这种知识分子由此被视为一个新的普遍阶级，就像费希特的学者、黑格尔的公务员和马克思的无产阶级。对皮萨列夫和其他人来说，他们是普罗米修斯式的英雄，引导着世界历史。黑格尔曾经认为，世界历史性个体的时代已经结束，因为历史已经终结。人类因此只需要一种理性的行政部门来维持已经建立起来的秩序。相反，左派黑格尔主义者认为，历史尚未终结，只有在真正普遍性的阶级（如马克思所说的工人无产阶级）开始获得主宰地位时，历史才可能终结。黑格尔的世界历史性个体概念在左派黑格尔主义者那里成为世界历史性阶级概念。俄国虚无主义跟随这条道路，但是用农民替换了工人无产阶级，因为后者在俄国几乎不存在。

不过，无论是工人还是农民，如果没有首先认识到自己作为一

---

[1]　Katz, *Katkov*, 75.
[2]　Billington, *Icon*, 390.

个阶级而存在，它们就都不可能行动，而这种认识和行动，只有在改变世界的超人的领导下才有可能。马克思相信这些领导人会从工人无产阶级以及资产阶级思想家中产生，后者加入了普罗大众与资产阶级之间进行的世界历史性的斗争。俄国虚无主义者认为，这些领导人会从知识分子中产生，他们相信这些知识分子作为一种宗教秩序中的成员，已经准备好放弃自己的生活，献身于人类解放的伟大道德运动。[①] 在他们看来，这个阶级将会创造一种新型的超级人性，然后与之结合。这样，革命领导人与他们将要生产的人没有什么不同；他们只是更具英雄气概，因为他们必须面对困难。知识分子的这种英雄主义也是他们的悲剧的根源，因为作为一种本质上是否定性的力量，他们只能通过普遍否定来为新世界奠基。于是，知识分子注定要死去，或如赫尔岑所指出的那样，注定要被他们所创造的世界吞噬。[②]

屠格涅夫的《父与子》

　　关于这种新人的最有名的文学描写，是屠格涅夫《父与子》中的主人公尤金·巴扎罗夫，而且正是在他的性格特征中，我们开始看到普罗米修斯式虚无主义者、浪漫主义恶魔英雄及唯心主义"绝对之我"之间的隐秘关系。《父与子》的故事被设定在一个地方语境中，但人物的行动涉及那个时代最重要的思想与政治问题。故事的主要事件都发生在被解放问题所搅动的时期。这是一个关于两

---

① Fedor Stepun, "The Russian Intelligentsia and Bolshevism," *Russian Review* 17, no. 4 (October 1958): 269.

② *Bell*, no. 187 (15 July 1864):1534.

代人矛盾的故事：老旧的浪漫主义者和唯心主义者；以及他们的孩
子，1860年代的虚无主义者，于暑假期间返回家乡的学生阿尔卡
狄·基尔沙诺夫和巴扎罗夫。他们第一次拜访基尔沙诺夫的家庭，
其中包括阿尔卡狄的父亲尼古拉，尼古拉的情妇菲涅奇卡，还有
阿尔卡狄的贵族伯父巴威尔。父亲和伯父发现，在巴扎罗夫的指引
下，他们的孩子已经成为一个虚无主义者，并且认为他们的浪漫主
义和自由主义不可救药地落后于时代。尼古拉受到这种指控后非
常沮丧，但是又相信这种指控可能是真的。不过，巴威尔却先后质
疑其弟弟和巴扎罗夫的态度。在这种情况下，巴扎罗夫和阿尔卡狄
被迫给虚无主义下定义，并为虚无主义作辩护。他们并没有战胜巴
威尔，而且在巴威尔和巴扎罗夫之间，在那个时代的两个主要代表
146 之间，明显存在一条不可跨越的鸿沟。

阿尔卡狄和巴扎罗夫离开基尔沙诺夫家，到当地小城旅行，在
那里遇见巴扎罗夫的傲慢弟子西特尼科夫和可笑的新型女子库克
辛后，结识了美丽而富有的寡妇奥津左娃，后者邀请他们到家中做
客。就像基尔沙诺夫家庭是陈述虚无主义理论的场所，奥津左娃家
成了检验这一理论的场所。巴扎罗夫，这个迄今为止一直认为所有
的浪漫主义都是胡扯、所有的浪漫主义附属物都是生理学的无序
的人，无可救药地爱上了奥津左娃。尽管她也被他所吸引，但当他
宣布他爱她时，奥津左娃退却了。他感到屈辱，不是因为奥津左娃
的拒绝，而是因为他自己的浪漫主义情欲，这种情欲明显反对他的
虚无主义。

小说剩余部分详细描述了巴扎罗夫的崩溃与失败过程。他和
阿尔卡狄拜访了宠爱他的父母，但并没有找到内心的平静，因为他
被无望的爱以及这种爱与他的原则之间的矛盾持续折磨。小说的

结尾是一系列的不幸。他几乎要和阿尔卡狄打架；他被误导同意对奥津左娃家进行一次短暂却最终令人尴尬的拜访；他回到基尔沙诺夫家，却不受欢迎；他尝试引诱尼古拉的情妇，却被迫与巴威尔决斗；他回到家里，却无比厌倦；在对一个霍乱病死者进行解剖时，他割伤自己，染上病菌，最后死去。临终之前，奥津左娃见了他最后一面。

巴扎罗夫是俄国文学中最为神秘的形象之一，是两种对立倾向的奇怪混合物，既让人恶心，又让人欣赏。他献身于同胞的利益，但自己在很多方面又是不人道的。他又高又壮，极富自信，充满骄傲，绝对一个"自负狂"，这使他某种程度上把自己比作一个上帝（*FAS*，86）。同时，他又无私帮助所有他遇见的单纯的人们。

他宣称，为了成为一名医生，他正在研究自然科学，但这只有一半是真的，因为他真正想要了解的，是人的本性。正如他对两个农民男孩儿所说的那样，他解剖青蛙，是为了更好地理解人，因为这两种东西本质上是一样的。人类是有机体，只能被一般性地理解："一个简单的人类标本就足以判断所有其他人。人就像森林里的树木；没有哪个植物学家会想要研究每一株白桦树。"（*FAS*，66）他们个人的个体性是无关紧要的。这样，他拒绝浪漫主义和唯心主义，因为它们聚焦于人的主观性因素。在揭示关于人的真理方面，化学比诗歌有二十倍的威力："关键的是二加二等于四，其余都是废话。"（*FAS*，33）通过医学和生理学，他有意理解人性。 147

巴扎罗夫想助益这个社会，并且认为"在这个时代否定是最有用的"（*FAS*，39）。阿尔卡狄解释说，虚无主义者之所以去破坏，"是因为我们是一种力量……（而且）是一种难以解释的力量"（*FAS*，41）。由于出版审查的原因，巴扎罗夫的目标，屠格涅夫并未言明，但实际上就是革命。没有什么值得保留，所有的东西都必须被批判，包括村社和农民的家庭（*FAS*，39）。所有社会制度都已经腐败，只有普遍的破坏才能带来一个正当的未来。但是这种普遍的否定将会产生什么，却并不非常清楚。巴扎罗夫指出："那不是我们现在的事……首先要做的，是扫清地基。"（*FAS*，39）他期待某种宏大之物："改革社会，不再有疾病……在一个适当的社会组织里，人们不管是愚蠢还是聪明、邪恶还是善良，但至少是绝对平等的。"（*FAS*，66–67）

重要的是仇恨与否定。巴扎罗夫宣称："我们想要毁灭所有其他人！"（*FAS*，148）这种仇恨有时甚至会引向他所爱的人。在一次争论中间，巴扎罗夫的脸在阿尔卡狄看来是"那样的充满仇恨——在那笑容里有这样一种非常认真的恐吓，它扭曲了嘴唇，在那闪光的眼睛里，也有这样一种恐吓，这让他本能地觉得害怕"（*FAS*，105）。即使巴扎罗夫向奥津左娃表白爱情时，他的脸也几乎是野蛮的。奥津左娃"强迫自己来到某个地方，强迫自己扫视它的后面，发现那后面不仅仅是一个深渊，干脆就是虚无……或某种可怕的东西"（*FAS*，83）。巴扎罗夫用异常明确的话语表达他的嫌恶："我恨那么多的东西。"（*FAS*，103）

但是，他发现要践行自己的原则是不可能的。他陷入对奥津左娃的爱，而且不得不承认生活的主观性方面的重要性，而他曾经坚决拒绝这种主观性。他还发现自己不能简单否认浪漫主义的荣誉准则，因为他的骄傲让他无法拒绝巴威尔发出的决斗挑战。最后，他发现否定的力量并非一种全能的力量，它还要服从于生活本身的力量。临死之前，他说道："去尝试反驳死亡吧。死亡也将会反驳你——这就是一切！"（*FAS*，157）他的命运是悲剧性的，但即使面对死亡他也不愿否定自己的原则，这让他显得英勇。

148

关于巴扎罗夫，屠格涅夫自己的观点是矛盾的："我到底要诅咒还是要赞美他？**我真的不知道**，因为我不知道我到底是爱他还是恨他！"（*FAS*，184；比照190）巴扎罗夫是一个否定性的但绝对有力的人物，是非常吸引屠格涅夫的那一类人："我喜欢普罗米修斯，我喜欢撒旦，喜欢那种叛逆者类型，他是一个个体。"[1] 为了理解巴扎罗夫的特殊魅力，我们必须进一步考察他的性格特征。

巴扎罗夫是现代文学中最具普罗米修斯特征的革命者形象之一。屠格涅夫声称他"梦想过一种角色，他阴郁、野性、巨大，一半来自地下，强有力、嘲笑一切、真诚——而且注定不停地破坏——因为他虽然如此，还只是站在未来的门槛前——我幻想着一个类似普加乔夫[2]的奇怪**垂饰**"（*FAS*，186）。巴扎罗夫的伟大是毫无疑问的，从来没有被人怀疑过，除了像《现代人》的编辑那样。卡特科夫抱怨说，如果屠格涅夫没有神化巴扎罗夫，他至少要把他放置在一个很高的位置上（*FAS*，173）。屠格涅夫自己评论过："我把这家伙描述得太英雄化了，太理想主义了。"（*FAS*，189）

但是，以巴扎罗夫的言行为基础来判断，这种一般性的印象很难证明是正当的。我们肯定他很伟大，不是根据他所做的事情，而是根据其他人对待他的方式。[3] 巴扎罗夫这方面的性格特征让一个

---

[1]　David Lowe, *Turgenev's Fathers and Sons* (Ann Arbor: Ardis, 1983), 66.

[2]　普加乔夫（Pugachev）是反抗叶卡捷琳娜二世的哥萨克人领导。

[3]　Lowe, *Fathers and Sons*, 56. Helen Muchnec 认为，"巴扎罗夫比他自己显现的还要伟大。他并不因其言行而可爱，尽管这些言行确实独特。他的伟大是内在的；他真正所是，是对他所代表的自己的否定。在他那里最明显的特征是有限性和不快乐；那被掩藏的才是伟大的"［*An Introduction to Russian Literature* (New York: Doubleday, 1947), 116］。

评论家指出，屠格涅夫似乎对巴扎罗夫的存在感到不安，与其说不喜欢他，倒不如说害怕他。[1] 其他评论者则颇具启发性地说："巴扎罗夫是大众的怯懦的对立面。这是我们为什么爱他的秘密。"[2] 但是，成就巴扎罗夫之伟大的否定性特征，只是他的虚无主义的一小部分。正如他自己所承认的那样，他不代表任何东西。他只想去清扫地基。他高度看重自己，也高度批判自己。当他陷入对奥津左娃的爱时，他把他可怕的蔑视指向了自己。他是否定和自由的怪物，既是普罗米修斯，又是啄食普罗米修斯肝脏的老鹰。他的伟大和他的悲剧在这个意义上是双重的。作为一个虚无主义者，他标识出一个立场，这一立场不仅反对独裁，还反对自然，包括他自己人性的自然。

从这个视角来看，人们可能会得出结论，即《父与子》是对虚无主义的攻击，就像《现代人》的编辑们所相信的那样。但这样一种结论是很成问题的。确实，屠格涅夫不需要车尔尼雪夫斯基和杜勃罗留波夫。他把他们视为文学的罗伯斯庇尔，反感他们的自大与精英主义。[3] 还有，他相信他们对文学施加了一种有害的影响，他们尝试用神学院的原则替代艺术。最后，他因杜勃罗留波夫恶意证明他的《前夜》(On the Eve) 在呼唤革命而被激怒。在他描述巴扎罗夫时，他明显模仿了激进主义领导人的语言和性格特征，但这并不意味着他的英雄是他们的拙劣模仿者或批判者。[4] 屠格涅夫总是

---

[1] Ivan Turgenev, *Literary Reminiscences and Autobiographical Fragments*, trans. David Magarshack (London: Faber, 1959), 173.

[2] Edward Garnett, *Turgenev: A Study* (London: Collins, 1917), 121.

[3] Venturi, *Roots*, 157; Moser, *Antinihilism*, 26.

[4] Ralph E. Matlaw, "Turgenev's Novels and *Fathers and Sons*," in *FAS*, 274.

运用各种活生生的模特。巴扎罗夫尽管类似于车尔尼雪夫斯基和杜勃罗留波夫，但也类似于皮萨列夫、别林斯基和巴枯宁，甚至还类似于那个不知名的青年医生，屠格涅夫曾在自己关于《父与子》的文章中提及。[1]

关于屠格涅夫的虚无主义描写最令人吃惊的，是他对一种思维方式的喜欢程度，这种思维方式在他自己看来是那样不完美。带着他的所有缺陷，巴扎罗夫对屠格涅夫和许多人一直都保持着奇特而广泛的魅力。比如说，皮萨列夫就认为，巴扎罗夫是新人的一种正面典型。[2]他承认如果屠格涅夫隐藏了巴扎罗夫粗糙的地方，这个形象会更令人喜欢，但他又断言，这个人物会因此不真实。[3]但是，这种粗糙不应当遮住我们的眼睛，让我们看不到他的伟大。[4]皮萨列夫把他视为意志坚定的精英们的典范，相信这种精英对改变俄罗斯来说是必要的。事实上，他培育了成百个巴扎罗夫式的幽灵，一种革命性精英的幽灵，这种幽灵每小时都在诞生和成长。[5]

屠格涅夫自己曾指出，"巴扎罗夫是空洞而无用的（但仍然是伟大的）。可能我的俄罗斯观比你想的更愤世嫉俗：在我的心里，他是我们时代的真正英雄。你会说这是一个好的英雄和好的时代。但那正是它应该是的"（*FAS*, 182）。屠格涅夫在这里暗指米哈伊尔·莱蒙托夫（Mikhail Lermontov）的浪漫主义小说《当代英雄》（*A*

---

[1]　Turgenev, *Reminiscences*, 168.

[2]　Dmitri Pisarev, "Bazarov," in *FAS*, 196–97.

[3]　Ibid., 210.

[4]　Ibid., 217.

[5]　William C. Brumfield, "Bazarov and Rjazanov: The Romantic Archetype in Russian Nihilism," *Slavic and East European Journal* 21, no. 4 (Winter 1977), 495. 赫尔岑认为皮萨列夫误解了巴扎罗夫（Alexander Herzen, "Bazarov Once Again," in *FAS*, 232）。

Hero for Our Time）和它拜伦式的主人公毕巧林。初看之下，屠格涅夫把巴扎罗夫和浪漫主义者毕巧林放在一起似乎搞错了地方。毕巧林是虚无主义者鄙视的多余人之一。屠格涅夫怎么能够把巴扎罗夫和毕巧林作比较？问题的答案把我们引向了浪漫主义与俄国虚无主义的隐秘关联。

作为浪漫主义的反浪漫主义者的巴扎罗夫

表面上看，巴扎罗夫怎么也不可能是一个浪漫主义者。很少有比巴扎罗夫更对浪漫主义表示不满的文学形象。他被描写成单调而世俗的形象，一个青蛙的收集者，而非心灵的收集者。还有，他 150 在小说中的主要对手，巴威尔·基尔沙诺夫，很明显是按照拜伦式风格塑造的。但是，这些对浪漫主义的巴扎罗夫的反对，关注的都是表面现象。巴扎罗夫实际上是一个浪漫主义的反浪漫主义者，巴扎罗夫和巴威尔之间的对立，并非现实主义者与浪漫主义者的对立，而是两代浪漫主义者之间的对立。

毋庸置疑，巴扎罗夫不是传统的浪漫主义英雄。他的唯物主义和现实主义不可能被当作表面的光泽而简单排除。屠格涅夫曾在《处女地》（*Virgin Spring*）草稿中这样写道：

> 有一些**现实主义的浪漫主义者**……他们渴望一种现实性，努力追求这个理想。在现实中他们寻找不到诗歌——这对他们来说是荒唐可笑的——但是能够找到某种重要的和有意义的东西；下面这句话是废话：现实生活是乏味的，而且就应该是这样的。对于完全扭曲他们的作品，或者与他们的作品完全不

相称的行为，他们都不高兴，感到受到误解，会折磨自己。还有，他们的出现——可能只是在俄国，总是带有**布道**或说教的一面——是必要而有益的：他们是以他们自己的方式布道的牧师和先知，但是，完全的先知必然包含和定义自己。布道是一种疾病，一种饥饿，一种欲望；健康人不可能是一个先知或者牧师。因此，我也把某种浪漫主义的东西置入巴扎罗夫的形象里，但只有皮萨列夫注意到了这一点。①

巴扎罗夫是一个浪漫主义者，但他确实没有生活在他自己理想的文学世界。毋宁说，他想把现实改造得符合理想，想在现实中实现理性的东西。巴扎罗夫就像典型的浪漫主义者那样不适应他的世界，但是他并没有逃进理想，过一种恶魔式的罪犯的生活，他宣称世界本身的道德秩序是非理性的和罪恶的。他的否定因此是对服务于理想的那种否定的否定。他是这种理想的牧师，他渴望这一种理想，但是又相信除非否定这个不正义和不道德的世界，这种理想就不可能实现。于是，他虽然是一个浪漫主义者，却是一个寻求否定非理性的现实性的浪漫主义者。

在构想巴扎罗夫的过程中，屠格涅夫借鉴了几个浪漫主义的模特。其中最重要的一个可能就是浮士德。在他早期评论弗朗琴科（Vronchenko）所译《浮士德》的文章中，屠格涅夫这样描述那个浪漫主义英雄："他成为周围世界的中心；他……不服从于任何事情，他强迫任何事情都服从于他；他被心灵指引着生活，但他自己那颗

---

① Abdré Mazon, "L'élaboration d'un roman de Turgenev: *Terres vierges*," *Revue des études slaves* 5 (1925): 87–88.

孤独的心灵——而非别人的心灵——还沉浸在爱情之中，他对之无比渴望；他是一个浪漫主义者，而浪漫主义不是别的，就是对个体性的神化。他渴望谈论社会，谈论社会问题，谈论科学；但是社会就像科学一样，只为他而存在——而不是他为它们而存在。"①

尽管屠格涅夫开始视浮士德为一个自我主义者，针对这种自我主义也没有一种浪漫主义的解决方案，但在巴扎罗夫形象中，还是存在一种关键的浮士德元素。它完全可以在"对个体性的神化"这个观念中被捕捉到。就像浮士德，巴扎罗夫拒绝服从于任何事情，而是强迫任何事情服从于他。他也根据他的心灵生活，而屠格涅夫在小说结尾把这种心灵描述为激情、罪恶和反叛。他也没有把自己视为社会和科学的仆人，而是把自己视为它们的主人。还有，如果他不能完全成为他想象中自己应该成为的上帝，那么他至少会从一个神性的高度鄙视自己，批判自己不能实现那不可能实现的抱负。

巴扎罗夫的第二个模特，是拜伦的曼弗雷德。很早的时候，屠格涅夫就是拜伦的热情崇拜者。他的早期作品《速记》(*Steno*)事实上就是对曼弗雷德的改述。他后来曾经嘲笑自己青年时代的这种热情，但他成熟期的作品还是更多归功于《速记》，也因此更多归功于曼弗雷德。② 就像曼弗雷德，巴扎罗夫也是一个超级自我主义者，他的自我主义本质上是悲剧性的，因为他拿自己和超人的标准相比，而当不能达到这一标准时，就强施自己一种超人般的惩罚。就像曼弗雷德，他是他自己最严厉的法官，而且最终证明也是

---

① 引自 Brumfield, "Bazarov and Rjazanov," 499。
② Ibid., 500.

自己的陪审官和行刑官。

巴扎罗夫的第三个模特是哈姆雷特。[①] 在写《父与子》的过程中，哈姆雷特总是出现在屠格涅夫心里。在写作这篇小说前不久，他刚刚完成关于哈姆雷特和堂吉诃德的论文，这篇文章似乎把 19 世纪 60 年代的虚无主义革命者等同于堂吉诃德，而把 19 世纪 40 年代和 19 世纪 50 年代的多余人视为哈姆雷特。但是，这是一种误解。对屠格涅夫来说，堂吉诃德和哈姆雷特代表两种类型的人。堂吉诃德天真幼稚，根据一种独立于他自身的原则生活。相反，哈姆雷特是完全的自我主义者，不关注道德，只关注他自己的生活问题。他的力量是否定的力量，他持续怀疑所有的东西，不断否定所有的东西。[②] 就像哈姆雷特一样，巴扎罗夫只对一件事情是确定的，即"腐败之物"，而且这种腐败必须被消灭。他的否定就像哈姆雷特的否定一样，总是对否定的否定，他的斗争是反对邪恶的斗争，这种邪恶很少涉及善的实质特征。不过，哈姆雷特的否定力量首先毁坏的是他所爱的人，然后是哈姆雷特自己。巴扎罗夫的类似道路导致的是自我否定。就像哈姆雷特，巴扎罗夫在死亡中完全走进他的否定性本质。他最终的留言"现在……黑暗……"，很容易让人想起哈姆雷特的"唯有沉寂"。

令人惊讶的地方，不是屠格涅夫把巴扎罗夫描写成一个浪漫主义者，而是屠格涅夫浪漫主义的巴扎罗夫开始规定新人的形象。

152

---

①　屠格涅夫最尖锐的批评者 M. A. Antonovich 指出，屠格涅夫把他的英雄描述成一个"恶魔式的或拜伦式的角色，与哈姆雷特有些相似"（N. N. Strakhov, "Fathers and Sons," in *FAS*, 219）。

②　Leonard Schapiro, *Turgenev: His Life and Times* (New York: Random House, 1978), 149.

虚无主义者为什么会对巴扎罗夫着迷？巴扎罗夫的主要特征是他
的自我主义。他认为任何强加于他的束缚都是不必要的，因为他觉
得自己比一般人和自然都更优越。他相信他是真正自治的、自我创
造的存在。作为结果，他似乎被关在监狱中。他有一个过去，但似
乎与它无关，似乎已经与之断绝了关系。他也似乎没有一个确定的
未来，尽管小说中的每个人都确信他能成为他想成为的人。^①在这
个意义上，他就是费希特式的"我"，不断地也总是不成功地努力
使"非我"服从于它自己。皮萨列夫在巴扎罗夫那里看到了这一点：
"在任何地方和任何时候，巴扎罗夫只做他想要做的事，或者只做
似乎对他有利或方便的事。他只是被自己的奇思怪想和算计所主
宰。没有什么超越他自己、外在于他自己或内在于他自己的东西
可以被他视为仲裁者、道德法则或原理；前方——没有崇高的目标；
内心——没有高尚的规划，而他具有这样伟大的能力。"^②

　　自我主义不是一种危险的性格特征，而是包围他的一个浪漫
主义困境。皮萨列夫也注意到了这一点：

　　　　巴扎罗夫自尊心极强，但是作为他的自大的直接结果，他
　　的自尊心是无意识的。他对构成日常人际关系的琐事不感兴
　　趣；用明显的蔑视侮辱他和用直接的尊敬让他快乐，都是不可
　　能的；他满脑子都是他自己，在他自己看来，他站在如此不可
　　动摇的高度，以至于他对别人的看法几乎无动于衷。基尔沙诺
　　夫的伯父……称他的自尊为"魔鬼的骄傲"。这一表达是精心

---

①　Strakhov, " Fathers and Sons," 224.

②　Pisarev, "Bazarov," 199.

选择的，正好抓住我们这位英雄的特征。说真的，我们不可能拿任何缺乏永恒的持续扩张行为的东西满足巴扎罗夫，但是说到他的不幸，巴扎罗夫并不相信人的个性的永恒存在。①

巴扎罗夫的自我主义并没有冒犯我们，因为它并没有带上一点点的虚荣心的色彩。他没有装模作样，也没有自我满足；骄傲并没有带给他快乐。②

比起那些更保守的反虚无主义作家，屠格涅夫在描写虚无主义的自我主义时，显得更为温和。事实上，保守的 P. V. 安年科夫（P. V. Annenkov）曾经抱怨屠格涅夫没有给巴扎罗夫足够"强烈、病态的自我主义"，比如说，这种自我主义就是车尔尼雪夫斯基的特征。③ 即使这种自我主义有所突破，巴扎罗夫也像浮士德和曼弗雷德那样没有变得骄傲。他并没有陶醉于他的自我，反而饱受自我的折磨。他的自我主义看似一种赐福，实际上是一种诅咒。它驱动他不停地行动，不停地批判，但并没有留给他任何稳固或确定的东西，没有故乡，也没有家庭或朋友。④

巴扎罗夫既在对抗世界，也在对抗生活本身。就像费希特的"我"，他是一个意志的怪物，但他的意志除了自由，没有对象。因此，他是一个纯粹否定的造物，是一个毁灭者和革命者，是布莱克

---

① Pisarev, "Bazarov," 199.

② Strakhov, "Fathers and Sons," 224.

③ *FAS*, 187.

④ 正如 Rufus Matheswon 和其他人已经指出的那样，巴扎罗夫的自我主义因此不是一种缺点（*The Positive Hero*, 136）。自我主义是他的英雄主义的根源，但这种英雄主义是悲剧性的，注定会因为它的受困于征服一切的宙斯——也就是不可抵抗的自然力量——的普罗米修斯立场而失败。

那只以人的形象出现的老虎。作为绝对的否定性，这种意志不可能建造一种新的实在。巴扎罗夫自己也告诉我们，在他的生活中，只存在一种绝对的空无，他用干草填充着这种虚无，因为"我们宁愿用什么东西填充它，也不愿拥有一片空无"（FAS, 148）。这种空无与巴扎罗夫的虚无主义密切相关。他的虚无主义与解放等同，意味着所有外在和内在束缚的缺席。它是衡量巴扎罗夫的伟大的手段，他尝试去活，并且最终选择去死，都是依据这一教义。20世纪早期的一个评论家这样充满洞见地评论："他是侵略者，在他的毁灭行动中被毁灭。"[1]

但是，这种否定性是否就是他的特征的全部，还很成问题。比如说，尽管他对待自己父母漫不经心，但实际上很爱他们。还有，在和巴威尔的决斗中，他证明自己不是自己所宣称的那种完全的毁灭者，因为他匆匆地帮助着他受伤的对手。[2]巴扎罗夫的否定性是习得的，而非本能。他是一个好人，只是被他所信奉的否定思想改变了。就像浮士德，有两个灵魂在他的胸膛中居住，也像曼弗雷德，他具有温和的一面，一个善良的"阿丝塔特"不时还会出现。但是，他的灵魂中这种更加人性化的元素因不断上升的靡菲斯特式时刻而变得残忍了，给镇压了。

作为否定与自由的代理人，巴扎罗夫尝试设立"我"对"非我"的优势，但是发现"非我"有自己的实在性，发现费希特把自然世界解释为"非我"具有局限性，发现事实上"我"的所有力量都来自"非我"，来自大自然，因此发现"我"最终服从于"非我"。

---

[1] Garnett, *Turgenev*, 120.

[2] Lowe, *Turgenev's Fathers and Sons*, 72.

　　巴扎罗夫相信他是一种自治性的、自我创造的存在，一个把自己从政治和独裁的石柱上解放出来的普罗米修斯。从这方面看，他表现了俄国虚无主义的英雄主义及其高贵行动的费希特式本质。但是，屠格涅夫尝试告诉我们，这种英雄的普罗米修斯主义本质上是悲剧性的，因为它建立在对人和自然的错误理解之上。在屠格涅夫看来，巴扎罗夫的伟大是自然本身的表现。N. N. 斯特拉霍夫（N. N. Strakhov）在 1862 年就已经指出：“巴扎罗夫是一个对抗地球母亲的巨人；不管他的力量多么强大，这种力量只能用来证明给予他力量和养育他的那种力量的伟大，而且他的力量永远不可能和地球母亲的力量相抗衡。”[①] 巴扎罗夫对自己的自治的信仰，导致他违背“自然的法则”，他必须偿付自然要求的代价。就像巴威尔和奥津左娃尝试超越自然一样，他也无果而终。他用否定替代他们的纯粹形式主义，但结局和他们一样。他对自治的欲望导致他否定家庭，以至于拥有一个自己的家庭变得不可能。巴扎罗夫说他并不依靠时间，而是时间依靠他。但他最终发现，每一个人都得依靠时间。[②]

　　巴扎罗夫的虚无主义被他对奥津左娃的爱所检验。这一检验采取一种形式，就是发生在巴扎罗夫灵魂中的一场伟大战斗，是发生在他的自治欲望和他对奥津左娃的爱之间的战斗，而只要他还是人，而不是野兽或神灵，他就不会赢得这场战斗的胜利。这场战斗是完全内在的战斗，几乎不为人所见，因为屠格涅夫很少揭示巴扎罗夫的内在生活。但是它的结局却明显表现在小说的后半部分：他第一次回家时坐立不安，他放弃自己的工作，与菲涅奇卡调情，

　　① Strakhov, "Fathers and Sons," 229. 另见 Alexander Fischler, "The Garden Motif and the Structure of Turgenev's *Fathers and Sons*," Novel (1976):245。

　　② Lowe, *Turgenev's Fathers and Sons*, 80.

与巴威尔决斗，直到再次回家时完全绝望。这是一场他处处失败的战斗。结果，他被迫采取最为绝望的手段，在解剖一个霍乱病人的尸体时，故意感染了伤口。这是他英雄主义的自我主义的最后一次证明，他进入黑格尔所谓"生与死的斗争"中，以证明自己的自由。但这最后一次证明也是他被打败的时刻，因为他感染了疾病，被它毁灭掉了。①

在小说的开始，巴扎罗夫相信并证明自己是一个公然藐视人类和自然的、名副其实的普罗米修斯。但是巴扎罗夫对奥津左娃的爱，强迫他直面自己的存在，发现自己并非完全自治，而是被自然以一种难以克服的方式束缚着。这是他的痛苦的根源。他的悲剧不是自我确认的丧失，就像某些人所暗示的那样，而是认识到这样一种普罗米修斯式的自我确认要付出的代价。②巴扎罗夫开始看到，他的普罗米修斯主义使他与自然本身相对立。他放弃了他的信仰，即世界难以限制他的自我肯定。但是自我认同的这种明显失败，也就是说，面对他的死亡的必然性，恰好正是对他的虚无主义者身份更加详细的再确认。正是在这一时刻，他不再像上一代的多余人那样是一个语言的巨人，而获得了一种悲剧性的伟大和真实性。他通过意愿和肯定自己的死亡，来意愿和肯定自己的虚无主义。

屠格涅夫告诉我们，他对《父与子》的构思是从巴扎罗夫的死开始的。他的死是他断言自己从自然那里获得自治的结果，他的死也是他与自然和解的基础。面对死亡，他没有悲叹自己的命运，而

---

① 参见 Richard Freeborn, *Turgenev: The Novelist's Novelist* (Oxford: Oxford University Press, 1960), 121。

② Charles Bachman, "Tragedy and Self-Deception," *Revue des Langues Vivantes/ Tidschrift voor Levende Talen* 34 (1968): 275.

是战斗到最后，以证明他的自治。自然可能摧毁了他，但不能征服他。但是，他确实向奥津左娃发出了一个信息，即他在说谎，她也补偿了他一次最后的访问。他对她说："那时候我没有吻你……对一盏行将熄灭的灯吹口气，让它熄灭吧。"当她吻了他的前额，他回应道："这已经足够了！……现在……黑暗——"随着他的请求和她的吻，战斗走向了一个结局，在死亡的边缘，在终极的自我否定的边缘，他最终能够肯定自然的感情，那种感情已经出现在他自己的灵魂中。有一个闪光的时刻——如果只是一盏将灭的灯的光——它揭示了个体性生存（existence）的有限性，但也揭示了它所有的美丽，这种美丽体现在奥津左娃那里，由于她的那一吻，巴扎罗夫不仅欣赏而且接纳了那种美丽。这之后，就是纯粹的否定、黑暗、形式的缺失、绝对的自由、巴扎罗夫所有理想的最终实现。补偿这种实现的恐怖的，是对这个美丽的世界、受限之物和有限之物的短暂接受这个事实。巴扎罗夫说道："这已经足够了！"奥津左娃的有限的美丽固然没有诱使他放弃追求自治的普罗米修斯斗争，但也使他和这种斗争所包含的终极牺牲达成了和解。

这种和解体现在小说最后一段令人惊异的话语中："不管那颗心曾经多么富有激情、充满罪恶和难以控制，现在它已经把自己埋藏在坟墓中，坟头的鲜花用它们无邪的眼睛平静地注视着我们；它们对我们诉说的，不只是永恒的宁静，'冷漠的'自然的宁静；它们诉说的，还有永恒的和解与没有终结的生活。"这段话似乎是对巴扎罗夫观点的拙劣模仿，实际情况并非如此。这种没有终结的生活指向大地，而非天堂。[1]巴扎罗夫对自治的渴望，对打破所有局

---

[1]　Matlaw, "Turgenev's Novels," 278.

156　限性的无形式的无限性的渴望，对奥津左娃的爱，对所有美好的有
限之物的爱，都来自自然，都在自然中和解。有限之物以及这里由
野花代表的美好之物，都来自对死亡的完全否定。用黑格尔这个屠
格涅夫研究过并崇拜过的人的话来说，巴扎罗夫的否定最后并非
绝对性的否定，而是决定性的否定，即对否定的否定。他的努力并
没有使世界终结，而是使土壤恢复生机，以至于一个全新的世界能
够发芽和成长。

　　这样，这种最后的和解既不是费希特式的，也不是左派黑格尔
主义的，相应地它也没有依赖"绝对之我"的否定性或者精神的辩
证运动。屠格涅夫毋宁说展现了一种歌德式的或黑格尔式的反虚
无主义观点，这种观点尝试证明，虚无主义者以自由的名义发起的
反对自然的战争注定要失败，因为自由本身来自自然。巴扎罗夫是
一个反叛者，但是他的反叛本身只是他所反叛的自然力量的证明。
就像浮士德，他只要努力就犯错，就像靡菲斯特，他的否定最终结
束于肯定之中。

　　就像他的导师歌德和黑格尔，屠格涅夫否定了世界上存在真
正的自由和真正的邪恶。结果，他不能谴责虚无主义，尽管它代表
所有的危险。它是一种人类努力的形式，它来自所有努力的根源，
那根源就是善。还有，由于他的努力是最为卓越的努力形式，巴扎
罗夫不仅不是一个邪恶的人，还是一个伟大的人。他充满了活力，
这种活力不管形式如何，是终生有益的。就像歌德和黑格尔一样，
屠格涅夫被一种强大的悲剧性力量所吸引，这种力量在他的矛盾
英雄中显现自身。就像歌德和黑格尔一样，他注视着普罗米修斯带
入人间的迷人火焰，最终不能确定它是会照亮他昏暗的世界，还是
会点燃一场大火。

虚无主义的替代者：车尔尼雪夫斯基的《怎么办？》

弗兰克·文图里（Franco Venturi）认为，我们很少能够通过考察像屠格涅夫这样的作家的文学作品来认识俄国虚无主义运动。[①]根据他的观点，文学只是一种娱乐，并不真的尝试理解或描写历史事实。这样一种文学观点其实会让人误入歧途。对大多数文化来说，文学扮演的角色要比文图里打算承认的重要得多。19世纪的俄国尤其如此。由于审查制度的存在，文学是少有的几个可以谈论政治的地方之一，它由此成为反思社会和政治特征的公共领域。《父与子》就是一个最好的例子，它的出版所引发的重要讨论很清楚地说明了这一点。

《父与子》受到《现代人》编辑和其他虚无主义者的攻击，但是由于审查制度，他们不能简单地给出革命者的替代模式。于是，他们寻求在自己的文学作品中描绘这种革命者形象。其中最重要的成果就是车尔尼雪夫斯基的《怎么办？》。作为对《父与子》的直接回应，它介绍了一种替代性的新人形象。这本书在个体的绝对独立的基础上，深刻阐述了一种新型的爱情、家庭和社会生活理想。

这是关于一个名为薇拉·帕夫洛芙娜的年轻女孩的故事，在一位名叫洛普科夫的"新人"的帮助下，她逃离了糟糕的家庭和一次更糟糕的婚姻。洛普科夫为了和她结合，放弃了做医生的抱负。他们像亲兄妹一样生活在一个平等的基础上。洛普科夫找到了一份家庭教师的工作，薇拉则按照社会主义的原理成立了一个缝纫车

[①]　Venturi, *Roots*, xxxi.

间。但是，他们之间的情感生活并不和谐，她爱上了丈夫的朋友基尔沙诺夫。洛普科夫知道这一切后，打算自杀，最后在英雄的拉赫梅托夫帮助下离开俄国。薇拉·帕夫洛芙娜和基尔沙诺夫结了婚，洛普科夫数年后返回，和另外一个年轻女人结了婚，所有人都愉快地重聚了。全书结束于一群人和一个神秘的黑衣女士在等待一位匿名男子的回归，而他很可能就是拉赫梅托夫。

这部小说和古茨科的《虚无主义者》有很多相似之处，车尔尼雪夫斯基很可能非常熟悉后者。但是不同于古茨科，车尔尼雪夫斯基只描述了一群善的虚无主义者，并没有描述恶的虚无主义者。两本小说中的主人公都是女性，她们都通过结识一个新人而成为费尔巴哈的信徒。薇拉·帕夫洛芙娜就像赫塔·文邨芙一样，被一种自治的欲望所驱动，追求一种她喜欢的生活："我只知道我不想成为别人的奴隶！我想要自由！……重要的事情是自由；去做我乐意做的事儿；去过一种我喜欢的生活，不想向任何人征求任何意见。"[①] 就像艾伯哈特·奥特，而不像康斯坦丁·乌尔里希斯，洛普科夫愿意为自己所爱的人的利益而牺牲自己的事业。他宣称这是理

158　性自我主义的结果，但这种自我主义没有任何的自私。这种行为是典型的车尔尼雪夫斯基式新人的行为："他们中每一个人都是一个男人，勇敢、坚定、不动摇、善解人意；如果他从事某项事业，他会如此坚决地把握它，不会让它从手里滑掉……他们中的每个人都具有无可挑剔的完整性，以至于这样的问题从来没有进入我们的心里：'无条件地依靠这样的人是可能的吗？'"[②]

---

①　Nikolai Chernyshevsky, *What Is to Be Done*?, N. Dole and S. S. Skidelsky (Ann Arbor: Ardis, 1986), 40, 70.

②　Ibid., 198.

根据车尔尼雪夫斯基，这样的人并非不寻常的人。如果不被腐朽的社会制度所扭曲，几乎所有的人都是这样的。嫉妒和其他降低人类本性的情绪是腐朽的"事物秩序"的结果，也就是说，是私有财产存在的结果。[①]他建议，在一个真正有序的社会里，不健康的意志将会变得健康，因为它不再与人们做一个好人的动机相矛盾。[②]由于审查官的存在，关于这种新时代的幻想，只能被描述成薇拉·帕夫洛芙娜的一个梦。

这个梦描述了未来的女人，她体现了过去生活的所有完美之处，还有这种完全的自由：

> 没有什么比男人更崇高；没有什么比女人更崇高……薇拉·帕夫洛芙娜看到了。正是她自己的脸，被爱的光辉照亮；那张脸比古代雕刻家和伟大艺术时代的伟大艺术家留给我们的任何理想形象都要美……她比过去所有美丽的女人都要更美丽……我拥有阿斯塔耳忒*所拥有的一切感官的快乐；……我和阿弗洛狄忒一样，一看见美丽的事物就会心生狂喜；我崇敬"童贞"所具有的那种高洁。但是这一切在我那里比在其他人那里更完满、更崇高也更强烈……在我之前，还没有人对自由的完美快乐有过体验。[③]

---

① Nikolai Chernyshevsky, *What Is to Be Done?*, N. Dole and S. S. Skidelsky (Ann Arbor: Ardis, 1986), 306.

② Ibid., 170–71.

* 阿斯塔耳忒，腓尼基丰产女神，月女神，司爱情和婚姻的女神，常被人和阿弗洛狄忒混同。——译者

③ Nikolai Chernyshevsky, *What Is to Be Done?*, N. Dole and S. S. Skidelsky (Ann Arbor: Ardis, 1986), 375–77.

让这种新人成为可能的，是这个新世界的总体社会秩序。这是一个由铝和玻璃构成的世界，一个所有工作由机器完成的公社世界，这个世界里少有老朽的男人和女人，因为直到死前不久，他们还都一直保持着健康和青春。这里只有自由、满足和享受，"永恒的春天和夏天，永恒的欢乐"。①

在车尔尼雪夫斯基看来，这样一个世界要想成为现实，只有通过对社会进行革命性的变革，而这样一种变革要想实现，又只能靠真正非凡的男人和女人。车尔尼雪夫斯基描绘的拉赫梅托夫就是这样的人，他是一个专注的、英雄般的革命者，一个可以和巴扎罗夫相比的真正的虚无主义者。他有着超人般的强力和专注力。他知道自己的革命信仰需要很大的牺牲，比如说，需要在钉床上睡觉，以准备好将来的严刑拷打。正如车尔尼雪夫斯基本人所承认的那样，他是一个"巨人般的存在"，一个真正的普罗米修斯。②洛普科夫宣称，"拉赫梅托夫属于一种不同的人类。他们以这样一种方式处理公共事务，即公共事务的必要性充满他们的生存；对他们来说，公共事务甚至是他们个人生存的替代品。但是对我们来说……这很难做到。我们不是老鹰，就像他那样；我们只能过我们自己的生活"③。

他对革命的献身是全身心性的，这遮蔽了他的人性品质。他有一颗高贵的灵魂，却似乎是一头阴郁的怪兽，因为在这样的时代，

① Nikolai Chernyshevsky, *What Is to Be Done?*, N. Dole and S. S. Skidelsky (Ann Arbor: Ardis, 1986), 381, 387.

② Ibid., xxxviii.

③ Ibid., 352.

"一个对善有如此火热的爱的人，不能不是一个阴郁的怪兽"[1]。他的畸形性格是悲剧性的，但也是他追求普遍否定这一极端使命的必然结果。车尔尼雪夫斯基对这样的人不吝赞美之词：

> 这样的人很少，但整个生活因为他们而繁荣；没有他们，生活将变得死寂和堕落；他们虽然人数极少，却会帮助所有人呼吸；没有他们，人们将会窒息。大多数诚实而和善的人们是伟大的，但像这样的人却非常少有；他们在大众中，就像茶里的咖啡碱，就像葡萄酒里的香气，大众的果实和芬芳就来自他们；他们是人中龙凤；他们是动力的动力，他们是大地盐分中的盐分。[2]

比起《父与子》,《怎么办？》描述了一种更为积极的虚无主义，但是这两种虚无主义并非像初看时的那样不同。它们都聚焦于人的普罗米修斯元素，都强调自治的重要性。比起屠格涅夫，车尔尼雪夫斯基更为乐观，因为他坚定地信仰人类自由能够改变世界。屠格涅夫是怀疑主义的，因为他被自然的巨大力量（既存在于物理世界，又存在于人的灵魂中）所震惊，后者能够使人类建设一个更新更好的世界的努力偏离正确的方向。毋庸置疑，车尔尼雪夫斯基的想象比屠格涅夫更能满足青年虚无主义者，因此也更能有力影响当时的虚无主义运动。[3]但是，并非薇拉·帕夫洛芙娜充满光明和

---

① Ibid., 313.

② Nikolai Chernyshevsky, *What Is to Be Done*?, N. Dole and S. S. Skidelsky (Ann Arbor: Ardis, 1986), 291.

③ 参见 Peter Kropotkin, *Memoirs of a Revolutionist*, 280。

希望的形象最终获胜，而是拉赫梅托夫的阴郁形象最终获胜，而且这个拉赫梅托夫与他的对手巴扎罗夫日益相近。面对专制统治的严酷现实，积极的民粹主义的虚无主义者让位给了伟大的破坏者。

人道主义的虚无主义的失败

人道主义类型的虚无主义的失败有几个原因。首先，所有以薇拉·帕夫洛芙娜的缝纫车间为模式建立的实验性公社都失败了，这要么是因为它们的创立者行为过于独裁，要么是因为软弱的领导导致无政府状态。虚无主义者对人们认为已经过时的政治的否定，在这种情况下被证明是失败的祸根。第二个也是更重要的原因，是这一运动难以赢得国家的任何承认。这两个事实，加上1861年杜勃罗留波夫的死和车尔尼雪夫斯基于1862年的被捕，严重削弱了民粹主义的虚无主义。

这种民粹主义的虚无主义的失败，推动这场运动放弃公共活动，转向一种阴谋政治和恐怖主义。这种改变表现为从薇拉·帕夫洛芙娜向拉赫梅托夫的转变。但是这种向拉赫梅托夫的转变本质上是向巴扎罗夫的转变，向皮萨列夫和其他人的精英革命普罗米修斯主义的转变。这种类型的虚无主义首先出现在1860年的"青年俄罗斯"团体中。更具政治象征意义的，是由N. A.谢尔诺–索洛夫维奇（N. A. Serno-Solovevich）创立并由当局于1863年摧毁的"土地与自由"阴谋团体。给人印象更深的是N. A.伊舒京（N. A. Ishutin）的阴谋团体"组织"，它受车尔尼雪夫斯基启发，而隶属于它的恐怖主义地下团体"地狱"，则按照一种准宗教秩序来组织。这些主要来自神学院的革命者废除了一切传统羁绊，狂热地献身于革命。团体成员之一 V. A. 费多谢耶夫（V. A. Fedoseyev），甚至计划毒死他的父亲，以此获得支持他们的革命计划的经费。[①]

　　献身这种阴谋政治的典型是巴枯宁。他作为一个右派黑格尔主义者开始学术生涯，后来转向了左派黑格尔主义，最终转向无政府主义和恐怖主义。[②] 他的发展变化反映了整个虚无主义运动的发展变化。在 19 世纪 60 年代和 19 世纪 70 年代，他开始看到教会和国家的统一，他曾在右派黑格尔主义阶段致力于实现的这种统一，现在成了最严重的镇压形式，他由此得出结论，即无神论和无政府主义是唯一的答案。"如果上帝存在，那么人就是奴隶；现在，人能够也必须自由；那么，上帝必然不存在……（因此）首先有必要废除这个上帝的谎言，这个永恒而绝对的奴役者。"[③] 在他看来，上帝这一宗教观念已经深深植入人类灵魂和社会体制，因此必须要有总体性的革命和总体性的破坏。

　　但是，巴枯宁仍然被他所拒绝的东西所决定。尽管他成了无神论者，但撒旦还是他的革命者的原型。不过，撒旦的破坏性力量，与神性的创造性力量神秘地混合在一起："让我们相信那破坏着和毁灭着的永恒精神，因为它是所有生活深不可测的、极具创造力的源泉。对破坏的激情，也是一种创造性的激情。"[④] 这种革命的神秘

161

---

① Venturi, *Roots*, 331–34.

② Volodymyr Varlamov, "Bakunin and the Russian Jacobins and Blanquists," in *Rewriting Russian History:Soviet Interpretations of Russia's Past*, ed. Cyril E. Black, 2nd ed. (New York: Random House, 1962), 291.

③ Michael Bakounine, *God and the State*, trans. Benjamin Tucker (New York: Benj. R. Tucker, 1895), 15, 25.

④ Michael Bakunin, "Reaction in Germany," in *Michael Bakunin: Selected Writings*, trans. Steven Cox and Olive Stevens, ed. Arthur Lehning (New York: Grove, 1973), 58. 在巴枯宁的话语里，别林斯基看到了一种萌芽状态中的对法律和政府的（转下页）

主义主要来自费希特和左派黑格尔主义的否定观念。它的全部意义在 1848 年的一段话中表现得更清楚："革命的星辰将会高高升起在莫斯科上空，独立于一片血与火的海洋，而且将会变成北极星，指引着一种解放了的人类。你应当完全而明确地投身革命。为了创造奇迹，你必须像火焰一样燃烧。"[①]

巴枯宁无政府主义有其建设性的一面，它可能有助于阻止后来社会主义的组织化的集权制，但这个积极性的方面被受到过分强调的否定力量给遮蔽了。俄国虚无主义中的天启元素把这一方面从欧洲革命运动的其余部分孤立出来了，马克思战胜巴枯宁并控制第一国际，就明白无误地说清楚了这一点。被当局禁止从事俄国国内的公共活动，被马克思及其同伴们禁止参与国际性的活动，俄国革命者被迫采取极端的阴谋手段。这些手段最初使仍然热衷于人道主义信仰的民粹主义者们感到害怕，但是最终被逐渐接纳，被他们视为唯一存留的革命行动手段。把巴枯宁所鼓吹的教义完全落到实处的人是涅恰耶夫。

不同于 1860 年代的大多数激进主义者，谢尔盖·涅恰耶夫

（接上页）完全否定态度（Venturi, *Roots*, 61）。Venturi 指出，巴枯宁强调否定性的和彻底毁灭性的价值，布朗基把这种价值指派给革命性的专政（*Roots*, 62）。Isaiah Berlin 把这种态度视为俄国激进分子雅各宾血统的典型代表（*Roots*, xiii）。Richard Saltman 认为这种观点是错误的，因为它并没有看到巴枯宁计划的积极一面 [*The Social and Political Thought of Michael Bakunin* (Westport, CT: Greenwood, 1983)]。Saltman 认为，巴枯宁受费尔巴哈、黑格尔和拉马克（Lamarck）影响，发展了一种自由观念，后者不仅仅是否定性的，还是积极的，它深植于自然世界，根本上是互动性的。可是，Saltman 同样低估了费希特对巴枯宁的影响，并没有看到左派黑格尔主义的费希特式特征，或者互动观念的费希特式根源。

① Michael Bakunin, "Appeal to Slave," in George Woodcock, *Anarchism* (Cleveland: World, 1962), 171.

（Sergey Nechaev）不是知识分子，而是来自较低阶层。他被伊舒京的"地狱"团体的革命行动吸引，于 1868 年加入了一个革命团体，在那里认识了彼得·特卡乔夫（Petr Tkachev），后者很早就帮助谱写过《青年俄罗斯》（Young Russia）的曲子。他们一起在《革命行动纲领》（A Program for Revolutionary Action）*中记下了组织一次反抗的计划。他们的目标是通过创造革命模范赢得"全面的自由，获得全新的个体性"。他们采用了很多伊舒京式的阴谋方法，包括革命团体的等级组织和恐怖主义。他们相信之前的团体太过依赖人民大众，成功的革命组织需要的是职业革命家，他们愿意献身激进行动。①他们的《纲领》把这种革命行动的逻辑推演到了极致。

但是，涅恰耶夫在他的激进分子同伴中缺乏地位。为了改变这一情形，他旅行到瑞士，把自己作为一个神秘的阴谋组织的代表介绍给巴枯宁。巴枯宁很高兴见到他，和他一起把《纲领》重写成著名的《革命者教义问答》（Catechism of a Revolutionary）**。正是这本书和它所激发的行动，成就了涅恰耶夫在虚无主义运动中的重要性。他们展示了一种革命组织和训练计划，一种革命的雅各宾主义，它开始成为俄国激进运动的支柱。

尽管这个计划所展示的阴谋组织的原理是荒谬的，但他们所发展出来的革命前景却是令人惊叹的。这个前景受屠格涅夫的巴扎罗夫和车尔尼雪夫斯基的拉赫梅托夫的普罗米修斯主义影响，但以一种屠格涅夫和车尔尼雪夫斯基都会谴责的方式激进化了这种主义。根据巴枯宁和涅恰耶夫而行动的革命者，是一个注定要死

162

---

* 原书中下文均简写作 Program，因此下文均简译作《纲领》。——译者
① Venturi, *Roots*, 362.
** 原书中下文均简写作 Catechism，故下文均简译作《问答》。——译者

的人，他必须把自己和其他革命者视为革命需要付出的代价：

> 革命者是一种特别的人。他没有个人的兴趣，没有情感，
> 没有依恋；他没有自己的财产，甚至没有自己的名字。所有事
> 情在他那里都被一种专一的兴趣、一种思想、一种单一的激
> 情——革命所吸引。在他最内在的存在中，他不只有语言，更
> 有行动，他要突破与当下社会、整个文明世界的每一种结合，
> 包括它所有的法律、风俗、传统和道德。如果他继续生活于其
> 中，他就和他那难以和解的敌人一样……任何有助于革命胜利的
> 事情对他来说都是道德的，任何阻碍革命胜利的事情对他来说
> 都是不道德和有罪的……任何温和的、使人衰退的情绪如亲情、
> 爱、感恩甚至荣誉，在他那里都必须被唯一的、冷酷的革命激情
> 所压制……为了无畏地追求无情的破坏，他必须准备好毁灭自
> 己，或者用他自己的手毁坏所有阻挡革命的东西。[1]

这种革命者是一个复仇天使。他在传统意义上是绝对不道德
的人，但作为革命者最终是有道德的人。就像普罗米修斯一样，他
献身于反抗一切神灵、信仰和政治体制等等压制人类自由的东西。
163 事实上，这种革命者已经不只是进行普罗米修斯式的反抗，他还在
组织一种针对现实的毁灭性攻击。因为他和巨大的国家力量相敌
对，他必须秘密行动，采用残酷而无情的手段。他使用一切对目标
来说是必要的手段，包括谋杀、敲诈、勒索和性等等。他欺骗和牺

---

① Michael Prawdin (pseud. M. Charol), *The Unmentionable Nechaev: A Key to Bolshevism* (London: Allen & Unwin, 1961), 63.

牲家庭、朋友和其他革命者，就是为了确保革命的成功。他的伟大依托于这样的事实，即他就像巴扎罗夫一样，运用同样残酷的标准对待自己。这也是他的悲剧的根源。

《问答》的迷人力量更多来自巴枯宁，而非涅恰耶夫。通过引用一个来自费希特哲学和左派黑格尔主义的准则，巴枯宁把《纲领》改造成了《问答》：比如说，对巴扎罗夫来说如此重要的仇恨，不仅表现在政治术语中，也表现在一种来自黑格尔的否定观念的准则中。[1] 在这个意义上，仇恨被给予意识形态的、形而上学的正义性，即使不是准神学的正义性。《问答》是自由和否定教义的极致表达，这种教义来自费希特的"绝对之我"的观念，曾被左派黑格尔主义所遮蔽。它是一种关于革命的信仰的教义，而这种革命服务于否定的黑暗上帝。

几乎不同于他的所有前辈（包括巴枯宁本人），涅恰耶夫是一个行动者。为了狂热地献身革命，他愿意牺牲所有的事物和所有的人，直到最后。他也是一个可怕的阴谋组织者。随着财力的匮乏，他开始在俄国国内设立一个秘密组织，旨在实现写进《问答》的那些目标。为了使革命者更紧密地和组织联系在一起，他让他们陷入各种各样的犯罪，包括对他们自己成员的死刑执行。这是他衰败的开始。尸体的偶然被发现，导致所有人都被捕，除了涅恰耶夫。

但是，对涅恰耶夫主义者的审判，对这个国家来说却是一场灾难。他们本来作为被告出现，但当其他人控告独裁政治，为他们的组织的人道主义目标辩护时，公共民意开始变得有利于他们。检方要想扭转舆论，只有在《问答》中寻找证据。一个出庭的警察认识

---

[1]　Venturi, *Roots*, 365.

到了国家的错误：

> 在俄罗斯人民的生活中，这次审判代表某种里程碑的意
> 义……在目前这一时刻，在我们广袤的土地上，大多数地方没
> 受教育的民众都已读过涅恰耶夫的宣言，人们自然会特别注
> 意那些谈论人民的苦难和对这些苦难负责的人的地方。人们
> 必然会短视地相信，一个没受过教育、认为自己受着压迫的
> 人，将会难以对那些打算保护他和关心他的利益的人抱有同
> 情心……审判已经在对政治从不感兴趣的人们中间引起讨论，
> 许多人已经非常伤心地发现，某种东西已经深深植入敌视我
> 们法律和秩序的社会理论，现在已经开始在我们的年轻人心
> 中起作用了。[①]

于是，国家的不称职，使涅恰耶夫对否定的恐怖主义信仰转变
成一种世界历史性的力量。

涅恰耶夫本人在瑞士被捕，被送回俄国并监禁。在监狱里，他
运用自己的原理，策反了看守他的警卫，和革命党地下组织建立联
系，实际控制了整个监狱。在逃离、绑架沙皇及其家庭成员的计划
展开过程中，他的所作所为被偶然发现，警卫被监禁，他自己也被
完全孤独地关押起来，直到死去。

涅恰耶夫的革命者形象不仅使保守派和自由派恐惧，也使大
多数革命者本身恐惧。民粹主义者认为他是一个怪兽，即使巴枯
宁看到他们的想法被完全无情地执行时，也会感到恶心。这些观

---

① Prawdin, *Nechaev*, 74–75.

念的传播所导致的直接后果，就是俄国反虚无主义者的情绪开始
增长。对虚无主义者的目标保持普遍同情的知识分子，现在开始带
着日趋怀疑的目光看着这场运动。这尤其体现在文学领域。在《鼠
疫》(The Plague) 中，阿芬那留斯 (Avenarius) 把虚无主义描写成
疯狂。在《罪与罚》中，陀思妥耶夫斯基让拉斯柯尔尼科夫梦见一
次类似的瘟疫，它使人变得疯狂。在他的《群魔》中，虚无主义者
似乎充满了邪恶的精神，在皮谢姆斯基 (Pisemsky) 的《漩涡之中》
(*In the Whirlpool*) 里，他们被描述为一群被难以控制的激情驱使的
人。[1] 反虚无主义小说普遍尝试说明虚无主义者的理想在现实中行
不通，虚无主义者并没有真正了解社会。这在对虚无主义英雄保罗
加罗夫的天才描写中表现得淋漓尽致，这个英雄煽动一群男孩高喊
"Rez' publika!"，它既意味着"共和国！"又意味着"屠杀公众！"[2]
但是，和这种反虚无主义的情绪一起增长的，是地下革命活动。 165

恐怖主义的胜利

大多数激进主义者拒绝涅恰耶夫的雅各宾主义，认为它不符
合他们对人民智慧和习俗的信仰。他们也厌恶涅恰耶夫缺乏道德，
厌恶他欺骗和谋杀革命同伴的意愿。总体来说，19 世纪 70 年代早
期的革命运动仍然服务于人道信仰，并没有接受恐怖主义的信仰。

位于这种人道主义信仰中心位置的，是柴可夫斯基主义者。他
们远离涅恰耶夫耶稣会式的原则，通过完全的自我牺牲寻求纯洁

---

[1]　Moser, *Antinihilism*, 137–39.

[2]　Ibid., 154.

性。但是，N. V. 柴可夫斯基（N.V. Chaikovsky）本人被捕，并被驱逐到他自己的故乡奥廖尔，在那里，他放弃了革命行动，开始支持他所谓的新人道主义（neo-humanism）*。M. F. 弗洛林科（M. F. Fro-lenko），一个后来的阴谋激进分子，以一种讽刺的口吻描述了他的发展变化："不需要阴谋、秘密、革命和反抗。没有缺点和恶习，感觉自己是神人，相信别人也是神人，这就足够了。他对此抱有绝对的信仰。"①

尽管柴可夫斯基以一种费希特的方式在他自身之中发现了超人，但他的追随者和许多其他青年俄罗斯人，参与了1873—1874年间"到民间去"的运动，在广大农民中研究超人。农民在民粹主义的虚无主义者那里一直是浪漫主义式痴迷的对象，但他们中的大多数并没有真正了解人民。"到民间去"运动的目标，是把革命事业引到民间去。为达到这个目的，成千上万的青年人于1874年夏天离开圣彼得堡和莫斯科，去组织生活在乡村的农民。运动有一种充满希望的、福音派式的氛围，但最终完全失败了。农民不仅不愿意追随青年知识分子的领导，还经常把他们告到警察那里。尽管组织农民的尝试失败了，但它确实警醒了当局，后者果断地结束了这场骚动。超过四千人被警察逮捕、监禁、流放或折磨。当局的行动粉碎了虚无主义运动中的民粹主义元素，把这场运动带向了终点。民粹主义者之所以失败，是因为他们对待政治太不严肃，认为政治已经严重落后于时代，依然迷恋世界历史的形而上学时代，而那个时代早已结束。

知识分子曾经把自己想象为被缚的普罗米修斯式存在，而农

---

* 原文为"deo-humanism"，疑是笔误。——译者
① Venturi, *Roots*, 473.

民并非这样一种存在。一旦认识到这一点，革命者就会返回巴扎罗夫和涅恰耶夫的雅各宾精英主义。新的普罗米修斯不可能在人民那里发现，只能在革命者自身那里发现。顺着这一逻辑，革命者与独裁政治展开了一场战斗，以此决定谁的法则将会获胜。

这种普罗米修斯式的努力，由第二个"土地与自由"团体首先进行。这个团体的不少成员都被围绕涅恰耶夫的圈子所吸引，并深受其理论影响。他们主要袭击当局的重要领导人。第一次这样的袭击，是薇拉·查苏利奇（Vera Zasulich）于 1878 年 1 月对特列波夫将军刺杀未遂，因为后者鞭打了激进主义者波戈留波夫（Bogolyubov）（即 A. S. Emelyanov）。接受审判后，她于 1878 年 3 月被无罪释放，在警察就要监禁她之前匆匆逃离这个国家。作为无罪释放以及媒体对这一裁定的坚决支持的结果，激进主义者开始相信，他们得到了广泛的支持，于是又增强了行动力度。在 1878 年 8 月，警察头子弥珍托索夫（Mezentosov）将军被谢尔盖·克拉维琴斯基（Sergey Kravhinsky）刺杀；1879 年 2 月，哈尔科夫行政长官亚历山大·克鲁泡特金（Alexander Kropotkin）被格里高利·高登博格（Grigory Goldenberg）刺杀；3 月份，利昂·米尔斯基（Leon Mirsky）刺杀新警察头子德伦特伦（Drenteln）未遂，4 月份，亚历山大·索罗维夫（Alexander Solovev）刺杀沙皇未遂。

独裁政府对这些事件无比震惊，因此宣布了戒严令。镇压对"土地与自由"团体造成了伤害，也导致关注土地一方与关注自由一方之间的分裂。前者成为"黑色隔离墙"，后者成为"人民意志"。由安德烈·车里亚博夫（Andrey Zhelyabov）发起和组织的"人民意志"团体，标志着激进运动发展的关键一步，即对涅恰耶夫的普罗米修斯式革命者的接受，以及对他的革命组织的阴谋原则的接受。这个团体致力于刺杀沙皇。它的成员都非常聪明、勇敢、努力和无情。自从接受涅恰耶夫的基本教义——他们的生命已经被没收——以来，他们就开始认为，所有的牺牲都算不了什么。在他们中间，巴扎罗夫和拉赫梅托夫重新苏醒。尽管遭遇了多次可怕的失败和监禁，"人民意志"的成员们继续着他们的狂热行动，前仆后继，直到目标实现。他们炸火车，挖地道，在冬宫埋炸弹，刺杀政治密探，甚至把他们自己的间谍送进警察总部。最终，他们克服种种困难，获得胜利：在1881年3月的第一天，他们炸死了沙皇。

　　就像他们不是彻底地献身一样，他们也不是彻底地无情。比如说，他们的炸弹就被设计成近身使用的类型，他们知道投掷炸弹的人会和被害人一起死亡，但是他们相信，为了对无辜的旁观者造成最小的伤害，这种牺牲是必要的。在受审时，谋杀者车里亚博夫真诚地指出，"耶稣基督的教义的本质……是我最初的道德动机"[①]。"人民意志"团体的成员不仅被仇恨驱使，还被一种准宗教原则所驱使。就像巴扎罗夫和拉赫梅托夫，他们本质上是好男人和好女人，他们把自己交给虚无主义的意识形态，这种意识形态要求否定和破坏生活。尽管涅恰耶夫完全体现了无情破坏的欲望，但他们仍然希望理性的胜利和暴力的终结。于是，在刺杀之后，他们呼吁新沙皇结束镇压，这样，他们就不会再被驱使着进行更多的恐怖主义行动。

　　但是，新沙皇没有让步的意思，他动用了国家的镇压机器去摧毁革命运动。只有少数革命者存活下来，他们还被冠以"恐怖主义集团'人民意志'"的名字。他们的目标是刺杀新沙皇。由于组

---

　　① Billington, *Icon*, 400.

织得不像先前那样严密，他们被发现、逮捕和审判。在这些成员中间，有一个天才的、圣洁的青年学生，他就是学习自然科学的亚历山大·乌里扬诺夫（Alexander Ulyanov）。像他非常佩服的车尔尼雪夫斯基一样，乌里扬诺夫把知识分子视为人民的精英，相信自己的道德使命就是服务于解放事业。在接受审判时，他尝试保护自己的谋杀同伴，把所有的罪责都揽在自己身上。但是，国家是无情的，他和他的谋杀者同伴们都被判了死刑。

随着这种刺杀尝试的失败，以及对谋杀者的行刑，俄国国内最后一个积极的革命组织被剿灭了。所有著名的革命领导人都被逐出俄罗斯，所有大众反抗的希望都破灭了。民粹主义者的人道信仰曾经主宰 19 世纪 60 年代的革命运动，现在让位于阴谋政治和雅各宾主义。未来不属于薇拉·帕夫洛芙娜的世界，而是属于巴扎罗夫、涅恰耶夫的世界，最后当然也是最重要的，属于亚历山大·乌里扬诺夫弟弟列宁的世界。

168

布尔什维克主义的普罗米修斯本质

俄国革命运动在十月革命前的二十五年时间里经历了重要的改变。民粹主义的观点衰落了，马克思主义发展壮大了，尤其是在与涅恰耶夫雅各宾主义的联系中发展壮大了。马克思主义在俄国的重要性不断增长，部分原因是俄国精英革命者对马克思主义者发起的极具影响力的欧洲社会主义运动的依赖，也因为俄国国内快速的工业化进程及与其相伴而生的各种混乱。一个弱小的但快速成长的无产阶级突然出现在关键的国家和地方舞台上。被撕离传统生活，被新的阶级差别和社会镇压形式所奴役，这个全新的无产阶级成为可以和知识分子竞争的潜在革命阶级。

　　但是，什么形式的马克思主义能够吸引这个阶级以及其他激进主义者，这是不清楚的。"守法的马克思主义者"宣布断绝与恐怖主义和革命的关系，但是他们的议会路线不能吸引知识分子或新的无产阶级。相反，格奥尔基·普列汉诺夫认为俄国已经为革命做好了准备。在其著名作品《我们的分歧》（*Our Differences*）中，他坚称俄国不需要经历一个资本主义的自由阶段，而能够从封建主义直接进入社会主义，因为资产阶级和无产阶级之间的整个斗争，在俄国采取的形式是富人和穷苦农民的斗争。在他看来，在这些基础上发动的革命，能够完全绕过自由主义。这里，普列汉诺夫敲响了一根琴弦，这根琴弦至少 1848 年以来就在激进主义者心中震颤。但是，普列汉诺夫反对恐怖主义。他离开"土地与自由"团体，创立了"黑色隔离墙"，当时恐怖主义取向的"人民意志"在这个团体里占支配地位。这样，他的这种马克思主义很少能够吸引激进主义者，后者接受的是巴枯宁和其他人的启发。世纪之交马克思主义的第三种也是最重要的一种形式发展起来，那就是布尔什维克主义，这种马克思主义接受普列汉诺夫的俄国例外论观点，但是践行的却是革命的雅各宾主义，因为他们认为，只有接受一个职业的革命者阶层的领导，用每一个阴谋性的细胞组织起来，革命才可能成功。在这方面，布尔什维克主义比其他俄国马克思主义更依赖于虚无主义的传统。

　　在列宁的生活和著作中，这种关联表现得尤为明显。尽管列宁是一个马克思主义者，但是他的马克思主义形成于他最初对俄国虚无主义的迷恋。在其早年，列宁实际上对激进主义持批判态度。他最喜爱的作者是屠格涅夫，深受后者的虚无主义批判影

169

响。[1]他哥哥的被捕与行刑彻底改变了这一切。列宁惊讶地发现，自己的哥哥是一个革命者。在他尝试寻找哥哥的动机时，列宁重读了车尔尼雪夫斯基的《怎么办？》。他在其中发现了一种深刻的自由主义批判和一份革命行动的蓝图。正如他自己所承认的那样，这部小说"把我犁了一遍又一遍"[2]。确实，车尔尼雪夫斯基的小说成为他的圣经。列宁把车尔尼雪夫斯基描写成"俄国伟大的黑格尔主义者和唯物主义者"，把他放在和恩格斯一样水平的哲学家的位置上。[3]车尔尼雪夫斯基的所有人物当中，普罗米修斯式的革命者拉赫梅托夫对列宁影响最大，他决定模仿他。他致力于研究《现代人》杂志上发表的车尔尼雪夫斯基的其他文字，并且从那里开始接触杜勃罗留波夫和皮萨列夫的著作，由此沉浸于俄国虚无主义的思想中。[4]

但是，列宁总是根据他哥哥所属的恐怖主义运动来看车尔尼雪夫斯基。他很清楚审查制度，认识到所有的作者尤其是车尔尼雪夫斯基必须在规定的界限里写作。带着这些考虑阅读车尔尼雪夫斯基，列宁开始把他视为阴谋政治和恐怖主义的支持者。对车尔尼雪夫斯基的这种新理解让列宁重新评价了屠格涅夫。他开始放弃最初对屠格涅夫的理解，不再把他视为虚无主义的批判者，而是革命的信徒。根据杜勃罗留波夫的评论，他懂得屠格涅夫的《前夜》可以被视为革命性的，也从此开始把《父与子》视为革命性的。[5]

---

[1]　Valentinov, *Early Years*, 49–57.

[2]　Valentinov, *Early Years*, 126.

[3]　Ibid., 219.

[4]　Ibid., 67, 77. Dietrich Geyer 认为，Valentinov 夸大了车尔尼雪夫斯基对列宁的影响［*Lenin in der russischen Sozialdemokratie* (Cologne: Böhlau, 1962), 40］。

[5]　Valentinov, *The Early Years*, 254.

屠格涅夫的英雄们，尤其是其中的巴扎罗夫，开始成为他的偶像，他的思想和革命语言很多都来自这些英雄。

列宁的马克思主义就在这样的视域里发展。十九岁时，他读了马克思的《资本论》和普列汉诺夫的《我们的分歧》，开始成为一个坚定的马克思主义者。但是他对马克思的理解，受到他的普列汉诺夫阅读的严重影响。这样，他接受了形式最教条的无产阶级专政观念。同样，关于革命策略问题，他深受《论鼓动》(*On Agitation*) 的影响，这本书的作者是 A. 克雷默（A. Kremer）和尤里·马尔托夫（Julius Martov），根据其纲领，他们都不是马克思主义者，而是巴枯宁主义者。[1] 列宁确实放弃了虚无主义的一些中心命题，但是它们通常在他对马克思的解释中以新的方式出现。比如说，他拒绝车尔尼雪夫斯基的理性自我主义概念，却用它作为解释阶级利益概念的模式。[2]

人们通常认为列宁直接受过涅恰耶夫或特卡乔夫的影响，但没有足够的证据。孟什维克党员首先开始散布这一谣言，但是他们出于私利，又非常急切地指出列宁与虚无主义的关联。更有说服力的是这一事实，即布尔什维克党人自己在 20 世纪 20 年代早期就注意到了这种关联，但是在后来 20 世纪 20—30 年代的党内斗争中，放弃和压制了这种关联。[3] 但是，即使这些也只是间接的证据。把列宁与涅恰耶夫和特卡乔夫联结在一起，对我们早已更加确切知道的事实没有多大帮助，这些事实就是他与早期虚无主义传统的

[1] Richard Pipes, "Russian Marxism and Its Populist Background: The Late Nineteenth Century," *Russian Review* 19, no. 4 (October 1960): 331.

[2] Valentinov, *Early Years*, 206.

[3] 参见 Prawdin, *Nechaev*。

关联，以及他对马克思的片面解释。

　　和虚无主义及其普罗米修斯主义的这种关联，一直处于列宁思想和行动的核心位置。罗莎·卢森堡（Rosa Luxemburg）生气地指出这一明显特征："这里再次出现了俄国革命者的'自我'！在头顶跳起芭蕾舞，它再一次声称自己是历史有力的指引者——这个时代被冠以俄国社会民主党中央委员会阁下的头衔。"① 在1906年的一本布尔什维克小册子里，这种普罗米修斯式的要素表现得特别明显，它认为人们注定"要占有整个世界，要把他的类扩展到遥远的宇宙空间，要接管整个太阳系。人类将成为永恒"②。

　　这种虚无主义的普罗米修斯主义，也是20世纪早期的超现实主义、未来主义和其他思想运动的重要元素。比如，尼古拉斯·贝德耶夫（Nicholas Berdyaev）就写道："每一种创造性的艺术行为都是对生活的一次局部变形。在艺术家的概念里，人摆脱了世界的沉重束缚……美拯救了世界……美作为存在本身，把混乱、畸形的世界转换成美丽的宇宙。"③ 同样，P. D. 乌斯宾斯基（P. D. Uspensky）认为，除了三重空间和三重时间维度，还存在纯粹的想象这一第七维度，它能够让人超越信仰的三种方式，它们分别由苦行僧、和尚和瑜伽修行者代表。④ 最后，列奥·舍斯托夫（Leo Shestov）认为，"只有一种断言拥有或可能拥有客观实在性，那就是地球上没有什么

　　① *The Russian Revolution, and Leninism or Marxism* (Ann Arbor: University of Michigan Press, 1961), 107.

　　② Billington, *Icon*, 488. 这里关于俄国普罗米修斯主义的观点来自 Billington 的解释。

　　③ *The Meaning of the Creative Act*, trans. Donald A. Lowrie (New York: Harper & Brothers, 1955), 225, 245–46.

　　④ *The Fourth Way* (New York: Knopf, 1957), 97–104.

东西是不可能的"①。最为极端的普罗米修斯主义者，可能是宇宙主义者和"铁匠社"的成员，他们这样谈论即将到来的整个宇宙的转变："我们将要把星辰排列整齐，给月亮套上缰绳。我们将在火星的水道上建造名为'世界自由'的宫殿。"② 未来主义歌剧《征服太阳的胜利》(*Victory over the Sun*)，以一种类似的套路主张从世上所有的传统秩序中获得解放。③

171

人类已经接近新的普罗米修斯时代，这种感觉的出现与一种信仰密切相关，后者认为一种天启式的改变就在眼前。比如说，佳吉列夫 (Diaghilev) 于 1905 年这样写道："我们是历史中那最伟大的总结时刻的目击者，这一时刻以一种新型的、未知的文化为名，它将被我们创造，也将把我们彻底清除。"④ 这样一种天启论观念在布尔什维克主义中表现得尤其强烈。在《浮士德与城市》(*Faust and the City*) 中，阿纳托·卢那察尔斯基 (Anato Lunacharsky) 宣称，永恒的上帝观念不过是人类将要成为的东西的预演而已。⑤

普罗米修斯式的天启论在"神创"运动中达到了顶点，这一运动旨在把上帝的属性转移到城市无产者身上。由卢那察尔斯基和列宁的朋友马克西姆·高尔基领导的这场运动，视体力劳动为一种献身形式，把无产阶级当作真正的信仰者的集合，当作像上帝一

---

① L. I. Schwrmann (pseud. Leo Shestov), *All Things Are Possible*, trans. S. S. Koteliansky (New York: McBride, 1920), 241.

② 引自 Billington, *Icon*, 490。

③ Camilla Gray, *The Great Experiment: Russian Art 1863–1922*, (New York: Abrams, 1970), 308.

④ 引自 A. Haskell, *Diaghileff: His Artistic and Private Life* (New York: Simon and Schuster, 1935), 137。

⑤ *Three Plays* (London: Routledge, 1923), 132.

样的集体精神。高尔基在 1908 年的《忏悔》(*Confession*)中，以一句向全能而永恒的人民的祈祷结束全文："你是我的上帝，是所有神灵的创造者，它们都是你的辛勤劳作和努力探索的精神的美丽变形。除了你，世界上没有其他诸神，因为你是创造奇迹的唯一的神！因此我信奉你，并向你忏悔！"[1]一些当代批评家称高尔基这种思想为民众一神论(demotheism)，它由一种观念所驱使，即"熔化所有的人民，为了普遍的神创的伟大使命"[2]。

　　把这种新的普罗米修斯人性带入存在——这一革命的失败使天真的虚无主义者信仰破碎，他们本来相信这种人性的转变能够在一夜之间完成。这种认识一方面导致不断革命的观念，一方面导致在一个国家建造这种天堂的尝试。不断革命的观念，说明人们已经认识到了否定性在整个虚无主义和革命运动那里所具有的核心位置，认识到只有通过持续的否定，人们才可能获得自由。否定停止的地方，就是暴政和退化开始的地方。在这个意义上，不断革命的观念依赖于自由与混乱的区别。这在尤金·扎米亚金(Eugene Zamiatin)的断言中尤其明显："革命无处不在；它是永无终结的，没有最后的革命，没有最后的数字。社会革命只是难以计量的革命数目中的一个：革命的法则不是社会的法则，而是无限大的——一种宇宙的和世界的法则。"[3]

172

　　这种观点最有力的支持者是托洛茨基，他认为通过不断革命，人们将会能够"把自己提升到一个新的水平，能够创造一种更高

----

[1]　*Confession* (London: Everett, 1910).

[2]　Ibid.

[3]　"On Literature, Revolution, and Entropy," trans. W. Vickery, *Partisan Review*, no. 3–4 (1961): 373.

的社会生物类型，或者，如果你高兴这样说的话，就是能创造出超人……人将会变得非常强壮、聪明、敏锐；他的身体将变得更加协调，他的运动将变得更加有节奏，他的声音将变得更加悦耳。生活的形式将变得富有戏剧性。普通人将达到亚里士多德、歌德或马克思的高度。最后，上述这些新的山峰将要升起"①。在托洛茨基的普罗米修斯幻想中，我们看到费希特的绝对自由之梦更加鲜明地展现了出来。但是，让这个梦变为现实的尝试制造了一个噩梦，直到最近，我们才从中醒来。

斯大林也相信人的神化，但是对斯大林来说，这种神化没有像托洛茨基和扎米亚金那样采取智能化的形式。斯大林的普罗米修斯主义主要来自他年轻时的那种粗糙的神学。这方面最明显的例子，是他对列宁的神化，后者与他自己的神学训练，以及与其他布尔什维克领导人如莫洛托夫、赫鲁晓夫和米高扬（Mikoyan）的神学训练有着深深的契合之处。尽管这种形式的表现受到党内知识分子的嘲笑，但它的礼拜式特征吸引了农民和他们的传统，使得他们能够理解革命的普罗米修斯主义。斯大林用同样方式接受并改造了知识分子的观念。知识分子迄今为止不仅被视为社会改变的代理人，还被视为未来超级人性的模型。对斯大林来说，知识分子不再需要关注破坏和解放，而要集中注意力，进行新的生活方式的建设。这样，新型知识分子必须成为技术精英以建设新的社会秩序。这意味着旧的人道主义知识分子将必然被淘汰，他们的解放和否定的教义，也必须被置换为积极的权威教义。②

---

① Trotsky, *Literature and Revolution* (New York: Russell & Russell, 1957), 256.

② Stalin, *Works*, 13 vols. (Moscow: Foreign Language Publishing House, 1955), 13: 67–75.

　　表面上看，斯大林似乎把虚无主义的否定教义改造成了进步与改革的积极性教义。普罗米修斯式的革命似乎被一个国家内的社会主义所取代。打破铁链和推翻上帝的普罗米修斯，最后似乎能够把他的注意力转向建设一座由铝和玻璃构成的人类自由的天堂，以及转向形成一种超级人性。这座天堂，车尔尼雪夫斯基早已预见过了，而这种超级人性，社会主义的现实主义也已经描写过了。

　　但是，现实与构想完全不同。在斯大林的灵魂中，或者在整个布尔什维克党内，否定和破坏的力量不可能那么容易就被征服。尽管托洛茨基被开除党籍，他的不断革命教义被宣布是异端，但布尔什维克主义的虚无主义核心依然保存。这种教义以呼吁不断的净化为形式再次出现。在1934年"胜利者大会"上著名的演讲中，斯大林宣称，革命已经结束，所有外部敌人都已经被征服。但是，这并不意味着国家可以不存在了。相反，现在对内部敌人的清除才刚刚开始。净化的手段，不过是列宁和托洛茨基从他们的虚无主义前辈那里借用的手段的再改进使用：作为解放的否定，作为通往普遍人类自由的道路的恐怖。

173

　　俄国革命被称为失败了的神。这个错误的结论是对俄国革命运动的神学和形而上学本质的完全误解的结果。俄国革命事实上是关于胜利之神的故事，但这个神不是光明之神，居住于由铝和玻璃构成的城市中，而是一个黑暗的否定之神，他居住于巴扎罗夫和拉赫梅托夫世界的神秘土壤中，并且以涅恰耶夫、列宁和斯大林的形式进入现实。

　　我们在这个伟大事件的尾声所发现的是这样一个事实，即这个新普罗米修斯带到人间的火，不是位于家庭中心的灶火，而是吞噬整个文明的大火。布莱克的恶魔破坏者的炽热心脏，一旦脱离其兽性外壳，就不能表现出一种对称美和人性，而仍然保持着无形式的混乱力量，一种本质上是否定性的意志。在现代性的结尾，作为斯大林的普遍恐怖的严酷之主，唯名论的黑暗上帝在理性城堡内开始登基。

第六章　从恶魔式存在到狄奥尼索斯式存在

　　现代性的结尾处镌刻着这样一个故事，它讲的是对笛卡尔辉
煌理性城堡的最后一次也是最大一次攻击。那些残垣断壁上还留
下一行有力的大字："狄奥尼索斯对被钉十字架者。"这处铭刻根本
上（*in nuce*）是在宣告现代理性的庞大防御工事的坍塌，以及一个
暮色沉沉的世界的出现，在这个世界里，唯名论的黑暗远方与非凡
理性的纯洁光芒再次结合在一起。

　　"狄奥尼索斯对被钉十字架者"是弗里德里希·尼采最后著作
中的最后一句话。这是对他反抗道德和哲学传统的一生的概括，尼
采通常称此传统为"基督教"，并用它来描绘柏拉图以来欧洲世界
的特征。这种反抗开始于他在《悲剧的诞生》中把狄奥尼索斯和苏
格拉底相提并论，结束于《瞧，这个人》（*Ecce Homo*）中狄奥尼索斯
与被钉十字架者的对抗。尼采的虚无主义概念来自这种对抗。虚无
主义对他来说是这一事实的结果，即最高价值自行贬黜，上帝、理
性和所有假定的永恒真理都变得不可信。所有这些都可以用查拉
图斯特拉的著名断言来概括："上帝死了。"但是，对尼采来说，虚
无主义的意义只有在狄奥尼索斯和被钉十字架者的对立语境中才
能被理解，这种对立构成了他的思想得以展开的框架。

　　尽管学术界普遍肯定基督教对尼采的重要性和意义，但关于
狄奥尼索斯式存在对尼采的意义还一直存在相当多的争论。尼采

的早期解释者们对他的声明信以为真，把他描述为一个反形而上学思想家，旨在建立一种以狄奥尼索斯为核心的新型神话学。[①] 这个"神话学化"的尼采，曾经在法西斯和纳粹意识形态的发展过程中扮演过相当重要的角色，现在受到了马丁·海德格尔的挑战，后者在 20 世纪 30 年代的一系列演讲和文章中尝试证明，尼采不是哲学传统的伟大替代者，而是这一传统的顶点。确实，根据海德格尔，尼采的核心教义——权力意志——不是其他，就是现代性主体形而上学的终极形式。这样，尼采并没有克服虚无主义，而是继续纠缠在虚无主义的本质中，纠缠于海德格尔所谓形而上学的存在论—神学本质中。

海德格尔的尼采解读尽管具有非凡的影响力，但也不是没有问题。特别是海德格尔否定尼采大多数的已出版著作，因为他相信它们只是那个伟大的形而上学建筑的前厅，而这个建筑在《权力意志》中才依稀闪现。但是这部所谓的著作的形而上学结构，明显是尼采的编写者们的创造。还有，尼采已经决定不出版那部著作中的大多数片段，并且实际上尝试销毁它们中的大多数。[②] 即使我们忽

---

① 参见 Ernst Bertram, *Nietzsche: Versuch einer Mythologie* (Berlin: Bondi, 1918); and Karl Justus Obenauer, *Friedrich Nietzsche: Der ekstatische Nihilist; Eine Studie zur Krise des religiosen Bewusstseins* (Jena: Diederichs, 1924)。

② 参见 Bernd Magnus, "The Use and Abuse of *The Will to Power*," in *Reading Nietzsche*, ed. Robert. Solomon and Kathleen Higgins (Oxford: Oxford University Press, 1988), 218–35。Magnus 合理地指出，我们应该只把出现在尼采已发表著作里的观念视为尼采真正的观念。但是，尼采经常有意以一种晦涩的风格言说，而他未发表的遗作有时候确实有助于解读他的思想。在接下来的文字中，我尝试只用这些未发表的遗作来澄清或扩展尼采在其已发表著作中表达的观点，或者用以详述一些观念的发展，这些观念并不必然出现在这些已发表著作中，但在尼采死后开始在尼采的画像里扮演重要角色。

视这些事实，海德格尔的解释策略也很成问题，因为他甚至没有仔细考虑过完整的《权力意志》，他否定的只是许多反形而上学的片段。他的解释因此是片面的。尤其重要的是，他在自己的尼采讲座中不仅只提过一次狄奥尼索斯（在两卷本的《尼采》中，他谈论狄奥尼索斯的地方不超过一页），而且还曲解了这个概念，认为它只能被形而上学地理解，即作为权力意志和永恒轮回的结合来理解。[①] 这个结论与尼采自己的观点完全相反，后者认为狄奥尼索斯是基督教和形而上学的替代者。

海德格尔的解释塑造了二战后世界的尼采解读，导致对狄奥尼索斯式存在这个关键概念的普遍否定。尼采不是被视为未来哲学的先驱，而是被视为主体性和意志哲学家，代表一种失败的哲学传统的巅峰。

这种尼采解读也影响了美国的尼采研究者，他们寻求在尼采的思想中发现一个始终如一的哲学立场。F. A. 李（F. A. Lea）、亚瑟·丹托（Arthur Danto）、理查德·沙赫特（Richard Schacht）和J. P. 斯特恩（J. P. Stern）的著作就是这方面的典型。不同于海德格尔，这些美国学者大多数接受过分析哲学的训练，聚焦于尼采的唯名论和实证主义。但是，他们又像海德格尔一样，拒绝对尼采思想进行过度"神话学"的解读。瓦尔特·考夫曼（Walter Kaufmann）尽管认识到这种尼采的局限性，却没有质疑那种普遍的看法，即尼采是既有哲学传统的一部分。这样，他虽然看到狄奥尼索斯式存在是尼采思想的重要元素，还是去寻求证明它与之前的哲学是相容的。 176

---

① *Nietzsche*, 1:467–68. 关于尼采解释的不足，参见我的文章 ["Heidegger's Nietzsche," *Political Theory* 15, no.3 (August 1987): 424–35]。

但是这种努力，只会扭曲和简化这个概念。比如说，他认为歌德和苏格拉底都是尼采的狄奥尼索斯式人的原型，尽管尼采本人在《偶像的黄昏》（*Twilight of the Idols*）中宣称歌德不了解狄奥尼索斯式存在。[1]

从20世纪60年代后期开始，法国和美国后现代思想家们开始寻求颠覆海德格尔对尼采的形而上学解读。在这种攻击的核心，是一种更为狄奥尼索斯式的尼采，他不再是形而上学的顶峰，而是形而上学的摧毁者，他推翻了所有的逻辑和主体性，向人展示了生存明显的他异性。于是，像雅克·德里达、吉尔·德勒兹、米歇尔·福柯、皮埃尔·克洛索夫斯基（Pierre Klossowski）、伯纳德·波特拉（Bernard Pautrat）、让-米歇尔·雷伊（Jean-Michel Rey）和萨拉·柯福曼（Sarah Kofman）等思想家，比海德格尔更严肃地思考了尼采的狄奥尼索斯式存在问题。但是，他们这样做，不是为了讲清楚一种积极的狄奥尼索斯式存在替代者，而是为了攻击形而上学思想的狭隘，他们认为正是这种狭隘贬低了人的生存。[2]基督教对他们来说与同一性的哲学、政治密切相关。于是，狄奥尼索斯对被钉十字架者的胜利，就是他性或差异性对同一性的胜利。

德勒兹对尼采的解读尤为典型。他把尼采视为冲破哲学传统的伟大解放者，这个哲学传统在辩证法里找到了最后的避难所："狄奥尼索斯或查拉图斯特拉与基督的对立，不是一种辩证法的

---

[1] *Nietzsche: Philosopher, Psychologist, Antichrist*, 3rd ed. (New York: Random House, 1968), 129, 410–11. KGW VI 3:153.

[2] 关于这种解读及其存在问题，参见 Gianni Vattimo 的文章 ["Nietzsche and Contemporary Hermeneutics," in *Nietzsche as Affirmative Thinker*, ed. Yirmiyahu Yovel (Dordrechr: Nijhoff, 1986), 60–61]。

对立，而是与辩证法本身的对立……尼采哲学有一处宽阔的论辩场地；它形成了一种绝对的反辩证法，开始揭露所有的神秘把戏，并在辩证法里发现了一处最后的避难所。"① 米歇尔·哈尔（Michel Haar）同样指出，尼采寻求摧毁所有的逻辑和辩证法的一本正经，后者的目标是建立同一性，是揭示那个绝对的同一性。②

　　这样一种狄奥尼索斯式存在解释导致一种尼采观，即他是一个破坏性的思想家，鼓吹一种激进解放的教义。它假定尼采不会也不可能表达一种积极的教义，因为这样的教义与他的激进解放的计划不相容。于是对德勒兹来说，尼采的思想是反文化的开端，因为它拒绝任何建设稳固体系或编码的努力。它是一种游牧式的战争武器，让自己不断地对抗传统哲学体系的专制管理机器，这种哲学体系从柏拉图发展到黑格尔，再到马克思和弗洛伊德。这样，不同于马克思，尼采提供了一种革命的教义，这种教义并不会退化为官僚专制主义。③ 德勒兹承认，在尼采思想中，尤其是在权力意志观念中，存在一种形而上学元素，但是他又认为，并非权力意志而是永恒轮回，才是尼采最根本的教义，而且永恒轮回总是一个具有多种形式的东西，永远不会是一个统一体。于是，在尼采思想的核心，他总是能够发现多样性。④ 德勒兹的解释的充分性很成问题，

177

① *Nietzsche and Philosophy*, trans. Hugh Tomlinson (New York: Columbia University Press, 1983), 17, 195.

② "Nietzsche and Metaphysical Language," in *The New Nietzsche*, ed. David Allison (Cambridge: MIT Press, 1985), 6–7. 另见 Jean-Michel Rey, "Commentary," in *Nietzsche's New Seas: Explorations in Philosophy, Aesthetics,and Politics*, ed. Michael Allen Gillespie and Tracy Strong (Chicago: University of Chicago Press, 1988): 75–96。

③ "Nomad Thought," in *The New Nietzsche*, 142–49.

④ "Active and Reactive," in *The New Nietzsche*, 89, 94.

我们下面会说明原因,但是我们可以通过比较他与尼采本人的声明来获得一种初步的洞见:他宣称尼采的思想是游牧式的和反帝国主义的,而尼采本人则宣称,罗马帝国(*imperium Romanum*)是地球上建造过的最华丽建筑(*AC*,KGW,VI 3:243)。[1]

尽管人们可能不同意后现代主义对尼采的利用,但是这种后现代解读的核心不应当被简单抛弃。其他解释者也已经指出尼采思想的反形而上学特征。比如说,卡尔·雅斯贝尔斯(Karl Jaspers)在五十年前就指出,尼采的思想依赖于一些矛盾,这些矛盾既不可以得到和解,也不可以得到解决。[2]最近,沃尔夫冈·穆勒–劳特(Wolfgang Müller-Lauter)宣称,在尼采思想的核心,只存在一处矛盾的多元性,这使得任何想把他的思想解释为一种形而上学体系的尝试都变得不可能。[3]曾经攻击过德勒兹的尼采解读的让·格拉尼耶(Jean Granier),也认为尼采的视角主义概念是对本体论的多元主义的守护,用以证明存在的本质根据无限的视角显现自身。[4]即使非常接近于海德格尔的欧根·芬克(Eugen Fink),也认为反形而上学的狄奥尼索斯式存在观念是尼采最重要的贡献。[5]亨宁·奥特曼(Henning Ottman)总结这种立场和他自己的观察,认为我们

---

① 关于德勒兹的尼采解读的不充分性,参见 Daniel Breazeale 的文章 ["The Hegel-Nietzsche Problem," *Nietzsche- Studien* 4 (1975): 146–64]。

② *Nietzsche: Einführung in das Verständnis seines Philosophierens* (Berlin: de Gruyter, 1936).

③ *Nietzsche: Seine Philosophie der Gegensätze und die Gegensätze seiner Philosophie* (Berlin:de Gruyter, 1971).

④ "Perspectivism and Interpretation," in *The New Nietzsche*, 190–91. 另见 Tracy B. Strong, *Friedrich Nietzsche and the Politics of Transfiguration*, expanded ed. (Berkeley: University of California Press, 1988), 294–318。

⑤ *Nietzsches Philosophie* (Stuttgart: Kohlhammer, 1960).

低估了狄奥尼索斯式存在对尼采的重要性，他是与主体性的技术理性完全相反的形象，海德格尔在尼采那里看到过这种形象。[1]

这样，虽然尼采思想中的狄奥尼索斯式存在元素不能被否定，但我们也不能简单假定尼采思想是反形而上学的，就像后现代的狄奥尼索斯式存在解读所建议的那样。尽管这种观点有不少可取之处，但它也很容易让人忽视尼采、狄奥尼索斯式存在与海德格尔所发现的形而上学传统的隐秘关联。[2]正是尼采与形而上学传统的关联问题，对于评估他的虚无主义解释来说非常关键。海德格尔认为尼采仍然纠缠于形而上学和虚无主义，但是由于没有考虑狄奥尼索斯式存在，他也因此没有直面尼采思想中最深刻的反形而上学时刻。这样，海德格尔的尼采就是一个稻草人，后现代主义学者们已经正确揭示了这样的尼采。不过，我们也不能因此就说海德格尔关于尼采的基本洞见都是不正确的。如果我们想要接受尼采对虚无主义的解释，我们就必须超越海德格尔，以便接受这个"狄奥尼索斯式的"尼采。 178

尼采的虚无主义概念

不同于一般的看法，虚无主义并非尼采思想的核心问题。确实，这个术语直到 1880 年才出现在他的笔记里，或直到 1886 年才出现在他的出版著作里（*NL*, KGW V 1：445, 457–458; *JGB*, KGW VI 2:

---

[1] *Philosophie und Politik bei Nietzsche* (Berlin: de Gruyterr, 1987), 393.

[2] 有一种解释尝试行走在这些极端解释之间，参见 Strong 的著作（*Friedrich Nietzsche*, 108–85）。

17）。^①尽管尼采关注上帝之死以及相关复杂问题，后来又把这些问题描述为虚无主义，但是当初他用以定义这些问题的术语没有一个与虚无主义概念完全一致。^②还有，即使虚无主义这个概念实际出现的时候，它也并没有在其已出版著作中扮演核心角色，而只是在他的笔记里简单提及。^③认为虚无主义是尼采思想的核心，这种想法主要来自这个概念在《权力意志》中扮演的角色，以及来自一种错误的观点，即这部著作是他的代表作。这样，尼采思想中与狄奥尼索斯相关的反形而上学或后形而上学时刻就被忽视了。

最初，虚无主义对尼采来说就是指俄国虚无主义。这个虚无主义概念第一次受到他的明确关注，是他阅读屠格涅夫的结果，但是许多不同的俄国作家，包括陀思妥耶夫斯基、车尔尼雪夫斯基、巴枯宁、赫尔岑，可能还有彼得·克鲁泡特金（Peter Kropotkin），都对他理解虚无主义概念有帮助。^④不过，他对这个术语的使用，完

---

① 另见 Hans Peter Balmer, *Freiheit statt Teleologie: Ein Grundgedanke von Nietzsche* (Freiburg: Alber, 1977), 43. 有一种可能，即尼采早在 1865 年就已经使用术语"虚无主义"来描述佛教。关于这一点，参见 Johann Figl 的文章［"Nietzsches frühe Begegnung mit dem Denken Indiens: Auf der Grundlage seines unveröffentlichten Kollegennachschrift aus Philosophiegeschichte (1865)," *Nietzsche-Studien* 18 (1989): 466］。即使事实如此，这个概念在他当时的思想里也明显没有扮演什么角色，并且没有证据证明他记得这个概念。

② Elisabeth Kuhn 指出，尼采早期的悲观主义、涅槃、虚无和非存在等概念，实际上等同于后来的虚无主义概念［*Friedrich Nietzsches Philosophie des europäischen Nihilismus* (Berlin: de Gruyter, 1992), 5–17］。但是，她对尼采思想的考证，关注的是虚无主义的历史／哲学问题，而非它的哲学意义。

③ Ibid., 266; Ottman, *Philosophie und Politik*, 335, 338–39.

④ 关于尼采把虚无主义等同于俄国虚无主义，参见尼采著作（*FW*, KGW V 2:264; *GM*, KGW VI 2:424; *NL*, KGW III 4:182;VIII1:125）。Elisabeth Kuhn 已经证明，尼采对虚无主义的最初使用，来自屠格涅夫《父与子》和《死魂灵》（*Virgin Soil*）的法语译本，还有 Prosper Mérimée 对这些小说的讨论（转下页）

全不同于他的俄国前辈，主要原因就是他错误地相信，俄国虚无主义者都是叔本华式的人物。[①] 于是，他视俄国虚无主义为类似的精神不安的显现，这种精神不安产生了德国悲观主义和法国、意大利的神经过敏。这种精神不安是浪漫主义的结果，也是乐观主义的结果，尼采把这种乐观主义理解为令人失望的浪漫主义（*NL*,VIII 1：128–29）。无论怎样，虚无主义都是某种信仰的结果，即生存已经因为上帝之死而变得毫无意义了（*NL*, KGW VIII 1：215–21；2：60–62，73–74，156–57；3：56–57，327）。[②]

179

尼采认为，这一结论是特别基督教式的以偏概全（*NL*, KGW VIII 2：205–6，288–92）。基督徒开始相信，面临上帝的死亡，没有什么是真的，因为只有对这样一个绝对的相信，才使他的生活变得可以忍受。于是，不同于从耶可比到屠格涅夫这些前辈，尼采把虚

（接上页）["Letter à M. Charpentier" and "Lettre à l'éditeur," in *Oeuvre complètes*, ed. P. Trahard and H. Champion, 12 vols. (Paris, 1927–33), 9: cviii-cix, 11: 548. "Nietzsches Quelle des Nihilismus-Begriffs," *Nietzsche-Studien* 13 (1984): 262–63]。关于尼采思想的俄国根源，参见 Müller-Lauter 等人的著述 [Müller-Lauter, *Nietzsche*, 66–67; Mazzino Montinari, *Das Leben Friedrich Nietzsches in den Jahren 1875–1879. Chronik*, in KGW IV 4:27; Friedrich Chr. Würzbach, in MusA, 16:432; Ottman, *Philosophie und Politik*, 332–33; C. A. Miller, "Nietzsches 'Soteriopsychologie' im Spiegel von Dostojewskijs Auseinandersetzung mit dem europäischen Nihilismus," *Nietzsche-Studien* 7 (1978); 130–49; and "The Nihilist as Tempter-Redeemer: Dostoevski's 'Man-God' in Nietzsche's Notebooks," *Nietzsche- Studien* 4 (1975): 165–226; Kuhn, *Nietzsches Philosophie*, 21; and Curt Paul Janz, *Nietzsche: Biographie*, 3 vols. (Munich: Hanser, 1978), 1:677]。Paul Bourget 描述了屠格涅夫和福楼拜的虚无主义，有助于我们认识尼采以各种重要方式接受这个概念 [*Essais de psychologie contemporaine*, 2 vols. (Paris: Lemerre, 1885), 1:16, 139, 144]。

① 在这个问题上，尼采受到了梅里美（Mérimée）和布尔热（Bourget）的误导（Kuhn, "Nietzsches Quelle des Nihismus-Begriffs," 266, 269, 271; Bourget, *Essais*, 2:225, 239）。

② 另见 Nietzsche to Köselitz, 10 November 1887, KGB III 5:191–92; and Müller-Lauter, *Nietzsche*, 68。

无主义视为人性衰弱的结果，而不是追求超人的普罗米修斯式努力的结果。确实，对尼采来说，超人不是虚无主义的原因，而是虚无主义的解决办法。

从他后期的笔记来看，尼采明显简单考虑过要写一部欧洲虚无主义的历史。在他写的关于这一历史的梗概里，他首先区别了所谓不完全的虚无主义和完全的虚无主义。其中前者尝试逃避虚无主义，但没有用新的价值替代当代的价值。这里他包含了实证主义、圣彼得堡虚无主义和巴黎唯物主义。[①] 在尼采看来，完全的虚无主义，要么是积极的虚无主义，要么是消极的虚无主义。消极的虚无主义是面对一个没有上帝的世界时一种无奈的形式。它的特征就是不断增长的同情，因此很接近佛教，而正是佛教摧毁了印度文化（*NL*，KGW VII 1：220；比照 *AC*，KGW VI 3：184–85）。相反，积极的虚无主义，不愿被消极地毁灭，而是想要在一种盲目的狂怒中毁灭一切，一切没有目标、没有意义的东西；它是一种对破坏的渴望，这种破坏可以净化人性（*NL*，KGW VII 1：221，2：276–79，VIII 2：14–16）。俄国虚无主义者是这种虚无主义最清楚的显现，但他们只是一个更大的革命运动的一个例子。和消极虚无主义一样，积极虚无主义同样被徒劳和绝望感所驱使。它们都是否定的形式，无言的形式。因此，积极虚无主义明显的活力不是衡量它的健康与否的手段。事实上，"欧洲（所有阶层）最不健康的那种人为这种虚无主义提供了土壤"（*NL*，KGW VIII 1：220）。他们是对生活绝望的清教徒狂热分子（*JGB*，KGW VI 2：17）。

积极虚无主义确实有一种有用的价值。它通过创立一种破坏

---

① Kuhn, *Nietzsches Philosophie*, 244.

欧洲道德的荒谬的恐怖逻辑，为一种新的创造铺平了地基（*FW*,
KGW V 2：255）。尼采这样总结道：

> 没有什么比一种彻底实践的虚无主义更有用，也更值得
> 鼓励了……另一方面，要用最严厉的话谴责的，是像基督教这
> 样的信仰所给予的模糊而怯懦的承诺：更准确地说，是像教会
> 这样的东西：它反而在鼓励死亡和自我毁灭，保护每一种病态
> 和虚弱的东西，并且让它们继续繁殖下去……通过不断阻止自
> 杀这一虚无主义的行动——它代之以一种慢性自杀；一种逐渐
> 走向狭隘、贫穷但还能持续的生活；一种完全平庸的中产阶
> 级、中间阶级的生活，等等。（*NL*，KGW VIII 3：14）

180

　　在这一意义上，积极虚无主义是真正的虚无主义。消极虚无主
义扭转了痉挛性的自我毁灭方向，而这恰好是积极虚无主义寻求
完成的，它把这种自我毁灭置于一个普遍同情的教义中。消极虚无
主义想在死去时伴随的不是一声重击，而是一阵啜泣。这是被钉十
字架者的道路。在尼采看来，积极虚无主义更令人满意，因为它把
自己和基督教世界带往一个更快速的结局。比起英国功利主义的
不完全的虚无主义，带着破坏性的狂暴的俄国虚无主义因此给人
以更伟大的感觉（*NL*，KGW VII 2：236，VIII 2：14）。但是，并不
是由于这个原因，有些东西才是积极的和健康的。①

---

　　①　无法区分积极虚无主义者和狄奥尼索斯式的人，导致这一错误结论，
即对尼采来说，积极虚无主义是一种宗教替代品。比如，参见 Lesli Thiele 的著作
［ *Friedrich Nietzsche and the Politics of the Soul: A Study of Heroic Individualism* (Prince-
ton: Princeton University Press, 1990), 180 ］。

作为否定的两种形式，积极虚无主义和消极虚无主义必须从对待生活的积极立场出发加以区分，这一立场是狄奥尼索斯式人的特征。狄奥尼索斯式的人，来自虚无主义，也克服虚无主义（*NL*，KGW VIII 2：61）。在某种意义上，他代表了虚无主义最极端的形式，尼采把这种形式描述为思想的神圣方式（*NL*，KGW VIII 2：18，440）。但是，狄奥尼索斯式的人也超越虚无主义，因为不同于基督徒，他不需要相信所有价值都是绝对价值。他面向生活的立场不是反动的，这种立场不是由复仇或怨恨的精神来驱使，因此不是一种否定形式。虽然如此，狄奥尼索斯式的人认识到人类生活的悲剧性特征，而且肯定痛苦和受难。尽管他不是由于衰弱或怨恨才变得残忍和具有破坏性，但他可以因为一种过剩的强壮而变得残忍和具有破坏性："绝对不能混淆（于积极虚无主义的反面或悲观主义）：因惊人的强壮而有的说'不'和做'不'的快乐，和来自说'是'的张力——尤其是对所有富有和有力的人和时代来说。一种享受，就像它曾经是的那样；还是一种面对可怕东西的勇敢形式；之所以会对可怕的和成问题的东西抱有一种同情的感觉，是因为这个人除了其他方面，本身就是可怕的和成问题的：有意志、精神和品位的**狄奥尼索斯式存在**。"（*NL*，KGW VIII 2：332；比照 *NL*，KGW VII 3：269；VIII 2：52，62，90，288–91）[①]

于是，狄奥尼索斯式存在的道路就和积极虚无主义非常相似，但是积极虚无主义最终不是快乐和精力过剩的显现，而是否定和

---

① Jean Granier 在这样的评论里发现了否定性的创造性力量，这种否定性是狄奥尼索斯式人的特征，于是，他拒绝德勒兹的主张，即尼采反对所有的否定性〔Granier, *La Problème de la vérité dans la philosophie de Nietzsche* (Paris: Seuil, 1966), 48–50; Deleuze, *Nietzsche and Philosophy*, 198〕。

绝望的显现。狄奥尼索斯式的人或悲剧性的人能够肯定积极的虚无主义者，但积极的虚无主义者不能肯定狄奥尼索斯面向生活的立场。确实，他甚至不能肯定自身。他的行动总是反动，他的反动也总是拒绝和否定。尽管积极虚无主义者在一种痉挛性的自我毁灭行动中清扫了地基，但他并没有创造未来。狄奥尼索斯式的人可能是一个破坏者，但他是一个无辜的破坏者，没有受到复仇精神的影响。[①]

尼采在他的笔记里推测，虚无主义将会在接下来的 200 年（1888—2088）里繁荣发展（*NL*, KGW VIII 2：431）。这个时期将会有三大典型倾向：厌恶、同情和破坏欲，它们将会产生一场大灾难，从而开创出一个千年的狄奥尼索斯帝国（*Reich*）（*NL*, KGW VIII 2：41，313）。这个未来时代的人，将会替代现代人、基督徒和虚无主义者，作为反基督者和征服上帝的胜利者，作为反虚无主义者和征服虚无的胜利者，迈步向前（*GM*, KGW VI 2：352；*EH*, KGW VI 3：298；*NL*, KGW VII 3：199，308–9）。

在成熟期的思想中，尼采从叔本华的思想尤其是他的放弃（resignation）教义里发现了消极虚无主义的最佳表现形式。[②] 在尼

181

[①] 参见 Kuhn, *Nietzsches Philosophie*, 213–14。于是，不同于像 Alexander Nihamas 那样的评论家，尼采明确赞美和重视暴力［*Nietzsche: Life as Literature* (Cambridge: Harvard University Press, 1985), 224–27］。他在后来的一则笔记中说道："我很高兴欧洲的军事发展；还有无政府主义的国内状态：加利亚尼所描述的这个世纪的特征，一个静止和中国式的僵化时代，结束了……存在于我们每个人内部的野性得到了肯定；还有那野蛮的兽性。正是因为如此，哲学家才会有未来。"（*NL*, KGW VII 2: 261）尼采关于政治的思想，参见 Bruce Detwiler［*Nietzsche and the politics of Aristocratic Radicalism* (Chicago: University of Chicago Press, 1990)］或 Ottman（*philosophie und Politik*）。

[②] 在尼采熟悉虚无主义这个概念之前，叔本华已经被汉纳（J. W. Hanne）、穆勒（M. Müller）和费尔巴哈视为一名虚无主义者（Müller-Lauter, "Nihilismus als Konsequenz des Idealismus," 161）。

采看来，这种禁欲主义是欧洲人献身于被钉十字架者的终极表现。但是，正是在这种求虚无的意志中，尼采相信自己发现了一种奇妙的逆转和自我克服的可能性。在极端之处，意志并没有停止去意愿，而是通过意愿虚无来持续地意愿。这种对虚无的意愿是积极的俄国虚无主义。正是这种意志的破坏性暗示着，在这意志中存在某种不能被扼杀的、无法被摧毁的东西。意志的虚弱产生了虚无主义，但在尼采看来，积极虚无主义的痉挛性暴力暗示着，意志的这种虚弱已经达到了它的限度，现在一种新的和更有力的意志形式，一个新的上帝，可能会出现（*FW*, KGW Ⅴ 2：263；*GM*, KGW Ⅵ 2：352）。因此，叔本华式的意志作为基督教的最后表现，将会为伟大的狄奥尼索斯式意志的出现准备好地基。[①] 尼采的狄奥尼索斯和被钉十字架者相对抗的观念，为他理解虚无主义确立了一个视域，但这个观念现在特别依赖于叔本华的思想。为了理解尼采的虚无主义解释，我们现在必须考察他对叔本华的接受和理解。

尼采对叔本华的接受

尼采成长于19世纪后半期混乱的思想环境中。左派黑格尔主义、后期浪漫主义、唯物主义、实证主义、新康德主义、革命社会主义和民族主义为好奇心提供了各种可供选择的视角。尼采的父亲和两位祖父都是路德派的牧师，尼采本人也要从事这样的职业。在父亲很早就死去后，尼采在瑙姆堡和普夫达接受教育，并且到波

---

① 以海德格尔为基础，Bartuschat 尝试证明，狄奥尼索斯式存在只是意志的一种形式，以此证明尼采即使如此也还是一个形而上学家（*Nietzsche*, 90）。

恩继续研究神学。他很快就不满于此，而转向古典文献学，先是在波恩，接着在莱比锡。正是在莱比锡，他成为一个忠诚的叔本华主义者，并且和瓦格纳相遇。尼采是一个优异的学生，24 岁就执掌巴塞尔大学的古典文献学教席。他重新开始与瓦格纳接触（后者住在特里布森附近），并很快成为瓦格纳圈子里的有价值成员。他的第一本书《悲剧的诞生》发表于 1872 年。由于它的非学者风格，以及它对叔本华的明显借鉴、对瓦格纳的热情赞扬，这本书受到许多哲学家的严厉批判，但也出于类似的原因，这本书受到很多非专业人士的欣赏。不过，学者们的批评对尼采的职业生涯来说是一次沉重打击。他写于 1873—1876 年的《不合时宜的沉思》（*Untimely Meditations*），很少受到学术团体的注意，也很少被一般的思想界热情接受。尼采后来在他的丰产期所写的著作，也只是被几个朋友传阅，很少受到公众的注意。由于健康原因，他于 1879 年辞去教职，主要住在瑞士和意大利，直到 1889 年精神崩溃为止。他先是得到母亲然后是妹妹的照顾，直到 1900 年死去。

尼采生活中最重要的哲学事件，是他在 1865 年于一家二手书店中发现了叔本华《作为意志和表象的世界》（*The World as Will and Representation*）。令人吃惊的是，关于尼采与叔本华的关系，人们给予的注意竟是如此之少。① 尼采几乎立刻就成为一名热情的叔本华主义者。但是，即使在他最为狂热的时候，他也从来没有停止过

---

① 从 Georg Simmel 的 *Schopenhauer und Nietzsche*（Leipzig: Duncker & Humbiot, 1907）出版直到 1984 年，还没有一本主要著作关注尼采与叔本华的关系。关于这一忽视的原因，参见 Jörg Salaquarda 的文章［"Zur gegenseitigen Verdrängung von Schopenhauer und Nietzsche," *Schopenhauer Jahrbuch* 65 (1984): 13–30］。在过去的十年里，学者们已经开始日益关注这一关键性的联系。

批评叔本华。比如，在他早期思想中，他与叔本华的不同，和他向
叔本华的借鉴，是一样的明显。在《人性的，太人性的》（*Human,
All-Too-Human*）中，他对叔本华的批判日益公开化，而在后期著作
中，这种批判甚至变得越来越尖锐，这时叔本华已经被描述为超级
颓废者和虚无主义者。[①]

　　对叔本华的批判让很多学者相信，尼采早年对叔本华的迷恋
并没有产生持久的哲学影响。比如说，科特·保罗·简兹（Curt
Paul Janz）就表达过一种被普遍接受的观点，即吸引尼采的，不是
叔本华的哲学，而是叔本华的个性、创造性道德、追求真理的不妥
协性。[②] 尼采自己也在《作为教育家的叔本华》（*Schopenhauer as
183 Educator*）中说过这样的话。但是，他在这里肯定有点虚伪，因为
他总是通过假装自己一直依赖叔本华，以此尽量远离叔本华。[③] 这
种解释过分强调尼采对叔本华道德教义的拒绝，看不见尼采思想
的其余部分是如何深受叔本华影响。比如说，尼采在《瞧，这个
人》中依然赞扬叔本华的无神论（KGW VI 3：316）。青年尼采把叔
本华视为再生的德国的哲学家，他能够唤醒德国的希腊精神，为一
个新的悲剧时代提供哲学基础（*NL*，BA 4：213）。事实上，尼采对
叔本华的批判和拒绝，在很多方面都是一种逆转：叔本华绝对性的
否定和放弃，变成了尼采绝对性的肯定（*GT*，KGW III 1：14）。[④] 尼

[①]　参见 Georges Goedert, "Nietzsche und Schopenhauer," *Nietzsche-Studien* 7 (1978): 9, 11。

[②]　*Nietzsche: Biographie*, 3 vols. (Munich: Hanser, 1978), 1: 182.

[③]　参见 Nietzsche to Cosima Wagner, 19 December 1876, KGB II 5:21; and to Paul
Deussen, August 1877, KGB II 5:265。

[④]　参见 Reinhard Margreiter, "Allverneinung und Allbejahung: Der Grund des Willens
bei Schopenhauer und Nietzsche," *Schopenhauer Jahrbuch* 65 (1984): 103–18; and Goedert,
"Nietzsches und Schopenhauer," 1–6.

采之所以如此激烈地攻击叔本华，只是因为叔本华和他如此接近。这种亲缘关系最明显地表现在他们共同使用的"意志"概念中。

尼采对意志的关注，先于他对叔本华的了解。他对这个问题的第一次思考，是他十八岁时写的两篇文章，它们要处理的是意志与命运、历史的关系（*NL*，MusA，1：60–69）。在这些相当复杂的文章中，青年尼采认为，自由的意志和命运是相互敌对又相互需要的两种力量。他得出这样的结论："意志的无常和绝对自由，使人成为上帝，宿命论原则将会使他成为自动的机器"（*NL*，MusA，1：69）。很明显，尼采在这些论文中所使用的意志概念，仍然属于德国唯心主义的一般范围，和他后来的狄奥尼索斯式权力意志概念相比，这个概念还没有那么激进。发生激进转变的原因，正是由于他遇到了叔本华。

许多学者都认识到尼采的权力意志概念来自叔本华，但也有很多学者认为尼采赋予了这个概念不同的、有时甚至完全相反的意义，因为他是在一个完全不同的框架里、为了完全不同的目的而使用这个概念的。[①] 尽管针对这样一种解释有很多的话要说，但最关键的是，它误解了尼采对叔本华意志概念的逆转，也因此消除了尼采所引用的这个概念中的关键要素。[②] 这样，我们需要更仔细地考虑尼采的狄奥尼索斯式权力意志（the will to power）概念是否完全不同于叔本华的生命意志（the will to life）概念，而尼采自己就

---

① 参见 Alfred Bauemler, *Nietzsche der Philosoph und Politiker* (Leipzig: Reclam, 1931), 56 Heidegger, Nietzsche, 1: 44; Fink, *Nietzsches Philosophie*, 27; Löwith, *Von Hegel zu Nietzsche*, 193。

② Friedhelm Decher, "Nietzsche: Metaphysik in der 'Geburt der Tragödie im Verhältnis zur Poilosophie Schopenhauers," *Nietzsche-Studien* 14 (1985): 22; Ottman, *Philosophie und Politik*, 57.

曾经这样说过。为了回答这个问题，我们必须更细致地考察叔本华
对意志的解释。

184

叔本华早期思想的发展：作为意志的自在之物

　　叔本华成长于由康德发起，由费希特、谢林和黑格尔完成的思
想革命的过程中。他不大可能成为一名哲学家。他的父亲是一名商
人，希望他的儿子能够从事同样的职业。相反，他的母亲是一个小
说家，还是歌德圈子里的一员，她没有时间陪自己的儿子，对他的
思想的发展不仅少有帮助，还多有阻碍。叔本华从经商开始自己的
人生，但很快就厌倦这种工作。父亲死后，他决定研究哲学，去了
哥廷根与戈特洛布·恩斯特·舒尔茨（Gottlob Ernst Schulze）共事。
舒尔茨在主观唯心主义和康德批判哲学的教条现实主义解释之间
找到了一条中间道路。[①]叔本华欣赏这种尝试，但对他那个时代的
哲学普遍退化成一种复杂的概念杂耍，并且与现实世界脱离关系
而感到厌恶。为了找到一个能够帮助他打破这种概念之网的老师，
他于1811年移居柏林，跟着费希特进行研究。[②]

　　叔本华很快就失望透顶。几个星期后，他就开始怀疑费希特可
能并非他所厌恶的空洞概念主义的解药，反而是这种概念主义最
主要的支持者。[③]他发现费希特的讲座难以理解（HN, 2：37）。[④]他

---

　　① 关于舒尔茨的思想，参见 Beiser 的著作（*The Fate of Reason*, 266–84 ）。

　　② Arthur Schopenhauer, *Gesammelte Briefe*, ed. A. Hübscher (Bonn: Bouvier, 1978), 654.

　　③ Rudiger Safranski, *Schopenhauer und die wilden Jahre der Philosophie: Eine Biographie* (Munich: Hanser, 1987), 213.

　　④ 括号内涉及叔本华《作为意志和表象的世界》的卷号和页码，参见著作
简称列表。

开始猜想费希特是否在把他和其他学生当傻子玩，并且很快得出了肯定的结论。在他的费希特《知识学》讲座笔记的边角上，叔本华写下了"愤怒的疯狂""疯狂的喋喋不休"和"这里面只有疯狂，没有理论"等等字句（HN，2：123）。对费希特和唯心主义的这种刺耳评论一直没有缓和过，反而不断增强和加深。在《作为意志和表象的世界》中，他这样评论道：

> 费希特是第一个掌握并全力使用这一（康德使之合法化、运用抽象语言的）特权的人；谢林至少在这方面和他并驾齐驱，而且一大群没有才学和诚实的三流作家很快就超过了他们两个。但是，最厚颜无耻地服务于纯粹的胡言乱语，把毫无意义、令人恼怒的语词胡乱拼凑在一起，构成一种以前只在精神病院才听到过的东西，这种情况最后出现在黑格尔的书中。它成了一度存在过的最无聊和最一般的骗人把戏的工具。（*WWV*, 1：548–49；*WWR*, 1：429）

叔本华认为，费希特的原则性错误在于他想要从主体中推演出整个世界。对费希特来说，"我是世界或非我、客体的基础，后者只是我的结果，我的产物……费希特让非我来自我，就像蛛网来自蜘蛛"（*WWV*, 1：68–69；*WWR*, 1：33）。费希特、谢林和黑格尔以这种方式给主体性的精神授权，并且推翻了康德对人类理性的审慎限制。在叔本华看来，这种反思哲学只是对认识的认识，它导致一种无结果的双重化，导致对一种新的直接性的寻求。[1]

185

---

[1]　Safranski, *Schopenhauer*, 310.

对叔本华来说，费希特和其他思辨唯心主义者都只是诡辩家。[①] 他们的思考并非从他们自己的生存问题出发，而是从他们在书中发现的概念问题出发（*WWV*, 1：67；*WWR*, 1：32）。他们对真理并不感兴趣，只对确保他们的学术地位和薪水感兴趣。他们的著作空洞而缺乏诚实，根本不值得一看。

不同于思辨唯心主义，叔本华把康德视为哲学的正直典型。但是，康德思想并非没有它的问题。确实，正如我们已经看到的那样，康德在现象与本体之间设立了一种根本的断裂，思辨唯心主义作为和解这种断裂的尝试而出现。叔本华撕碎了这种和解，又从康德思想重新开始。在其早期思想里，这种断裂表现为"经验性意识"（empirical consciousness）和"更好的意识"（better consciousness）的区别。[*] 不过，年轻的叔本华还不清楚这种意识的内容究竟是什么。他的重要突破是认识到"更好的意识"的内容就是意志，就是康德的自在之物，他的未知的 X，在每个人的身体里都可以经验到的意志。正如叔本华自己所承认的那样，把意志视为自在之物，是对康德哲学的极端化，但是他又认为康德的自治观念清晰地指明了这个方向（*WWV*, 1：539–40；*WWR*, 1：422）。

尽管类似于思辨哲学的意志概念，但叔本华坚称他的"更好的意识"概念不是来自与费希特的相遇，而是来自他对古老的印度信仰的思考（HN, 1：380）。[②] 叔本华的宣称是否以及多大程度上可以

---

①   Martial Gueroult, "Schopenhauer et Fichte," *Études Philosophique* 4 (1945): 81–82.

*   关于叔本华对意识的双重性的区分，参见吕迪格尔·萨弗兰斯基：《叔本华及哲学的狂野年代》，钦文译，商务印书馆 2010 年版，第 215 页。——译者

②   叔本华对印度宗教的理解很大程度上来自德国浪漫主义（Safranski, *Schopen-hauer*, 301）。关于这种意志观念的第二个根源，可能是德国 15、16 世纪的神秘主义者，包括雅克布·波墨（Jakob Böhme）和约翰·塔勒（Johannes Tauler）（转下页）

相信，决定于对他成熟期思想尤其是他的代表作《作为意志和表象的世界》的考察。

叔本华与恶魔式存在:《作为意志和表象的世界》

和费希特、谢林和黑格尔一样，对叔本华来说，哲学的中心问题是自由与自然必然性的关系问题，而且也像他们那样，叔本华相信这个问题已由康德在其纯粹理性的第三个二律背反中清楚表达出来了。在这个二律背反中，康德通过证明凭借自然的因果关系和凭借自由的因果关系相互必需和相互矛盾，展示了现时代自然与自由之间从而也是自然科学与道德之间的核心矛盾。正如我们所见，康德对这一二律背反的解决办法，是先验唯心主义。思辨唯心主义者拒绝这种方法，尝试发现另外的和解手段。

叔本华不满于思辨唯心主义者的方案，因为他们只是隐瞒了生存中真实而持久的分裂。确实，在叔本华看来，康德本人并没有特别彻底地凸显这个矛盾，因为他仍然假定理性在某种意义上可以主宰现象和本体领域。于是，他让联结这种分裂的可能性处于悬而未决的状态。他没能认识和清楚表明意志实质上的非理性，这让思辨唯心主义的轻率办法成为可能。①

现象领域，或叔本华追随康德所谓表象领域，被充足理由律完全、毫无例外地统治着。他的论文《论充足理由律的四重根》(*On*

186

（接上页）[Alexis Philonenko, "Schopenhauer Critique de Kant," *Revue Internationale de Philosophie* 42, no. 1 (1988): 63; Safranski, *Schopenhauer*, 203].

① Arthur Schopenhauer, *Sämtliche Werke*, ed. A. Hübscher, 7 vols. (Wiesbaden: Brockhaus, 1948–61), 7: 91.

the Fourfold Root of the Principle of Sufficient Reason），就是要去证明这一点。去掉康德十二个范畴中多余的十一个，叔本华认为现象领域只被因果关系主宰。这个立场在《作为意志和表象的世界》的第一卷里被反复重申。所有的事件和人类行为都被一个严格的必然性所主宰。于是，他甚至关闭了自由的人类意志的因果关系的可能性，而康德在他的道德哲学里对此还是视为理所当然的。

这种不可改变的必然性的根源在意志中，而意志在叔本华看来就藏在现象背后。这个意志是对康德自在之物的正确理解。在叔本华看来，康德之所以没能抓住这一事实，是因为他仍然纠缠于笛卡尔的意识哲学。但是意志不可能被意识所把握，因为它是意识的基础。它通过我们的身体来统治我们，因此它只能通过身体来被理解。在这一点上，叔本华认为自己与思辨唯心主义格格不入，因为后者就是一种意识和反思哲学。叔本华拒绝反思，认为真理只有通过对存在于我们身体中的意志的直接直观才能获得（HN, 1：209）。于是，自在之物的本体领域不像康德所坚称的那样不可能达到，而是可以通过我们的激情和动机这些内在经验被认识。①

正如我们已经看到的那样，这种观点具有浪漫主义的特征，但是叔本华要走得比这更远：我们不只是通过我们的身体认识意志；我们的身体不过就是意志的客观化（*WWV*, 1：160；*WWR*, 1：107）。比如说，阴茎不是其他，就是性驱力的客观化。于是，我们不只是意志在其上起作用的某种东西，那样的话，我们至少还有一点残留的本体论的独立性。随着意志在现象领域显现，我们不是其他，就

---

① Arthur Schopenhauer, *Sämtliche Werke*, ed. Wolfgang Freiherr von Löhneipen, 5 vols. (Leipzig: Insel, [n. d.]), 1:520.

是意志本身，于是，意志的暴政出现在我们的每一种存在中。

被叔本华称为奇迹的身体和意志的同一性，是一个永远不可能被证明或演绎的基本原理。它只能被提升到意识。尽管这样的直观并没有赋予我们改变我们基本状况的力量，但它能够使关于人的真实本质和世界的知识成为可能，因为我在我身体里所感觉到的意志不只是我的意志，它是主宰所有现象的意志，是自在之物，是世界的灵魂，或印度人所谓梵天（Brahma）（*WWV*，1：163–64，226–27，640；*WWR*，1：110，162，505）。我在对我自己的感觉、动机等等的直接直观中发现了所有事物被遮蔽的本质，它就是意志，它主宰着所有事物的运动，包括从我的手的运动到最遥远的星系里那些星星的运动（*WWV*，1：173；*WWR*，1：117）。

追随康德，叔本华认为现象领域只存在于意识的形式之中，只通过意识的形式而存在，也就是在空间和时间中存在。结果，我们只能理解被其他存在者环绕的个体性存在。现象世界总是被个体化原则（*principium individuationis*）主宰，因此总是呈现一种杂多性或多元性。但是作为自在之物，意志超越现象领域和它的法则。因此，它不会服从于个体化原则，从而只是不可分割的一（*WWV*，1：174，216；*WWR*，1：119，153）。[1]

意志不会在世界上独特而任意地显现自己，而是以构成自然世界的形式或类客观化自己。在叔本华看来，这些形式中的每一种都构成意志的客观化的不同层次。为什么会出现这么多的层次，没有人知道，它是不可理解的世界意志的奇特行为。它就这样出现

---

[1]　叔本华明显没有认识到，如果时空是多样性的条件，它们也是统一性的条件。因此，意志必然同时超越统一性和多样性。

了，我们的审美沉思和知性明白告诉了我们这一点。在这方面，叔本华追随他的第一任老师舒尔茨，尝试把康德和柏拉图统一起来。

188 这些形式或理念，插在意志和表象之间。根据叔本华，意志因此在一棵橡树里完全揭示自身，就像在一百万棵橡树中一样。个体化的东西和个体化的人因此都是彼此不相干的。每一种事物的形式，每一块石头、每一棵植物和每一只动物的形式，因此都在言说着本质性的意志，它藏在这些形式的后面，是一种比仅仅由语词组成的任何语言都更准确和完美的语言。以此为基础，一种自然科学是可能的，因为不同于柏拉图总是被理念相互之间的关系问题所困扰，叔本华以一种学术态度指出，这些理念都被分层次地组织着。理念的对象化程度越高，它的个体性程度就越大。于是，比如说，重力在最低层次的对象化中，缺乏所有的个体性，但人作为完全相反的极端，具有显著的个体性。

人的特征因此不是表现为理性，而是表现为个体性。事实上，思想的能力，也就是表象的能力，只有在它寻求自我保存，而对它的使用会让使用者衰落的时候，才会出现（*WWV*, 1：213–14, 383；*WWR*, 1：151, 292）。随着表象能力的出现，意志显现的确定性和可靠性几乎完全丧失了。不像生命的所有其他形式，人总是听不到从他的身体涌出的意志的声音。本能撤退了，人发现自己在波涛汹涌的表象之海上不得不努力保持漂浮状态，寻找救生之道（*WWV*, 1：214；*WWR*, 1：151）。

作为所有事物的一和不可分割的根源，意志是绝对的："意志不仅是自由的，甚至是全能的。"（*WWV*, 1：358–59；*WWR*, 1：272）每一现象之物都受制于最严格的必然性，个体性的人因此从来不自由。但作为自在之物的意志，因为不服从于现象法则，从而是绝对自由和全能的（*WWV*, 1：166，376，401；*WWR*, 1：113，286，307）。意志后面再没有什么，它是无根据的。

浪漫主义已经构想了一种类似的世界精神观念，它藏在现象的后面。但是对浪漫主义者来说，这种精神具有目标和目的。它本质上是诗性的，它在它的诗（*poiēsis*）里接受一种特别的目标或目的的指引。相反，叔本华的意志没有目标，而且事实上仅仅是一种盲目的驱力："它总是在努力着，因为努力就是它的全部本质，它没有一个可以最终实现的既定目标。这样一种努力因此是不可能获得最终的满足的。"（*WWV*, 1：402-3；*WWR*, 1：308-9；比照 *WWA*, 1：229；*WWR*, 1：164）[1] 它之所以没有目标，是因为它是所有理性的缺失。**作为自在之物的世界**是一个伟大的意志，它不知道它要意愿的东西是什么；因为他不**知道**，而只是**意愿**，因为它只是一个意志，而不是其他什么东西。"（HN, 1：169）[2] 在叔本华看来，之前所有的思想家都误入歧途，想要在他们自己的意愿经验的基础上理解意志。他们这样想象：因为他们的意愿有目的，所以意志本身就应该有目的。但是这种观点是不正确的，因为尽管"每一个体的行为都有目标或终点；但作为整体的意愿没有一个终点作为目标"（*WWV*, 1：230；*WWR*, 1：165）。生命作为一个整体是没

---

[1]　Safranski 指出，叔本华意志观念中的这一元素来自左派黑格尔主义者大卫·F. 施特劳斯（David F. Strauss）"不受任何目的或需要指引的自由行动"的观念（*Schopenhauer*, 333）。

[2]　对意志和表象作如此绝对区分是成问题的。正如 Gueroult 所指出的那样，很难理解意志如何能够认识自己，当它并非一种认识能力时，也很难理解认识能力如何能够运动，并且因此知道它服务于意志（"Schopenhauer et Fichte," 116-18）。叔本华本人并非总是一贯坚持这种区分。比如说，在他的具体反思中，他把女人等同于表象，把男人等同于意志。

有意义的。

不幸的是，正如叔本华所看到的那样，这一悲观主义的结论并不能穷尽人的生存的糟糕现实。由于意志总是只在个体存在者中显现自身，它必然不可和解地与自身疏远。每一种东西都在意志的统治下努力生存，以保存自己和不断成长。但是，由于现象世界中没有足够的物质服务于意志的完全显现，意志必须自食其力。于是，所有作为意志的自我主义显现的存在者，彼此之间会不断产生对立冲突。正如霍布斯清楚认识到的那样，生命就是一切人反对一切人的战争：

> 于是，我们在自然中无处不见竞争、斗争和胜败无常，（这些冲突争夺自身都是）对意志来说有本质重要性的自我分裂的外现……这样，生命意志总是自己啃噬自己，在不同形态中自己作为自己的营养品，一直到了人类为止，因为人制服了其他一切物种，把自然看作供他使用的一种产品。然而……正是人这个物种把那种斗争，那种意志的自我分裂暴露到最可怕的明显程度，以至于人对人，都成了狼（*homo homini lupus*）。（*WWV*, 1：208；*WWR*, 1：146–47；比照 *WWV*, 1：432–33；*WWR*, 1：333）

所有的意愿都是伤害和战争；它是犯罪活动，是使他人遭受痛苦而得到的报复；所有的痛苦因此也都只是我们的生存使其他东西遭遇痛苦时得到的惩罚。[①]

---

① Iulii Isarvich Eichenwal, "A Note on Schopenhauer (1910)," trans. Nian J. Katz, in *Schopenhauer: New Essays in Honor of His Two Hundredth Birthday*, ed. Eric von der Luft (Lewiston: Edwin Mellen, 1988), 146.

　　这样，在叔本华看来，世界有一颗黑暗的恶魔式心脏，它与人类幸福格格不入。十八岁时，叔本华曾问过自己世界是否由上帝所造，他得出结论，认为世界实际上是魔鬼的产品。[①] 这一立场在他后来的思想中有所缓和，但仍然反映了他的基本洞见中一个意义深远的时刻。俄国叔本华主义者艾欣沃（Eichenwal）曾于 1910 年如此评价叔本华思想中的这一元素："某种无意义和不受法律约束的东西潜伏在世界的基础中——于是，世界不得不处于邪恶之中。"[②] 意志不是打开世界大门的咒语，而是真理和幸福的敌人的名字。意志持续莫名其妙地折磨着自己。它是一种巨大的非人力量，这种力量通过它的盲目行动，让这个世界变成地狱。还有一个更为荒谬的事实：我们自己就是这种自我折磨的意志，我们自己根本上就是这个黑暗的、恶毒的上帝（*WWV*, 1：377-79；*WWR*, 1：296）。

　　站在意志的各种客体化之物的顶端，作为最具个体性的存在，我们是自然的主人和拥有者。我们靠其他存在者而生存；它们的生存服务于我们的舒适与享乐。但是，我们不是最幸福的，而是最悲惨的存在者。作为最具个体性的存在，我们是我们自己幸福的最大敌人。那些向我们清楚显示如何获得所欲之物的知识，同样向我们显示其他可欲之物的无限性，它们被那些只依据本能生存的存在者所遮蔽。每一个体都只寻求自己的扩张，都为了实现这一目标而意愿牺牲所有的自然之物，甚至包括他自己的人类同伴。作为自然主宰者的人，却不能主宰自身，因此不得不把可怕的痛苦不断施予他自己和同类。

190

---

　　① Arthur Schopenhauer, *Gespräche*, ed. A. Hübscher (stuttgart-Bad Cannstatt: Fromman, 1971), 131.

　　② Eichenwal, "A Note," 146.

人类曾经尝试解决这个问题。正如霍布斯所指出的那样，国家的形成就是为了人类的幸福和繁荣而尝试调节所有的利益和意志（*WWV*，1：453–54；*WWR*，1：349–50）。但是在叔本华看来，根本不存在政治的解决方案，因为政治本身总是被当作一种折磨人的工具，自我主义的个体总是用它努力扩张自己。还有，即使一种处于这种对立中的政治解决方案是可能的，它也不会生产幸福，因为和平和繁荣只会导致一种"摧毁生活的厌倦，一种没有具体目标的无谓的渴望，一种死气沉沉的惰息"（*WWV*，1：230；*WWR*，1：164）。正如叔本华所见，生活因此只是对死亡的不断阻止，是不断想方设法延缓无聊的到来。根本就没有出路；每个人的生活都是一出悲剧（*WWV*，1：419；*WWR*，1：322）。

通过艺术和放弃得到的救赎

根据叔本华，人类的幸福是一种不可能性。但是，某些个体却能凭借两种方法超越痛苦，即要么不再做一个个体（也就是说，不再是一个自我），要么不再去意愿。前者是艺术家的方法，后者是圣者的方法。

191　　叔本华年轻时曾说过："一直以来人们都在寻找哲学，但总是劳而无功，因为人们寻找哲学时所走的道路是科学，而不是艺术。"[1] 科学总是服务于个体的幸福。艺术只想去认识，而不想去意愿，只关注事物的永恒形式，而不关注个体。但是，理念要想成为

---

[1]　Arthur Schopenhauer, *Sämtliche Werke*, ed. Paul Deussen (Munich: Piper, 1911), 11:157.

知识的客体，只能通过废黜认知主体。主体在客体中遗忘自己，迷失自己。艺术家的眼睛是纯粹客观性的，他是对世界的纯粹反思，对意志及其显现的纯粹反思。以这种方式，个体能够逃离意志，摆脱它的束缚，仅仅像世界的镜子那样简单地生存。他们成为没有意志、没有痛苦和没有时间的认识。在叔本华看来，这样一种认识能力人人都有，但只会在天才那里才能实现，也就是说，只有在伟大的诗人、画家和作曲家那里才能实现。

各种艺术彼此之间也存在明显的不同，因为它们在各种不同的客体化和个体性层次上代表各种观念。但是，对叔本华来说，音乐是独特的，因为它不是对任何特殊理念的模仿，而是对意志本身的模仿，它用这种模仿构成了一种普遍性的语言："就像世界本身一样，就像理念一样，音乐是**直接的**客体化和对整个**意志**的模仿。因此音乐绝不像其他艺术只是对理念的模仿，而是**对意志本身的模仿**……出于这一原因，比起其他艺术，音乐的影响是如此有力，如此鞭辟入里，因为其他艺术只言说影子，而音乐却言说本质……于是，我们不妨说，世界体现为音乐，就像体现为意志一样。"（*WWV*, 1：341，346；*WWR*, 1：257，262）

这样，关于意志的真理最终通过音乐天才向人们揭示了，这些音乐天才净化了自己的个体性，成为意志完美的镜子，而意志在他们的身体里显现为感觉、动机和激情。他们向其他人显明了真理。确实，正是他们的艺术而非科学，成为智慧的真正来源。于是，用概念对音乐进行足够哲学化的解释，就是对世界的充分重演和解释；那将是真正的哲学（*WWV*, 1：349；*WWR*, 1：264）。这样一种审美的哲学化，有助于让人准备好接受叔本华的道德解决方案。

在叔本华看来，人的第二种救赎方案是放弃。这是一条宗教禁

欲主义之路，它不依赖于对永恒形式的无利害沉思，而依赖于对他
人所受痛苦的参与体验。这就是叔本华所谓 *Mitleid*，即"同情"，或
按字面意义翻译是"共同受苦"。同情能力人人都有，它是所有道
德的根源，但是就像艺术家一样，一些人更能把握并践行这种真
理。这些个体是圣者，他们是同情的天才。他们承担人类同伴的
苦楚与不幸，并因此认识到意愿的徒劳和不道德。于是他们拒绝
所有的意愿，过一种完全禁欲主义的生活："这是终极目标，是的，
它是所有美德和神圣的最内在本性，也是从尘世的解脱。"（*WWV*，
1：215；*WWR*，1：152）圣者拒绝意志的所有形式，尤其是那些有
利于生命存活和繁荣的根本形式。圣者的拒绝象征性地表现为一
种承诺，即圣者将不会再生（*WWV*，1：461；*WWR*，1：356）。

这条路没有选择余地。去选择就是去意愿，个体不能意愿自己
不去意愿。即使自杀也不是答案，因为自杀是自我利益取向的逃离
痛苦。圣者的行为逆于他自己的利益，远离生活的享乐。在叔本华
看来，这样一种超人般的壮举只有在意志本身意愿它时才可能出
现。它是意志的自我放弃，这是有限的人类视角无法想象的，但作
为意志的全能自由的结果，却又是可能的。[①]个体只有通过一种例
外的偶然或恩典的奇迹，才能达到这种高度（*WWV*，1：519；*WWR*，
1：404）。他是怎样做到的，这不可理解，但是他已经做了，这一事实
作为一个后验的证据，证明这样的放弃和自由是可能的。[②]圣者因此被

---

① 参见 Rudolf Malter, "Erlösung durch Erkenntnis: Über die Bedingung der
Möglichkeit der Schopenhauerschen Lehre von der Willensverneinung," in *Zeit der Ernte:
Studien zum Stand der Schopenhauer-Forschung*, ed. Wolfgang Schirmacher (Stuttgart:
Frommann-Holzboog, 1982), 41–44。

② Walter Schulz, "Philosophie des Überganges: Grundtendenzen in Schopenhauers
Ethik," in Schirmacher, ed. *Zeit der Ernte*, 37; Malter, "Erlösung durch Erkenntnis," 58.

赦免了生存的罪责：绝对性的否定产生的是喜悦（*WWV*，1：526；*WWR*，1：410）。

这样，叔本华用对恩典的赞美结束了自己的思考，这种赞美被后来的尼采称为虚无主义的或佛教式的否定。但是，叔本华却称之为解放："我们坦率地承认，对所有仍然充满意志的人来说，在意志的彻底废除之后还能剩下的，当然只是无。但是反过来看，对于那些意志转向自身、否定自身的人来说，我们这个拥有其所有恒星和星系的如此真实的世界，也就是——无"（*WWV*，1：528；*WWR*，1：411–12）。

于是，在叔本华"恶魔性"的结尾部分，闪烁着一种神性的光芒。但是他的诺斯替主义并没有驱使他宣告挑战黑暗的战争，或要培育光明的军队，因为这种"神性的"光芒，事实上只是一些由黑暗本身产生的难以察觉的零星火花。少许几个人可能会从它轻轻摇曳的火苗中感觉到温暖，但是在火光之外，只有一个冷酷而淡漠的黑夜。

193

叔本华与思辨唯心主义的隐秘关联

直到生命的终结，叔本华都生活在思辨唯心主义的阴影中，他很大程度上是在通过对手定义自己。他宣称他的思想优于思辨唯心主义，因为它建立在一个真实的康德基础上，它思考的是具体的现实，而不是思辨唯心主义用概念建造的空洞天堂。几乎所有的叔本华解释者——包括尼采——都接受了这些宣称，也都接受了他的如下断言，即他的思想与思辨唯心主义格格不入。但是这种宣称和断言真的可信吗？叔本华真的是思辨唯心主义的根本替代者？

有必要提出这个问题来，因为仅从表面上看，叔本华的思想与费希特和谢林就有很多相似之处。叔本华自己也承认存在这样的相似之处，尤其是与谢林的著名断语——"意志是原初的存在"——的相似。不过，他还是坚称，这些类似之处只是他们都共同从康德出发的结果。① 但是，有一种关于叔本华思想的分析，对他自己的宣称保持一种怀疑态度，这种分析揭示了叔本华思想与思辨唯心主义尤其是费希特之间存在的一种深度传承关系。正如马夏尔·顾若尔特（Martial Gueroult）已经证明的那样，叔本华对这种关系的解释，其实只是一个烟幕，它遮蔽了他与思辨唯心主义直接而深入的传承关系。② 叔本华的论证文本和结构证明，他从他的前辈尤其是费希特、谢林和赖因霍尔德那里借来了自己的教义。③ 顾若尔特证明，尽管叔本华拒绝费希特思想的代数学形式，但是在费希特的整体思想尤其是在《人的使命》中，他为他的意志和表象概念找到了直接的灵感源泉。④

大多数当代学者都认为，叔本华的普遍的生命意志（在身体

---

① Arthur Schopenhauer, *Parerga und Paralipomena: Kleine Philosophische Schriften*, in *Werke in fünf Bänden*. ed. Ludger Lutkehaus, 4:134. K. F. A. Schelling, ed., *Sämtliche Werke*, 14 vols. (Stuttgart: Cotta, 1856–61), 7:38.

② "Schopenhauer et Fichte," 81–142.

③ Ibid., 85, 135–37, 139.

④ Ibid., 139–41. William Desmond 发现了一个类似的与思辨唯心主义的关联，指出叔本华的意志观念就是"披着美学外衣的黑格尔'恶的无限性'（比如，费希特）：无休止的欲望变成了不可见的无限性，因为它最终就是无目的的躁动。没有什么能够满足它；没有什么有限之物能够满足它——于是只剩下痛苦"（"Schopenhauer, Art, and the Dark Origin," in *Schopenhauer*, ed. Von der Luft, 115）。也见 Wolfgang Schirmacher, "Asketische Vernunft—Schopenhauer im Deutschen Idealismus," *Schopenhauer Jahrbuch* 65 (1984): 197–208; 及 Yasuo Kamata, *Der Junge Schopenhauer: Genese des Grundgedankens der Welt als Wille und Vorstellung* (Munich: Alber, 1988), 39。

里并通过身体显现自身）是对唯心主义意识哲学的坚决反对。但是，事实果真如此？思辨唯心主义在康德的框架内把意志理解为实践理性。正如我们已经看到的，费希特尝试和解先验唯心主义的矛盾二元论，方法就是把自在之物理解为实践理性或意志。他得出结论，即"我"就是自在之物。当然，这个"我"不是一个个体之人的我，而是完全自治的"绝对之我"。确实如此，这个"我"设定了这些法则，而且只是它自己的自我设定。以这种方式，在绝对自由和"绝对之我"的全能意志基础上，费希特建立了主体世界和对象世界的存在。

194

　　这样一种观念的结果，是"经验之我"从"绝对之我"那里的异化，因为"非我"强加给了"经验之我"许多限制。我们已经看到，费希特解决这一问题的方法，是对"非我"更为全面的消灭。但是，即使这种激进的替代方案也没有让个体完全满足，它只是一个趋向于和"绝对之我"合一的无限进程。一种真正的和解是不可能的。对费希特来说，这个结论意味着人类将总是拥有道德行动和进步的机会。于是，难以实现完全的和解与自由，这并不令人沮丧，反而让人崇高。

　　在对费希特的批判中，叔本华指出费希特从"我"那里派生出所有的东西，把主体设定为绝对者。但是，叔本华合并了"经验之我"和"绝对之我"。对费希特来说，"绝对之我"是"经验之我"和"非我"的统一，他的思想因此并非叔本华所主张的那种主观主义。在费希特的早期著作中，这种区别确实并不明显，费希特本人甚至把这种思想描述为绝对的主观主义。这种含糊性导致费希特的许多学生和批评者误解了他的思想。但是，在叔本华所熟悉的费希特后期著作中，这种区别很明显地表现出来。费希特认为，"绝对之我"是区分主体与客体的前提，也是主体和客体的前提。于是，他的哲学就不是绝对的自我主义，或者叔本华所谓先验的拿破仑主义，而且叔本华几乎肯定知道事实就是如此。

叔本华的生命意志观念，事实上来自费希特的"绝对之我"概念。这种传承最早在他的概念"更好的意识"形成过程中就已经变得很明显了，几乎可以确定地说，这个概念至少从术语学角度来看就来自费希特的"更高的意识"（higher consciousness）或"更高的直观"（higher intuition）。[1]在《作为意志和表象的世界》中，虽然没有根据意识来解释意志的地方，但是那种结构性的相似之处仍然很明显。"绝对之我"和生命意志都被作为意志来考虑。它们都被理解为纯粹的行动。它们都被描述为彻底的自由。它们都是藏在经验主体之后、以经验主体大多难以理解的方式起作用的行动。它们产生了一种努力，而这种努力的目标永远不可能达到。所有这些相似性都超越了来自它们的共同起源的康德的任何东西。

即使叔本华可能最具原创性的贡献，即作为思想开端的身体，也可以在思辨唯心主义那里找到它的先辈。费希特发展了一种身体哲学，并把它置于《自然法权和伦理学教义》（*Natural Right and the Doctrine of Ethics*）的中心位置，叔本华是通过费希特的讲座笔记知道这本书的。[2]"我"作为实践理性或意志，在努力改变世界以恢复原初的绝对性时，使自身得到了具体表现。唯心主义思想的这

---

[1]　Kamata, *Der Junge Schopenhauer*, 121.

[2]　Harald Schöndorf, *Der Leib im Denken Schopenhauers und Fichtes* (Munich: Berchmans, 1982), 12, 105. 这种观念对费希特来说并非原创性的，因为它已经表现在德国虔敬派思想中。

个时刻被谢林总结为一句著名的宣言，即身体是可见的精神。[①] 即使被叔本华所恨的黑格尔，也在《法哲学原理》中发展了一种意志具身化的教义。当然，这些思想家都没有从我们的身体性经验的直观开始思考，没有从动机、激情、欲望开始思考，这也导致了他们与叔本华之间存在关键区别；但是叔本华通过身体发现意志，这完全依赖于他们把身体作为意志的化身的理论。叔本华的表象概念也可能来自费希特，从意志到理智的转换之路，也可能类似于费希特《伦理学体系》（1798）中"意愿之我的推论"，但是这些相似性还可能是它们拥有共同的康德思想起源的结果。[②]

尽管叔本华借鉴了费希特，但他不是一个文抄公，因为他运用费希特的概念所要达到的目的，与费希特完全不同。他对这些教义的转换，由他对意志的道德革命来形成。对费希特来说，核心的人类问题是异化问题，核心的人类目标是争取自由与和解。叔本华同意费希特的判断，但是认为这个目标永远不可能达到。他不满于费希特向和解无限前进的观念，没有聚焦于人与"绝对"之间愈来愈短的距离，而是关注它们之间持续的分裂。无限进步的诱惑，对他来说似乎只是意志的骗术，它刺激人忍受更大的痛苦和不幸。在费希特看来是终极道德使命的东西，对叔本华来说只是永恒的挫折。

叔本华发现自己与黑格尔更是格格不入。不同于费希特，黑格尔认为人与绝对的分裂不是永恒的和必然的。确实，它们最终的和解就在眼前，因为"合理性的都是现实的，现实的也都是合理性的"。对黑格尔来说，这种和解是可能的，因为人和绝对总是已经

---

① Gueroult, "Schopenhauer et Fichte," 126.

② 参见 Kamata, *Der Junge Schopenhauer*, 162, 164; and Gueroult, "Schopenhauer et Fichte," 105。

196 不自觉地在自我意识中并作为自我意识统一起来了。人们在世界中、在他自身那里找到的神性中发现了同一个理性，并且最终认识到这三者不过是一种更深入、更明晰的同一性的几个时刻而已。对叔本华来说，人类生存的不幸，是这些受意志统治的时刻中持续存在的分裂和孤独的结果。绝对意志不是理性和自由的原因，而是非理性和奴役的原因，要想克服这些非理性和奴役，唯一的方法就是逃离绝对意志的控制。但是，这样一种逃离，只对少数人来说是可能的。没有一种可能的普遍方法，因为人就是意志，人在世界和"神性存在"中发现了非理性，还发现这种非理性也存在于自身之中，存在于自己身体的激情、驱力和欲望之中。叔本华也认识到所有事物更深的统一性，但是这个统一性不是快乐的时刻，而是绝望的时刻；不是最高的人类辉煌时刻，而是最严重的人类衰落时刻；不是人的神化，而是人的灭绝。对叔本华来说，意志是一种泰坦般的恶魔力量，是从自我意识枷锁中释放出来的笛卡尔式的邪恶天才，它欺骗我们，奴役我们，驱使我们与我们自己进行无意义和无目的的战争。于是，思辨唯心主义伟大的"欢乐颂"，在叔本华那里变成了"末日经"（*Dies irae*）。

怎样解释这些不同之处？巴尔图斯查特（Bartuschat）认为，当叔本华讲授意志的彻底非理性时，他只是激进化了谢林的理论。①这种评论当然有其真实的地方，但是必须被解释的，不是叔本华与早期唯心主义者的传承关系，而是他对他们的意志概念进行再评估的原因。一些学者已经追溯到这种转换的心理学事实，它们存在于叔本华的童年生活中。尽管有足够的原因支持这种关联，但是这

---

① *Nietzsche*, 55.

种解释仍然不够充分，因为它至多能够解释他对世界的普遍不满，但不能解释这种不满所采取的形式。事实上，叔本华阴郁观点所采取的特殊形式，更多来自费希特的学生，耶拿浪漫主义者瓦肯罗德、弗里德里希·施莱格尔、诺瓦利斯尤其是路德维希·蒂克。他们启发了他对思辨唯心主义的辩证乐观主义的拒绝。

　　这方面尤为关键的是蒂克的《威廉·洛维尔》，叔本华青年时代曾经多次阅读。[①]我们在第四章考察过的这个可怕的男人，在叔本华对生活的道德革命中扮演着重要角色。他追随洛维尔的道路，看到这条路的不可避免的必然性，并且反对它的结局。但是对叔本华来说，洛维尔不是一个例外，而是所有的人；不是那些制造邪恶的人，而是使他们成为虐待者和受害者的恶魔意志应该为邪恶负责。这样，他之所以转向恶魔意志的观念，主要是受由耶拿浪漫主义者传播的费希特思想解释的特别影响。于是，叔本华在费希特的框架里看待这个世界，却最终得出了非费希特式的结论。正如艾欣沃所指的那样，这种处于世界中心的黑暗心灵，

　　　　不仅可以使叔本华区别于泛逻辑主义的黑格尔和谢林，也可以区别于费希特，他的绝对自我确实构成了意志，但是这种光芒四射的意志本质上和理性是同一的。黑格尔的世界来自寂静和明晰，来自权衡和逻辑秩序；生命诞生于观念安宁的胸怀，而且所有现实之物都是合理的。对叔本华来说，整个生存都被没有头脑的斗争冲动所支配，它们来自充满狂野而坚定的力量的黑暗深渊。主张宇宙无序的哲学以这种方式视存

---

① Safranski, *Schopenhauer*, 104.

在的原初本质为悲剧的根源。世界不是会自然发展出理性的田园牧歌，而是一出永恒的悲剧，痛苦不是偶然出现的东西，而是难以逃避的要素。[1]

在这个意义上，叔本华代表了恶魔式存在的哲学胜利，也代表了理性城堡的最后一道屏障的坍塌。[2] 思辨唯心主义曾经用休谟和康德留下的碎石堆建造了这道最后的防御工事。由于我们已经考察过的各种原因，叔本华发现这些城墙起不到防卫作用，决定向他们意在反抗的恶魔力量屈膝投降。对他来说，仅仅还只残留一种模糊的、消极的反抗，但即使这样的反抗也只属于少数幸运儿，而这些人之所以能够获得救赎，也还是因为那主宰一切的意志莫名其妙地选择了他们。

对恶魔式存在的美化

尼采认识到，理性的城堡已经倒塌了：上帝和所有依赖于这个上帝的永恒真理都已经死去，不再有任何复活的希望。尽管在他看来这一事件的直接结果是灾难性的，但是未来并非一团黑暗，因为上帝之死本身也包含着新的黎明的种子（*FW*, KGW V 2：255）。已经死去的上帝只是基督教驯服的、理性的上帝，随着它的离开，新

---

① Eichenwal, "A Note," 145.

② Heinz Heimsoeth 称此为叔本华的"泛恶魔主义"〔*Metaphysische Voraussetzungen und Antriebe in Nietzsches Immoralismus* (Mainz: Akademie, 1955), 53〕。Georges Goedert 评论道，自然对叔本华来说不是神圣的，而是邪恶的〔"Nietzsche und Schopenhauer," *Nietzsche-Studien* 7 (1978): 3〕。

的诸神可能会出现，它们先前曾经被贬到人类知性之外的领域。早年的尼采曾经相信，叔本华所发现的恶魔意志是这样的神灵们可能采取的一种形式。他后来开始视这种意志为一种基督教的堕落形式，它在虚无主义中达到了顶点，也参与了一次漫长的努力，催生了一个完全不同的、最终更加具有肯定性的上帝。他视这样一个上帝为一种新的美的基础，而非新的理性的基础，它代表艺术，而非代表科学，它不是为了确保自由和民主的政治，而是为了创立一种悲剧文化和一个新的悲剧时代。

恶魔式存在问题深深植根于尼采的经验。从他年轻时写的一则令人恐惧的笔记就可以清楚地看到这一点："我所害怕的，不是藏在我椅子后面的可怕的形式，而是它的声音：也不是语词，而是那种形式的含混不清、非人的语调，它引起椅子难以控制的颤抖。是的，即使它像人一样说话时，也是那样。"[1] 在叔本华的影响下，尼采用形而上学来解释这种经验。在描述一次雷暴天气时，他这样写信给朋友："人和他的无穷的意志对我来说算什么！那永恒的'你应当'和'你不应当'对我来说意味着什么？何其不同的闪电、风暴、冰雹、无关道德的自由力量！那样快乐而有力，它们是纯粹的意志，没有通过理智而变得迟钝。"[2]

看待世界的这样一种视野，使尼采得出这样一种结论："本能是理智中最好的一部分。"[3] 根据这种关于洪荒秘境的经验，年轻的

---

[1]　Friedrich Nietzsche, *Werke in Drei Bänden*, ed. Karl Schlecta (Munich: Hanser, 1954), 3: 148.

[2]　Nietzsche to Gersdorff, 7 April 1866. KGB I 2: 121–22.

[3]　Nietzsche to Rohde, 3 April 1868. KGB I 2: 265. 他在接下来的句子里说道，本能对他言说，就像苏格拉底的 *daimonion*。

尼采无疑会被浪漫主义所吸引，当然还包括浪漫主义者争取自由和控制内心的魔鬼的斗争。他尤其着迷于拜伦的曼弗雷德、神话中的普罗米修斯和半传奇的艾尔玛拉利希*等角色。尼采也想寻求自由和控制这种恶魔力量。但是他和恶魔式存在的斗争，不只是个人的斗争，而是争夺决定权的斗争，用查拉图斯特拉的话来说，这种斗争是为了决定"谁将是地球的主人"（Z, KGW VI 1：394）。

在尼采看来，位于世界中心的恶魔力量可能会使人退化，方法就是驱使他无目的地追求自我保存和快乐，而这些正是末人的特征。这种力量也可能提升人，方法就是为一种新的悲剧文化和一种新型人类即超人提供基础。早在学生时代，尼采就联合几个朋友建立了一个"德意志俱乐部"，以反对精神的平庸。他对精神提升和文化更新的关注，在他选择古典文献学作为专业的过程中也起了重要作用。他相信，对古希腊文化的研究，可能有助于改造德国文化。

在他看来，政治难以提供多少希望。德国保守主义者寻求以文化生活为代价扩大国家的权力。相反，自由主义者和社会主义者鼓吹人和劳动的价值，但是这种教义在尼采看来只能在意志的欺骗下保留一种无意义的生活（GS, KGW III 2：258）。自由主义者假定人能够实际控制自己的命运，事实上他们被驱使着自然其余部分的同一种恶魔力量所驱使。我们现代人相信劳动和生存的价值，因为正是奴隶在现代控制着公共舆论。真正的价值，只能出现于个体超越于自身的地方，出现于个体不再寻求个体保存、不再为个体保

---

　　* 尼采曾经谱写过一首钢琴曲《艾尔玛拉利希》（*Ermanarich*）。艾尔玛拉利希是早期哥特人的王，欧洲民间流传很多关于他的传奇故事。——译者

存而劳动的地方。

在其早期思想中，尼采确信，要想从生命意志中获得解放，只有通过建立一种像古希腊文化那样以审美为地基的竞争性文化才有可能。在尼采看来，这样一种文化以不平等和奴役为前提。于是，不同于自由主义和社会主义思想，尼采认为人类意志的一般痛苦必须被增加，而不是减少，唯此才能使一小部分奥林匹亚人生产出高级的艺术，而只有这种艺术，才能把恶魔般的生命意志转换成某种更高级的东西（*GS*, KGW III 2：258–60）。

在《我们教育机构的未来》（*The Future of Our Educational Institutions*）和《不合时宜的沉思》中，尼采详细描述了一种精神贵族，他相信这样的精神贵族对承担改造德国文化的斗争来说是必要的。在他看来，当代教育正在走向一个完全相反的目标。这种教育不是在培养能够复兴文化的天才，而是在把青年人训练成赚钱的野兽，使之完全屈从于生命意志（*UB*, KGW III 1：384）。正如叔本华已经指出的那样，这样的人所追求的艺术，只是对无聊的逃离，而非一种提升性的力量（*UB*, KGW III 1：385）。尼采攻击这些文化门外汉，谴责他们对德国文化的毁灭。黑格尔很早就声明，没有形而上学的人民是荒谬可笑的。[1] 尼采宣称，只靠历史性的模仿的人民是真正的非人民，因为他们没有创造他们自己的生存，而只是一群缺乏统一性的消极旁观者。[2] 在他看来，只有由人民自己产生的艺术才能拯救人，而只有天才才能生产出这样的艺术。

在艺术和文化缺席的时候，统治世界的恶魔力量让我们变得

---

[1] *Werke*, 5:14.

[2] Philippe Lacoue-Labarthe, "History and Mimesis," in *Looking after Nietzsche*, ed. Laurence A. Rickels (Albany: SUNY Press, 1990), 216–20.

平庸。艺术家之所以能够把我们提升至这种平庸之上，不是因为他能战胜恶魔，而是因为他是生命力量以其最伟大的形式出现的代理人。[①]他之所以比一般人更有活力，更有生气，更有力量，更健康，是因为他被这种充溢的力量所控制，而普通人则是这种力量衰竭时的反映。他重新构造生活，使生活变得高贵，就像普通人贬低生活，使生活变得平庸。尼采由此得出结论：当我们被天才所统治时，我们是幸福和勇敢的，而当他遗弃我们时，我们就变得胆小和恐惧，忍受所有生存的痛苦（*M*, KGW V 1：311）。

对尼采来说，这个天才就是人类生活中最重要的东西。其他每个人的价值或伟大或渺小，都取决于他有意识或无意识服务于天才的活动程度。像这样的人毫无价值："他只是一个完全被决定的存在，靠服务于无意识的目的来证明自己的生存。"（*GS*, KGW III 2：270）尼采完全清楚这样的天才会带来什么样的危险。尼采援引艾默生（Emerson）的话指出，"当伟大的上帝让一个思想家来到我们的星球上时，一切都陷入了危险。就像一场大火在城市里蔓延，没人知道它是否会熄灭，会在哪里熄灭"（*UB*, KFW III 1：422）。但不管这种危险有多大，尼采都相信人性必须走上这条路，因为所有其他的路都只会导致人的衰落。

尼采的天才概念主要来自他对叔本华的接受。叔本华的问题，即生存是否有意义，对尼采来说是极为重要的（*FW*, KGW V 2：282）。尽管他后来认为叔本华关于这个问题的答案很幼稚，但是叔本华关于这个问题的声明以及他发展出来的解决办法，还是给年

---

① Judith Shklar, *After Utopia: The Decline of Political Faith* (Princeton: Princeton University Press, 1957), 80–81.

轻的尼采留下了深刻印象。他特别着迷于叔本华的审美方案。在他看来，叔本华就像歌德一样认识到了世界上存在一种恶魔力量，也从中发现了一种美（*M*, KGW V 1: 164）。他得出结论，尽管一种快乐的生活由此变得不可能，但是一种英雄般的生活还是在人的掌控中（*UB*, KGW III 1: 369）。

但是，天才只有放弃追求普通人追求的快乐，才能够把生命意志转换为某种崇高的东西；因为只要人们只是努力追求快乐，他就还没有提升到动物的水平之上（*UB*, KGW III 1: 374）。于是，那些追随这条英雄之路的人就承担着最沉重的负担，忍受着最严重的痛苦，但也就是最高层次的人类。这些艺术家、圣者和哲学家事实上是唯一真正的人类，唯一不再是动物的人类。社会的唯一正当使命，因此就是生产和支持这三种英雄（*UB*, KGW III 1: 376, 378）。只有他们才能把人提升至生命意志的平庸之上，方法就是创立一种悲剧文化，在这种文化中，人类痛苦变得非常美丽，也因此可以得到补偿。

青年尼采相信，他的朋友和叔本华主义者理查德·瓦格纳就是这样一个英雄。[①] 瓦格纳以最深刻的方式揭示了意志的悲剧结构。 201
不仅如此，他还希望通过赋予德国神话新的神秘形式来改革德国文化。这个目标可以通过类似于古希腊宗教节日的伟大的音乐剧节日来实现。这种新的神话会成为新的德国文化的基础，而这种文化将会超越国家间可怜的政治差异，把它们统一进一种卓越的文化事业。

尼采的第一部出版著作《来自音乐精神的悲剧的诞生》（*The*

---

① Nietzsche to Rohde, 8 October 1868, KGB I 2:322.

Birth of Tragedy Out of the Spirit of Music），就是这个事业的必要部分，它尝试证明音乐怎么能够把德国文化提升到悲剧的高度。在进行这个证明的过程中，尼采大量借鉴了叔本华的思想。对叔本华来说，音乐是意志的直接显现。尼采全盘接受了这一观点（*GT*，KGW III 1：102）。① 如果世界本质上是音乐，那么音乐就可能改变世界；一个像瓦格纳那样的音乐天才就可能揭示新的深度和新的高度，就可能把德国人提升至平庸的中产阶级生活之上，使他们进入一个伟大的悲剧时代。

尽管尼采对叔本华最初的热情是明确无误的，但他早在 1867 年就已经开始看到叔本华思想中的不足。② 在他看来，叔本华思想的根源是无根据的、不可知的意志。他认为，如果我们把叔本华从康德那里借鉴过来的东西加以抽象，剩下的就只是"意志"和它的谓词。但是这种意志依赖于一个新的基础，因为叔本华之所以能够用意志替换康德的 x，"只是由于一种诗性直观的帮助，而且那种逻辑证明尝试，既不能让叔本华满意，也不能让我们满意"（*NL*，MusA，1：392–98）。尼采认识到，叔本华事实上并没有替代品：站在世界之谜面前，他只能猜测和希望他的答案是对的。思考一个不是客体但好像是客体的东西，就像在一个难以捉摸的 x 上悬挂鲜艳

---

① 参见 Curt Paul Janz, "Die Kompositionen Friedrich Nietzsches," *Nietzsche-Studien* 1 (1972): 172–84。Robert Rethy 指出，尼采如此依赖的叔本华的音乐概念，和叔本华艺术理论的对象、功能都相矛盾。尼采对叔本华思想的批判和最终拒绝，因此并不包含对叔本华关于音乐和意志关系的理解的拒绝［"The Tragic Affirmation of the *Birth of Tragedy*," *Nietzsche-Studien* 17 (1988): 15 ］。

② 参见他的 "Fragment of a Critique of Schopenhauerian Philosophy," MusA 1: 392–401。另见 Claudia Crawford in *The Beginning of Nietzsche's Theory of Language* (Berlin: de Gruyter, 1988), 158–92。

的衣服一样困难。意志的所有谓词都借自世界的外貌：统一性来自多样性，永恒（无时间性）来自暂时性，自由（无根据性）来自因果性（*NL*，MusA，1：392–98）。这样，尽管叔本华关于意志的诗性直观可能是正确的，但他也只能否定性地规定它，即通过对表象领域的否定来规定它。但是，如果意志完全不同于现象，它怎么可能出现在现象中？它怎么可能被认识？根据叔本华的解释，理智是第三位的，它不仅以意志还以身体和个体化原则为前提。于是，要么理智依赖于一个谓词，这个谓词永远和自在之物相连，而叔本华否认这种相连，要么不存在理智，因为理智从来没有存在。但是，确实存在理智，它也因此从来不能作为表象世界的工具，就像叔本华希望它是的那样，它必须是自在之物，也就是说，必须是意志。尼采得出结论："叔本华的自在之物于是就既是个体化原则，又是必然性的基础，也就是说，是现成在手的世界。他（叔本华）想要发现一个 x 的相等物，而且他的计算结果暗示这个东西等于 x，也就是说，他并没有发现这个东西。"（*NL*，MusA，1：400）①

    叔本华的意志概念烦扰尼采的地方，在于我们上面提到的核心问题，也就是意志与知性的完全分裂问题，这种分裂似乎使知性变得不可能，也使意志变得不可知。之所以会出现这种分裂，是因为叔本华既拒绝了黑格尔的思辨综合，又拒绝了康德把意志作为实践理性的解释。对叔本华来说，意志完全是非理性的和恶魔般的。尼采尝试解决这个问题，方法不再是返回意识或辩证理性，而

①　尼采发现，叔本华关于对"我愿"的直接知识的声明，和笛卡尔关于认识"我思"的声明一样可笑［*JGB*, KGW VI 2:23. 参见 Friedhelm Decher, *Wille zum Leben—Wille zur Macht: Eine Untersuchung zu Schopenhauer und Nietzsche* (Würzbug: Königshausen and Neumnn, 1984), 54 ］。

是像叔本华那样求助于艺术。在尼采看来，这条叔本华视为不充分的审美之路，是叔本华哲学中真正具有生产性的时刻，它需要从康德式的概念框架中分离出来。叔本华自己关于意志的洞见，实际上是一种审美的或诗性的洞见，但是他既没有认识到也不愿承认这一点。根据尼采，他应当进一步抛弃康德的框架，把他的整个哲学都建立在意志之上，而这个意志可以被理解为艺术或诗（*poiēsis*）。这就是尼采要走的路（*GT*, KGW III 1：42）。[①] 这是他在世界的现象和本体之间、表象与意志之间建立起来的新桥梁，也是它最终完全消除这种分裂所依赖的根据。他把这种原始的统一性命名为狄奥尼索斯，他把这个角色视为叔本华、基督教和苏格拉底以来的整个欧洲传统的替代者。但是，正如我们已经看到的那样，这个狄奥尼索斯式存在概念并不像尼采自己相信的那样是全新的，它也不像尼采所建议的那样是被钉十字架者完全不同的替代者。确实，在一些关键的地方，狄奥尼索斯式存在来自德国唯心主义和一种意志教义，而后者在唯名论的上帝观念那里可以找到它的起源。

---

① 参见 Catherine Zuckert, "Nature, History, and the Self: Friedrich Nietzsche's Un-timely Considerations," *Nietzsche-Studien* 5 (1976): 77。

第七章　狄奥尼索斯和虚无主义的胜利

対尼采来说，叔本华所描述的、由中产阶级社会具体表现出来的生命意志，是基督教传统的顶点，是一种终结于虚无主义的长期趋势的尾声。不同于这种不断衰落的虚无主义意志，尼采把一种上升的意志和他称之为狄奥尼索斯的东西相提并论。狄奥尼索斯是他替代基督教和虚无主义的重要角色。但是，谁是尼采的狄奥尼索斯？这个问题可不那么容易回答。他关于狄奥尼索斯的谈论复杂而又抽象。还有，在他早期思想中描述的和后期思想中描述的狄奥尼索斯之间，存在着某种微妙而重要的差别。于是，为了确定狄奥尼索斯是否真的是基督教的替代者和虚无主义的解决方案，我们需要考察这个概念在尼采思想中的发展过程。

恶魔意志的神化:《悲剧的诞生》中的狄奥尼索斯

尼采第一次明确表述狄奥尼索斯式存在这个观念，是在1868年的一系列关于希腊悲剧和哲学的公开演讲中。这些演讲奠定了《悲剧的诞生》的基础。这部著作是瓦格纳和尼采文化更新计划的一部分。它希望证明希腊悲剧文化形成于一种音乐精神，证明德国文化也可以通过类似精神得到更新，变得高贵。叔本华也认识到音乐中存在这样一种力量，但他相信这种力量只会导致放弃。在他看来，悲剧告诉我们，世界不会给人满足，也不值得喜爱。尼采拒绝这种作为虚弱或病态意志的结果的观点。强壮而健康的意志的目标，不是自我保存，而是自我克服。尼采最终把这种超级意志命名为权力意志。它不再被理解为一种恶魔意志（a demonic will），而
204 是一个超级恶魔意志（the will of an overdemon），这个超级恶魔能够通过他的音乐力量把人类痛苦转换为快乐，并且因此催生一种悲剧文化和一个悲剧时代。尼采给这个超级恶魔命名为狄奥尼索斯（*NL*, KGW VIII 2：19, 99, 122–23）。

　　在他后来写的《悲剧的诞生》的前言中，尼采告诉我们，这本书想要回答的基本问题是："什么是狄奥尼索斯式存在？"（KGW III 1：6）放在叔本华思想的语境中，这个问题就是："面对无尽的痛苦，那种能够肯定而非否定生命的意志，是什么样的意志？"尼采相信这个问题的答案可以在希腊人的意志中发现，这种意志具体表现在悲剧中，它遭遇的痛苦不是来自匮乏，而是来自充溢，它不是因为虚弱而悲观，而是因为强壮而悲观。它是"目光敏锐的勇气，它诱惑和尝试，它**渴望**把那可怕之物作为敌人，作为最有价值的敌人，通过对抗这种敌人，它可以证明自己的强壮"（KGW III 1：6；比照 *NcW*, KGW VI 3：423–24）。只有采取狄奥尼索斯式的视角，人们才可能理解这种意志。

　　尼采知道叔本华已经拒绝了这样一种可能性。叔本华指出：

　　　　要是一个人把之前阐释过的真理（即我们都由生命意志所主宰）都已经吸收到他的思想意识中去了，同时又并没有由于自己的经验或什么更深的见解而认一切生命基本上都是持续不断的痛苦，却在生活中有了满足，在生活中过得十分如

意，在他平心静气考虑时还希望他的一生又如他所经历的那样无限延续下去或重复再重复；他还有那么大的生活勇气，以至于为了生活的享受宁愿且乐于附带地忍受一切烦恼和痛苦；那么，这样一个人就是以"钢筋铁骨"屹立在搓得圆圆的、永恒的地球上，再也没有什么要害怕的东西了。（*WWV*，1：372–73；*WWR*，1：283–84）

叔本华把这种英雄般的存在等同于歌德的普罗米修斯，他不会被死亡或痛苦所吓倒，因为他知道"自己就是意志，知道整个世界就是它的客体化或它的写照"（*WWV*，1：373；*WWR*，1：284）。简而言之，他会是一个神灵，或至少会从一个神性视角来看待这个世界。叔本华拒绝了这种可能性，因为他相信，这必须依赖于一个错误的假定，即生命本质上是善的。相反，尼采尝试想象一种存在，他会肯定生命，即使他注意到生命的糟糕透顶。① 在希腊人和他们对悲剧的热爱之中，尼采相信他已经发现了一种人，他们认识到了痛苦的不可避免，但仍然能够大声呼喊。他们能够说："再来一遍吧！"因为他们热爱狄奥尼索斯。

----

① 尼采坚持对生存的悲剧特征的肯定，明显表现在他对歌德在《浮士德》中所得结论的反对中。正如 Eric Heller 已经指出的那样，尼采认为《浮士德》应当结束于靡菲斯特对所有努力都无济于事的悲叹中，而非结束于关于浮士德获得救赎的神秘主义合唱（*chorus mysticus*）中："坚持靡菲斯特的视角，而且还不绝望，还能够赞美，能够真正美化存在——这是尼采的绝望悲剧的目标……走到每一次幻灭的尽头……然后，再把歌德关于事物的荣耀、完整的观念带给生命。"[*The Importance of Nietzsche: Ten Essays* (Chicago: University of Chicago Press, 1988), 35–37] 正如 Rethy 指出的那样，尼采因此寻求把叔本华作为放弃的悲剧概念置换为作为肯定的悲剧概念（"The Tragic Affirmation," 4–5）。

简兹认为，从叔本华的形而上学开始，尼采在寻找一种基督教的替代品，而且发现在狄奥尼索斯神话中，基督教被打得落花流水，本原的统一性在阿波罗的表象世界中被碎片化为个体性的命运。[①]简兹正确地看到狄奥尼索斯与叔本华的意志概念之间的关联，但他并没有理解到狄奥尼索斯就是这个意志的**神化**。

> 针对"自在之物"必然是善的、神圣的、真实的和唯一的这种理论，叔本华把"自在之物"解释为意志，这是实质性的一步；但他并不清楚怎样神化这个意志：他仍然纠缠于道德–基督教的观念中。叔本华仍然服从于基督教价值的主宰，只要自在之物对他来说不是"上帝"，他就必然会视这种价值为恶的、愚蠢的和应受谴责的。他没能认识到，很可能有无限多样的不同存在方式，甚至像神灵一样的存在方式。（*NL*, KGW VIII 2：18–19）

狄奥尼索斯是强健意志的神化，它不是否定生命的，而是肯定生命的，它不是放弃，而是狂喜和销魂。

在《悲剧的诞生》中，狄奥尼索斯式存在与阿波罗式存在相对立。这一对立模仿叔本华思想中意志与表象的对立。阿波罗式存在和狄奥尼索斯式存在不是思想结构，而是基本的生命力量的显现。作为这样的显现，它们施予我们一种难以控制的力量。在阿波罗的影响下，人对个体化原则有一种坚定的信仰，也就是说，对所有事

---

① *Nietzsche*, 1: 434. 另见 Hans Pfeil, *Von Christus zu Dionysos: Nietzsches religiöse Entwicklung* (Meisenheim am Glan: Hain, 1975), 143。

物的个体化生存，包括自己的个体化生存，人有一种坚定信仰。相反，在狄奥尼索斯影响下"每一种主体性的东西都消失在完全的自我遗忘中"；人与人之间的结合再次得到肯定，就像自然与他迷失的儿子的和解一样，"似乎**玛雅**的面纱已经被撕碎，只还有些碎片在神秘的本原统一性面前飘零"（*GT*, KGW III 1：25）。

尼采宣称，他的前辈们都把希腊人理解为阿波罗式的人民，一种强调秩序和形式的人民，他们的根本性快乐生产出了黑格尔及其同代人所谓"美妙的道德生活"。尼采尝试揭示这种快乐的外表下隐藏的那种黑暗而暴力的狄奥尼索斯式意志。在他看来，狄奥尼索斯式存在，是来自亚洲的一个原则（*GT*, KGW III 1：25）。在狄奥尼索斯东方狂欢节中，所有的秩序都被废除，每一种东西都融入本原的统一性中。在前荷马的希腊世界里，狄奥尼索斯式原则扮演着一个类似的角色，在那里，我们"只看见黑夜和恐惧，在习惯于残酷的幻觉的生产中……被暗夜之子、冲突、欺骗、死亡所统治的生活……面对作为惩罚的生存时的极端厌恶，存在与无辜的同一性……东方"（*HW*, KGW III 2：279）。

尼采借鉴叔本华指出，只存在两条走出狄奥尼索斯状态的路：圣者之路和艺术家之路（*DW*, KGW III 2：62）。东方人走的是第一条路，希腊人走的是第二条路。希腊文化依赖于一种狄奥尼索斯式的基础，但是不像东方文化那样沉沦其中，也不像欧洲文化那样逃离它们，希腊人把这种经验转换成某种崇高的东西。这是荷马文化的伟大胜利，它在前荷马世界的狄奥尼索斯力量之上、在泰坦神和野蛮人的无限狂暴和无节制之上建立起自身（*GT*, KGW III 1：36）。于是希腊人发现了一条节制东方纯粹狄奥尼索斯主义的道路，他们利用了它的力量，却没有被它所毁灭。

根据尼采，希腊人对狄奥尼索斯式的生存恐怖的经验，可以在赫西俄德的世界解释中找到概括的表达，后者认为世界形成于混乱（*chaos*）即"深渊"之中。这种世界观视所有个体性来自并返回一种神秘的本原统一性。在尼采看来，这一洞见施予希腊人的力量，可以由希腊民间智慧赋予狄奥尼索斯的同伴、森林之神西勒诺斯的话来说明，后者认为，对人来说最好的事情就是从未出生，次好的事情就是赶快死去。出生意味着成为一个个体，意味着与整体分离或异化。这种经验产生痛苦，而唯一可以减轻痛苦的方法就是停止成为一个个体，也就是说，赶紧死去，返回原初的统一性。不同于叔本华，希腊人能够承受这样一种悲观主义的负担，能够通过他们的梦一般的幻觉结构，把它转换成某种辉煌的东西，也就是说，用一种阿波罗式的艺术，在他们和生活之间插入不朽的奥林匹斯诸神的如梦的辉煌诞生，这些神灵代表个体对泰坦巨人和自然野蛮的狄奥尼索斯力量的胜利（*GT*, KGW III 1: 32, 36）。在作为个体化原则（*principium individuationis*）的阿波罗式存在中，并通过这种精神，本原的统一性实现了它的目标，用纯粹表象的快乐保护了个体免受绝望的折磨。

207

但是，这种荷马式的胜利是短暂的，因为希腊人自己仍然植根于狄奥尼索斯式存在，植根于意志的本原统一性中，这种意志消解了所有阿波罗式的个体性。这样，荷马文化用以威吓狄奥尼索斯式存在的蛇发女怪的头颅，不再能够征服狄奥尼索斯式存在的巨大恐怖力量。对狄奥尼索斯式存在的第二种攻击只能由多立克式的国家和艺术来进行，它们建立了一个永恒的军事基地来对抗狄奥尼索斯式存在。但是这样一种胜利也是短暂的，而且多立克文化的衰落在希腊文化的核心催生出了最后也最伟大的斗争，这种斗争产生了阿提卡悲剧和悲剧时代。

根据尼采，带来这场最后攻击的狄奥尼索斯式诗人，是阿尔基洛科斯（Archilochus）。阿尔基洛科斯认为自己就是狄奥尼索斯，就是分裂的本原统一性，并且把它作为音乐再生产出来。在阿波罗的梦的鼓舞下，这种音乐把自己显现为一种象征性的梦的形象，向他显示他与作为梦境的世界之心的同一性，这种同一性具体表现为本原的苦痛和纯粹表象的快乐。用叔本华的话来说，狄奥尼索斯式艺术家通过意志在他自己身体内的直接的直观（即他的感觉、倾向和欲望），成为具有巨大的自我矛盾和痛苦等意志特征的人。通过在音乐中表达这些感觉，他成为意志及其苦痛最完美的镜子。但是这种音乐与来自现象领域的阿波罗式形象混合在一起："那位**抒情诗人**的形象不是别人，就是**他自己**，而且可以说这些形象只是他自己的不同的客体化，因此，作为那个世界的运动中心，他就可以谈论'我'了：当然，这个自我与那个清醒的、经验实在的人不是同一个东西，而毋宁说是唯一真正生存着的、永远存在于万物根基之处的东西，……（它只是）一个天才的幻象，不再是阿尔基洛科斯，而是世界天才，他通过阿尔基洛科斯这个人的比喻，象征性地说出自己的原始痛苦。"（*GT*，KGW III 1：40）因此，狄奥尼索斯式的诗人不是一个个体性的人类存在，而是意志本身，也就是说，是狄奥尼索斯。

与此相应，人不是世界的作者，不是笛卡尔所谓自然的主人和拥有者，而是意志自我表现和自我创造的媒介：

> 但是，只要主体是艺术家，他就已经摆脱了自己的个体性意志，仿佛成了一种媒介，通过这个媒介，这个真正生存着的主体便得以庆祝他从表象那里的解放……我们可以假定，对

208

于那个艺术世界的真正作者来说，我们只是形象和艺术家的投影，在作为艺术作品的意义上我们具有我们至高无上的尊严——因为唯有作为**审美现象**，生存与世界才是永远**有正当理由**的——尽管无疑我们对于这种意义的意识，与画布上的武士对画面里描绘的战斗的意识几乎没有区别。所以，我们关于艺术的整个知识根本上就是完全虚幻的，因为作为认识着的存在者，我们与那个存在——他作为那部艺术戏剧的唯一作者和观众为自己提供一种永恒的享受——并不是一个东西，并不是同一的。唯当天才在艺术创造的行为中与世界的原始艺术家融为一体时，他才能稍稍明白艺术的永恒本质；因为在这种状态中，他才……既是主体又是客体，既是诗人、演员，又是观众。（*GT*，KGW III 1：43）

狄奥尼索斯式诗人是自身和意志相统一的天才，是意志创造的中介，是为意志而迷狂的存在。正如被知性所认识的那样，艺术家和世界本身不是自为的存在，也不是仅仅为我们的存在，而只是为本原意志的存在，这个本原自我位于世界的中心。① 这个本原自我就是狄奥尼索斯，人和世界因此只有通过狄奥尼索斯与自身的

---

① 在《悲剧的诞生》中，狄奥尼索斯与意志的确切关系从未被明确描述过。Rethy 指出，尽管狄奥尼索斯似乎不仅仅只是一个表象，他实际上仍然仅仅只是对本原痛苦的情感表象，而且因此只是叔本华的已经模糊不清的形而上学意志最后的模糊影像（"Tragic Affirmation," 12–13）。相反，Margot Fleischer 认为，狄奥尼索斯是由世界的本原艺术家生产出来的形象，这个艺术家通过建立表象的快乐戏剧，把他从矛盾的本原痛苦中拯救出来。他因此是自在之物 ["Dionysos al Ding an Sich," *Nietzsche-Studien* 17 (1988): 80–83]。因此，在《悲剧的诞生》中，狄奥尼索斯似乎既是意志的形象，又是意志本身。但是，正如我们将要看到的那样，他最终比意志或表象更加原始。

和解，才能作为这个伟大宇宙艺术家的自我创造的产品而具有存在的理由。①

尼采相信狄奥尼索斯音乐产生了希腊悲剧时代，这个时代在埃斯库罗斯（Aeschylus）和索福克勒斯（Sophocles）的伟大悲剧中达到顶峰（*GT*, KGW 1：109；*NL*, KGW III 2：41）。但是这个悲剧时代的开端，是阿尔基洛科斯的诗歌。他是民歌的发明者，这些民歌就是萨蒂尔合唱队的歌曲的基础，而悲剧正是诞生于这些合唱歌曲。在尼采看来，这个合唱队仍然是悲剧的核心，和舞蹈、声调和台词一起孕育出悲剧形象。狄奥尼索斯式的狂欢者把自己视为萨蒂尔；他还把他的神灵狄奥尼索斯这个本原的统一性视为萨蒂尔。个体于是就被这个合唱队的狄奥尼索斯式的民间智慧取消，重新回到本原的统一性中。这样，狄奥尼索斯式存在的无节制就不是为了任何享乐主义的目的，因为它撕掉了罩在位于现实核心的深渊之上的薄纱。②

***

① 关于这种和解的本质，有很多讨论。许多学者认为这种和解毁灭了个体性［参见 Sarah Kofman, "Metaphor, Symbol, Metamorphosis," in *The New Nietzsche*, 205; Fink, *Nietzsches Philosophie*, 30; Valadier, "Dionysus versus the Crucified," 248; and Charles Senn Taylor, "Nietzsche's Schopenhauerianism," *Nietzsche-Studien* 17 (1988): 54］。在《狄奥尼索斯的世界观》（*The Dionysian Worldview*）里，尼采确实主张，"在自我遗忘的狄奥尼索斯状态中，个体和他的有限性和尺度都已经死去"（KGW III 2:58）。但是，这段话在《悲剧的诞生》中被删除了。还有，如果狄奥尼索斯如这种解释所主张的那样是根本性的，那么所有的个体性都必须来自狄奥尼索斯。更加确信的是这一声明，即和解意味着把个体提升至本原统一性的水平。比如说，Rethy 就认为，在个体性的艺术家等同于始源（*genesis*）的力量时，他会作为"天才"（genius）和世界的本原艺术家在一种艺术生产行为中合一［"Tragic Affirmation," 3. 另见 Ingrid Barole, "Sunjektivität als Abgrund: Bermerkung über Nietzsches Beziehung zu den Frühromantischen Kunsttheorien," *Nietzsche-Studien* 18 (1989): 173］。

② Valadier, "Dionysus versus the Crucified," 255. 尼采这里对狄奥尼索斯经验的解释，深受早期浪漫主义观念的影响，后者认为自由和智慧只能通过（转下页）

看着自然的残酷和破坏性，希腊个体从意志的佛教式否定中被拯救出来，也就是说，通过阿波罗式存在在表象中的快乐，从被钉十字架者所走的路中被拯救出来："是艺术拯救了希腊人，而且通过艺术，生命为了自身而拯救了希腊人。"（*GT*, KGW Ⅲ 1：52）狄奥尼索斯接受了阿波罗的面纱，以此避免成为俄狄浦斯。① 萨蒂尔和合唱队代表自然以反对文化的谎言，并且在这个意义上使自在之物和表象世界相平行。萨蒂尔合唱队宣告了这两者之间的音乐关系。音乐以这种方式消除了有教养的腓力斯人的阿波罗式个体性，因为它揭示了一种更深的智慧形式，一种关于本原统一性的狄奥尼索斯智慧。这种智慧通过阿波罗式存在的幻象呈现出来，它培育着快乐，把人从绝望中拯救出来。

这种本原统一性的狄奥尼索斯幻象是巨大而难以承受的，因为它揭示的不是一个地基，而是一处深渊。② 这种幻象中包含一种疯狂，人可以通过悲剧免于这种疯狂，因为"悲剧是对抗狄奥尼索斯式存在的自然康复力量"（*NL*, KGW Ⅲ 3：69）。这种揭示的阿波罗式解释在人和狄奥尼索斯深渊之间拉开了一段距离，它允许我们观察这个深渊，却不会被它所吞噬（*DW*, KGW Ⅲ 2：260；*NL*, KGW Ⅲ 3：349）。它把那处深渊推至一定距离之外，让它变得美丽且可以承受，以这种方式为我们提供了一条返回日常生活的道路（*GT*, KGW Ⅲ 1：128；*DW*, KGW Ⅲ 2：59；*NL*, KGW Ⅲ 3：72，75，157，370）。

──────────────

（接上页）打破道德的羁绊才能得到。于是，他的狄奥尼索斯角色和威廉·洛维尔、曼弗雷德、巴扎罗夫及其他浪漫主义角色有很多相似之处。

① Blondel, "Nietzsche: Life as Metaphor," in *The New Nietzsche*, 162.

② John Sallis, *Crossings: Nietsche and the Space of Tragedy* (Chicago: University of Chicago Press, 1991), 58, 70, 71. 关于阿波罗缓解痛苦的效果的谈论，主要来自 Sallis.

　　《悲剧的诞生》核心部分存在的这种悲剧解释，让人对尼采最初关于阿波罗的独立性的断言产生怀疑。严格地理解的话，狄奥尼索斯式存在作为本原的统一性不会允许有外在于它的第二个原则。这样，阿波罗式存在的元素必须是狄奥尼索斯自己的投影，是产生个体化原则的本原统一性的投影（*GT*, KGW III 1：40；*NL*, KGW III 3：214，330）。①事实上，从这一立场来看，阿波罗就是狄奥尼索斯的某个时刻和隐喻，它遮蔽了生存的本原苦痛，因而使之变得可以承受（*GT*, KGW III 1：150–51）。②它是狄奥尼索斯这个有面具之神投射的一个面具（*GT*, KGW III 1：22–23，30，36，52–53，99，104）。③但是，这个面具不是否定性的东西，因为它表现为阿波罗，通过这个阿波罗面具，本原意志能够使它的苦痛变得崇高、能够得到肯定和补偿。于是，狄奥尼索斯式存在的目标不是终结个体，而是允许这种分裂的统一性在个体面前显现。但是这种个体性也因此被理解为本原统一性本身的一个时刻，一个这种统一性自己的

---

　　① Fleischer, "Dionysos als Ding an Sich," 89. 关于对阿波罗的独立性的辩护，参见 Bulhof 等人的著述［I. N. Bulhof, *Apollos Wiederkehr: Eine Untersuchung der Rolle des Kreises in Nietzsches Denken über Geschichte und Zeit* (The Hague: Nijhoff, 1969), 57; and Paul de Man, *Allegories of Reading: Figural Language in Rousseau, Nietzsche, Rilke, and Proust* (New Haven: Yale University Press, 1979), 117–18］。

　　② 参见 Rethy, "Tragic Affirmation," 7–12; Fink, *Nietzsches Philosophie*, 18; Martin Vogel, *Apollinisch und Dionysisch: Geschichte eines genialen Irrtums* (Regensburg: Bosse, 1966), 249; and Blondel, "Life as Metaphor," 173。

　　③ 参见 Granier, "Nietzsche's Conception of Chaos," in *The New Nietzsche*, 137–41; Rethy, "Tragic Affirmation," 7–12; Charles Barrack, "Nietzsche's Dionysus and Apollo: Gods in Transition," *Nietzsche-Studien* 3 (1974): 115, 117; George Wells, "The Birth of Tragedy: Analysis and Assessment of Nietzsche's Essay," *Trivium* 3 (1968): 59; and Alfred v. Martin, *Nietzsche und Burckhardt: Zwei geistige Welten im Dialog* (Basel: Reinhardt, 1945), 196。

自我克服的时刻。

通过详细表述这个狄奥尼索斯式存在概念，尼采完全超越了叔本华。对这两个思想家来说，本原意志都具有苦痛和矛盾的特征。他们都相信意志可以通过一般艺术特别是由音乐来显现。但是对叔本华来说，这种艺术呈现导致绝望和放弃，因为人会认识到他的个体性生存根本上就是一个悲剧。相反，尼采没有把这个意志视为敌视人的，而是视为崇高的。确实，在其艺术家的高度和它通过音乐天才进行的劳作中，意志甚至能够使**遭遇最大痛苦**的人变得崇高起来。但是，人的这种转变，不是其他，就是意志的自我转变。悲剧神圣化了"悲剧英雄的傲慢，把它作为英雄要反抗的那种力量的隐性能力"[①]。于是，悲剧经验既为生存正名，也是快乐的源泉，因为它认识到与所有痛苦为伴的个体性生存其实只是那神性意志的某个时刻，认识到我们就是这种意志，认识到我们就是狄奥尼索斯（*GT*，KGW III 1：105，137，148–49）。[②]

尼采希望这种作为希腊文化地基的狄奥尼索斯智慧能够作为未来德国文化的地基，以一种类似的方式成长于德国民歌之中，在贝多芬和瓦格纳的音乐中达到巅峰。通过音乐和再次献身于狄奥尼索斯，他相信悲剧的痛苦（*pathos*）会转变为一种民族精神（*ethos*）。[③] 就像希腊人那样，德国人也能够重建自身，超越中产阶级生活的平庸。

---

① Rethy, "Tragic Affirmation," 43. 这一结论不能不让我们想起巴扎罗夫。

② 关于狄奥尼索斯意志的起源的另一种解释（它削弱了叔本华的重要性），参见 Otto Most 的著作［*Zeitliches und Ewiges in der Philosophie Nietzsches und Schopenhauers*, ed. Hannes Böhringer (Frankfurt am Main: Klostermann, 1977), 103 ］。

③ 参见 Lacoue-Labarthe, "History and Mimesis," 221–24。

　　尼采相信，这样一种转变是可能的，因为对理性的信仰已经走向终结，这种信仰曾经为悲剧文化设置了最大的障碍。在《悲剧的诞生》中，他认为这种信仰起源于苏格拉底，后者为了支持科学而拒绝悲剧和音乐。于是，狄奥尼索斯智慧被一种把所有事物间关系进行复杂的概念化的思想所替代（*GT*, KGW III 1：79）。① 对狄奥尼索斯的这种苏格拉底式的拒绝，尝试通过使所有的东西服从于理性来克服悲剧世界的各种矛盾。在尼采看来，直到康德为止的欧洲思想，都不过是这一计划的展开。

　　在《悲剧的诞生》中，尼采并没有对这一历史详细解释，尤其是没有讨论基督教在这一计划中扮演的角色。在后来的"自我批评"中，他指出这本书以一种有害的沉默对待基督教（KGW III 1：12）。但是，尼采所认为的基督教在欧洲理性主义历史中所扮演的角色，在他后来的著作中得到了详细的描述。在他看来，基督教有一个接近于佛教的东方起源，但是被苏格拉底式的理性信仰转变了。苏格拉底有一个梦想，即存在一个能够超越现实世界之痛苦和悲惨的理性的"真实"世界，通过柏拉图和其他苏格拉底主义者，这一梦想产生了广泛而深远的影响。对那些难以承受生命之痛苦 211 和悲惨的人来说，对那些奴隶和传统世界的受压迫者来说，这个梦显得尤其有吸引力。于是，它为尼采所谓奴隶在道德领域的反叛提供了思想基础，这一反叛的最高显现就是基督教。

　　尼采并没有把基督教等同于基督。在他看来，历史中的耶稣并没有拒绝这个世界，也没有寻求报复统治阶级；他鼓吹一种普遍无

---

　　① 关于尼采与苏格拉底的矛盾关系，参见 Werner Dannhauser 的著作［*Nietzsche's View of Socrates* (Ithaca: Cornell University Press, 1974)］。

知和接受的教义，以此使人免于犯罪和复仇精神的折磨。在《查拉图斯特拉如是说》（*Zarathustra*）中，尼采欣赏这种基督教精神，把它描述为他所夸示的超人的固有元素。但是，耶稣并非基督教的真正创立者。正如尼采曾经简单指出的那样，最后一个基督徒死在十字架上（*AC*，KGW VI 3：209–10）。基督教作为一种世界历史性的力量是使徒保罗的创造，它关注的不是耶稣的道德律令，而是他的被钉十字架，它关注被钉十字架的上帝，关注被钉十字架者。在保罗的手中，基督教被改造成一种关于同情和复仇的信仰，一种较低阶层的怨恨表达，一种奴隶对古老的主人道德的反抗，一种针对性欲、力量和自我确定的反抗，它以柏拉图式的方式寻求另一个世界静止的和平，在那里，所有的债务都会偿付，所有的惩罚都会给予。[①] 因此，它就是这样一种信仰：它视所有的生命都是苦难的，它鼓吹普遍的有罪和禁欲主义。[②]

　　现代世界对理性的信仰是基督教的副产品。在尼采看来，基督徒对真理的要求来自基督教本身。结果就是拒绝托勒密的世界观，以支持哥白尼的视角。这种宇宙论革命也转变了人对自身的认识。他开始视自己为一种自我决定的存在，不再受传统和信仰的束缚。但是，他只有通过放弃自己是位于创造中心的神人（God-man）这

---

　　① 关于尼采对保罗的基督教的解释，参见 Jörg Salaquarda 的文章［"Diony-sus gegen den Gekruezigten: Nietzsches Verständnis des Apostels Paulus," *Zeitschrift für Religions- und Geistesgeschichte* 26, no. 2 (1974): 97–124］。

　　② 尼采透过叔本华、海涅和威尔豪森（Wellhausen）的扭曲透镜把基督教仅仅视为一种同情的宗教，而非一种生命方式［Goedert, "Nietzsche und Schopenhauer," 8; Wilhelm Schmidt-Biggeman, *Geschichte als absoluter Begriff: Der Lauf der neueren deutschen Philosophie* (Frankfurt a. M.:Suhrkamp, 1991), 47–51; and Julius Wellhausen's *Prolegomena zur Geschichte der Religion und Poilosophie in Deutschland* (1834)］。于是，他从未与经院哲学或中世纪基督教达成和解。

一幻觉，认识到自己不过是漂浮在茫茫宇宙中的一粒微尘，才能得到这个新的地位。基督徒对真理的要求，削弱了基督教本身的宇宙论和人类学基础。这导致启蒙运动的产生。但是导致启蒙运动的对真理的要求，并没有因为它征服了迷信而满足；它反过来又开始质疑启蒙运动自身的逻辑和本体论基础。结果，怀疑主义在批判哲学中达到顶峰，它让人们认识到，所谓最高的真理就是矛盾。伴随着这种认识，理性的长期统治开始结束了。

在《悲剧的诞生》中，尼采指出，当理性被迫认识到自身的局限性时，对理性的信仰就结束了："当他们惊恐地看到逻辑如何盘绕在这些边界上，并最终咬住了自己的尾巴时———一种新的洞见形式突然出现了，那就是**悲剧性的洞见**，只是为了能为人所忍受，它需要艺术来保护和救助。"（*GT*，KGW III 1：97）尼采在这里指出了康德曾经描述过的悖论，它在叔本华的思想中扮演着极其重要的角色。这些悖论证明知性的有限性，指出一片科学难以理解的唯名论领域："康德和叔本华非凡的勇气和智慧成功地取得了最困难的胜利，超越乐观主义的胜利，这种乐观主义藏匿在逻辑的本质中———它是我们文化的基础。"（*GT*，KGW III 1：114）通过这些悖论，藏匿在欧洲传统基础中的矛盾变得清楚明白起来，一个问题也相应变得清楚明白，那就是作为最高价值的理性开始自我贬黜，开始自我克服了。

根据尼采，康德是第一个认识到悖论的人，但他不愿接受上帝的死亡这一事实，它就包含在那些悖论中。于是，他尝试通过为批判理性领域划界，然后为道德和信仰留下空间，来保护基督教以上帝为中心的视角。但是，他的努力并不成功———先验唯心主义并不能抑制怀疑主义和悲观主义。尽管康德想要避免上帝与理性已经死去的结论，但叔本华却站在山巅，高声宣布了这一事实。

212

在尼采看来，叔本华的悲观主义是对否定性意志的经验的真实反应，他在所有事物中看到了这种意志的显现。但是，这种意志事实上只是当下微不足道的意志，是末人的意志，是民主社会的意志，它把人类生命的原则目标规定为保存和繁荣。但是对痛苦的否定，同时必然是对生命的否定。保存自身的欲望颠覆了克服自身的欲望。比如说，被钉十字架者所代表的同情的道德，在获胜的禁欲主义的否定性意志中得到它崇高或庄严的表现；但是最终，这种同情道德成为民主的教义，它生产出了微不足道的俗人，生产出了不再欣赏任何伟大和美好之物的末人，生产出了视同情为面对生活唯一合法态度的悲观主义者，而这种生活除了痛苦和幻想，一无所有。这样一种道德最终难以维持上帝的存在，而正是上帝命名了这一种道德。于是，上帝死于他对人的同情，也就是说，因为人变得太虚弱，以至于难以维持对上帝的信仰。产生于柏拉图式基督教的同情的道德，是上帝之死的根源，因此也是虚无主义的根源。确实，虚无主义是基督教的自我解构（*EH*, KGW VI 3：309）。位于启蒙运动核心的理性城堡由此坍塌了，生存的根本的神秘性由此显现。一种空间以这种方式向一个新神灵的诞生打开了。理性上帝的死亡产生了虚无主义，但虚无主义又为一种新的启示准备了地基。尼采相信将会诞生或者可能从虚无主义那里重生的那个神灵，就是狄奥尼索斯。

在《悲剧的诞生》中，尼采指出狄奥尼索斯式存在缓慢苏醒于现代世界，像一个魔鬼从德国精神的无底深渊中升起（*GT*, KGW III 1：123, 124）。[1]他希望这种恶魔精神能够使悲剧和悲剧时代的

---

① 参见 Manfred Ridel, "Die 'Wundersame Doppelnatur' der Philosophie: Nietzsches Bestimmung der ursprünglich griechischen Denkerfahrung," *Nietzsche-Studien* 19 (1990): 10。

再生成为可能。当他写作《悲剧的诞生》时，他把瓦格纳构想为这样一种再生的媒介。但是，在接下来的几年里，他开始对瓦格纳逐渐不抱幻想。第一届拜罗伊特音乐节确定了这种失望，不仅是因为这个节日没有实现尼采所渴望的那种文化转变，还可能主要是因为瓦格纳对那些可恨俗人的逢迎。尼采得出结论，认为他和瓦格纳从来没有真正想过同一个东西。结果，他开始相信文化的更新不可能通过戏剧，也不可能通过史诗。①

尽管有这种可怕的失望，尼采并没有放弃建立一种悲剧文化和全新的悲剧时代的希望。他也没有放弃狄奥尼索斯。在尼采看来，瓦格纳的失败应该归于这一事实，即他没有使自己从基督教的价值中彻底解放出来，也就是从被钉十字架者那里解放出来。他并不感激康德和叔本华破坏理性的普遍性的重要意义。真正需要的，不只是一个音乐天才，而是一个兼作哲学家的音乐天才。这种看似矛盾的存在，是尼采在《悲剧的诞生》后面的章节中提及的一个神秘角色，即"从事音乐的苏格拉底"，一个悲剧性的哲学家，他能够运用一种辩证的知识，把狄奥尼索斯的洞见融进本原的地基中，这种知识相关于个体性事物的概念性秩序（*GT*, KGW III 1：92，107）。②

尽管在《悲剧的诞生》中悲剧哲学家的形式被瓦格纳严重遮蔽，但它不只是后来又添加的想法。在同一时期，尼采还在写作 214

---

① Janz, *Nietzsche*, 1:822–23.

② 尼采在那个时期的一则笔记里描述过这种音乐哲学家："他像看重形式的艺术家那样是视觉性的，像信教者那样善于移情，像科学家那样讲究因果关系：他想让世界所有的音调都在他那里有回声，想把所有这些声音都用概念表达出来。"（*NL*, KGW III 4:30. 另见 *PTZG*, KGW III 2:310–11）关于尼采糅合艺术和科学的哲学观，参见 Jean-Noël Vuarnet 的文章［"Le Philosophe-artiste," in *Nietzsche Aujourd'hui*, 2 vols. (Paris: U. G. E., 1973), 1: 337–70］。

《希腊悲剧时代的哲学》(*Philosophy in the Tragic Age of the Greeks*),
以及一部恩培多克勒戏剧,两种工作都打算表现出这样的哲学家
的典范。[①] 在前一部未完成的著作中,赫拉克利特(Heracleitus)是
悲剧哲学家的卓越榜样,但是在青年尼采看来,恩培多克勒(Empe-
docles)明显是自己这个时代最好的模范(*NL*, KGW III 3:122)。[②]
尼采的恩培多克勒是狄奥尼索斯的信徒。他是智慧的,但也献身
于神灵。不同于俄狄浦斯尝试通过一种苏格拉底式的考察来治愈
底比斯城的瘟疫,尼采的恩培多克勒用一种"伟大的戏剧,一种狄
奥尼索斯式的酒神节"来治疗弥漫于他的城邦的瘟疫(*NL*, KGW
III 3:246)。他是一个悲观主义者,但他的悲观主义不同于叔本华
的悲观主义,它生产行动,而非寂静无为(*NL*, GA 19:194;*FW*,
KGW V 2:303)。这个历史性的恩培多克勒为希腊人提供了一种哲
学方案,以解决他们生活的矛盾,这种方案与他们对狄奥尼索斯的
忠诚是一致的。确实,在尼采看来,如果苏格拉底和苏格拉底主义
者没有把希腊人带入歧途,他们可能借助于像恩培多克勒和德谟
克利特这样的思想家,已经开始理解他们自己的存在,以及它的所
有非理性和痛苦了(*NL*, KGW IV 1:183–84)。尼采所想象的未来
的恩培多克勒或从事音乐的苏格拉底,将会在创造一种悲剧文化
的过程中扮演类似的角色。他将不但不会拒绝音乐和神话,反而会
把它们和哲学联合起来,以完成和统一一种文化。这些新的神话将

---

① 关于计划中的恩培多克勒戏剧,参见 Jürgen Söring 的文章 ["Nietzsches
Empedokles-Plan," *Nietzsche-Studien* 19 (1990): 176–211]。

② 参见 Sallis, *Crossings*, 107; and Ottman, *Philosophie und Politik*, 53。Vuarnet
指出,赫拉克利特和恩培多克勒通过火这个符号被关联在一起("Le Philoophe-ar-
tiste," 1:339)。

会成为青年人教育的恶魔监护人，也因此成为社会上更多人的教育的恶魔监护人（*GT*, KGW III 1: 141）。于是，尼采想象了一种狄奥尼索斯式存在与苏格拉底主义者的统一，它接近于古希腊时代狄奥尼索斯式存在与阿波罗式存在的统一。[①] 这个历史性的恩培多克勒是一个关键角色，他站立在狄奥尼索斯神话时代和哲学时代之间。尼采的恩培多克勒意味着一个类似的角色，他站在当代苏格拉底文化和未来悲剧文化之间。[②] 但是，就像巴扎罗夫，他只是一个过渡性的角色，只能走到门槛之处，停留于既非古代世界又非现代世界的地方。

　　尼采从未完成这部恩培多克勒戏剧。失败的原因部分在于恩培多克勒难以减缓他对断裂的本原统一性的悲剧性幻想。于是，同情驱使他自己跳进了埃特纳火山（*NL*, KGW 3: 122–23, 169）。他最终也不了解怎样使矛盾和痛苦变得崇高起来。他是一个哲学家，注视着存在的深渊，但他不是一个艺术家，或至少不是一个完全的艺术家，于是，他不会把这种痛苦转换成某种崇高的东西。尼采尝试在这一时期更完备地发展这一思想，但对结果却并不满意。[③] 然而，他并没有放弃这一计划。事实上，在《悲剧的诞生》之后，尼采思想的发展很大程度上是一系列表现这种悲剧或狄奥尼索斯哲学的尝试。

215

----

　　① 在早期讲座中，尼采把苏格拉底和阿波罗关联在一起。关于这一基础，Fink 认为尼采把苏格拉底理解为阿波罗，在狄奥尼索斯所揭示的多彩世界上涂上了层层灰色（*Nietzsches Philosophie*, 29）。但是，这种关联在《悲剧的诞生》中被制止了。于是，Jerry Clegg 主张，苏格拉底并没有替代阿波罗，而是构成了第三种力量［ "Nietzsche's Gods in *The Birth of Tragedy*," *Journal of the History of Philosophy* 10, no. 4 (October 1972): 438 ］。

　　② Söring, "Nietzsches Empedokles-Plan," 190.

　　③ 他曾经关注过莎士比亚，把他描述为从事音乐的苏格拉底，认为他把希腊悲剧发展到了极致（*NL*, KGW III 3:201, 326, 332, 334. 另见 Sallis, *Crossings*, 139）。

尼采后期思想中的狄奥尼索斯式存在概念

尼采思想令人困惑的特征之一，是狄奥尼索斯式存在在1878—1886 年间消失不见，又在 1886 年后重现并占据突出位置。尼采对狄奥尼索斯的明显放弃，与他和瓦格纳关系破裂、反对叔本华以及否定早期思想中的艺术家形而上学有关联（*NL*，KGW IV 2：559）。从《人性的，太人性的》开始，他拒绝所有的理想世界，不愿支持一种藏在可见世界背后的真实存在的主体。[①] 形而上学让位于批判科学，后者攻击传统哲学、信仰、艺术和道德的唯心主义。[②] 尼采哲学的新主角，不是艺术天才，也不是圣者，而是自由精灵（the free spirit）。

但是，尼采实际放弃早期狄奥尼索斯式存在概念的程度，不应当被夸大。尽管尼采宣称艺术家形而上学是站不住脚的，但他从未明确拒绝狄奥尼索斯式存在，而且不断回到《悲剧的诞生》所提出的问题中去（*EH*，KGW VI 3：312）。[③] 还有，随着中期阶段思想的

---

① Detwlier, *Aristocratic Radicalism*, 183.

② See Barrack, "Nietzsche's Dionysus and Apollo," 125. 这一时期，艺术开始扮演一个新的关键角色。正如 de Man 所言，"艺术不再和狄奥尼索斯音乐的直接性相关，而是明显苏格拉底式的，具有解构性功能"（*Allegories*, 113）。但是，de Man 并没有看到，在尼采后来的思想中，这种苏格拉底式的艺术角色是如何与早期的狄奥尼索斯艺术观结合的。

③ 参见 Nietzsche to Overbeck, 2 July 1885, KGB III 3:62。Eckhard Heftrich 认为，即使是尼采后来写给《悲剧的诞生》的前言"一种自我批判的尝试"，也在批判这本书的风格，以此为它的内容作辩护［"Die Geburt der Tragödie: Eine Präfiguration von Nietzsches Philosophie?" *Nietzsche-Studien* 18 (1989): 107］。关于狄奥尼索斯持续存在的重要性，参见 Vogel 等人的著述［Vogel, *Apollinisch und Dionysisch* （转下页）

结束，他开始抢救早期艺术家形而上学的一系列要素，把它们和理想世界剥离，重新置于人类心灵中。[①] 即使在尼采中期思想中扮演所有形而上学理想反对者的自由精灵，在某种意义上也只是对早期思想中的圣者、艺术家和哲学家等角色的一种修正。他是有自我意识的圣者、艺术家和哲学家，他认识到自己把自己的上帝投射进了天堂。他是自由的，不是因为他是科学的，而是因为他运用科学作为从理想中获得解放的手段。于是，科学成了一副戴在某种新人脸上的面具，这个新人不会在上帝面前弯腰，反而认识到上帝是他自己的投影，他比现代人更强壮，更值得崇拜。[②]

尼采对叔本华和瓦格纳浪漫主义的拒绝，不是对狄奥尼索斯式存在的拒绝，而是对狄奥尼索斯式存在的形而上学解释的拒绝。这种反转有它的浪漫主义内核，是巴扎罗夫式反浪漫主义的浪漫主义的回响。尼采运用他的乐观主义工具，不是去建构一种新的思想形式或价值，而是去摧毁以往哲学为了反对现实世界而建构的理想世界。但是，对过去所有理想的尝试性破坏，正是那种否定性力量的表现，这种力量恰好居于唯心主义和左派黑格尔主义事业的核心。正如戴特维勒（Detwiler）所指出的那样，尼采求助于科学，不是为了进步或繁荣的兴趣，而是作为狄奥尼索斯隐匿的信

216

（接上页）194; Georg Siegmund, "Kosmischer Rausch—als neue Religion?" in *Stimmen der Zeit* 134 (1938): 283; Richard Oehler, *Friedeich Nietzsche und die Vorsokratiker* (Leipzig: Durr'schen Buchhandlung, 1904), 24; and Barole, "Subjektivität als Abgrund," 171–72]。

① Detwiler, *Aristocratic Radicalism*, 154.Wolfram Groddeck 认为，这种艺术家形而上学于 1886 年重新出现在他写给旧作的新前言中 ["Die Geburt der Tragödie in 'Ecce Homo,' " *Nietzsche-Studien* 13 (1984): 330]。

② Fink, *Nietzsches Philosophie*, 52–60, 552。

徒，无情地驱使人们在他们自己身上做实验，这种实验，不仅要肢解他们的理想，还要肢解他们的灵魂。[1]

在《悲剧的诞生》中闪现过的从事音乐的苏格拉底形象，在尼采后来的著作中变得越来越明确。在《不合时宜的沉思》中，这个天才以一个理想化的叔本华和一个理想化的瓦格纳的形式出现；在尼采早期格言式著作中，这个天才表现为自由精灵，自由鸟王子；后来表现为查拉图斯特拉，那个反基督者；最后表现为尼采本人。[2]但是，隐藏在所有这些形式背后的，只是狄奥尼索斯。在《悲剧的诞生》中，尼采评论过，在欧里庇德斯（Euripides）之前，所有希腊悲剧的英雄实际上都只是戴着面具的狄奥尼索斯（*GT*，KGW III 1：67）。这话同样适用于他自己的思想：他的所有英雄背后，实际上都藏匿着一个被反复撕成碎片又反复再生的神灵。在《快乐的科学》之后，这个被藏匿的狄奥尼索斯不断出现在尼采的著作中。他的重现伴随着权力意志概念的发展，而从《查拉图斯特拉如是说》开始使用这一概念，意味着尼采开始远离反形而上学立场，而这种立场一直表现在从《人性的，太人性的》到《快乐的科学》等著作中。在早期思想中，尼采把狄奥尼索斯视为形而上学的地基。相反，在从《人性的，太人性的》到《快乐的科学》等一系列著作中，狄奥尼索斯作为一个被切成碎片的神灵出现，它四处分散，藏匿在个体化原则的面具后面。这一时期的尼采研究聚焦于个体，聚焦于个体的激情和动机，个体的自我欺骗，个体对自己的幻觉的服

---

① *Aristocratic Radicalism*, 167.也参见 Peter Sloterdijk, *Thinker on Stage: Nietzsche's Materialism*, trans. J. O. Daniel (Minneapolis: University of Minnesota Press, 1989), 61, 63。

② 参见 Fink, "Nietzsche's Experience of World," 203–10。

从。从《查拉图斯特拉如是说》开始，尼采也开始尝试描述一种包含一切的生命力量，它存在于这些个体的激情和视角中，并通过它们表现自己。他称这种生命力量为权力意志，但是这种意志本身只是戴着形而上学面具的狄奥尼索斯。①

权力意志在《查拉图斯特拉如是说》中的出现，标志着重新开始描述本原统一性，重新开始描述狄奥尼索斯，他不再被视为形而上学的超越，而是自然的主要驱动力量。但是，这种意志还没有定义它自身；还没有把自身显示为像狄奥尼索斯那样的具有神性。换句话说，狄奥尼索斯还在路上，还戴着面具。于是，他在《快乐的科学》中作为魔鬼出现，传授最沉重的永恒轮回思想（KGW V 2：250）。在《查拉图斯特拉如是说》中，他是带着钻石小刀的采葡萄者，伟大的拯救者，只有未来的歌曲才能为他命名（KGW VI 1：276）。②他带着自己的名字重新出现，是在《善恶的彼岸》（*Beyond Good and Evil*）的结尾，在那里他被描述为天才的心灵，而在《偶像的黄昏》结尾，他作为哲学家狄奥尼索斯出现，但是在《瞧，这个人》中，他又反过来被视为被钉十字架者的最大对手（*JGB*,

217

---

① 关于把狄奥尼索斯和生命相关联、把阿波罗和权力意志相关联的一种替代性解释，参见 Bulhof 的著作（*Apollos Wiederkehr*, 98）。Bulhof 的分析的不足之处，在于她难以认识到阿波罗式存在最终是狄奥尼索斯式存在的一个时刻。她也没有理解，在尼采后期思想中，阿波罗如何被苏格拉底所置换。关于这一点，参见 Barrack 的文章（["Nietzsche's Dionysus and Apollo," 118–24] 和 Rosen 的著作 [*Limits of Analysis* (New York: Basic, 1980), 215]。

② 关于查拉图斯特拉和狄奥尼索斯的关联，参见 *EH*（KGW VI 3:333–47）。Laurence Lampert 已经详细证明了《查拉图斯特拉如是说》中狄奥尼索斯暗自扮演的角色 [参见他的 *Nietzsche's Teaching: An Interpretation of Thus Spoke Zarathustra* (New Haven: Yale University Press, 1986)。另见 Pierre Trotignon, "Circulus vitiosus, de-us-circulus,vitiosus deus," *Revue Philosophique* 96 (1971): 306]。

KGW VI 2：247–49；*GD*，KGW VI 3：154；*EH*，KGW VI 3：372）。

关于尼采对自己的描述，也有一个相应的转换。在其思想中期，他把自己描述为一个典型的无神论者或自由精灵。他的密友查拉图斯特拉，从同一个模子里脱出来：直到永恒轮回被揭示之前，他一直不断地把自己描述为"无神论者查拉图斯特拉"（KGW VI 1：267）。但是，在永恒轮回被揭示之后，随着对不断扩张的查拉图斯特拉计划的放弃，尼采的自我描述发生了很大变化。在《善恶的彼岸》《偶像的黄昏》和《瞧，这个人》的结尾，尼采把自己描述为哲学家狄奥尼索斯的最后信徒（*JGB*，KGW VI 2：248；*GD*，KGW VI 3：154；*EH*，KGW VI 3：310）。最后，他把自己描述为狄奥尼索斯之船，不仅旨在转换德国文化，还要转换整个欧洲文化。正如弗莱舍（Fleischer）已经指出的那样，尼采"紧紧抓住狄奥尼索斯不放。他的名字可以代表存在本身，代表权力意志，他是具有创造性的和破坏性的，他的创造欲望超过欲望带来的痛苦……《悲剧的诞生》中具有两面性的狄奥尼索斯最终再次证明了这种两面性，这使得尼采能够描述他的哲学的根本局限性"①。

---

① "Dionysos als Ding an sich," 89–90. Paul Valadier 以一种类似的思路指出，"即使狄奥尼索斯确实退出了，他也不会完全消失不见，他的在场变得更加微妙和隐蔽。那有一双捷足的'神'的明显退隐，使得他不期而至的到访更加重要……《悲剧的诞生》之后，狄奥尼索斯的［这种］不期而至的出现，等同于某种涤罪或'启蒙'……［尼采］没有否认狄奥尼索斯主义……剥去他神秘的外衣，我们会发现他仍然是一位神灵，他在宣读永恒轮回的观念和教义"（"Dionysus versus the Crucified," in *The New Nietzsche*, 256）。

狄奥尼索斯与被钉十字架者

尼采后来的狄奥尼索斯式存在概念与他的被钉十字架者概念密切相关。但是，二者都只有在与权力意志观念的关联中才能得到理解。权力意志是一个非常复杂而富有争议的概念。它的起源明显与尼采遭遇叔本华的意志概念相关，但是它在很多关键方面超越了这个概念。海德格尔主义者把这个权力意志视为现代主体形而上学的最后表现形式，认为它接近于叔本华的生命意志、黑格尔主义自我运动的精神概念以及斯宾诺莎主义的实体概念。① 相反，后现代主义者寻求弱化意志在尼采思想中扮演的角色，比如说，他们主张尼采思想中没有这样一种意志，没有一个中心，只有各种各样的意志要素。② 有些人走得更远，认为尼采的目标不仅在于消除一种普遍的宇宙意志观念，还要消除用一种权力观念替代这种意志的那种意志。③ 在后现代思想家的顶端，尼采思想被解读为：尼采用永恒轮回教义替换了权力意志观念，前者被理解为非同一性的思想，它每一刻都在表述着一种不同的同一性。④

尼采的著作中明显存在一些支持后现代主义解读的地方。尼

218

---

① 参见 Heidegger, *Nietzsche*, 1:11–79; and Bartuschat, *Nietzsche*。

② 参见，例如，Michael Haar, "Nietzsche and Metaphysical Language," in *The New Nietzsche*, 10; and Müller-Lauter, *Nietzsche*, 29。

③ Klossowski, "Nietzsche's Experience of the Eternal Return," in *The New Nietzsche*, 119.James Leigh 同样认为，不存在渴望权力的意志，而只存在意愿着的权力 ["Deleuze, Nietzsche, and the Eternal Return," *Philosophy Today* 22 (1978): 17]。

④ Bernard Pautrat, *Version du soleil: Figures et système de Nietzsche* (Paris: Seuil, 1971), 163–67; Jacques Derrida, "Interpreting Signatures (Nietzsche/Heidegger): Two Questions," in *Looking after Nietzsche*, 15.

采偶尔说过这样的话："没有像意志这样的东西。"（*NL*，KGW VII 1：693–95，705；VIII 2：55–56；3：186）但是，他这样说想要表达的，与后现代主义的解释者们想让我们相信的，不是一个东西。它指的是一种传统意志观念，表示一种心理能力，而在他看来，这种能力并不存在（*NL*，KGW VIII 2：296，3：170–71）。所谓的个体意志事实上只是各种冲动的集合，它们要么是混乱的，要么被超越一切之上的那个一所整肃。我们称呼这些无序的冲动为虚弱的意志，而称这些有序的冲动为强健的意志（*NL*，KGW VIII 3：186）。在这个意义上，去意愿不是去欲求或者去选择，而是去控制（*NL*，KGW VIII 2：296）。

这样，权力意志对尼采来说是对事物本质的形而上学解释。世界的中心是一团混乱。尽管这种混乱缺乏秩序、安排、形式、美、法度和目的，但它的每个时刻都被一种控制性的冲动或必然性所主宰，被权力意志所主宰（*FW*，KGW V 2：145–47）。但是，权力意志不仅仅是所有事物的驱动力；所有事物都只**作为**权力意志的时刻而**存在**，因此也只在它们与其他存在者的敌对关系中并通过这种关系而**存在**。于是，就像叔本华的生命意志一样，权力意志是一种普遍意志，它会分裂出反对自身的意志；但是不同于叔本华的意志，权力意志不是超越于世界之外的东西，也没有超越那些构成它的时刻（*NL*，KGW III 3：7，12；VIII 2：278–79）。它的每一个时刻都在努力成为超越所有其他时刻的主人。于是，在任何给定的时间里，每一个时刻既是盈又是亏，既是他者的主人，又是他者的奴隶。自然也由此不被因果关系所规定，而是由生成和自己的斗争所规定（*NL*，KGW VIII 1：321）。作为包含一切的意志的诸多时刻，人类持续地处于与自身、他人以及所有其他存在者的战争中，持续地追求主宰一切，但同时又持续处于被奴役的危险中。

　　但是，意志的每一个时刻总是在追求权力的过程中被挫败，被过去（the past）这个难以克服的障碍所挫败，被这样一个事实所挫败：意志似乎总是服从于先前的因果关系，总是受惠于也屈从于先前的意志形式或时刻。于是，对权力的追求总是搁浅在过去的石头上，搁浅在查拉图斯特拉所谓"曾在"（it was）（KGW VI 1：175–78）之上。"曾在"暴露出意志面临的最严重的问题。意志怎么才能真正地意愿和创造自身，如果它总只是先前的创造的产品？只有意志能够向后意愿，自我创造才有可能。

　　诸神观念至少提供了一种局部的解决办法。他们作为根本性的力量把宇宙作为一个整体来规定，也这样构成了所有事物的**一体性**（*NL*，KGW VII 3：51）。于是，他们是所有先前因果关系的体现和总和。人类因此能够得到一种超越"曾在"的力量，把自己和创造曾在的神灵同一起来。

　　尽管诸神观念在尼采思想中扮演着重要角色，但他并非一个传统意义上的宗教思想家。在他看来，所有的神灵都是人类的造物（*FW*，KGW V 2：323；*EH*，KGW VI 3：276–79）。于是，正如他们在传统中被理解的那样，诸神并不存在（*NL*，KGW VIII 2：277，300）。但是尼采并不是一个简单的无神论者。尽管诸神是人的造物，但他们也不**仅仅**是人的造物。① 在尼采看来，人类是权力意志的诸多时刻，而且正是这种宇宙力量在生成的无序中决定了他们

---

　　① Eugen Biser 正确地指出，尼采的有神论并非绝对的有神论，而只是一种武器，用以反对基督教［"Nietzsche und Heine: Kritik des christlichen Gottesbegriffs," in *Nietzsche as Affirmative Thinker*, ed. Yirmiyahu Yovel (Dordrecht: Nijhoff, 1986), 206］。尼采的信仰问题，已经被 Most 深入分析过了（*Zeitliches und Ewiges*, 99–160）。

的位置与方向。他们尝试主宰和理解整体，这些只是意志自身自我理解、自我主宰与和解的冲动的诸多时刻。他们创造诸神，不是想去创造，而是必须得创造，因为他们被驱使着去创造，被创造的需要折磨着（*NL*，KGW VIII 1：114）。于是，诸神对尼采来说只是权力意志的投影。他们是权力意志通过人投射自己的形象的方式，是权力意志"神化"自己的方式。人创造诸神，是意志克服自己的特殊性、把自己重构为整体的尝试。"围绕着英雄，"尼采指出，"每一种东西都变成了悲剧；围绕着半神，所有东西都变成了萨蒂尔戏剧；围绕着上帝——什么？也许所有的东西都变成了'世界'？"（*JGB*，KGW VI 2：99）

220 　　尽管诸神的投射是权力意志的工作，但是这种意志总是通过一个特殊的种族来行动。每一个神都是某一种族的权力意志的非自我意识的表现。一个神灵因此就植根于这一种族的生活方式中，代表着把他们凝聚在一起并让他们对抗邻居的目标或理想（*Z*，KGW VI 1：70–72；*NL*，KGW VII 1：203）。民族和神灵紧密地联系在一起，于是，一个民族的神灵的死亡，或新的神灵的引进，都预示着这一种族的崩溃（*NL*，KGW VIII 2：393）。

　　"过去"这一问题被种族具体经验为对祖先的欠债感。原始的部族成员感觉自己受恩于部族的创立者，后者建立了一些基本条件，使部族的特殊生活方式得以可能。创立者的意志存活于部族的制度中，创立者本人甚至被想象为就存在于活着的种族成员之中，后者在宴会上为他们留下最尊贵的位置，把牺牲献给他们，等等。这种献祭是为了抚慰祖先，并且获得他们的支持。部族持续的时间越长，越成功，对创立者的债务就越大，对他们的恐惧也就越大，因为他们的远见和英勇会和部族的力量同比例地增长。如果这样一个部族长期兴旺发达，它的创立者们就会被转换为神灵（*GM*，KGW VI 2：343–45）。

神灵的形式依赖于特殊的种族及其权力意志的特征。比如说，查拉图斯特拉谈论过成千种不同的种族和权力意志（KGW VI 1：70–72）。[①] 尽管所有这些种族都有不同的真实目标，但它们可通过意志的强弱来加以基本的区分。意志强壮的种族认为自己是自由的，它期待着未来，在过去中发现了一种理由，以支持它征服和主宰其他种族。虚弱的种族发现自己被过去束缚着，它在它的神灵中寻找可以远离"曾在"的救赎。强壮的种族对它的成功充满了感恩之情，相信自己将来可以依靠自己的神灵。这样的种族享受生活，拥抱生存，即使这种生存是可怕的、糟糕的。相反，虚弱的种族被一种复仇精神——尼采后来又用怨恨来指这种精神——所主宰。这样一种种族仇恨生活，是因为它在生活中遭受着痛苦，也没有目标可以作为忍受痛苦的理由；于是，虚弱的民族拒绝现实世界，支持一种超验的或来世的生活。

在尼采看来，不同的种族和它们的神灵的特征，由它们的权力意志的相对强度来决定。运用这种方法，尼采定义了处于两个极端之间的一系列种族和神灵，这两个极端就是狄奥尼索斯和被钉十字架者。狄奥尼索斯是由最有力的权力意志投射的神灵，被钉十字架者是由最虚弱的或最贫乏的权力意志投射的神灵。所有其他的信仰形式——包括罗马的多神论、印度教、伊斯兰教、犹太教和佛教——都处于狄奥尼索斯和被钉十字架者之间，也都只有在与这两

221

---

① 可是，他只描述了四种。根据查拉图斯特拉，那第一千零一种，不是某一特殊种族的目标，而是人性的目标。这一目标就是超人。这段话指出尼采思想中的超民族时刻，它终结于新型人类的形成，尼采后来称之为"好的欧洲人"。

个极端的关联中才能得到理解。

这样一个系列也是判断各种信仰的相对真理性的方法。根据尼采，生存的混乱，是巨大的心理重负，很少人能够承担得起。对大多数人来说，这种严厉的狄奥尼索斯幻象生产了无力与绝望。尼采认为，哈姆雷特就是这样一种幻象的可怕后果的原型例子（*GT*，KGW III 1：52–53）。生命要想维持下去，或多或少都得否定这种混乱，建立一处人们可以存活和繁荣于其中的地方。在这种意义上，谎言一般来说总比真理更有益于生命。只有最强壮的生命形式才能面对生存是混乱和无意义的这一可怕事实。于是，越是强壮和有活力的种族，越是能够把握和表现存在于它的神灵中的真理。最强壮的种族将会相应产生最真实的神灵，而且这个神灵将会是权力意志和自身最全面的和解。

根据尼采，狄奥尼索斯是权力意志最高形式的神灵（*NL*，KGW VIII 2：7，193）。他是能够把生存的混乱转换为一个整体的最为成功的尝试，因为他表现出了对这种生存的所有不一致和矛盾的肯定。换句话说，他是生命自身最完美的投射。所有其他的信仰都需要否定或拒绝人们难以承受的混乱。于是，他们扭曲了生命。他们所认识到的整体只是一种简单化的整体，只是一个他们的虚弱必然会导致的谎言。相反，狄奥尼索斯式的人，能够完全肯定生存的混乱和矛盾。通过狄奥尼索斯，他能够通过意愿整体而意愿整个过去。这种伟大的肯定，可以通过认识和确认尼采所谓相同者的永恒轮回来实现。

永恒轮回是狄奥尼索斯的另一个名字（*NL*，KGW VII 2：1；VIII 3：347，397）。对永恒轮回的认识和接受，是对整体的确认，这个整体，被理解为混乱或权力意志，或换句话说，它是权力意志把自己构成一个整体的时刻。这个整体不是一个系统的或不矛盾的整体。它就是它所是，但无论它是什么，它总是永远作为整体的东西。尽管它可能是权力意志一系列混乱的时刻或形式，这种意志只是在无限延展的时间中彻底表现自己，但是这个整体并非不完全或者是零碎的，或者完全不同于它自身。它无限地、不懈地重复着自身。于是，它总是既处于开端，又处于结尾。于是，在意愿将来时，在对每一种将来之物说"是"时，人们也是在意愿已有之物，意愿每一种光荣之物和神秘之物。但是这样一种肯定，只对那些最有力的人来说才有可能，因为只有这样的人才能承担这一真理的神秘时刻。于是，在尼采看来，永恒轮回观念也是一把锤子，能够检验人性的强度，把虚弱的人性从强壮的人性那里区分出来（*EH*, KGW VI 3：346–47；比照 *Z*, KGW VI 1：316；及 *NL*, VII 1：637, 2：73；VIII 1：130）。同样，它也是教育与选拔的手段（*NL*, KGW VIII 2：6–7）。虚弱的意志将会被它敲碎，强壮的意志将会被敲打得更强壮，因为后者会从他们对过去所欠的债务中解放出来。

　　在意愿永恒轮回时，最强壮的人意愿作为一个整体的权力意志，成为作为一个整体的权力意志，而且一路意愿下去。他成为真正的存在者，异常有力，完全自治，能够自我创造。他成了狄奥尼索斯。在与狄奥尼索斯的统一中，并且通过这种统一，他从复仇精神中获得解放，并表现出一种新的天真。于是就像基督，狄奥尼索斯把人从罪恶和过失中解放出来。但是这种狄奥尼索斯式的解放不是基督教意义上的救赎。基督徒被上帝所拯救，后者承担了前者应得的惩罚。相反，狄奥尼索斯承担的不是罪人应得的惩罚，而是他的过失或债务（*GM*, KGW VI 2：349–51）。从狄奥尼索斯的视角来看，个体没有一种自由意志，因此也不对他的行为负责。他毋宁说是命运、世界游戏的一部分，那是狄奥尼索斯的自我创造和自我破坏，是权力意志和自己进行的永恒斗争（*NL*, KGW VII 3：338–39）。于是，在与狄奥尼索斯合一的过程中，狄奥尼索斯式的狂欢者充满了 *amor fati*，即**命运之爱**，这种爱肯定了过去，某种意义上创造了过去，于是把狂欢者从复仇精神中解脱出来。在这方面，狄奥尼索斯信仰是对作为整体的生命的信仰，对生命无尽的丰产的信仰，对尼采在《偶像的黄昏》中所谓通过生殖实现的生命永恒轮回的信仰（KGW, VI 3：152–54；比照 *NL*, KGW VII 1：213, VIII 3：16, 32, 58）。

这样，狄奥尼索斯对人类的解放，不仅仅通过罪过，也通过羞耻。尼采指出，人之所以感到羞耻，是因为他们是依赖性的存在者，他们的存在受惠于他人。他们来自他人，由他人所创造。因此，他们所宣称的自治和个体性具有本体论的可疑性。人的生殖本性的真相之所以让人羞耻，是因为男人和女人的生殖器明显揭示了所有人对过去所欠的债务。人们要想免于这种羞耻，只有通过学习怎样意愿他们的过去，以及怎样创造他们自己。狄奥尼索斯让这种解放成为可能，他的裸体就是这种新型自由和独立的象征。但是，狄奥尼索斯并没有止步于把人从羞耻中解放出来。性欲不仅仅是被允许的，还是神圣的。狄奥尼索斯就是生命旺盛的繁殖能力，这种能力胜于一切痛苦和死亡，他还是爱和自我克服的能力，这种能力让肯定生命、肯定生存的混乱成为可能。于是，他不仅仅是裸体的神灵，还是阴茎直竖的神灵，性欲无度的神灵，狂欢的神灵，对他的崇拜是一个酒神节，是对生命通过繁殖实现的自我克服的赞颂（*FW*, KGW V 2：140–41, 197；*JGB*, KGW VI 2：248–49；*GD*, KGW VI 3：152–54）。狄奥尼索斯意味着永恒的生命，生命的永恒复返；意味着过去所允诺和神圣化的未来；意味着对超越所有死亡和变化的生命的成功肯定；意味着作为生命的全部连续性的真实生命，这种连续性通过繁殖、通过性欲的神秘来完成。于是，对希腊人来说，**性的**象征是最出类拔萃的庄严象征。在整个古老的虔诚中真正的深刻性……这里，生命最深刻的本能，被宗教性地经验着——而且生命之路，繁殖，被视为**神圣的**路。（*GD*，KGW VI 3：152–54）

这个狄奥尼索斯，不同于尼采的早期狄奥尼索斯，后者面对痛苦和死亡，为人们提供了一种形而上学的安慰和忘却。后期的狄奥尼索斯提供的不是安慰，而是生命本身的活力，它超越了所有个体的死亡，面对死亡和个体性的瓦解，它再生产出个体性。

这个狄奥尼索斯站在尼采所谓从基督教上帝开始的那个序列的另一端：

悲剧性的人甚至肯定最残酷的苦难：他足够强壮、富有，能让人相信他会那样做。基督徒甚至否认世上最快乐的命运：他足够虚弱、贫穷，被剥夺了忍受所有生命痛苦的权利。十字架上的上帝是对生命的诅咒，是寻求从生命那里获得拯救的标志；狄奥尼索斯则完完全全是生命的**允诺**：它将永远再生，从毁灭中再次返回。（*NL*，KGW VIII 3：58–59；比照 *NcW*，KGW VI 3：423–24）[1]   224

---

[1] Valadier 指出了保罗十字架上的拯救者和尼采的狄奥尼索斯的关键差异：前者的死亡是不必要的，因而必须得到补偿，而后者让死亡与对生命的丰盈的确信和他自己的再创造能力面对面（"Dionysus versus the Crucified," 250. 另见 Heftrich, "Die Geburt der Tragödie," 113）。

狄奥尼索斯是最有力的生命之神，是征服者之神，是主人之神。相反，被钉十字架者，是奴隶的上帝（*NL*, KGW VII 1：231）。狄奥尼索斯的信徒肯定生命，基督教的奴隶否定生命。但是，奴隶即使在否定生命时也被权力意志所驱使，只不过那是一种病态的或不健康的权力意志。由于他的意志是病态的，他难以主宰他自己或其他人，难以施加一种等级秩序，也就是传统意义上的**统治或支配**。

基督徒在信仰中发现了这一问题的解决方案。根据尼采，信仰是意志的虚弱形式，它通过令人难以置信地缩小生存，通过可怕地简化生命，消除所有的含混和矛盾，以苏格拉底的方式建立一个理性的真实世界以对抗现实的混乱，从而获得力量（*GM*, KGW VI 2：346-47）。因此，信仰是一种狂热的形式，通过它，虚弱的人也能成为强者（*FW*, KGW V 2：263-65）。以这种方式，信仰之人高于末人，因为末人没有纪律或约束。确实，他只是一大堆无序的驱力的集合。他是如此自我满足，以至于甚至意识不到他自己的无关紧要。信仰之人至少能够厌恶地鄙视自己。

在尼采看来，基督徒的上帝最初是以色列人的神灵。这个神灵非常有力，要求服从。只要他的人民听从于他，他们就会成功，但是当他们背离了他，尊崇其他神灵，他们就会灭亡。犹太人的历史就是他们不断地堕落和重建的故事。最后，犹太人的权力意志衰退了，犹太人的国家被罗马人摧毁了。在这个过程中，犹太人的神灵从一个希望得到犹太人民更大赞誉的神灵，变成一个善良的、普遍的上帝，他寻求帮助柔弱者和无力的人，而不管他们的民族性。这样，以色列人的高贵神灵就变成了奴隶的卑贱上帝（*AC*, KGW VI 3：181-83）。

　　但是，基督徒的上帝，并没有被基督徒想象为虚弱至极的上帝。毋宁说他被想象为唯一的上帝，世界的创造者，既超级有力，也超级善良。因此，人类遭遇的痛苦，并非上帝的错误，而是人自己的错误，是罪恶的后果，但这种罪恶的后果可以被挽回，而他实际上已经挽回了这种后果。因此，对所有相信他的人来说，这个上帝是获救的允诺和最后的胜利。他是所有时代中最伟大的帝国的伟大对立面，是奴隶对罗马的仇恨的表达，因此也是对最为旺盛之生命的仇恨的表达。这样，在这个上帝那里表现出来的意志，目的不仅在于保存生命，还在于征服和权力，在于对罗马的毁灭，方法就是让强者和健康的人相信他们是邪恶和病态的，也让弱者和病态的人相信他们将会继承这个世界。这样，在尼采看来，基督徒的上帝是对意志的一种疾病的神化（*NL*, KGW VII 2：231）。

　　这种病态经过证明具有传染性，它开始在犹太人中间传播，后来扩散到罗马底层阶级中去。它对统治阶级的诱惑是决定性的。强者被弄得感觉自己有罪，那把他们带到这样的高度的权力意志，开始被理解为一种犯罪，一种对人性的侮辱。面对死亡（它实际上只是一种对生命的怨恨）时基督徒表现出来的信仰狂热，在罗马统治阶级看来似乎是一种新的难以理解的勇气，当罗马人自己的权力意志开始衰落时，他们逐渐依赖上了这种狂热。基督教后来成功转变北方部族的信仰，同样归因于他们的虚弱，归因于他们无能于塑造神灵（*NL*, KGW VIII 3：321）。这种虚弱驱使他们依赖类似的狂热，这种狂热曾经吸引了犹太人和后来的罗马人。与德意志民族的权力意志的进一步衰落相应，这个基督徒的上帝也逐渐变得瘦长，最终脱离肉体。他被经院哲学转换为一个概念，被宗教改革运动转换为纯粹的精神。在尼采看来，这个最后的基督教上帝，是这个

225

世界曾经有过的最低级的神灵概念，是这个世界曾经知道的最严重的否定，因为它不能包含所有的东西，只能清空所有东西的重要性（*NL*，KGW VIII 3：300）。生存的所有现存的含混与矛盾都被消除了。繁殖和性欲被视为不洁的，对荣誉和权力的欲望被认为是一种罪恶（*GD*，KGW VI 3：152–54）。这个上帝是生命的矛盾，而非生命的净化和肯定；他是绝对反自然的，是对超验的神化，对虚无的神化（*EH*，KGW VI 3：371–72；*FW*，KGW V 2：99）。于是，基督教终结于虚无主义（*NL*，KGW VIII 3：321；比照 *GM*，KGW VI 2：279–80）。

但是，基督教本身也包含有新生的种子。因为信仰是权力意志的时刻，它们作为克服对立者的努力而**存在**，没有了对立面，它们也就停止了存在。这样，像基督教这样的一神论信仰，只有通过创造其他对立的神灵，才能存活下来（*FW*，KGW V 2：168–69；*NL*，KGW VII 1：72）。"魔鬼，"尼采指出，因此"只是上帝在第七天的娱乐"（*EH*，KGW VI 3：349；比照 *NL*，KGW VII 3：352）。在关于魔鬼的观念中，基督教让它自己的对立面保持存在，尽管这个对立面通过基督教解释、规定世界的黑色玻璃时，只以一种扭曲的形象出现。

基督教上帝的死亡，为其他神灵的复归开启了可能性。在"对上帝的反驳中"，尼采认为"实际上只有那个道德的上帝被驳倒了"（*NL*，KGW VII 3：354）。但是，如果道德的上帝被驳倒，魔鬼也会被驳倒，因为魔鬼被理解为对上帝的否定（*JGB*，KGW VI 2：52）。可是，如果魔鬼被理解为上帝的替代者，那么上帝之死就导致魔鬼的解放和变形（*NL*，KGW VII 1：23，3：355–56）。尽管老上帝的辩护者仍然把这种新的力量描述为魔鬼或反基督者，但他实际上是更丰富的东西，是一个凭借自身正当性独立存在的神性力量（*NL*，KGW VII 1：80）。

不过，这个新神的特征是不确定的。尼采认识到一种继续衰落为佛教或叔本华式的否定生命的可能性。不同于这种可能性，他推举狄奥尼索斯这个处于被钉十字架者另一个极端的神（*NL*，KGW VIII 3：321）。为什么紧随上帝之死的是狄奥尼索斯的再生，而不是介于这两个极端中间的神灵的再生？在这一点上，尼采的推理是偶然性的和或然性的。他相信上帝之死消除了所有的界限，揭示出生存的混乱（它破坏着所有的规范），也导致这样的认识，即如果没有什么东西是真的，那么什么都会被允许。这样的结果就是普遍的恐怖和世界大战。这些战争可能会导致进一步的衰落，但尼采相信它们也可能导致新的等级秩序，其中弱者服从于那些被最伟大的权力意志所驱使的人。这些超级有力的个体将能够承担最恐怖的真理，因此也将生产出一个不同的神灵，因为他们将会变得更加强大，更加健康，更能爱和创造，而且因此比今天的人更**崇拜神灵**。根据尼采，这种人呼唤出来的神灵，将会超越善与恶。① 于是，基督教上帝之死可能真的是一次变形："你称之为上帝的自我破坏：毋宁说是他脱却了自己的皮肤：——他脱却了他的道德皮肤！而且你将会很快再见到他，那时他已超越了善与恶。"②

从基督教灰烬中诞生的狄奥尼索斯，不是尼采在《悲剧的诞

---

① 　还是高中生的尼采，就已经想象过这样一个神灵（*NL*, BA, 1:48, 3:129; *NL*, KGW VIII 1: 217–18; and Balmer, *Freiheit statt Teleologie*, 41. 另见 *NL*, KGW VIII 2:173–74; 3:283; 323–34）。

② 　Friedrich Nietzsche, *Die Unschuld des Werdens*, ed. Alfred Baeumler, 2 vols. (Stuttgart: Kröner, 1956), 2: 337. 参见 *AC*, KGW VI 3:181; *NL*, KGW VII 3:414–16。

生》中描述的那个狄奥尼索斯。早期的狄奥尼索斯戴着一副阿波罗
227 的面具。新的狄奥尼索斯戴的是苏格拉底的面具，但这个苏格拉底
是尼采重思和重释的苏格拉底（*JGB*，KGW VI 2：248；*GD*，VI 3：
154）。他不再只是悲剧的破坏者；面对后期希腊世界完全的狄奥尼
索斯主义，他还是一个生命的拯救者（*GM*，KGW VI 2：396）。在
尼采看来，没有这个苏格拉底，希腊人将会摧毁他们自己。但是，
他只是通过让狄奥尼索斯式存在的力量反对自身来保护希腊人。①
这个苏格拉底不是一个禁欲主义者，而是一个好色之徒，他的思想
之所以成功，是因为他用一种新型的争论（*agon*）方式迷惑了雅典
人（*FW*，KGW V 2：340；*GD*，KGW VI 3：65）。不同于基督教，他
并没有否定狂欢，而是寻求让它服从于理性。但是，即使在这里，
狄奥尼索斯式存在也扮演着一个中心角色，因为从现实世界向理
性世界的上升——苏格拉底至少在《会饮篇》中描述过这种上升——
要靠爱的阶梯才能实现。② 同样，在《理想国》中，苏格拉底把爱若
斯（eros）视为一种普遍的原则。这种爱若斯元素在基督教对柏拉图
主义的挪用中消除了，并被置换为一种原罪教义，这种教义完全谴
责性欲。尽管基督教因此在某种意义上是柏拉图式的，但他们所引
用的柏拉图，与尼采描写的爱若斯式的苏格拉底格格不入。

　　在尼采后期著作中，爱若斯式的苏格拉底和狄奥尼索斯的相
同之处变得非常明显。他认为，狄奥尼索斯是"诱惑之神，是天生

---

　　① Sloterdijik 指出，尼采已经在《悲剧的诞生》中把苏格拉底思考为狄奥尼
索斯的显现，他伪装成哲学傻瓜坐在观众席里，嘲笑着阿波罗式的角色。在这
一意义上，狄奥尼索斯以一种退隐的方式获胜，并且在思想的划时代断裂中凭
借自身重新醒来（*Thinker on Stage*，53–60）。但是，这样一种对早期尼采著作中苏
格拉底的解释，少有证据可以支撑。

　　② 关于尼采对《会饮篇》中苏格拉底的欣赏，参见 *NL*（KGW III 3: 138）。

有良知的花衣魔笛手，他的声音知道怎样落入每个灵魂的深处；在没有思虑和隐秘的诱惑的地方，他不置一词，不看一眼"（*JGB*，KGW VI 2：247）。同样，苏格拉底这个"嘲弄一切和迷醉于一切的怪物，雅典的花衣魔笛手，让最狂妄的年轻人颤抖和哭泣的人"，具有和狄奥尼索斯相同的地方，这是不会搞错的（*FW*，KGW V 2：249–50）。[①] 好色元素是这二位的核心特征，它与阿波罗冷酷而遥远的个体主义格格不入。这两位吸引和捕获信徒的手段，不是美丽的梦中形象，而是醉，是塞壬的哲学之歌。[②]

这个苏格拉底式的狄奥尼索斯，与《悲剧的诞生》中从事音乐的苏格拉底或狄奥尼索斯式的苏格拉底有关，他是一个由从事音乐的苏格拉底揭示并崇拜的神灵。正如上述所见，尼采在其早期著作中难以清楚描述这个悲剧诗人的哲学对应者，因为他难以解决同情问题。这个哲学家的神灵仍然主要是一个悲剧性的神灵，它与其说是和解的神灵，不如说是遭遇本原痛苦和异化的神灵。尼采开始相信，那个从事音乐的哲学家必须能够以苏格拉底的方式考察 228 那深渊，但又不失去对生命的信仰，不会像苏格拉底那样因为欠阿斯克勒皮俄斯一只公鸡而结束自己的生命，或像恩培多克勒那样因为同情而跳进埃特纳火山。尼采的查拉图斯特拉努力克服同情问题，但即使是他也没有完全解决这个问题。他在等待一个更高级的人，一个超人。但是这个超人仍然是遥不可及的。即使是在《查拉图斯特拉如是说》的结尾，也只有查拉图斯特拉的"孩子们"近在眼前，而他们也还必须有待成熟，因为只有在他们的成熟中，他

---

① 在翻译《善恶的彼岸》时，考夫曼（Walter Kaufmann）关注过这种关联 [*Beyond Good and Evil* (New York: Random House, 1966), 234]。

② 参见 Sloterdijk, *Thinker on Stage*, 54–57。

们才会最终成为超人，才能生产出超神狄奥尼索斯。

　　比起尼采早期著作中那个阿波罗式的狄奥尼索斯，这个苏格拉底式的狄奥尼索斯意义更深远。查拉图斯特拉宣称，诗人说谎太多。他们之所以说谎，是因为他们在真理面前显得不够强壮。他们创造虚假的界限以保护和增强人类生命。中期尼采的自由精灵憎恨这些谎言，不断寻求揭露它们的虚假。但是，他揭示出了混乱，也生产出了疯狂。从事音乐的哲学家比诗人和自由精灵都更强壮。他也在撒谎，但他并没有撒太多的谎。最重要的是，他并没有向自己隐瞒他的谎言。但是，相比于自由精灵，他满足于靠这些谎言生活，因为他知道它们是这个混乱世界中最为接近真理的东西。这个从事音乐的或狄奥尼索斯式的哲学家能够用哲学抓住混乱，**而且**能用诗围绕这混乱建立一个边界。于是，他是权力意志最伟大的时刻，在这一时刻里，意志征服和统一了自身。他的伟大不会因为他靠谎言或虚构来达到这一目标而有所减弱。那是最伟大的谎言和最真实的虚构，因为这个狄奥尼索斯式的哲学家是最有力的人（*NL*, KGW VIII 2：436）。它是关于相同者的永恒轮回的谎言，它最为接近存在的生成（*NL*, KGW VIII 1：320）。于是，后期尼采不再是创造了统一形象之梦的阿波罗式狄奥尼索斯的信徒。他毋宁说是苏格拉底式狄奥尼索斯的信徒，这个狄奥尼索斯揭示了生存的深渊和根本性的混乱，但也能用他的艺术把这深渊和混乱转换成一个美丽的整体。

　　尼采从来没有完整描述过这个新的哲学家狄奥尼索斯，但他已出版著作中的一些言辞，以及笔记中更深入的评论，给我们提供了不少关于这个狄奥尼索斯的洞见。尼采早期的狄奥尼索斯概念与悲剧和一个新悲剧时代的诞生密切相关，在这个时代里，人类将会被提升至民主社会的平庸之上。他后来的更加哲学化的狄奥尼索斯，不再仅仅是一个悲剧之神。他还具有喜剧或讽刺的一面。[①]　229
还有，他所建立的新时代，不仅具有悲剧的高度严肃性，还具有喜剧的高度可笑性。

在尼采晚期的一则笔记里，狄奥尼索斯意义的转换变得非常明显，在那里，他为一部意向中的著作列出了一个标题——"狄奥尼索斯哲学：一种讽刺性的梅尼普斯体"（*NL*, KGW VIII 1：228）。哲学家狄奥尼索斯的故事是一个梅尼普斯讽刺体（Menippean satire）。梅尼普斯讽刺体由犬儒派学者加达拉的梅尼普斯（Menippus of Gadara）发明，由他的罗马追随者瓦罗（Varro）发展，正如尼采本人所指出的那样，由佩特罗尼乌斯（Petronius）完善，而后者"超越迄今为止任何伟大的音乐家，可以说是急板乐章创意、构思和言辞方面的大师"[②]。这个讽刺体是哲学与诗的联合，旨在通过对生活的讽刺性夸张来传播哲学真理。它一方面指向更广泛的普通观众，一方面指向这些观众中的少数人，他们能够理解藏在通俗外表下的哲学真理。于是，就像尼采的《查拉图斯特拉如是说》那样，它是"为所有人写的，又不为任何人写"。

事实上，《查拉图斯特拉如是说》就是这种音乐哲学的完美典范，它融合了讽刺性的夸张和哲学的深刻（*NL*, KGW VIII 1：321）。对查拉图斯特拉来说，核心问题是超人的创造问题，但是，这个使

[①]　尼采指出，狄奥尼索斯有两张面孔，其中一张在笑，充满欢乐，另一张则充满了极度的悲伤（*NL*, MusA 5：121）。在后来对《快乐的科学》补加的内容里，尼采指出那原来用以结束全书并指向《查拉图斯特拉如是说》的本原性悲剧（*incipit tragodia*），可能应该被解读为本原性滑稽（*incipit parodia*）（KGW V 2：14）。

[②]　Erich Podach, *Friedrich Nietzsche Werke des Zusammenbruchs* (Heidelberg: Kampmann, 1961), 236; JGB, KGW VI 2：43.

命要以他从复仇精神中解放出来、从"曾在"中解放出来为前提。这种解放可以通过肯定相同者的永恒轮回来实现。尼采梦想建立的新文化就以这种模式为基础。它不仅仅是他早期思想中的悲剧文化，因为诸神和英雄们的个体性的美而变得暂时可以忍受。对永恒轮回的认识改变了生存。死亡不是最后的终结，因为生命永远存在，但它总是这种生命，是永恒的自我再现整体的一部分。于是，最高者和最低者必然捆绑在一起。从《查拉图斯特拉如是说》中代表叔本华式观点的预言者的角度看，这个整体观念会导致绝望，并最终导致自杀。但是查拉图斯特拉本人却能对这个整体说是，因为他能嘲笑预言者，从永恒轮回的视角来看，预言者的教义只是一种戏谑，而在书的结尾部分，在查拉图斯特拉的指导下，预言者认识到了这一事实。这个喜剧性时刻是对尼采早期观点的明显发展，这一点深刻地区分了恩培多克勒和查拉图斯特拉。就像特里斯坦*一样，恩培多克勒被暗夜吞噬；查拉图斯特拉却在等待伟大的正午。①

对查拉图斯特拉来说，克服绝望的关键在于嘲笑，他告诉我们，嘲笑是最伟大的杀手（Z, KGW VI 1: 45, 225, 388）。喜剧、萨蒂尔剧、戏谑，能够使人从严肃的精神这个查拉图斯特拉的大敌那里解放出来。嘲笑对查拉图斯特拉和尼采之所以可能，是因为他们认识到，这种伴随所有痛苦的个体性生活，只是丰饶多产和奢侈浪费的生活本身的一个时刻。但是这种认识是对狄奥尼索斯的认识；它是关于狄奥尼索斯的神秘的真理，因此也是战胜尼采早期悲剧观的狄奥尼索斯基础。

230

---

* 特里斯坦，瓦格纳歌剧《特里斯坦与伊索尔德》（*Tristan and Isolde*）的男主人公。——译者

① Söring, "Nietzsche's Empedokles-plan," 204–5.

　　正如我们已经看到的那样，尼采后期的狄奥尼索斯是这样一个神灵，他揭示了生命的真理，这个真理不仅存在于死亡之中，还存在于繁殖和再生中。这样，他教导人类去嘲笑个体的愚蠢，这些个体相信他们在追求他们自己的目的，事实上他们已经纠缠于繁殖的神秘之中。这种嘲笑是对有繁殖力的权力意志的旺盛经验的反思，在这种反思中，人们会觉得自己被生命的欢愉之浪一扫而空。这样，狄奥尼索斯式的愚蠢，是一种康复的手段，克服痛苦和羞耻的手段（*GD*, KGW VI 3：124）。① 这样，后期的狄奥尼索斯并没有遮蔽那深渊，而是教人们在深渊之上舞蹈。② 通过他的宜人的狂欢之歌，即使面对最高贵的形式的毁灭，我们也能经验到一种快乐的爆发，因为我们认识到生命自身无穷无尽的丰产；我们与生命、与狄奥尼索斯融为一体。

　　尼采称这种新的狄奥尼索斯哲学为 *la gaya scienza* 和 *gai saber*，即“快乐的科学”和“欢喜的智慧”（*NL*, VII 3：202，275）。③ 在1886年《快乐的科学》序言中，尼采解释了这种新的思想方式的意义。他认为，这种新的哲学形式，是对康复的庆祝，是对克服了所有疾病和痛苦的生命力量的庆祝。它是一种幽默的哲学，充满了愚蠢和可笑之处，它是精神的农神节，是对未来的再生信仰，是对广

---

　　① “戏剧，”尼采在《悲剧的诞生》中这样评价，是“艺术家用荒诞催吐恶心之物的东西”（KGW III 1：53. 也见前 31,10；及 Sallis, *Crosssings*, 109）。

　　② 在《查拉图斯特拉如是说》中，舞蹈已经表现为一种准神性的行为，但只是在尼采后来的思想中，舞蹈才被视为具有明确的神性。在后来的一则笔记里，尼采这样写道，“轻盈的脚步属于‘神’这个概念，它超越一切理性和平庸，超越善恶……查拉图斯特拉说他只会信任会跳舞的神灵，但是，查拉图斯特拉只是一个老牌无神论者，他说他会相信，但实际上并没有相信”（*NL*, KGW VIII 3: 321）。

　　③ 他还称之为“一种以神性方式哲学化的尝试”，并且重复了《善恶的彼岸》的副标题——“未来哲学序曲”（*NL*, KGW VII 3: 214, 275）。

阔的海洋和新的目标的认识。换句话说，它是对有繁殖力的生命力量的庆祝。死亡和痛苦就在眼前，但伴随它们的还有出生和再生。于是，尼采指出，他的快乐的科学既是悲剧性智慧，又是喜剧性智慧，事实上是悲剧和喜剧的统一（*FW*, KGW V 2：13–14）。用《查拉图斯特拉如是说》的话来说，它是精神的变形，它生产出了孩子，一种新的天真，新的开始，轮子的第一次旋转（Z, KGW VI 1：27）。这样，它是幽默的，是快乐的。它不打算追求真理，不打算把所有的东西都置于光照之下，因为这只会导致绝望，导致对世界的逃避，它要做的，是尊重所有仍被隐藏的东西，也就是自然本身，像赫拉克利特已经指出的那样。这样，自然或生命就是被遮蔽的伟大的一，尼采曾在别的地方称这个一为狄奥尼索斯（*JGB*, KGW VI 2：247）。在这篇序言里，尼采幽默地让狄奥尼索斯藏在鲍波*的面具后面，而鲍波就是狄奥尼索斯的女性相似物。①

　　于是，尼采的狄奥尼索斯哲学就是向他所谓希腊人表面的深

---

　　* 鲍波（Baubo），希腊神话中"厄琉息斯奥秘"（the Eleusian mysteries）传说中的关键人物。收获女神得墨忒耳因女儿帕尔赛福涅被冥王哈德斯绑架，整日不理世事。于是，万物不再生长，绿意慢慢消失，人民活在饥饿之中。得墨忒耳在痛苦中来到厄琉息斯，伪装成一个婴儿的保姆被带到国王的家里。虽然每个人都试图让这个沮丧的女人快乐起来，但都没有效果。这时国王的女仆，来自小亚细亚的植被女神鲍波出现了。两个女神开始聊天。鲍波先是说了一些下流搞笑的话，让得墨忒耳有了一丝笑意，然后突然掀起了自己的裙子（直到 19 世纪末，欧洲女性才开始穿内裤），惹得得墨忒耳捧腹大笑。随着得墨忒耳忧郁的解除，冥王也在宙斯的命令下释放了帕尔赛福涅，土地开始恢复生机，人民从此摆脱饥饿。——译者

　　① 参见 Sarh Kofman, "Baubô: Theological Perversion and Fetishism," in *Nietzsche's New Seas*, 175–202。根据他对弗里德里希·克罗伊策（Friedrich Creuzer）的 *Symbolik und Mythologie der alten Völker, besonders der Griechen* [3rd ed., 4 vols. (Leizig: Leske, 1836), 4:80] 的解读，尼采意识到，在希腊文化的根源里，狄奥尼索斯经常被描述为雌雄同体的东西。

刻的回归，不过，比起早期思想，这一回归更全面地融合了哲学和音乐。① 它注意到了存在的混乱，但是它允许这一真理继续被遮蔽在一个美丽的外表下面。尼采认为，最聪明的人并不寻求真理；他总是只追求阿里阿德涅*（*NL*, KGW VII 1：127）。对神秘的表面的爱，而不是对无底的深渊的认识，将会把智慧引向一种新的高度，让人克服自身，但就像忒修斯克服死亡那样。死亡的必然性被爱所遮蔽，被渴望创造的疯狂所遮蔽，被渴望克服自身的疯狂所遮蔽。但是在超越自身而创造时，人们也必须为自己的后代让路。正如尼采在一则后期笔记中所言，那美丽的表面——"女人"——把男人引向他的死亡：

> "阿里阿德涅，"狄奥尼索斯说，"你是一个迷宫。忒修斯迷失在你之中。他没有更多的线绳；现在有益于他的，难道是他还没有被牛头怪米诺陶所吞吃？不管谁吞吃他，都比米诺陶更糟糕。""你在奉承我，"阿里阿德涅回答道，"但我已经厌倦了我的同情心。在我这里，所有的英雄最后都要毁灭：这就是我对忒修斯的爱。我要他毁灭。"（*NL*, KGW VIII 2：66）

尼采所描述的狄奥尼索斯之"快乐的科学"，是音乐与哲学的统一。我们已经考察了这种狄奥尼索斯哲学的哲学结构。现在，我们必须考察它的音乐特征。

---

① 他在《瓦格纳事件》中写道，"人们是否已经注意到，音乐能够解放精神？为思想添上翅膀？一个人越是成为一个音乐家，就越是成为一个哲学家？"（KGW VI 3：8）

* 阿里阿德涅（Ariadne），国王米诺斯与皇后帕西法尔的女儿，曾给情人忒修斯一个线团，帮他走进迷宫杀死怪兽米诺陶，又帮他走出迷宫。——译者

尼采的音乐哲学

人们早就认识到音乐对尼采的重要性，但直到最近，我们才开始理解音乐对他的思想所具有的哲学重要性。[①] 在早期思想中，尼采以一种犹豫不决和不彻底的方式去发展一种艺术家形而上学，这种形而上学实质上就是音乐家的形而上学。从本体论角度来看，这种形而上学把音乐视为自在之物，先于一切现象，并居于一切现象之后。尽管这个音乐概念类似于叔本华的音乐概念，但它们之间有着重要区别。叔本华把音乐视为生命意志的镜子。相反，尼采认为音乐尽管可能会表现为意志，但它不可能**是**意志。"语言，"尼采宣称，"从来不能充分地表达出音乐的宇宙象征意义，因为音乐能够表达与位于本原统一性核心的本原矛盾、本原痛苦的象征关系，而且因此象征一片超越于和先于一切现象的领域"（*GT*, KGW III 1：47）。于是对早期尼采来说，意志只是对真正具有本原性的狄奥尼索斯音乐的阿波罗式解释。[②] 对叔本华的这种反转，让尼采解决了

232

---

① Janz 已经证明，尼采对音乐和作曲的关注是根本性的（"Die Kompositionen Friedrich Nietzsches," 185）。在 1887 年 10 月 20 日写给 Hermann Levi 的信中，尼采写道，"恐怕还没有一个哲学家能够像我一样又是一个音乐家"（KGB III 5:172）。他是一个技艺高超的钢琴家，一个富有激情但效率不高的作曲家。对音乐的这种爱，从很多方面塑造了他的哲学事业。正如 Janz 所指出的那样，他的许多著作不仅处理音乐主题和音乐对当代文化的意义，这些著作本身就有"一种音乐性-理论性基础，就是一种音乐建筑风格"（*Nietzsche*, 2:215. 也见 Most, *Zeitliches und Ewiges*, 104–5）。

② Pautrat 认为，对尼采来说音乐是意志的正在生成的可感知物，是意志最为充分的表现。Pautrat 这样想是混淆了尼采与叔本华（*Versions du soleil*, 60）。Kofman 更加准确地指出，只有当各类艺术家在各个层次上从属于音乐，（转下页）

存在于叔本华思想中的问题，这个问题涉及如何解释认识和意愿的关系，尼采的反转在本原性音乐中为认识和意愿双方找到了共同的起源和关联。①

　　这两个领域的关联，在尼采早期艺术家形而上学中被一种音乐逻辑所规定。他相信，音乐是一种普遍语言，它相关于普遍概念，而后者又相关于特殊的事物。意志所有可能的效果、刺激和显现，所有的感觉，都可以用无限的旋律表达出来（*GT*，KGW III 1：101；比照 *FW*，KGW V 2：111–24；及 *NL*，KGW VIII 2：159）。音乐刺激象征性的直观，允许最高意义上的象征性形象出现。以这种方式，它产生了神话和哲学。阿波罗式的形象和苏格拉底式的概念都来自被音乐性地构成的世界。它们因此并不代表一种独立的形式源泉，而是对已经充满自然的音乐形式的解释。不用伴随任何表象，那些音调本身就象征着快乐与悲伤的各种不同方式。于是，"意志与它的象征——和声——归根结底都是**纯粹的逻辑**！……和声是意志的纯粹本质的象征"（*NL*，KGW III 2：66；比照 4：23）。② 对

（接上页）并且被视为一个整体，我们才能说艺术象征着狄奥尼索斯（"Metaphor, Symbol, Metamorphosis," in *The New Nietzsche*, 203–5. 另见 Rethy, "Tragic Affirmation," 8–10）。

　　① Pautrat 和 Kofman 都主张，尼采的声明即音乐是本原性的，最终只是隐喻性的（*Version du soleil*, 62; "Metaphor, Symbol, Metamorphosis," 202）。于是，他们难以认识到尼采究竟有多么激进。对他来说，世界本身不是其他，就是对音乐从而也是对狄奥尼索斯的模仿（参见 *NL*, KGW III 3: 1; 4: 37）。

　　② 难以认识到音乐对尼采的核心重要性，这使得一些尼采的后现代解释者认为他拒绝所有的逻辑，而赞成谱系学（参见 Haar, "Nietzsche and Metaphysical Language," 17）。Pautrat 更有说服力地指出，对尼采来说，音乐是真正的哲学。在他看来，尼采用旋律中心主义替换了传统哲学的逻辑中心主义（*Version du soleil*, 71）。但是，他是尼采的批评者，因为尼采的思想仍然是旋律中心主义的，也就是说，因为尼采接受了一种**中心观念**，并没有拒绝支配（dominance）的观念。（转下页）

尼采来说，音调构成了世界上所有事物的本质。但是，音调彼此间也遵守准确的几何等比关系。在这一意义上，彼此独立的事物之间质的不同，变成了可以用数学探讨的量的不同。但是，这种数学处理方式本质上是音乐性的，因为数学对尼采来说就像其他语言一样，来自音乐（*NL*，MusA，3：376）。

在构造这种音乐逻辑时，尼采明显借鉴了毕达哥拉斯学派的思想，它们也在他的宇宙学中扮演着重要角色。这一学派的伟大洞见之一就是，"用音乐——即使只是在一根琴弦上演奏的音乐——作为其形象的世界的全部本质，可能完全表现为一系列的数字"（*NL*，GA，10：118；比照 *WS*，KGW IV 3：302；及 *NL*，KGW III 3：73）。在尼采看来，毕达哥拉斯学派的这种宇宙观属于来自东方的狄奥尼索斯启示。[①]还有，尽管毕达哥拉斯学派是把握这种观念的第一批希腊人，但这一学派也是赫拉克利特思想的全面发展，尼采认为后者是所有哲学家中最狄奥尼索斯化的人（*NL*，GA，10：119）。赫拉克利特能够

把握将来与已去在两极间的运动过程，就像一种力量分成两种完全对立的行为，它们又在寻求再次统一。永远都是如此，一种既定的质反对自身，分离出自身的对立面；而这些对

233

（接上页）于是，尼采并没有向我们提供一种传统哲学的真正替代物（*Version du Soleil*，72）。Hamacher 以及其他很多学者并不认同这一观点，认为尼采转向音乐，并不是为了建立一种新的等级制度，而是为了让所有秩序离心化（Werner Hamacher，"The Promise of Interpretation: Reflections on the Hermeneutical Imperative in Kant and Nietzsche," in *Looking after Nietzsche*，41）。根据我们下面将要讨论的尼采对音乐与数学之间亲密关系的理解，这样一种解读是不能令人接受的（*NL*，KGW III 2:66）。事实上，对尼采来说，音乐要比 Pautrat 所认为的那样更为有力地肯定支配和等级秩序。

① 尼采通过克罗伊策认识到了这种关联（*Symbolik und Mythologie*，4: 37）。

立面又永远在寻求再统一……有限的人类心灵……能够看见这些彼此分离的事物，却因为那反直观的神灵而不能把它们关联起来［但情况并非如此］。对他来说，所有的矛盾都会变成和谐，普通的人类之眼看不见这种和谐，但对像赫拉克利特那样与沉思之神相关的人来说，这是可以理解的。(*PTZG*, KGW III 2：318–19, 324）

正是这种赫拉克利特式的多样和谐观形成了尼采的音乐宇宙论，后者强调生成在其创造与毁灭的无限循环中进行的伟大斗争。

这样，对早期尼采来说，本体论、逻辑学和宇宙论都是用音乐来解释的。对尼采早期神学和心理学来说，也同样如此。我们在之前关于《悲剧的诞生》的讨论中已经考察过了这一点。于是，在尼采的艺术家形而上学中，生命整体被把握为一种审美现象，把握为狄奥尼索斯音乐的表现。我们也通过音乐经验那悲剧性的或断裂的整体本身。

有那么一瞬间，我们就是本原存在本身，我们能感觉到它狂暴的生存欲望和生存中的快乐；那斗争，那痛苦，那现象的毁灭，现在都必然出现在我们面前，我们看到过度的、无尽的生存形式，它们互相强迫和推动彼此进入生命，我们看到普遍意志丰饶的多产性……尽管害怕和同情，我们还是快乐的有生命的存在者，不是作为个体，而是作为一个有生命的存在者，我们和这个一的创造性快乐相联合。(*GT*, KGW III 1：105）

通过音乐，我们不仅能够理解事物之间的关系，还能参与作为所有事物来源的本原统一性。换句话说，音乐克服了个体存在的异化，因此成为所有和解的基础。所有事物都不过是本原性音乐的表现。

234 尼采从来没有完成这种音乐形而上学，因为他开始发现，这种形而上学依赖于对世界的一种站不住脚的理解。这一洞见与他拒绝叔本华和瓦格纳相关。尽管音乐在他的思想中仍然扮演重要角色，但是他逐渐开始让自己对音乐的形而上学解释服从于一种尖锐的批判。结果，音乐在其中期思想中减少了重要性，被批判哲学和心理学所替代。但是在其后期思想中，在《快乐的科学》中，一种新的音乐观念又开始出现，音乐在其中和哲学联结在一起。音乐不再被理解为自在之物，而被理解为权力意志的卓越形式，它最终甚至比哲学还要有力。哲学允许人理解存在的根本性的混乱，但只有音乐能让他把这种混乱转换成某种更高级的东西。

在尼采后期思想中，**存在**对他来说就是生成。传统哲学尝试通过使生成服从于概念而取消生成问题。但是，生成却躲开一切概念，从它们下面和旁边溜走。这样，范畴性的思考难以把握生成。确实，这种思考只能把生成认识为一种否定，一种非存在，一种不同于设置在概念中的真实世界的表象世界。尼采哲学揭露了传统哲学的谎言，也揭示了生存的混乱，但它不能把这种混乱的东西转换为生成。不过，音乐能做到这一点。

对尼采来说，音乐在最一般的意义上是指旋律，指和声（*Harmoniefolge*）的有节奏发展，从谐和到不谐和，再返回谐和（*DW*，KGW III 2：49；比照 *NL*，KGW VIII 3：34）。节奏通过划分当下的时期而形成时间。它实现这一目标，靠的不是强弱重音的交替——

这是一种现代的误解——而是长短音符或时段的交替。① 节奏打破了无差别的生成之流，使之成为有规律的音程。它创造和控制着时间，规定着生命的节拍。

这样，节奏对人类施行了一种巨大的力量。根据尼采，古代的人们相信节奏有一种神奇的魔力，它甚至可以被用于控制神灵，方法就是烘托出一种兴奋的狂欢状态，从而使控制人类的魔鬼感到厌腻（*FW*, KGW V 2：115–18；*JGB*, KGW VI 2：92）。音乐还是惯习和教养的主要形式。它的目标不在于唤起激情，而是约束和组织激情，不在于个人痛苦（*pathos*），而在于民族精神（*ethos*），也就是说，在于品质的形成。② 尼采指出，音乐通过形成各种生命节奏（包括身体组织的节奏）来实现这一目标（*RU*, KGW II 3：322）。于是，音乐在一个近乎理性的层次上训练人们与流行旋律协调一致地行走和舞蹈。节奏成了创造好脾气的人的训练纪律。这样，音乐在其古典形式中寻求整理生成，而不是懦弱地服从于生成，或者徒劳无益地想要消除生成。

时间的节奏性规定的旋律性目标，是把不协调转换为协调，把矛盾转换为和谐。这个目标的观念基础是，生成的混乱本质上是对立或差异。虚弱的意志难以主宰这些差异。世界显现为矛盾或悖论，只有通过一种优雅的行为，悲剧才可能被挽回。于是，它陷入

235

---

① Nietzsche to Fuchs, Winter 1884–85, in *Selected Letters of Friedrich Nietzsche*, ed. And trans. Christopher Middelton (Chicago: University of Chicago Press, 1969), 232–35; Nietzsche to Fuchs, August 1888, KGB III 5:399–403. 关于这一点，参见尼采论希腊节奏和韵律的早期讲座（KGW II 3: 101–338）。M. S. Silk 和 J. P. Stern 认为，尼采错误地相信，希腊音乐包含了任何种类的和声或对位法，堪比现代音乐［*Nietzsche on Tragedy* (Cambridge: Cambridge University Press, 1981), 134 ］。

② Nietzsche to Fuchs, August 1888, KGB III 5:399–403.

一种虚无主义的绝望，要么寻求消极地否定自身，要么寻求积极地否定世界。与此相反，强健的意志把存在的混乱和矛盾转换为一种新的和谐（*PTZG*, KGW III 2: 316, 319, 324；比照 *NL*, KGW III 3: 63）。

追随古典和现代音乐理论，尼采确信，各种音乐模式都对激情施加了一种特别的力量，把听众引向某个方向。人们生来都在被各种矛盾的激情所撕扯。音乐可以整理这些激情，创造一种生活方式，其中所有的激情都被引向一个单一的目的。音乐之所以能达到这一目标，是因为它建立了一个等级秩序，把激情的各种杂音和谐化为一种美丽的旋律。这样一种旋律的实现，可以通过变调的方法，这种方法把每一种激情的特殊音调都纳入主音调中。这样，节奏通过把所有的激情都统一到某种特殊激情的领导之下，创造了一个和谐的整体。于是，意志就像音乐一样把自己转换为一个整体。

于是，对尼采来说，音乐并非差异的游戏，而是统一性和同一性的根源。但是这样的同一性，是一种和谐的同一性，而非逻辑的同一性。[①]世界的和谐是"多样性的统一性，是各种对立倾向的和谐。如果矛盾是存在于每一种事物中的元素，那么和谐也是"（*NL*, GA 10: 119）。音乐保持了差异，但又使它们彼此和谐。不协调本身被视为一个服从于更大的音乐整体的时刻（*GT*, KGW III 1, 40, 148）。这样对尼采来说，和谐替代了不矛盾律，旋律（按 *Harmoniefolge* 即和声来理解）替代了充足理由律。尼采所谓整体不再被理性法则所主宰，而是被审美法则所主宰。

---

① 参考 Klaus-Detlef Bruse, "Die Griechische Trägodie als 'Gesamtkunstwerk'—Anmerkungen zu den Musikästhetischen Reflexionen des frühen Nietzsche," *Nietzsche-studien* 13 (1984): 156–76.

这样，认为尼采思想是辩证的看法就是错误的。[1]确实，就像 236
费希特和黑格尔一样，尼采也继续把对立面并置起来，但是他对对
立的理解，在很多关键地方不同于费希特和黑格尔。对尼采来说，
对立是音乐性的，而非辩证的，而且他的音乐逻辑寻求的，不是矛
盾的综合，而是把不谐和转换为更高的和谐，转换为一种美，这种
转换达到某种程度，以至于人们一再需要那矛盾和不协调，因为它
们属于那本原性创造力量的旺盛生产力的一部分，而每个人至少
在某个短暂的狂喜瞬间，就是那种本原性创造力量。

但是，并非所有的音乐都能建立这样的同一性。尤其是浪漫主
义音乐更难以做到这一点。它是主观主义的，强调象征的价值，强
调音乐对情感、灵魂和下意识的影响。[2]于是，它并没有组织激情，
而是服从于激情。在尼采看来，瓦格纳的音乐就是这种典型。瓦格
纳注意到现实性的混乱特征，但他难以对此进行音乐性的转换。于
是，他只是表达了从这种混乱中获得拯救的模糊愿望。在他的艺术
中，部分支配着整体，乐句支配着旋律，瞬间支配着时间，个人痛
苦支配着民族精神，而且精神（*esprit*）支配着感觉（*NL*，KGW VIII
3：286）。[3]生命就是矛盾，就是悲剧。结果，不是和谐，而是不和
谐，处于瓦格纳乐曲的核心，它表达着矛盾的痛苦，以及对和解的
无尽渴望。结果，他的音乐不可能通过旋律实现和谐，因为他的旋
律总是不完整的，也因此是无限的，是一连串指向和解的音调，但
那和解却永远难以实现。

---

[1]　参见 Granier, *Le Probléme de la vértité*, 47; 或 Angéle Krmer-Marietti, "Hegel et Nietzsche," in *La Révue des Lettres Modernes* 76–77 (1962–63):22。

[2]　Curt Paul Janz, "The Form-Content Problem in Friedrich Nietzsche's Conception of Music," in *Nietzsche's New Seas*, 105.

[3]　Nietzsche to Fuchs, Winter 1884–85, *Selected Leetters*, 233.

在早期思想中，尼采非常欣赏瓦格纳对不协调音的使用，尤其欣赏这种不协调音对无限的暗示（*GT*, KGW III 1：148；*W*, KGW VI 3：18）。在这一时期，尼采视瓦格纳为音乐界的赫拉克利特（*UB*, KGW IV 1：66）。在后期思想中，尼采认识到这种无限性的病态特征，认识到这种停留在不协调水平的音乐的缺陷。在尼采看来，无限性的旋律根本就不是旋律。它不能秩序化、和谐化生成。真正的旋律应该是一种强力意志的表现，这种意志能够生产出统一的整体。瓦格纳的无限旋律最终是不完整的旋律，也因此是瓦格纳的颓废的反映，是一种虚弱意志的反映，这种意志难以建立秩序，最终导致"麻痹、僵硬、呆滞，或者是敌意和混乱"（*W*, KGW VI 3：21；比照 *NcW*, KGW VI 3：419–21）。于是，瓦格纳并没有创造一种新的音乐形式；他的音乐只是无形式（*NL*, KGW VIII 1：88）。[①] 它是"旋律的衰退"，而且他所谓"'戏剧化音乐'……只不过是最坏的音乐"（*NL*, KGW VIII 2：188）。事实上，瓦格纳甚至不是真正的音乐家；他只是一个行动者，他的音乐被一种音乐剧的冲动所驱使，而这种冲动揭示了瓦格纳自己灵魂的混乱以及整个德国人民的颓废（*N*, KGW VI 3：26–31；*NcW*, KGW VI 3：416–18；*NL*, KGW VIII 3：293）。于是，用尼采的话来说，瓦格纳的音乐"在制造疾病"（*NcW*, KGW VI 3：417；*W*, KGW VI 3：15）。它最终只是向生成的混乱的投降。

尼采寻求发展的那种音乐，作为他的"快乐的科学"的一部分，能够用旋律主宰混乱，这些旋律从不协调进展到和谐。[②] 在尼

---

① Janz, "The Form-Content Problem," 109.

② 关于尼采在其著作中寻求实现这一目标的方式的讨论，参见我的 "Nietzsche's Musical Politics"（*Nietzsche's New Seas*, 117–49）。

采看来，这样一种努力，是希腊音乐的特征，也是蒙特威尔第、亨德尔、海顿尤其是莫扎特音乐的特征（*NL*, KGW II 2：31；VIII 1：245）。这种音乐旨在生产一种美丽的整体，其中"对立面被驯服……没有紧张不安……不需要暴力……所有的东西都那样简单而快乐地跟随、遵从"（*NL*, KGW VIII 1：266）。它让"一种和声从每一种冲突中发出"，赋予"事物自身本有的力量和自我拯救能力"（*NL*, KGW VIII 1：293；2：223）。它不寻求刺激永不安分的激情和渴望，而是去创造完美，以此作为矛盾、作为激情与欲望的冲突的解决方案（*FW*, KGW V 2：298–300）。

这样一种音乐不是简单的悲剧。它认识到存在中的悲剧性时刻，但把悲剧性矛盾归属于一个更大的和谐整体。于是，比起瓦格纳的《特里斯坦和伊索尔德》（*Tristan and Isolde*），尼采更喜欢比才的《卡门》（*Carmen*），这不是因为后者更深刻，而是因为它更健康，因为它把悲剧转换为某种美丽的和完整的东西，而不是某种只能指向超越性的无限的东西（*W*, KGW VI 3：7–10）。在这个意义上，真正的音乐就是狄奥尼索斯式的音乐，是权力意志肯定和统一生存的某个时刻，而它能够肯定生存，是因为它能够统一生存，因为它能够和谐化生存的所有矛盾。

这样一种音乐并不是为了努力寻求真理，而是努力寻求美丽和完整。于是尼采非常赞美意大利古典歌剧，瓦格纳曾视之为滑稽和肤浅（*WS*, KGW IV 3：26）。他同样很喜欢奥芬巴赫，因为他的音乐仍然知道怎样舞蹈，而瓦格纳则在教音乐怎样游泳（*NcW*, KGW VI 3：419–20）。奥芬巴赫的音乐也许可能是肤浅的，那也只是因为他在肤浅中看到了深刻。在这方面，它与尼采自己的"快乐

的科学"有许多共同之处。① 在《尼采反瓦格纳》的最后一段，尼采
238 描写了这种艺术：

> 哦，那些希腊人！他们知道怎么生活。所需要的只是勇敢
> 地停留在表面、褶皱和皮肤上，去崇拜表象，去相信形式、声
> 调、言辞，相信整个奥林匹斯表象。那些希腊人是肤浅的——
> 远离深刻。而这不正是我们要再次返回的地方，我们这些精神
> 冒险者曾经登上当前思想的最高也最危险的山峰，而从那里
> 往下看的，不正是那个地方？从这个方面看，我们不正是希腊
> 人？形式、声调和言辞的崇拜者？因此，还有——是艺术家的
> 崇拜者（KGW VI 3：437）？

尼采相信，他的同时代人很少有人能够达到这样的高度。他们
至多只能爬上小小的山头，生产出一些短暂的完美时刻。为了"成
为主宰混乱的一；为了使一的混乱成为形式：成为逻辑的、简单
的、清晰的、数学的法则"，他的音乐和那些未来伟大天才们的音
乐的目标，是追求一种宏伟的风格（*NL*，KGW VIII 3：39）。宏伟的
风格并不包含刺激美的感觉，而包含对意志的张力的表现，包含混
乱服从于艺术家命令的确定性，还包含艺术家服从于形式序列的
必然性（*NL*，KGW VIII 3：298）。它是和谐对不和谐的胜利，舞蹈
的美妙节奏对无限性的旋律的胜利，是音乐形式对戏剧结构的胜
利。它不仅仅创造了一个休息和放松的地方；还命令和利用了它对

---

① 尼采把奥芬巴赫和佩特罗尼乌斯因而和梅尼普斯式讽刺关联在一起，
后者是尼采"快乐的科学"的模范（*NL*, KGW VIII 3:404, 431）。

世界的意志。这种艺术不是模仿性的，而是创造性的——它不描述如其所是的世界，而是规定应当成为的世界，是意志意愿它所是的世界。它建立了一个节奏，一种和谐的幻象，它们又形成了以后的世代。这样，它就要求服从于它自己的观察与存在方式。于是，用严格的术语来讲，它就是在说谎，在没有边界和限制的地方建立边界和限制，在只有混乱的地方创造节奏与和谐的整体。不过，这种谎言能够保护人，因为它把混乱这难以承受的事实排除在外。"真理是丑陋的，"尼采认为，"但我们拥有艺术，可以免于**真理的伤害**"（*NL*，KGW VIII 3：296；比照 *NL.* KGW VIII 2：435）。它还是征服人的手段。这种谎言因此可以创造一个新的贵族，和一个新的等级秩序。

但是，这个审美整体的创造，总是个体音乐天才或哲学家的工作，他根据他自己发号施令的激情来创造整体。因此，他所创造的整体总只是一个可能的整体。还有，这个整体通过和谐化矛盾来建构，而不是通过破坏这些矛盾来建构。他所达到的音乐性的和解，因此既不是永恒的，也不是彻底的。音乐哲学家生活与工作于其中的那个世界，不是一个universe，而是一个cosmos *，一个美丽而色彩斑斓的宝石，从不同的角度看，它会闪烁出不同的光芒。它是一个八音盒，永恒地重复着它的曲调，但这个曲调可能永远不能被称为旋律，因为它不是也不可能是一个真正的整体（*FW*，KGW V 2：146）。这个整体毋宁说是一系列的"整体"，是由狄奥尼索斯的信徒唱出来的一系列歌曲，因此也是被狄奥尼索斯顽强而任性的

---

* universe 指具有统一性（uni 表示"一""单一""统一"之意）的整体世界，cosmos 源自希腊语，指和谐有序的宇宙，与 chaos（天地开辟前的混沌状态）相对。——译者

意志所主宰的整体。这些歌曲中的每一首都在和谐化和统一化整体，但是每一首歌曲都只代表观看整体的某一特殊视角。没有人能够完全主宰整体，或穷尽整体。

这些歌曲中最伟大的一首，是歌唱永恒轮回的歌，查拉图斯特拉称之为"肯定和阿门之歌"（KGW VI 1：283）。但是这首歌并非决定性的和绝对的歌曲。它只是最伟大的谎言，权力意志的超级时刻，权力意志于其中把自己统一为一个整体。但是这个整体不是整体本身；它仍然是部分的和有限的。永恒轮回的教义和解了最为深刻的矛盾，但是这种和解本质上是一种和谐化，它把对立面和对立面之间的紧张原封不动地保持下来。于是，它充其量只是力量的暂时平衡，这些力量中的每一种都依然在努力克服和吞噬其他力量。

尽管尼采努力引起当代文化的转型，但他知道自己一个人难以实现这个目标。于是，他的主要原则就是创造一种新型人类，后者能够带来这样的文化转变。这些人就是他渴望已久的孩子和继承人。尼采相信，在地平线上隐约闪现的虚无主义灾难，将会产生这样的音乐哲学家，他们的艺术将会诞生一种新的等级秩序和一个新的狄奥尼索斯时代。①替代费希特的学者和黑格尔的官僚阶层，艺术家式的哲学家，或尼采偶尔所谓"艺术家暴君"，将会统治一切，他们作为天才将会在狄奥尼索斯音乐的启发下重构世界（*NL*，KGW VIII 1：85–87）。

由狄奥尼索斯音乐所定义的世界，不是康德所想象的那种永远和平的世界，甚至也不是黑格尔那个有限冲突的世界。它根本上是一个和自身对立的世界，永恒存在普遍战争的世界，其中每一种

---

① 关于尼采所预见的千年狄奥尼索斯帝国，参见 Kuhn（*Nietzsches Philosophie*, 237）。

事物都在寻求征服和压制其他事物（*EH*，KGW VI 3：310–11）。但是，尼采并没有止步于这种悲观主义的、叔本华式的观点。尽管战争可能不会结束，但它不是摧毁所有人类幸福的阴谋。它毋宁说是由一个孩子玩耍的光荣游戏，在这个游戏里，没有怨恨和复仇的欲望，这是一种只是因为爱它而进行的游戏。它是相同者的永恒轮回。于是，对尼采来说，不存在旨在欺骗和毁灭我们的邪恶天才，只有一种宇宙天才，他超越了善与恶，他为了自己的游戏而碾碎了我们。我们也许会被这个神灵摧毁，但是通过他的门徒，我们可以欣赏并最终意愿我们自己的毁灭，因为我们以这种天才的无尽强力和丰产而自豪，并且确实通过这种天才，我们至少在某一时刻就**是**这种无尽强力和丰产。[1]于是，尼采比屠格涅夫或叔本华采取了一个更为肯定的立场。他的音乐天才教会我们去意愿，去把我们自己的毁灭肯定为我们对生命本身的肯定的一部分。在巴扎罗夫感叹"这已经足够了！"的地方，查拉图斯特拉大喊："再来一次！"

　　尼采对音乐天才的拔高，似乎削弱了狄奥尼索斯的重要性，因为音乐哲学家似乎成为那个神灵，他不断地撕碎一切，又不断重建，他就要成为狄奥尼索斯。[2]露·莎乐美（Lou Salomé）已经于1894年就指出，"以各种自我神化的形式发现一个已死上帝的替代者，这种可能性是他（尼采）的精神、他的著作、他的疾病的历史"[3]。穆勒–劳特（Müller-Lauter）对此表示赞同："通过对人的神化，

<hr />

[1]　参见 Taylor, "Nietzsche's Schopenhauerianism," 54。

[2]　Detwiler, *Aristocratic Radicalism*, 162–63.

[3]　*Friedrich Nietzsche in seinem Werken* (Vienna: Konegan, 1894), 38–39. 另见 Sander L. Gilman, ed., *Begegnung mit Nietzsche*, 2nd ed. (Bonn: Bouvier, 1987), 423; 及 Most, *Zeitliches und Ewiges*, 144。

尼采思想实际上使准备杀死人类神灵的声明具体化了。"① 从这方面看，尼采的立场与俄国虚无主义者的普罗米修斯主义惊人相似。

但是，尼采不愿意简单地宣称人就是神，或神圣者是人的创造。他的确说过，只有当人不再追随神灵时，超人才会出现。但是他也说过，超人是尝试使人变得更强壮、更邪恶、更深刻和更美丽的狄奥尼索斯的产物（*FW*, KGW V 2：7；*JGB*, KGW VI 2：249；*NL*, KGW VII 3：200, 203, 419–20；VIII 1：74, 180）。这个超人，是所有历史的继承人，享受着一个充满力量和爱的神灵所能享受的快乐，但是他之所以能够享受这种快乐，仅仅因为他是丰产的权力意志的某个时刻，这种意志意愿着自己的永恒轮回（*FW*, KGW V 2：244–45）。于是，超人的存在依赖于基督教上帝的死亡和狄奥尼索斯的复归。人成为神灵，只是作为被理解为本原性音乐的权力意志的某个时刻才可能，这时他就像狄奥尼索斯或相同者的永恒
241 轮回，意愿着自己的神化与和解。

狄奥尼索斯式存在的浪漫主义根源

尼采的狄奥尼索斯是他关于基督教虚无主义的终极答案。但是这个狄奥尼索斯是基督教传统的真正替代者吗？关于这个问题的完整答案超越了本书的范围，但是在下面的内容里，我尝试证明，就像浪漫主义和德国唯心主义一样，狄奥尼索斯根本上属于基督教传统。

人们通常宣称尼采是一个浪漫主义者，但是这种断言很成问

---

① *Nietzsche*, 151.

题，因为尼采本人是那样地批判浪漫主义。①在他看来，浪漫主义和
德国唯心主义是基督教道德的最后残余。不过，尼采批判浪漫主义，
这并不能证明他不是一个浪漫主义者，也不能证明他没有受到浪漫
主义的深刻影响。尼采所认识和批判的浪漫主义是后期浪漫主义，
而且主要是法国浪漫主义和德国浪漫主义。②确实，瓦格纳是他的主
要榜样。相反，他对早期浪漫主义所知甚少，而他与早期浪漫主义
的关系却异常紧密。还有，他对这些浪漫主义者的认识通常只是间
接的认识，比如说，是从歌德那里获得的认识，而歌德本人与浪漫
主义的关系又是那样矛盾。但是，不管尼采的浪漫主义知识究竟如
何，尼采实际上既不理解早期浪漫主义，也不想掩饰他的思想对早
期浪漫主义的借鉴。这特别表现在他的狄奥尼索斯式存在概念中。

　　狄奥尼索斯式存在这个概念首次出现在 18 世纪海因泽
（Heinse）、哈曼（Hamann）和赫尔德的著作中。③借鉴这些著作，
温克尔曼（Winckelmann）在他的《古代艺术史》（*History of Ancient
Art*）中给这个概念下了一个美学定义，把阿波罗和狄奥尼索斯视
为理想美的类型，而这本书尼采相当熟悉。这个概念对早期德国浪
漫主义来说非常重要。比如说，费希特的学生弗里德里希·施莱格

---

①　关于把尼采浪漫主义化，参见 Bertram 等人的著作［Bertram, *Nietzsche: Versuch einer Mythologie*; Karl Joel, *Nietzsche und die Romatik* (Leipzig: Diederichs, 1905); Thomas Mann, *Last Essays* (Knopf, 1959); and Shklar, *After Utopia*, 36, 51–53, 61–64, 80–85］。

②　参见 Barole, "Subjektivität als Abgrund," 158–81。

③　关于狄奥尼索斯的历史，参见 Max L. Baeumer 等人的著述［Max L. Baeumer, "Nietzsche and the Tradition of the Dionysian," in *Studies in Nietzsche and the Classical Tradition*, 165–89; and "Die romantische Epiphanie des Dionysos," Monatshefte 57 (1965): 225–36; Vogel, *Apollinisch und Dionysisch*; and Joachim Rosteutscher, *Die Wiederkunft des Dionysos: Der naturmystische Irrationalismus in Deutschland* (Bern: Francke, 1947)］。接
下来的讨论来自这些资源。

尔，把狄奥尼索斯视为不道德的快乐、奇妙的完满和解放之神。[①]
尼采可能不知道这部著作，但他却深受施莱格尔哥哥奥古斯特·威
廉·施莱格尔的著作的影响，后者对这个概念的使用来自他弟弟对
这个概念的使用。[②] 费希特的其他两个学生，诺瓦利斯和荷尔德林，
利用面包和葡萄酒的神秘之处，用基督来鉴定狄奥尼索斯。[③] 这个
鉴定对浪漫主义来说是决定性的，它有助于把狄奥尼索斯合法化
为普遍和解之神。

242 　　浪漫主义者视狄奥尼索斯为希腊神话的最高点，而古典主义
的辩护者则视狄奥尼索斯式存在为一种疾病。浪漫主义立场的主
要辩护者是乔治·弗里德里希·克罗伊策（Georg Friedrich Creuzer），
他在《古代民族的象征与神话》（*Symbolism and Mythology of Ancient
Nations*）中把希腊、埃及和印度神话置于狄奥尼索斯的影响之下，
约瑟夫·格雷斯（Joseph Görres）也把世界神话的起源描述为狄奥
尼索斯的显现。古典立场最重要的辩护者约翰·沃斯（Johann Voss），
在他的《反象征主义》（*Antisymbolism*）中反对克罗伊策。歌德关注
这场争论，后者帮助形成了他的浪漫主义和古典主义对立观，而
这个观点深刻影响了尼采。[④] 在后来写作《悲剧的诞生》期间，尼
采曾经从图书馆借阅过克罗伊策的著作，而通过朋友约翰·巴霍芬

---

①　*Sämtliche Werke*, 15 vols. (Vienna: Klang, 1846), 4:22–23.

②　Ernst Behle, "Sokrates und die Griechische Tragödie: Nietzsche und die Brüder
Schlegel über den Ursprung der Moderne," *Nietzsche-Studien* 18 (1989): 141–42; Albert
Hinrichs, "Euripides at Second hand: Nietzsche's Use of A. W. Schlegel," *Greek, Roman,
and Byzantine Studies* 27 (1986): 376–85.

③　荷尔德林的朋友黑格尔，把狄奥尼索斯描述为基督教精神性的不完全形式
（*Werke*, 17: 137, 152）。

④　Baeumer, "The Tradition," 181.

（Johann Bachofen），他可能已经非常熟悉这场争论，因为这个朋友在他的《古代的墓葬象征》（*Tomb Symbolism of the Ancients*）中宣称，在神秘的俄耳浦斯信仰里，所有宇宙生命中存在的内在统一性原则被归结为狄奥尼索斯，而且狄奥尼索斯在其自身中统一了全部神灵。尼采还曾提及克里斯蒂安·洛贝克（Christian Lobeck）的著作《阿革劳法姆斯》（*Aglaophamus*），这本书是对沃斯的浪漫主义回应，它把后者对狄奥尼索斯式存在的解释斥为"一派胡言"（*GD*，KGW VI 3：152–53）。

　　对这个术语的第一次严肃的哲学使用，出现在谢林的《神话哲学》（*Philosophy of Mythology*）中。谢林可能通过他的内兄弟施莱格尔哥俩熟悉了这个概念。他把狄奥尼索斯解释为诗歌天才令人陶醉的力量，把阿波罗解释为否定狄奥尼索斯的反应性形式力量，这些都与尼采的解释惊人相似，但是没有证据说明尼采曾经读过这本书。[1] 不过，就像巴霍芬一样，谢林也严重依赖克罗伊策。这种狄奥尼索斯式存在的浪漫主义观点被卡尔·穆勒（Karl Müller）的《艺术考古学手册》（*Handbook of the Archaeology of Art*）、路德维希·蒲雷乐（Ludwig Preller）的《希腊神话》（*Greek Mythology*）和弗里德里希·威尔克（Friedrich Welcker）的《希腊诸神神话》（*Myths of the Greek Gods*）暗中采用。在写作《悲剧的诞生》时，尼采曾经查阅过后两本书。

　　尽管尼采依赖浪漫主义，但他认为自己的狄奥尼索斯概念是反浪漫主义的。[2] 之所以会得出如此鲜明的结论，是因为尼采和海

---

　　[1]　Vogel, *Apollinisch und Dionysisch*, 97.

　　[2]　尼采认为，"这最终是一个力量问题：整个的浪漫主义艺术，可以被一种具有极度丰富的强力意志的艺术家重新完全引入反浪漫主义的艺术——或用我的表述——引入狄奥尼索斯式存在"（*NL*, GA, 14:162）。

涅一样，拒绝浪漫主义对狄奥尼索斯和基督的规定。①在《流放的诸神》（*Gods in Exile*）中，海涅戏仿浪漫主义对狄奥尼索斯和基督的规定，把他们彼此对立，把狄奥尼索斯描绘成靡菲斯特式的、引诱人的和不道德的神灵。②被许多浪漫主义者接受的狄奥尼索斯和被钉十字架者的综合，现在被颠倒为二者的对立。这种对立被罗伯特·哈默林（Robert Hamerling）的畅销书《亚哈随鲁在罗马》（*Ahasuerus in Rome*）大力普及。我们知道尼采读过哈默林的其他著作，这本书应该也读过。

尼采对狄奥尼索斯式存在的着迷，最初可能来自博纳文图拉·杰尼里（Bonaventura Genelli）的浪漫主义水彩画，在这幅画里，狄奥尼索斯被一群缪斯围着。尼采曾经在特里布森见过这幅画，并和瓦格纳讨论过它。杰尼里画这幅画的灵感，来自狂飙突进运动诗人梅勒·穆勒（Maler Müller），后者是恶魔式泰坦精神的公开支持者，而这种精神对早期浪漫主义来说非常重要。穆勒把这种狂野而迷醉的自由归因于酒神巴克斯*，杰尼里非常认同这一观点，并尝试在水彩画中表现这一观点。③对尼采来说，这幅画寓言化了野蛮时代的过渡时期，这个过渡时期早于荷马的春天。而且在这个意义上看，杰尼里的古老的狄奥尼索斯和阿波罗对尼采来说才是标准的

---

① 关于海涅对尼采的重要性，参见 E. M. Butler 等人的著述［E. M. Butler, *Heinrich Heine: A Biography* (London: Hogarth, 1956), 232–33; Hannah Spencer, "Heine and Nietzsche," *Heine Jahrbuch* 11 (1972): 150–52; A. I. Sandor, *The Exile of the Gods: Interpretation of a Theme, a Theory, and a Technique in the Work of Heine* (The Hague: Mouton, 1967), esp. 13–42; and Linda Dunan, "Heine and Nietzsche," *Nietzsche-Studien* 19 (1990): 336–45］。

② Baeumer, "The Tradition," 166, 173–76.

* 巴克斯（Bacchess），狄奥尼索斯传播最广的别名。——译者

③ Vogel, *Apollinisch und Dionysisch*, 134–37.

原型。①这个最初的启发把尼采明显引向了更早的狄奥尼索斯根源。

上述关于狄奥尼索斯式存在的早期历史的讨论虽然简短，但也显示了尼采与德国早期浪漫派的密切关联，而后者主要受到费希特的启发。当我们考察克罗伊策的《古代民族的象征与神话》时，这种关联会变得更加明显，因为这本书在对狄奥尼索斯式存在的早期理解中占有中心地位。克罗伊策和黑格尔、谢林一样，在费希特式的绝对主体性哲学框架内写作。②确实，在他看来，所有的信仰都是这种绝对的渐进启示。这个世界只是绝对异化了的自我，而"非我"是由"绝对之我"创造出来的，用费希特式的术语讲，这个存在把自己揭示给人的过程，也是它返回自身、重构其失去的统一性的过程。于是，在克罗伊策看来，信仰的历史就是绝对与自身和解的历史。

对克罗伊策来说，希腊宗教是始于古印度持续展开的神性启示的一个阶段。这个来自东方的启示，通过埃及和毕达哥拉斯学派那样的俄耳浦斯崇拜传到希腊。克罗伊策认为，希腊宗教的核心，是诸神之神，印度人称之为毗湿奴（Vishnu），埃及人称之为奥西里斯（Osiris），而希腊人称之为狄奥尼索斯。③他是自然的人格化。克罗伊策的解释完全不同于希腊人的观点，后者把狄奥尼索斯视为诸神中最年轻的那个，而克罗伊策认为，狄奥尼索斯之所以被视为最年轻的，仅仅是因为他比其他神灵来到希腊的时间靠后。在信仰的东方启示和希腊人的神话信仰中，他被视为原初的和最高的。但

---

①　Siegfried Mandel, "Genelli and Wagner: Midwives to Nietzsche's *The Birth of Tragedy,*" *Nietzsche-Studien* 19 (1990): 221–23.

②　参见 Creuzer, *Symbolik und Mythologie*, 1: x. xv.

③　Ibid., 4: 22, 30, 37, 88, 138, 405, 456–95, 497.

是，他之所以能够得到这个位置，只是因为他和阿波罗之间发生了
244 一场激战，对后者的光崇拜在希腊建立已久。这部希腊宗教历史就
是狄奥尼索斯的征服史和阿波罗的服从史。[1] 于是，狄奥尼索斯被
认为是位于世界开端的神灵，他相关于世界的开创，还被认为是自
然的充溢力量，是有生命的存在，他出于自己的过剩力量创造了世
界。[2] 其他神灵不过是狄奥尼索斯的诸多时刻，不过是这个一的真
正实在性的面具。[3] 他们和所有个体化的存在者都是这种本原统一
性的自我异化。于是，人类本身只是主神狄奥尼索斯的诸多时刻而
已，而且因此总是渴望和他重新聚集于本原统一性中。[4]

于是就像俄西里斯*一样，狄奥尼索斯是离散与和解之神，他
不断地被撕碎又再生。[5] 他的神秘是对他复归和重构的欢庆。但是
这样一种和解，包含对所有个体性的否定。于是，根据克罗伊策，
狄奥尼索斯时代是湿婆的时代，后者是一个毁灭者，她使所有的东
西都复归于本原性的火焰或生成。[6]

但是，狄奥尼索斯信仰不能满足人们对和解的精神渴望。就像
唯心主义者那样，克罗伊策相信真正的和解需要一种最高层次的
自由行动，它能使神灵自己的具体化的存在再次回到神灵自身。于
是，和解绝不可能由自然产生，后者总是包含一种与自由和主体性

---

[1] Ibid., 4:32–36.

[2] 参见 Creuzer, *Symbolik und Mythologie*, 4:25–26, 138.

[3] Ibid., 4:88.

[4] Ibid., 4: 117, 408.

* 俄西里斯（Osiris），古埃及的自然界死而复生之神。希腊人把它同狄奥
尼索斯混成一体。——译者

[5] Ibid., 4: 116–17.

[6] Ibid., 4: 88. 利用狄奥尼索斯和普遍之火的这种关联，克罗伊策认为赫拉
克利特详述了一种俄尔甫斯或狄奥尼索斯教义。

格格不入的元素。这个所有信仰都向往的目标，最终只能由基督教实现。①狄奥尼索斯必须不断地牺牲和再生，以拯救崇拜者的痛苦，因为他就是自然的神化，他被自然的循环所限制。相反，基督代表真正的自由，因为他高于自然。他的自我牺牲是独特的，而且完完全全地只有一次。于是，他允诺给他的崇拜者一种拯救，这种拯救能够使他们脱离自然的循环，时间的循环，免受所有的痛苦。

　　于是，就像自己很欣赏的黑格尔和歌德一样，克罗伊策让恶魔式存在屈从于神性存在。所有早期的神灵，尤其是狄奥尼索斯，都被视为重构本原统一性的失败尝试，他们不可能把人带入与本原性存在的结合。从一个神性视角来看，这些信仰都是绝对者重构同一性的失败努力，这种同一性被世界的创造所打碎。于是，对克罗伊策来说，就像对费希特那样，人类生命中的主要力量就是渴望，但是不同于费希特，而接近于黑格尔和谢林的精神，克罗伊策相信这种渴望最后终于在基督教那里并通过基督教得到了满足。

245

　　即使通过这种简单的解释，我们也可以看到尼采与浪漫主义的狄奥尼索斯观念的多重继承关系。尼采的狄奥尼索斯的许多主要特征都已经出现在克罗伊策那里。事实上，尼采和克罗伊策只在两个方面存在关键区别。第一，克罗伊策明确拒绝对狄奥尼索斯的美学解读，而这种解读对尼采至关重要。②于是，他很少提及狄奥尼索斯与悲剧的关联。第二，尼采拒绝克罗伊策的这样一种观点，即把狄奥尼索斯视为基督教上帝的一个不完美的近似物。这两方面的区别彼此相关。在尼采看来，基督教的上帝是对悲剧的否定，

---

① Ibid., 4: 409.

② 参见 Creuzer, *Symbolik und Mythologie*, 1: x。

他从这个世界的矛盾逃离，进入一种理性的超越。想把狄奥尼索斯视为一个不完美的基督教上帝，必须首先接受基督教宣扬的理想存在或真实的超验世界。如果这样一个世界只是一个虚构，那么狄奥尼索斯就不可能只是一个不完美的基督教上帝。基督教上帝甚至会显现为一个不完美的狄奥尼索斯。在一则后期笔记中，尼采也是这样认为的："让我们从上帝概念那里清除最高的善：它是一个不值一提的神灵。让我们也清除最高的智慧：哲学家的虚荣心应该为这个愚蠢的上帝概念负责，他被哲学家们视为智慧的巨人：他必须尽可能像他们那样。不！上帝，作为最高的力量——这已经足够了！所有的东西都来自它，这个'世界'也来自它！"（*NL*，KGW VIII 2：173；比照 2：7，201）

于是，在尼采看来，随着基督教上帝的死亡，狄奥尼索斯就会凭借自身的权利成为自然之神、自然循环之神、出生之神、死亡之神、再生之神，成为悲剧之神和喜剧之神，简而言之，成为生命之神。

通过借鉴海涅和其他人的反浪漫主义批评，把浪漫主义对狄奥尼索斯和基督的关联变成对立，尼采在一些重要地方超越了克罗伊策。但是，尼采所建构的这种狄奥尼索斯与基督的对立，恰好揭示了这两者之间潜在的类似之处，在克罗伊策那里，这种类似之处非常明显，尼采不过悄悄地采纳了它们。还有，即使那些尼采看来可以明显区分狄奥尼索斯和基督教上帝的要素，本身也是上帝的衍生物，而这个上帝按照唯名论的方式理解就是一个意志的上帝。但是，尼采显然没有认识到这个基督教上帝在他构造狄奥尼索斯概念时所扮演的构形角色，因为他并不了解狄奥尼索斯概念或意志（他把意志想象为狄奥尼索斯的本质）概念的唯心主义起源。

正如我们已经看到的那样，他相信他的狄奥尼索斯式存在和权力　246
意志概念是新异的，是革命性的。但是，对这种观念的德国唯心主
义起源作进一步的考察，会使尼采的这种想法更成问题。

尼采与思辨唯心主义的关联

尼采与思辨唯心主义的关系问题很大程度上可以归结为尼采
与黑格尔的关系问题。这一点也不奇怪，因为20世纪学术已经把
黑格尔无数次地描述为后康德唯心主义的顶点和完成。但是，正如
我们在第三章和第四章所看到的那样，这样一种解释过于简单了，
它遮蔽了后康德唯心主义者之间的深刻差异，尤其是遮蔽了费希
特和黑格尔之间的差异。不是黑格尔而是费希特把康德的哲学革
命引向一种激进的意志哲学。相反，黑格尔尝试通过建立理性与意
志新的综合，遏制费希特革命性的唯意志论。正如我们在第四至六
章中看到的那样，这种尝试最终失败了，因为黑格尔的思辨综合难
以让其后继者相信合理性的就是现实的，以及现实的就是合理性
的。把所有思辨唯心主义都归于黑格尔，这种普遍倾向遮蔽了19
世纪许多反黑格尔主义的思想家与早期唯心主义者尤其是费希特
的关系。我们已经看到，早期浪漫主义者、左派黑格尔主义者、俄
国虚无主义者和叔本华都在费希特意志哲学未被察觉的范围内活
动。可以说，尼采也不例外。

尼采与一般德国唯心主义尤其是费希特有着密切关系。但是，
尼采从来没有承认这种关联，而且可能就没有意识到这种关联。在
19世纪60年代和19世纪70年代，黑格尔和费希特都没有被广泛
阅读。比如，文德尔班（Windelband）1878年曾经指出，读过黑格

尔《精神现象学》的那一类人已经消失了。尼采确实对这个哲学传统所知甚少。他读过一些古典哲学著作，在其哲学研究过程中，他完全按照第欧根尼·拉尔修（Diogenes Laertius）的哲学生活纲要工作，但他关于中世纪和现代哲学的知识并不全面。他知道叔本华，也读过一点康德的《判断力批判》，读过一点蒙田、斯宾诺莎、伏尔泰、卢梭和艾默生，还对黑格尔、施特劳斯和费尔巴哈有过一知半解。[①] 他关于这个传统的知识的其余部分，主要来自叔本华、新康德主义者库诺·费舍（Kuno Fischer）和唯物主义者弗里德里希·朗格（Friedrich Lange）。在发现叔本华之前，他曾经读过几周黑格尔，但明显再也没有返回黑格尔的思想。他关于黑格尔和其他德国唯心主义者的知识，主要来自左派黑格尔主义者和叔本华，而且他基本上接受了他们对黑格尔的曲解。[②] 这样，尼采很可能不知道他对叔本华的批判和转变让他回到了费希特的意志哲学。[③] 但是，尼采是否知道他与这一传统的关联，这并不是关键。最重要的是他属于这一传统，因为正如我们已经看到的，正是这一系列的现代思想位于虚无主义的核心。

占据尼采思想中心位置的问题是上帝之死。他肯定不是第一个认识到这个问题的人。其他人中，耶可比和黑格尔也都注意到了这个问题。在他们心里，这个问题与现代思想传统密切相关，后者最重要的表现是康德的二律背反。事实上，正是这些二律背反，似乎为一整代思想家在上帝和人之间打开了一道难以跨越的缺口。

---

① 关于这一点，参见 Janz 等人的著述［Janz, *Nietzsche*; 及 Hamacher, "The Promise of Interpretation," 29］。

② 参见 Kuhn, *Nietzsches Philosophie*, 106; 及 Löwith, *Von Hegel zu Nietzsche*。

③ 尼采对费希特的继承已经被认识到了。值得指出的例外包括 Bartuschat（*Nietzsche*, 31–49）和 Rosen（*Limits of Analysis*, 175–15）。

如果上帝对人类理性来说是难以接近的，而且神性意志对现象世界没有影响，那么上帝就是多余的，总而言之，上帝死了。

康德相信自己已经通过自己的先验唯心主义解决了二律背反问题。但是对于他的大多数直接继承者来说，他只是把意识分为两部分，并让它们彼此矛盾。这些二律背反和康德所提出的解决方案，似乎把这个世界撕为两半。思辨唯心主义寻求通过再统一的方法解决这个问题。费希特相信，通过证明现象世界并非康德所宣称的那样是独立的，而是一种绝对意志的产品，这个问题就可以解决。对黑格尔来说，只要搞清楚辩证理性，就能实现和解，这种辩证理性来自位于二律背反核心的矛盾的**必然性**。

尼采也看到二律背反理论是欧洲思想的关键转折点，但他并没有把这些二律背反看作严重的问题，而是看作重要的机遇——理性的长期专制开始走向终结，一种全新的创造可能很快出现。于是，他并不想恢复和完善那已经失去的理性的统一，而是要靠他的音乐哲学的翅膀，把人提升到一种全新的、辉煌的高度。追随叔本华，他把唯心主义视为柏拉图化的基督教幻想的回归："费希特、谢林、黑格尔、费尔巴哈、施特劳斯——所有这些人都发出神学家和教父的恶臭。"（*NL*, GA 13：14）尽管他也寻求和解，但那是一种美学的和解，它的目标不是取消矛盾，而是和谐化矛盾，使矛盾变得高贵。

他拒绝黑格尔的结论，即凡是合理性的都是现实的，凡是现实的都是合理性的："不同于黑格尔尝试把理性带入发展的观念，我视逻辑本身为一种非理性和偶然性。"（*NL*, KGW 2：251）在他看来，没有终极的和解。狄奥尼索斯式存在是一个矛盾的统一体，它不断地重构自身，又不断地撕碎自身。它是权力意志，永远寻求克服自己，超越自己，拥有越来越多的存在，但就在成功之际，它又

248

开始反对自己，毁灭自己。于是，狄奥尼索斯式的权力意志的统一性，是一种断裂的统一性，它为一个悲剧的而非理性的时代提供基础。在尼采看来，黑格尔的乐观主义逻辑难以和这种悲剧性智慧相容，因此也难以为尼采希望建立的那种文化奠定基础。^① 于是，尼采对黑格尔的拒绝与左派黑格尔主义者们相同，而且也像他们一样，以一种他几乎肯定不了解的方式，返回到费希特那里。^②

在尼采和费希特之间，存在许多类似之处。其中最明显的地方，或许就是他们都把意志置于他们对世界的解释的中心。但是，这一事实总是被忽视，因为存在一种广泛流传的假设，即尼采和费希特思想分别在完全不同的框架中运转。根据这种观点，费希特的思想是一种意识哲学，而尼采思想始终关注的是激情、本能和倾向等潜意识或下意识世界。^③ 于是，意志在各自哲学中所具有的意义和功能都是完全不同的。但是，这样一种假设是完全错误的。他们的关系事实上要比一般人所想的更加紧密。

在其早期思想中，尼采经常运用德国唯心主义的概念框架。^④ 在《悲剧的诞生》中，他把狄奥尼索斯描述为一个绝对主体，这已经典型地、标志性地说明了他和费希特的关联。对尼采来说，狄奥尼索斯是"世界天才"，是"世界的本原艺术家"，他通过狄奥尼索

---

① 参见 Granier, *La Problème de la vérité*, 44。

② 参见 Kuhn, *Nietzsches Philosophie*, 108–9。

③ 参考 Ibid., 113。

④ 在《瞧，这个人！》中，尼采承认《悲剧的诞生》"带有令人讨厌的黑格尔味道"（KGW VI 3: 308）。Groddeck 认为，尼采以这种方式把悲剧智慧的开端——本原性悲剧（*incipit tragodia*），尼采后来在《查拉图斯特拉如是说》中发现了它的最好形式——和黑格尔主义的结束关联在一起了（"Die Geburt der Tragödie' in 'Ecce Homo,'" 325–31）。

斯式诗歌，在最为根本的层次上把自己设定为"绝对之我"（*GT*，
KGW III 1：40，43）。尼采以一种让人想起费希特和黑格尔的概念
语言，把自己描述为"一个真正存在的主体"，而这个主体"既是
主体又是客体"（*GT*，KGW III 1：43）。这样，他早期关于狄奥尼索
斯的谈论就是由德国唯心主义的范畴构成的。狄奥尼索斯就是绝
对主体或"绝对之我"，它的本质是意志，它是区分主体和客体的   249
根源，也是它们的和解的基础，它还既是整体，又是所有个体性的
存在者。这里，尼采可能更多依赖克罗伊策和浪漫主义者，而非黑
格尔或费希特，但是正如我们已经看到的那样，浪漫主义的狄奥尼
索斯式存在本身就深受费希特、谢林和黑格尔的影响。这样，德国
唯心主义就为尼采的构想设立了框架。

　　确实，在其中期思想中，尼采离开了这种艺术家形而上学的主
体性框架，转而考察这样的主体性被下意识的激情、动机引导和误
导的方式。但是，即使这样一种心理学的考察，也仍然处于费希特
的宽泛框架之中。我们已经在第三章中看到，费希特不仅仅是一个
意识哲学家。他关于实践理性的关键角色的分析，实际上是对发生
于意识之**后**的事情的分析。在他看来，我们在最深刻的意义上可以
把绝对意志理解为一种在感觉的存在者，而非在认知的存在者。尼
采关于感觉或激情的考察，明显比费希特更具体、更唯物，但是这
种考察所走的，是一条相同的路。费希特是首批转向潜意识层次并
把它规定为意志的思想家之一。他的思想因此是心理学方法重要
的、却被遮蔽的源泉，像尼采这样后来的思想家更为公开地使用了
这种方法，并且取得了更大的效果。尼采认识到自己的意志概念来
自叔本华，但他也正确地感觉到自己颠倒了叔本华的意志概念。在
他的手中，叔本华的放弃变成了绝对的肯定。但是，尼采明显并不

理解，他颠倒叔本华的方式，恰好就是对叔本华颠倒费希特的再颠倒，这使得他转了一圈后重又回到了费希特。从这一方面看，尼采只是简单接受了叔本华的断言，即他自己开创了意志哲学。

在其后期思想中，尼采与费希特的关联变得更加深刻。《快乐的科学》之后，尼采开始对意志进行更形而上学化的解释，这使得他与费希特的关联变得越发明显。对费希特和尼采来说，意志是一种复杂现象。作为"绝对之我"，费希特式的意志消散于人类（"经验之我"）的多样性和个体性的自然实体（"非我"）之中，它不断地尝试着要重建它失去的统一性。它通过个体之人来追求这一目标，而个体之人把这种冲动经验为一种对和解的渴望，这种渴望驱使着个体之人打破所有障碍，去和绝对者联合，去消灭所有的他者，去建构更宏大的概念、形象和形式，以此尝试囊括无限性。在这个意义上，对费希特来说，意志是独断的，也就是说，它把自己建立或设定为他者的对立面，即作为"经验之我"和"非我"的对立面。这样，对立和争取统治的斗争就成了本质性的，意志正是通过这种斗争才能够消灭自然的他性，把它囊括进自我的扩张范围中。对尼采来说，狄奥尼索斯式的权力意志不断消散于努力主宰和统治彼此的力量的中心。但是，这种斗争，也是意志重建其失去的统一性、重建狄奥尼索斯的潜在努力。就像费希特的意志一样，权力意志也是独断的，或者用尼采自己的术语，是诗性的。"这个世界，"尼采宣称，"是一件自我生殖的艺术作品"（*NL*, KGW VIII 1：117）。它也建立或设定自己和自己的存在形式，以对立于他者。但是作为权力意志，狄奥尼索斯通过所有事物来重构自己，方法就是征服和控制所有存在者，让它们归属于一个更加庞大的力量结构。

在尼采后期思想中，不是"我"或主体而是自然被理解为权力意志。在这方面，尼采在谢林自然哲学的引导下远离他的主体性的费希特式开端，这种自然哲学把意志规定为原初存在。但是，谢林把自然视为绝对者，这一思想运动并没有寻求消除主体性。它毋宁说尝试着在"非我"中并通过"非我"来识别"绝对之我"，而不是在"经验之我"中或通过"经验之我"来进行这种识别，也就是说，它是在自然世界中并通过自然世界识别"绝对之我"，而非在自我中并通过自我识别"绝对之我"。它仍然努力把所有存在者看作"绝对之我"的显现。于是，对谢林来说，自然作为整体承担了自我或神灵的特征。尽管他不同于费希特，但是他的思想仍然处于绝对主体性的框架之中。

就像费希特、谢林和黑格尔一样，尼采把所有人和自然存在者都思考为绝对意志的投射物或发散物。和他们一样，他也假设这些存在者之间的关系被存在于这种意志中的对立面所统治，被这种意志指向自我和解的本原冲动所统治，尽管他把这种和解独特地理解为自我征服，而非快乐的重聚。在其中期思想中，尼采更多强调了个体的意志，以及他们规划一个整体的努力，而非意志通过个体意志重构自身的努力；但是随着他的权力意志和永恒轮回观念的形成，他回到一个更具统一性的观念。最后，在其创造性生涯的最后一年，尼采重新返回狄奥尼索斯，这至少是一个特别的暗示，暗示着他也在持续地把这种意志不仅思考为普遍的实体，更思考为一种自我或主体。确实，在尼采后期思想中，这种唯心主义的绝对者形象，与浪漫主义者的狄奥尼索斯观念紧密相连，后者作为诸神之神从自身中创造了世界，并且不断地在自身中与这个世界重聚。但正如我们已经看到的那样，这种浪漫主义的狄奥尼索斯观念，与费希特有着深刻的传承关系。

251

尽管尼采与费希特之间、尼采与一般的德国唯心主义之间存在许多相似之处，但是尼采的唯意志论要比他的任何一位唯心主义前辈（甚至包括费希特）都更激进。这尤其明显地表现在他们对目的论的不同理解中。[①] 比如说，费希特为人类努力实现"经验之我"和"绝对之我"的彻底和解设立了一个特别的目标，这个目标可以通过消灭"非我"或自然世界而实现。尽管费希特承认这个目标永远难以实现，但他相信它可以指引人的努力方向。他的思想因此至少是含蓄的目的论的。相反，尼采确信，我们不可能知道这样一个终极目标，因为这样的目标根本不存在。对费希特来说，绝对者一次性地建立了自身；对尼采来说，这个像狄奥尼索斯、权力意志或本原性音乐那样的"绝对者"，必须不断重建自身，并且以永远变化的形式进行这种重建。

尼采认识到，这样一种毫不妥协的反目的论教义，会把所有事物都引入纯粹生成的对抗性混乱中。于是，他用他的永恒轮回教义重设了一个较弱的目的论元素。就永恒轮回规定一种本体论而言，尼采从完全拒绝统一性和存在的本质关系这一点上后退了一步。但是，即使按照最为传统的形而上学意义来理解，永恒轮回也仅仅是围绕生成的一个大循环。它可能设立了一个整体，但它并没有规定这个整体的特殊内容或秩序。这样，不同于费希特的"绝对之我"，永恒轮回并不规定一种特别的秩序或目的，相应也不能强加一种道德责任或义务。发生的事情发生着；它永远一而再再而三地发生着。因此，对待存在最合适的立场，要么是放弃，要么是肯定，或者要么拒绝存在，要么热爱命运（*amor fati*）。叔本华选择了

---

① 参见 Bartuschat, *Nietzsche*, 50, 182。

前者；而根据我们已经讨论过的理由，尼采选择了后者。他相信这是对待生命的最高的狄奥尼索斯立场（*NL*，KGW VIII 3：285）。

尼采的反目的论立场伴随着他对存在的审美特征的声明。他的基本原理是一个宇宙艺术家。存在对他来说是力量（*dynamis*）或能量（*energeia*），因为它是诗（*poiēsis*）的产品。① 作为自我生殖的艺术作品，自然是一种艺术家的意志，这种意志持续却不成功地尝试用有限的形式表现它自己的无限性。② 尽管这个绝对意志的概念作为一个制造者而非认识者，或作为诗人而非哲学家，很容易让人想起德国唯心主义，但是就这种意志的力量和范围而言，它实际上比最激进的唯心主义形式还要激进。这里，尼采非常接近叔本华和浪漫主义者。对尼采来说，就像对叔本华那样，这个意志能够做任何事情。相反，甚至是费希特这个比同代人赋予绝对者更宽泛的活动范围的哲学家，也相信绝对者的自我生产很大程度上被它自己先前的决定所限制。它通过一种自我否定从自身创造出世界，而在更多的创造中，它受到它已经创造出来的世界的结构的束缚。它不是通过消灭和再造一个新世界而行动，而是靠修改它已经建立起来的世界而行动。于是，根据唯心主义，所有的改变，都是决定性的否定的结果，而非绝对性的否定的结果，因此走的是一条辩证的道路。相反，尼采臆断狄奥尼索斯意志是绝对自由的，不会被它过去的行为所束缚。改变不是决定性的否定的结果，而是绝对性的否定的结果。这种意志铺平了一块地基，为一种全新的可能性的自然发生开创了空间。对尼采来说，虚无主义就是这样一种铺平行为，

① Lacoue-Labarthe, "History and Mimesis," 217–18.

② 参见 Müller-Lauter, *Nietzsche*, 188。

它因此也预示着一个新的开端。从这方面看，尼采和巴扎罗夫、巴枯宁和涅恰耶夫并驾齐驱。

但是，尼采比这些俄国虚无主义者更激进。他离开逻辑和辩证法，而选择了音乐，这使他完全超越于他们之上。尽管他接受把德国唯心主义及其19世纪继承者的一般和解目标，但是他不能指定任何特殊的和解形式作为最高形式的和解。没有一个目标，或者没有一条通向这个目标的道路，因为终点不是真实的，而是美丽的，而且有很多美的形式和很多建构美好之物的不同方式。① 用查拉图斯特拉的话来说，"还有很多房子要去建造"（KGW VI 1：145）。有
253 许多不同的旋律可以和谐化存在。尽管意志不断努力追求一种音乐式的和解，它的努力方向却多种多样。尽管它被音乐的固有秩序所指引，但它只追求片刻的幻想，而非终极目标。因为它没有真实的目标，所以它也没有真实的工作。在它的宇宙学行动中，它只是玩耍，只是一种"世界游戏"（world-game）（*GT*, KGW III 1：149；比照 *PTZG*, KGW III 2：322）。通过艺术和艺术家天才，人们可以参与这场游戏，不仅作为棋盘上的棋子，而且作为一个游戏者，还能在游戏中获得快乐，即使他和他的棋子同伴们被消灭。

尼采思想中的这个元素在后现代事业中扮演着关键角色。对德勒兹和其他人来说，正是这个元素把尼采与整个哲学传统完全区别开来，而黑格尔的辩证法是这个传统最后的避难所。② 在他们努力建筑一条后现代思想之路——这条道路试图从传统哲学思想偏

---

① 参见 Friedrich Kaulbach, "Kant und Nietzsche im Zeichen der Kopernikanischen Wendung: Ein Beitrag zum Problem der Modernität," *Zeitschrift für Philosophische Forschung* 41,no. 3 (July-Sptember 1987), 353。

② Deleuze, *Nietzsche and Philosophy*, 17, 195.

狭的概念之网中走出来——的过程中，这个元素也是至关重要的。尽管作为任性行为的意志概念与德国唯心主义的目的论格格不入，但我们不能因此就得出结论，认为它是一个全新的东西。事实上，正如我们已经看到的那样，这样一种超理性的任性意志，是唯名论上帝的固有本质。他是世界的超理性创造者，超越任何目的论，也超越任何善恶。他的创造也是一种神性游戏，一种无动于衷的游戏。于是，尼采对目的论的拒绝可能使他远离现代哲学，但这只是因为这种拒绝依赖于前现代的前提。即使在狄奥尼索斯最激进地化身为世界游戏或纯粹音乐的过程中，他也仍然处于意志哲学的领域，而这种意志的起源，正是唯名论的全能上帝。

最近几年围绕尼采著作进行的哲学讨论关注这样一个问题，即尼采对现代性的思考与现代思想的主要元素——主体性——的关系问题。正如我们已经看到的那样，海德格尔尝试证明尼采仍然纠缠于形而上学，而后现代思想家在努力消灭主体时大量借鉴了尼采。但是，尼采的狄奥尼索斯，既是现代的，又是后现代的，既是笛卡尔式的，又是后笛卡尔式的。[①]狄奥尼索斯开始于也超越于主体性领域，这个领域是笛卡尔为现代人建立的家园。但是在尼采思想中存在的后现代元素，从很多方面看都不知不觉地来自前现代，来自唯名论的意志观念。在这个意义上，狄奥尼索斯并非一个刚刚出现的新上帝，以取代死去的旧上帝，它就是那个旧上帝，只不过戴了一副新的面具。对尼采来说，狄奥尼索斯是虚无主义的解决方案，而虚无主义被他视为基督教的最后表现形式。我们已经看到，

---

　　① 参见 Fred Dallmayr, "Farewell to Metaphysics: Nietzsche," in his *Critical Encounters: Between Philosophy and Politics* (Notre Dame, Uniersity of Notre Dame Press, 1987)。

尼采搞错了虚无主义的起源，在这里我们同样看到他搞错了虚无主义的解决方案，因为他的狄奥尼索斯不是基督教上帝的伟大反对者，而是这个上帝最近的化身。①

254

---

① 参见 Pautrat, *Versions du soleil*, 73; and Jean-Luc Nancy, "Nietzsche's Thesis on Teleology," in *Looking after Nietzsche*, 62–63。

结　语

在现代性的结尾，暮色笼罩的理性城堡废墟之中，那个在征服
笛卡尔城堡的伟大战斗中获胜的人，坐在一堆瓦砾上，戴着用葡萄
藤叶编就的王冠，唱着原初统一性和原初矛盾的歌曲，用坚毅的目
光看着需要征服的新领域，或梦想着新的征服。他与基督教的全能
上帝是如此惊人地相似，而后者正是他的假想敌和对手。就像那个
上帝一样，他超越了理性，超越了自然，也超越了善恶。他使一切
本来稳固和确定的东西都成了问题。他是一个恐怖之神，一个快乐
之神。他是所有事物的创造者，所有事物的毁灭者，以及所有事物
的拯救者。

现代性是对经院哲学综合理性和启示的失败尝试的回应，也
是对中世纪后期一个新的上帝观念的回应。这个新的唯名论上帝，
是一个令人恐惧的、超理性的、超自然的意志上帝，一个全能上
帝，他的绝对权力使自然完全变成由个体性的、不关联的存在者组
成的一团混乱。这个上帝观念与黑死病、天主教会大分裂一起把中
世纪世界带向终点，让人漂浮在一个无限的、不可理解的领域，在
这个世界或下一个世界里，都没有幸福的保障。

笛卡尔建立了他的理性城堡，以保护人们免受这个上帝的侵
扰，人们还可以通过这个确定而安全的城堡，从事征服自然世界的
事业。但是，笛卡尔之所以能够实现这个目标，只是因为他赋予人

同样无限的意志，而这种意志在上帝那里已经很成问题了。这种意志观念在笛卡尔的思想中一直隐而不显，但在从费希特到尼采的大陆思想中变得越来越明显。这一进程的关键一步，是费希特的"绝对之我"或绝对意志概念，它显现为"我"与"非我"的对立，并且通过消灭"非我"，不断努力追求和自身的和解。

正是这个绝对意志的观念导致了虚无主义观念的诞生，因为如果我是任何东西，那么就像耶可比所指出的那样，上帝就什么东西也不是（即只是虚无）。于是就如最初被理解的那样，虚无主义不是人的退化的结果，相应也不是人难以支撑一个上帝的结果。它毋宁说是肯定一种绝对的人类意志的后果，这种意志让上帝变得多余，总而言之，让上帝死去。但是，对费希特本人来说，"绝对之我"不能等同于人的意志，或者作为整体的人类意志。确实，在其后期思想中，费希特实际上称这种"绝对之我"为"上帝"。

把"绝对之我"转换为绝对的人类意志，这是费希特的学生们、早期德国浪漫主义者的工作，他们在他们的恶魔式英雄中描述了获得这样一种绝对意志的努力。尽管歌德和黑格尔已经严重地担忧这种恶魔式泰坦主义，尝试限制这种思想，但他们本人也对之非常着迷。颇具讽刺意味的是，正是通过他们对这种费希特式意志的限制，这种意志开始成为一种世界历史性的力量，它第一次显现为左派黑格尔主义，然后显现为俄国虚无主义。

费希特对叔本华的生命意志概念也产生了关键影响。不同于费希特，叔本华没有把作为这种意志本质特征的努力视为高贵的道德使命，而是视为一种幻觉，意在把人引入一种无目的的生存，这种生存不是其他，就是一切人反对一切人的罪恶战争。于是，解决这些使人的生命无比痛苦的问题的方案，就是放弃。叔本华的这种意志观念又启发了尼采的狄奥尼索斯式的权力意志观念。尼采拒绝叔本华对意志的悲观解读，主张强健的意志能够肯定那最糟糕的可能性。但是，尼采对叔本华的逆转，只是对叔本华逆转费希特的再逆转，以这种方式，尼采不知不觉地返回了费希特的立场。这是他的狄奥尼索斯式存在观念的基础。不过，尼采远远地超过了费希特，他把这种狄奥尼索斯意志从辩证理性中分离出来，又与音乐绑在一起。但是在这一方面，他不过是转了一大圈，又回到我们最初开始讨论的全能意志。于是，尼采声称的虚无主义的解决方案，实际上与意志观念紧密相连，而这种意志正位于虚无主义的核心。

　　这样，现代思想史越来越清晰地揭示了现代理性暗藏在意志中的基础。但是从另一个视角看，这个历史也是全能上帝再次攻克理性城堡的历史，当然，这个上帝戴着人类意志的面具。于是，在现代性的结尾，我们被带到了这个黑暗上帝的面前，而现代性被建构起来的目的本来就是要限制这个上帝。与现代性达成妥协或超越现代性的可能，依赖于我们直面这个问题的能力。

著作简称列表

笛卡尔

AT   *Oeuvres de Descartes*, ed. Charles Adam and Paul Tannery, 13 vols. (Paris: Vrin, 1957–68)

CSM   *The Philosophical Writings of Descartes*, trans. John Cottingham, Robert Stoothoff, and Dugald Murdoch, 2 vols.(Cambridge: Cambridge University Press, 1985)

费希特

BG   *Die Bestimmung eines Gelehrten*

NR   *Grundlage des Naturrechts*

RDN   *Reden an die deutsche Nation*

SK   *Science of Knowledge*

SS   *Das System der Sittenlehre*

SW   *Johann Gottlieb Fichte's sämmtliche Werke*, ed. I. H. Fichte, 8 vols. (Berlin: Veit, 1845–46)

WL   *Grundlage der gesamten Wissenschaftslehre*

古茨科

N   *Die Nihilisten* (1853), in *Gutzkows Werke*, ed. Reinhold Genfel, 12 vols. (Berlin: Bong, 1910), 5:181–274.

康德

KrV   *Kritik der reinen Vernunft*

尼采

AC   *Der AntiChrist*

BA   *Historische-Kritische-Gesamtausgabe*, 5 vols. (Munich: Beck, 1934–49)

DW   *Die dionysische Weltanschauung*

EH   *Ecce Homo*

FW   *Der Fröhliche Wissenschaft*

GA   *Werke: Grossoktavausgabe,* 2nd ed., 19 vols. (Leipzig: Kroner, 1901–13)

GD   *Götzen-Dämmerung*

GM   *Zur Genealogie der Moral*

GS   *Der Griechische Staat*

GT   *Die Geburt der Tragödie*

HW   *Homers Wettkampf*

JGB   *Jenseits von Gut und Böse*

KGB   *Nietzsche Briefwechsel: Kritische Gesamtausgabe*, ed. G. Colli and M. Montinari, 18 vols. in 3 parts and one supplement (Berlin: de Gruyter, 1975–84)

KGW   *Werke: Kritische Gesamtausgabe*, ed. Giorgio Colli and Mazzino Montinari (Berlin: de Gruyter, 1967–)

M	*Morgenröthe*
MusA	*Gesammelte Werke*, 23vols. (Munich: Musarion, 1920–29)
NcW	*Nietzsche contra Wagner*
NL	*Nachlass*
PTZG	*Die Philosophie im tragischen Zeitalter der Griechen*
RU	*Rythmische Untersuchungen*
UB	*Unzeitgemässe Betrachtungen*
W	*Der Fall Wagner*
WS	*Der Wanderer und sein Schatten*
Z	*Also Sprach Zarathustra*

叔本华

HN	*Der handschriftliche Nachlass*, ed. A. Hübscher, 5 vols. (Frankfurt am Main: Kramer, 1966–75; reprint ed. 1985)
WWR	*The World as Will and Representation*, trans. E. F. J. Payne, 2 vols. (New York: Dover, 1966)
WWV	*Die Welt als Wille und Vorstellung, in Werke in Fünf Bänden*, ed. Ludger Lutkehaus, 5 vols. (Berlin: Haym, 1851; reprint ed. Zürich: Haffman, 1988)

屠格涅夫

| FAS | *Fathers and Sons, The Author on the Novel, Contemporary Reactions, Essays in Criticism*, ed. and trans. Ralph E. Matlaw (New York: Norton, 1966) |

索 引 *

----

[*] 根据本书第241页原文，写作《古代艺术史》的"温克尔曼"，无疑应当是约翰·约阿希姆·温克尔曼。疑原索引（"Winckelmann, Stephan August 241"）有误，现改为"Winckelmann, Johann Joachim，约翰·约阿希姆·温克尔曼，241"。——译者

译后记

迈克尔·艾伦·吉莱斯皮（1951—），美国杜克大学著名政治学和哲学教授，著有《尼采之前的虚无主义》《黑格尔、海德格尔和历史的根据》《现代性的神学起源》《尼采最后的教义》等作品，另外还就蒙田、康德、黑格尔、尼采、海德格尔、存在主义、美国政治思想和公共哲学、宗教与政治关系等主题发表了大量文章。吉莱斯皮教授先生目前在中国大陆的学术影响力，主要与《现代性的神学起源》的译介有关（该书曾经由清华大学张卜天教授译出，于2012年在湖南科学技术出版社出版，并于2019年再版）。这部发表于2008年的原创性著作，主张要化解现代性危机，必须首先理解现代性的起源，而现代性并非如一般人所认为的那样起源于战胜中世纪宗教迷信的理性需要，而是起源于摆脱中世纪晚期唯名论革命所引发的形而上学和神学危机的一系列努力。这一观点，可以说深刻启发了中国学者关于西方现代性问题的思考。

然而，吉莱斯皮的优秀著作绝非仅此一部，他发表于1995年的《尼采之前的虚无主义》，同样配得上"原创性"的评价。从尼采开始，加上其他众多思想家如海德格尔、阿多诺、加缪、鲍德里亚、瓦蒂莫等等的推波助澜，"虚无主义"逐渐成为现代性批判的关键词。尽管不同思想家理解虚无主义的思路各有不同，但尼采用"上帝死了"来把握虚无主义的思路无疑最具影响力，因为上帝之死会导致一个任何事情都被允许的混乱世界，一个虚无主义的世界，而尼采之后那个世纪发生的世界大战和极权主义实验，似乎验证了这一思路的正确。不过，在吉莱斯皮看来，虚无主义并非理性的老上帝——实在论上帝——死去的结果，而是任性的新上帝——唯名论上帝或戴着新面具的旧约中的老上帝——在中世纪末神学论争中诞生或再生的结果。正是关于这个全能意志的新上帝的观念，把西方人投掷到一种全新的思维与存在方式中，一种把优先权赋予意志而非理性、赋予自由而非秩序的思维与存在方式中，也就是一种任何事情都被允许的虚无主义态度中。这种唯意志论的思维与存在方式或虚无主义的态度，虽然在笛卡尔的"我思"哲学、费希特的"绝对之我"观念、浪漫主义的恶魔哲学和俄国虚无主义运动中已经得到了越来越明确的表述，但只是在尼采权力意志哲学那里才被推到极端。也就是说，吉莱斯皮想要通过《尼采之前的虚无主义》证明，致力于克服虚无主义的尼采，正是从中世纪末唯名论革命开始的那场虚无主义运动的顶峰。

关于该书的观点、论证过程和学术价值，读者诸君自会有公论，我这里不再置喙。作为译者，我认为有必要谈论的，是关于 poetic nihilists 和 aesthetic nihilists 两个关键术语的翻译问题。首先，该书原版第 xvii 页、第 106 页中共出现过三次 poetic nihilists。根据吉莱斯皮的注释，这个短语来自让·保罗的著作《美学入门》（*Horn of Oberon*：*Jean Paul Richter's School for Aesthetics*）。查阅这本书，我发现 poetic nihilists 在文中对应的是 poetic materialists，其中的 poetic 表示的是 nihilists 和 materialists 的存在范围而非某种性质特征，所以应该把它们译成"诗歌上的虚无主义者"和"诗歌上的唯物主义者"，而不能译成"诗性虚无主义者"和"诗性唯物主义

者"。① 在保罗看来，古老的亚里士多德式诗歌定义——根据这种定
义，"诗歌的本质存在于对自然的美丽的（精神的）模仿中"②——
在消极意义上说是最好的，因为它排除了两个极端，即"诗歌上的
唯物主义"（poetic materialism）和"诗歌上的虚无主义"（poetic ni-
hilism）。③ 所谓诗歌上的唯物主义，是指诗人过分拘泥于现实，只会
贫乏地复制自然，而不敢大胆想象和虚构，从而不能让读者从有限
中看到无限，最终获得精神的自由。④ 但是，相对于诗歌上的唯物
主义走向了客观主义的极端，诗歌上的虚无主义——保罗用这个短
语表示德国早期浪漫主义的精神本质——走向了主观主义的极端，
因为它会随心所欲地虚无化整个世界，以便在空无中自由游戏，它
"喜欢逃进幻想的沙漠，那里没有法律要遵守，除了它自己用来构
建韵律和谐音的有限而琐碎的东西"⑤。另外，这个词之所以应该被
译作"诗歌上的虚无主义者"，还与吉莱斯皮的发现有关。在《尼
采之前的虚无主义》第三章开头，吉莱斯皮指出，保罗用"诗歌上
的虚无主义者"攻击德国早期浪漫主义文学，实际上是在响应他的
老师耶可比对德国唯心主义尤其是费希特哲学的攻击。如果费希
特被视为哲学上的虚无主义者，那么奉费希特为精神导师的德国
早期浪漫主义者就应该被视为诗歌上的虚无主义者。

我的这种译法并非没有先例。在《尼采》第五章"欧洲虚无主
义"的开头，海德格尔曾提及让·保罗的这一概念，而孙周兴先生

---

① Jean Paul Richter, *Horn of Oberon: Jean Paul Richter's School for Aesthetics*,
trans. Margaret Hale, Detroit: Wayne State University Press, 1973, pp.15–18.

② Ibid., p.15.

③ Ibid.

④ Ibid., pp.18–23.

⑤ Ibid., p.16.

也把它译成了"诗歌上的虚无主义"。① 但是，在给译者的修改建议里，吉莱斯皮教授先生主张把 poetic nihilists 译成"诗性虚无主义者"。这就是说，在吉莱斯皮看来，poetic 不是仅仅用来规定虚无主义的表现范围的，即"诗歌上的"，而是用来规定虚无主义的性质的，即"诗性的"，而所谓"诗性的"，就是"强调创造的"。于是，保罗的 poetic nihilism 也应该被翻译为"诗性虚无主义"，从而被理解为一种不仅强调虚无、否定与毁灭，还强调无中生有的创造的思维与存在方式。

吉莱斯皮的这种理解，当然有其词源学上的可能性。在古希腊语中，"诗"（*poiēsis*）的本意就是生产、制作、创造，就是把尚未存在的东西带入存在。② 在《会饮篇》中，苏格拉底曾借狄奥提玛之口说过："'诗'所涵盖的范围很广。可以说，所有从无生有的事情都可以是诗；因此每一种技艺和行当的创造本身都是诗，而每一个践行这样的技艺的人也都是诗人。"③ 吉莱斯皮的这种理解，当然也有文本依据。保罗对德国早期浪漫主义文学的批判，主要受到耶可比的费希特哲学批判的影响，而在耶可比看来，费希特唯心主义之所以是虚无主义，是因为在费希特的人类个体心中"只有空无的意识和**诗**（empty consciousness and *poem*）"④。这里，"空无的意识"和"诗"是费希特虚无主义的两个重要特征，其中前者强调对

----

① 海德格尔:《尼采》，孙周兴译，商务印书馆 2002 年版，第 670 页。

② Polkinghorne, Donald, *Practice and the Human Sciences: The Case for a Judgment-Based Practice of Care*, New York: SUNY Press, 2004, p.115.

③ Plato, *Plato Complete Works*, ed. John M. Cooper, Indianapolis/Cambridge: Hackett Publishing Company, 1997, p.488.

④ Jacobi, Friedrich Heinrich, "Open Letter to Fichte," in ed. Ernst Behler, *Philosophy of German Idealism*, New York: Continuum, 1987, p.133.

人类个体之外和之上的存在——即作为人类真理基础的唯一真相的上帝——的否定、毁灭或虚无化，后者强调人类个体无中生有的创造活动，通过这种创造活动，人类个体自己确定真理，并根据这种真理自由地存在。无疑，耶可比所谓费希特虚无主义已经是诗性虚无主义。如果事实如此，那么保罗所谓诗歌上的虚无主义，也可以理解为这种费希特诗性虚无主义在德国早期浪漫主义文学领域的表现，而上述保罗对德国早期浪漫主义的描绘，也完全支持这种理解。不仅如此，在吉莱斯皮所梳理的唯名论思想、笛卡尔哲学、左翼黑格尔主义、俄国虚无主义和尼采权力意志哲学中，我们都可以看到这种强调空无意识和诗性创造的特征。

如此看来，把 poetic nihilists 译成"诗性虚无主义者"，把 poetic nihilism 理解为"诗性虚无主义"，不仅有助于把握费希特哲学和德国早期浪漫主义文学的虚无主义本质，还有助于理解尼采之前的整个虚无主义运动的本质。于是，译者最终采纳了这一修改建议。不过，需要说明的是，这种翻译思路并不适用于让·保罗自己的文本，因为按照这种译法，poetic materialists 和 poetic materialism 也应该被理解为"诗性唯物主义者"和"诗性唯物主义"，然而这是不可能的，因为它违背了不矛盾律：一种"过分拘泥于现实，只会贫乏地复制自然，而不敢大胆想象和虚构"的唯物主义，怎么可能还是诗性的、创造性的呢？

在本书第三章开头（原著第 64 页），吉莱斯皮又把保罗的 poetic nihilists 说成了 aesthetic nihilists，而保罗原书中并不存在这种说法。根据吉莱斯皮教授先生的上述翻译建议，这个原本应该译成"审美领域的虚无主义者"的词也相应被译成了"审美虚无主义者"，这里的"审美"，也不再是对虚无主义的表现领域的界定，而是对虚无主义的诗性或创造性的界定。[①] 通读尼采 1885—1889 年的手稿片段，我们会发现晚期尼采正是在这个意义上使用"审美"一词的。[②] 于是，尼采之前的虚无主义的发生与发展过程也可以说是审美虚无主义的发生与发展过程，而尼采本人的虚无主义就是这种审美虚无主义的完成。如此一来，吉莱斯皮的笔误，和我们这样的翻译，也算是歪打正着了。不过，需要指出的是，诗性虚无主义或审美虚无主义并非吉莱斯皮的关键词。在他看来，尼采之前的"虚无主义"还主要是一种强调虚无、否定与毁灭的态度，尽管与之密切相关的，还有一种强调存在、肯定与创造的态度。

张红军

山东大学哲学与社会发展学院

---

　　① 关于把审美等同于诗性创造的西方思想传统，可以参见德国学者沃尔夫冈·韦尔施的梳理（沃尔夫冈·韦尔施：《重构美学》，陆扬、张岩冰译，上海译文出版社 2006 年版，第 43 页），这里不再赘述。

　　② 尼采：《权力意志》，孙周兴译，商务印书馆 2007 年版，第 134、136、258、449、639—640、1092—1093、1255—1256 页。

图书在版编目(CIP)数据

尼采之前的虚无主义 /(美)迈克尔·艾伦·吉莱斯
皮著；张红军译.—北京：商务印书馆，2023
ISBN 978-7-100-22190-0

Ⅰ.①尼… Ⅱ.①迈… ②张… Ⅲ.①虚无主义—研
究 Ⅳ.① B089

中国国家版本馆 CIP 数据核字（2023）第 105528 号

尼采之前的虚无主义

〔美〕迈克尔·艾伦·吉莱斯皮 著
张红军 译

商 务 印 书 馆 出 版
（北京王府井大街36号 邮政编码100710）
商 务 印 书 馆 发 行
北 京 冠 中 印 刷 厂 印 刷
ISBN 978-7-100-22190-0

2023 年 8 月第 1 版 开本 880×1230 1/32
2023 年 8 月北京第 1 次印刷 印张 14¼

定价：80.00 元